ALEMÁN

GRAMÁTICA FÁCIL

AUDIO DESCARGABLE
MP3
TODOS LOS NIVELES
3 HORAS
MÉTODO VAUGHAN

Vaughan
SYSTEMS

Concepto original: David Waddell & Richard Brown
Autora: Claudia Martínez Freund
Edición y revisión del castellano: Mamen Rivera
Revisión del alemán: Julia Nowicki
Diseño y maquetación: ZAC diseño gráfico
Imprime: Naturprint
Segunda edición: 2016
Dep. Legal: M-161-2016

Calle Orense, 69
28020 Madrid
Tel: 91 748 59 50
Fax: 91 556 42 21

www.grupovaughan.com
www.vaughantienda.com

INDEX

GRAMÁTICA FÁCIL 11

En el apéndice encontrarás una guía de pronunciación, los números, los días de la semana, cómo decir la fecha, los precios, las unidades de medida, el alfabeto, países y nacionalidades, listas de preposiciones, los verbos más frecuentes, errores comunes, expresiones útiles, ¡y mucho más!

¡Bienvenido/a **Alemán: Gramática fácil**!

Alemán: Gramática fácil es la guía perfecta para ayudarte a comprender y cimentar las estructuras más importantes del alemán. Lleno de enseñanzas, consejos, trucos y ejercicios, **Alemán: Gramática fácil** es puro **Vaughan** en un formato ideal para que siempre puedas aprovechar cualquier momento para consolidar tus conocimientos de nuestro idioma.

Para sacar mayor provecho de este libro recomendamos lo siguiente:

1. Descárgate el audio. Es vital tanto para tu comprensión auditiva como para tu pronunciación.
2. Limítate a una sola clase al día.
3. Siempre practica los ejemplos en voz alta, primero con el texto delante y luego tapándolo.
4. Repasa lo ya aprendido de forma asidua a diario.
5. ¡Disfrútalo!

¿CÓMO DESCARGAR EL AUDIO DEL LIBRO?

Paso 1.- Entra en **http://audios.vaughantienda.com** y pulsa en **"REGÍSTRATE"** para crear tu cuenta. Pincha en **"ENTRA"** si ya te registraste.

REGÍSTRATE	ENTRA
SI ES LA PRIMERA VEZ QUE ACCEDES A ESTA WEB	SI DISPONES DE UN USUARIO

Y PODRÁS DESCARGARTE EL AUDIO CON EL CÓDIGO QUE HAS ENCONTRADO EN TU LIBRO

Paso 2.- Introduce la clave: **9176VAUGHAN557964**
Pulsa **"Agregar código"**.

Los audios serán descargados en un archivo **Zip**. Por favor, asegúrate de que dispones de un software capaz de descomprimir este formato. Una vez descargado, descomprime el archivo en tu carpeta preferida y disfruta de los audios usando tu reproductor favorito.

Introduce un nuevo código aquí | Agregar código

Paso 3.- Aparecerá un mensaje diciendo que el audio se ha cargado y verás una imagen del libro que has introducido (cada vez que entres en la web con tus credenciales aparecerán todos los libros de los que hayas metido el código de descarga).
Pasa el ratón sobre el libro, de manera que aparezca un recuadro naranja con dos iconos. Pincha sobre el altavoz para descargar el audio en tu dispositivo (comprimido en un zip); pincha sobre el libro para ver detalles del libro.

Para cualquier duda puedes consultarnos en **vaughantienda@grupovaughan.com**

ALEMÁN
GRAMÁTICA FÁCIL

TAG 1 El verbo *sein*

En este primer ***"Tag"*** (**'día'**), **/taak/**, vas a conocer la conjugación del verbo ***"sein"*** (**'ser'**/**'estar'**) en presente junto a los pronombres personales, que no se pueden omitir en alemán.

Clave de pronunciación
¿Sabes pronunciar la ***"x"*** de ***"caixa"***? ¿Ese sonido que suena como si mandases callar a alguien? Pues bien, si pronuncias este sonido **/shhh/** mientras sonríes, obtienes **/(sh)/**, que es como pronunciamos las letras ***"ch"*** en ***"ich"*** (**'yo'**).

Error común
Para decir **'Soy español/a'**, no digas *"Ich bin spanisch"*. Empleamos los sustantivos ***"Spanier"*** (**'español'**) o ***"Spanierin"*** (**'española'**): ***"Ich bin Spanier/Spanierin"***.

LA MECÁNICA

Cabe destacar que además de los pronombres ***"er"*** (**'él'**) y ***"sie"*** (**'ella'**), también tenemos el pronombre personal neutro ***"es"*** (**'ello'**). Y el pronombre ***"sie"*** se refiere tanto a **'ellos'** como a **'ellas'**.

Dos apuntes importantes de pronunciación: las letras ***"ei"*** en alemán corresponden al sonido **/ai/**, y la ***"s"*** de ***"sein"***, ***"sie"***, ***"sind"*** y ***"seid"*** se pronuncia de manera vibrada. ¡Escucha bien el audio!

ich bin	**/i(sh) binnn/**	yo soy/estoy
du bist	**/du bist/**	tú eres/estás
er/sie/es ist	**/éa/(s)i/es ist/**	él/ella/ello es/está
wir sind	**/vvvía (s)int/**	nosotros somos/estamos
ihr seid	**/ía (s)áit/**	vosotros sois/estáis
sie sind	**/(s)i (s)int/**	ellos/ellas son/están

'Usted' y **'ustedes'** en alemán es ***"Sie"*** (en mayúscula) y se conjuga en la **3ª persona del plural**. Es decir, **'usted es/está'** o **'ustedes son/están'** se dice ***"Sie sind"***. Ten en cuenta que en alemán es muy, pero muy común tratarse de usted.

¡Una buenísima noticia! A diferencia del castellano, los adjetivos que siguen a ***"sein"*** no cambian en función del sujeto. Por ejemplo, decimos ***"er ist müde"*** (**'él está cansado'**), ***"sie ist müde"*** (**'ella está cansada'**) y ***"sie sind müde"*** (**'ellos están cansados/ellas están cansadas'**).

La palabra del día: *zufrieden*
Significa **'contento'** y se pronuncia **/tsssufjíidennn/**. Contiene el sustantivo masculino ***"der Frieden"*** (**'la paz'**).

¡Qué curioso!
Usamos la palabra ***"oder"*** (**'o'**) como muletilla para preguntar **'¿no?'**: ***"Du bist zufrieden, oder?"*** (**'Estás contento/a, ¿no?'**). Se pronuncia **/óoda/**. Fácil, *oder?*

TAG 1 ¡Ponte a prueba!

Tapa la columna de la derecha y traduce las siguientes frases:

Vamos con /i(sh) binnn/. Fíjate en que los adjetivos *"klein"* ('pequeño') y *"groß"* ('grande') se traducen como 'alto' y 'bajo' cuando nos referimos a personas adultas. No te asustes por la *"ß"*: se pronuncia /s/. Fácil, *oder*?

Soy alto/a.	**Ich bin groß.**
Soy bajo/a.	**Ich bin klein.**
Estoy cansado/a, ¿y tú?	**Ich bin müde, und du?**

Sabes que **"klein"** se dice **/kláinnn/**, *oder*?

Sigamos con otras personas gramaticales:

Estás contento/a, ¿no?	**Du bist zufrieden, oder?**
Él es alto y ella es baja.	**Er ist groß und sie ist klein.**
Estamos aquí, ¿y vosotros?	**Wir sind hier, und ihr?**

¿Sabes que ***"wir"***, ***"hier"*** y ***"ihr"*** riman? Lo pronunciamos **/vvvía/** (con **'v'** vibrada), **/hhhía/** (con ***"h"*** aspirada) y **/ía/**, respectivamente.

La *"d"* al final de palabras suena como una 't' en alemán, ¡y *"seid"*, /(s)áittt/, y *"sind"*, /(s)inttt/ no son una excepción!

Estáis contentos, ¿no?	**Ihr seid zufrieden, oder?**
Están aquí. Usted está aquí. Ustedes están aquí.	**Sie sind hier.**
Usted es la señora Keller, ¿verdad?	**Sie sind Frau Keller, oder?**

¿Te has dado cuenta? ***"Frau"*** en alemán se escribe con inicial mayúscula (al igual que ***"Herr"***, **'señor'**), y no empleamos artículo delante. Es un poco raro, *oder*?

TAG 2 Los artículos definidos *der*, *die* & *das*

En alemán hay **tres** artículos definidos. Además del masculino ***"der"*** y el femenino ***"die"*** que corresponden a **'el'** y **'la'**, tenemos el neutro ***"das"***. Se pronuncian **/déa/**, **/di/**, **/das/**.

Clave de pronunciación
Las letras ***"sch"*** en alemán se pronuncian **/shhh/**, como si estuvieras mandando callar a alguien. Por ejemplo, ***"Tisch"*** (**'mesa'**) se dice **/tishhh/**. Así también se pronuncia la **'s'** si va seguida de una **'p'** o **'t'**. Fíjate: ***"Spanien"*** (**'España'**) y ***"Stadt"*** (**'ciudad'**) se pronuncian **/shhhpáaniennn/** y **/shhhtat/**.

Error común
Nada de escribir *"das auto"*, ¡en alemán los sustantivos SIEMPRE van en mayúscula! Se escribe ***"das Auto"*** (**'el coche'**).

LA MECÁNICA

Estamos ante uno de los mayores desafíos para los que aprenden alemán: ¡el género de las palabras! ¿Cómo saber si una palabra es masculina, femenina o neutra? Hay algunas reglas, pero en la mayoría de los casos parece que es puro azar. Por ejemplo, **'el sol'** en alemán es femenino (***"die Sonne"***), mientras que **'la luna'** es masculina (***"der Mond"***). Decimos ***"der Hund"*** (**'el perro'**) pero ***"die Katze"*** (**'el gato'**); y tanto **'la casa'** como **'el coche'** son neutros: es ***"das Haus"*** y ***"das Auto"***. Conclusión: cuando aprendas una nueva palabra, siempre apréndetela junto con su artículo definido, como si el artículo formara parte de la propia palabra.

Queremos destacar dos sustantivos neutros peculiares: ***"das Kind"*** y ***"das Mädchen"***. ***"Das Mädchen"*** quiere decir **'la chica'** o **'la niña'** y ***"das Kind"*** es un sustantivo "genérico" que se puede referir tanto a **'el niño'** como a **'la niña'**. Además, dependiendo del contexto, también puede ser **'el hijo'** o **'la hija'**. Su plural es ***"Kinder"***, que significa **'niños'** o **'hijos'**.

¿Y cómo será **'el hombre'** y **'la mujer'**? Ahí no hay trampa: es ***"der Mann"*** y ***"die Frau"***.

La palabra del día: ***der Kugelschreiber***
¡¿Te asusta la palabra ***"Kugelschreiber"*** (**'bolígrafo'**)?! Lógico, ¡incluso a los alemanes nos resulta incomodísima! Por eso decimos casi siempre ***"Kuli"***, ¡que de hecho se parece mucho a vuestro **'boli'**!

¡Qué curioso!
Hay unos pocos sustantivos que admiten dos géneros, como es el caso de ***"der/das Joghurt"*** (**'el yogur'**) y ***"der/das Kaugummi"*** (**'el chicle'**).

TAG 2 ¡Ponte a prueba!

Tapa la columna de la derecha y traduce las siguientes frases:

¡Dale caña al artículo masculino *"der"*! La terminación *"-er"* se pronuncia como una 'a'. Por lo tanto, *"Der Kugelschreiber"* es /déa kúguelshhhjaiba/.

El hombre es alto.	**Der Mann ist groß.**
El bolígrafo es rojo.	**Der Kugelschreiber ist rot.**
La mesa es azul y el boli es negro.	**Der Tisch ist blau und der Kuli ist schwarz.**

¿Has pronunciado bien las letras **"sch"** en *"Kugelschreiber"*, *"Tisch"* y *"schwarz"*?

Veamos el artículo definido femenino *"die"*, /di/. Además, te toparás con la palabrita *"auch"*... ¿qué significará?

La ciudad es pequeña.	**Die Stadt ist klein.**
La puerta es roja y la mesa es negra.	**Die Tür ist rot und der Tisch ist schwarz.**
La mujer es maja y el hombre también.	**Die Frau ist nett und der Mann auch.**

"Auch" significa **'también'**. Se pronuncia **/áuj/**, con una **'j'** castellana.

Y por último, ponte las pilas con el artículo neutro, *"das"*.

El niño es pequeño.	**Das Kind ist klein.**
La chica es maja y la mujer también.	**Das Mädchen ist nett und die Frau auch.**
La casa es roja, la puerta es negra y la mesa es azul.	**Das Haus ist rot, die Tür ist schwarz und der Tisch ist blau.**

Las letras que llevan diéresis (¨) en alemán se llaman *Umlaut*. ¿No estás seguro de cómo pronunciar **"ü"**? Un buen truco para conseguirlo es decir una **'i', pero poniendo la boca como para decir una 'u'**. En cuanto al *Umlaut* **"ä"**, es muy parecido a una **'e'**, pero ligeramente más abierto.

TAG 3 El artículo definido plural *die*

Si bien en singular tenemos tres artículos definidos (***"der"***, ***"die"***, ***"das"***), en plural tenemos solamente uno: ***"die"*** (**'los'**/**'las'**).

!?

¡Qué curioso!
Al igual que en castellano, no diferenciamos entre ***"die Bank"*** (**'el banco'**) para sentarse y ***"die Bank"*** como entidad financiera. Sin embargo, ¡en plural sí! ***"Die Bänke"*** están en los parques y ***"die Banken"*** en Wall Street.

LA MECÁNICA

Tenemos un artículo definido plural que nos vale para todos los sustantivos:

der Mann (el hombre)	**die Frau** (la mujer)	**das Mädchen** (la chica)
→ die **Männer** (los hombres)	→ die **Frauen** (las mujeres)	→ die **Mädchen** (las chicas)

Peeeeeeero... Como puedes ver en ***"Männer"***, ***"Frauen"*** y ***"Mädchen"***, no añadimos una **'s'** para formar el plural de un sustantivo. Hay muchas terminaciones distintas para formar el plural y a menudo cambia la vocal de la raíz (como en ***"die Männer"***). Otras veces, no cambia nada, como es el caso de ***"die Mädchen"***. En definitiva, es muy difícil establecer una regla para las formas plurales, al igual que ocurre con el género de las palabras. Por tanto, intenta memorizar siempre cada sustantivo **junto con su artículo y su forma plural**.

Veamos más plurales:

der Tisch (la mesa)	**/tishhh/**	die **Tische**	**/tíshhhe/**
der Kugelschreiber (el bolígrafo)	**/kúguelshhhjaiba/**	die **Kugelschreiber***	**/kúguelshhhjaiba/**
das Haus (la casa)	**/hhháus/**	die **Häuser**	**/hhhói(s)a/**
die Tür (la puerta)	**/tüa/**	die **Türen**	**/tüüjennn/**
die Stadt (la ciudad)	**/shhhtat/**	die **Städte**	**/shhhtéte/**
das Kind (el niño)	**/kint/**	die **Kinder**	**/kínda/**
das Auto (el coche)	**/áuto/**	die **Autos**	**/áutos/**

* El plural de ***"der Kuli"*** (**'el boli'**) es ***"die Kulis"***.

Clave de pronunciación
Las letras ***"eu"*** y también ***"äu"*** se pronuncian **/oi/** en alemán. Por ejemplo, ***"Die Häuser sind teuer"*** (**'Las casas son caras'**) suena así: **/di hhhói(s)a (s)int tóia/**.

¡Un truco!
Como regla general, conviene saber que la gran mayoría de los sustantivos femeninos en plural terminan en ***"-en"***.

TAG 3 ¡Ponte a prueba!

Tapa la columna de la derecha y traduce las siguientes frases:

Pero antes de empezar, ¡no olvides que la *"s"* de *"sind"* se parece al zumbido de una abeja y que la *"d"* suena como una 't'! Decimos /(s)inttt/.

Las mesas son negras.	**Die Tische sind schwarz.**
Las ciudades son caras.	**Die Städte sind teuer.**
Los coches también son caros.	**Die Autos sind auch teuer.**

Fíjate en que colocamos *"auch"* (**'también'**) detrás del verbo.

Te recordamos que los adjetivos detrás de *"sein"* no cambian. ¡Qué cómodo! Decimos *"das Haus ist groß"* y *"die Häuser sind groß"*. Y ya sabes, la *"äu"* suena igual que la *"eu"* de *"teuer"*: /oi/.

Las casas son grandes y los coches también.	**Die Häuser sind groß und die Autos auch.**
Los bolígrafos son negros y las mesas también.	**Die Kugelschreiber sind schwarz und die Tische auch.**
Las ciudades son bonitas y los coches también.	**Die Städte sind schön und die Autos auch.**

¿Sabes pronunciar *"schön"*? La letra *"ö"* se pronuncia diciendo una **'e'** pero poniendo boca de **'o'**: **/shhhönnn/**. ¡Qué *schön* suena!

¡Aceleremos el ritmo! Ahora practica tres plurales en cada frase, sin olvidarte de que la *"d"* de *"und"* suena como una 't'.

Los hombres, las mujeres y los niños están aquí.	**Die Männer, die Frauen und die Kinder sind hier.**
Las casas son bonitas, las puertas son bonitas y los coches también son bonitos.	**Die Häuser sind schön, die Türen sind schön und die Autos sind auch schön.**
Las puertas son rojas, las mesas son azules y los bolis también son azules.	**Die Türen sind rot, die Tische sind blau und die Kulis sind auch blau.**

¡Vuelve a decir la segunda frase, pero sustituyendo *"schön"* por *"teuer"*!

TAG 4 Los artículos indefinidos *ein, eine & ein*

¡Hoy vas a conocer los artículos indefinidos en alemán! Para los sustantivos masculinos usamos ***"ein"*** (**'un'**) y para los femeninos ***"eine"*** (**'una'**). El de los sustantivos neutros coincide con el masculino: ***"ein"***. Vamos a trabajar ***"ein"***, ***"eine"*** y ***"ein"*** junto con la estructura ***"das ist..."*** (**'esto/eso es...'**).

Clave de pronunciación
Ya hemos comentado que la ***"ei"*** en alemán se pronuncia **/ai/**. Además, recuerda que las consonantes finales en alemán tienen que sonar fuerte. En el caso de ***"ein"***, debe sonar claramente una **'n'** como la de **'no'**: **/áinnn/**.

La palabra del día: *der Bleistift*
¡A los alemanes nos encantan las palabras compuestas! ***"Der Bleistift"*** (**'el lápiz'**) es un buen ejemplo: está compuesto por ***"das Blei"*** (**'el plomo'**) y ***"der Stift"***, que es un sinónimo de ***"Kuli"*** (**'boli'**). Se pronuncia **/bláishhhtift/**.

LA MECÁNICA

Los tres artículos definidos (***"der"***, ***"die"***, ***"das"***) son distintos para cada género, pero los artículos indefinidos son los mismos para los sustantivos masculinos y neutros (***"ein"***). El único que se diferencia es el artículo indefinido que acompaña a sustantivos femeninos: ***"eine"*** (**'una'**).

der Mann (el hombre)	→	**ein Mann** (un hombre)	**/áinnn mannn/**
die Stadt (la ciudad)	→	**eine Stadt** (una ciudad)	**/áine shhhtat/**
das Buch (el libro)	→	**ein Buch** (un libro)	**/áinnn buuj/**

Ahora bien, para decir **'esto es...'** o **'eso es...'**, en alemán recurrimos a ***"das ist..."***. Es decir, no solemos diferenciar entre lo que está cerca y lo que no: decimos simplemente ***"Das ist ein Kuli"*** (**'Eso/Esto es un boli'**). Cuidado, no confundas el pronombre ***"das"*** (**'esto'**, **'eso'**) con el artículo definido neutro ***"das"***.

Das ist ein Bleistift.	Esto es un lápiz.
Das ist eine Tür.	Eso es una puerta.
Das ist ein Buch.	Esto es un libro.

Error común
Para decir **'es un lápiz'** o **'es una ciudad'**, ¡no digas *"ist ein Bleistift"* o *"ist eine Stadt"*! Tienes que recurrir sí o sí a ***"das ist..."*** porque la frase no puede empezar con un verbo.

¡Un apunte!
Si quieres hacer hincapié en que algo está a tu alcance o no, puedes colocar ***"hier"*** (**'aquí'**) o ***"da"*** (**'allí'**) detrás de ***"das"***: ***"das hier ist..."*** (**'esto de aquí es...'**), ***"das da ist..."*** (**'eso de allí es...'**).

TAG 4 ¡Ponte a prueba!

Tapa la columna de la derecha y traduce las siguientes frases:

Empezamos con los sustantivos masculinos. Vete acostumbrando a decir /dásistainnn/, ¡marcando bien la 'n'!

Esto es una mesa.	**Das ist ein Tisch.**
Eso es un lápiz.	**Das ist ein Bleistift.**
Esto es un boli y eso es un lápiz.	**Das ist ein Kuli und das ist ein Bleistift.**

La **'s'** de *"Bleistift"* se pronuncia **/shhh/** (como la **"x"** de **"*caixa*"**), el mismo sonido que encuentras en ***"Tisch"***, ***"Kugelschreiber"***, ***"Stadt"*** y ***"schwarz"***.

Estrenamos *"das ist"* + el artículo indefinido femenino, por lo que queremos escuchar /dásistaine/.

Esto es una ciudad.	**Das ist eine Stadt.**
Eso es una puerta y eso es una mesa.	**Das ist eine Tür und das ist ein Tisch.**
Esto es un reloj, eso es una mesa y eso es un lápiz.	**Das ist eine Uhr, das ist ein Tisch und das ist ein Bleistift.**

¿Te has fijado que *"Uhr"* (**'reloj'**) es femenino en alemán? Pronúncialo **/úua/**.

Ahora practica con sustantivos neutros. Recuerda que el artículo indefinido *"ein"* coincide con el masculino, pero el artículo definido no: *"das Auto"*, *"der Tisch"*, *"ein Auto"*, *"ein Tisch"*.

Eso es un coche.	**Das ist ein Auto.**
Esto es un móvil, esto es un reloj y eso es un libro.	**Das ist ein Handy, das ist eine Uhr und das ist ein Buch.**
Eso es un libro, eso es un móvil y esto es un reloj.	**Das ist ein Buch, das ist ein Handy und das ist eine Uhr.**

La palabra neutra ***"das Handy"*** (**'el móvil'**) está inspirada en el inglés, por eso la **"a"** excepcionalmente se pronuncia como una **'e'**: **/hhhéndi/**.

TAG 5 Los adjetivos detrás de *ein, eine & ein*

En alemán no hablamos de **'una mesa grande'** sino de 'una grande mesa' porque los adjetivos SIEMPRE se colocan DELANTE del sustantivo que describen: ***"ein großer Tisch"***. En el *Tag 2* hemos visto que los adjetivos no cambian detrás de ***"sein"*** (***"Der Tisch ist groß"***, **'La mesa es grande'**). Pero detrás de ***"ein"***, ***"eine"*** y ***"ein"***, ¡sí cambian! Veámoslo en detalle.

LA MECÁNICA

A los adjetivos que van detrás del artículo masculino ***"ein"*** hay que añadirles la terminación ***"-er"***, a los que van detrás del artículo femenino ***"eine"***, se les añade ***"-e"*** y a los que van detrás del artículo neutro ***"ein"*** les añadimos ***"-es"***.

ein kleiner Tisch	una mesa pequeña
eine kleine Stadt	una ciudad pequeña
ein kleines Buch	un libro pequeño

Como ves, aunque el artículo ***"ein"*** vale tanto para los sustantivos masculinos como para los neutros, ¡los adjetivos tienen una terminación distinta!

Vamos a ponerlo en práctica. ¿Cómo dirías **'un boli rojo'**, **'una ciudad bonita'** y **'un móvil negro'**? Eso es, ***"ein roter Kuli"***, ***"eine schöne Stadt"*** y ***"ein schwarzes Handy"***. ¿Y si lo combinamos con el recién estrenado ***"das ist..."*** (**'esto/eso es...'**)? Pues obtenemos ***"Das ist ein roter Kuli"***, ***"Das ist eine schöne Stadt"*** y ***"Das ist ein schwarzes Handy"***.

Te recordamos que las terminaciones no se aplican a los adjetivos cuando éstos van detrás del verbo ***"sein"***. Decimos ***"ein kleiner Tisch"***, ***"eine kleine Stadt"*** y ***"ein kleines Buch"*** pero ***"der Tisch ist klein"***, ***"die Stadt ist klein"*** y ***"das Buch ist klein"***.

La palabra del día: *billig*

"Billig" significa **'barato'** y se pronuncia **/bílik/** o **/bíli(sh)/**, dependiendo de la región. Pero si le añadimos una terminación, la ***"g"*** se pronuncia como una **'g'** de **'gato'** sí o sí: ***"billiger"***, ***"billige"*** y ***"billiges"*** se pronuncian **/bíliga/**, **/bíligue/** y **/bíligues/**.

¡Un apunte!

El adjetivo ***"teuer"*** pierde la segunda **"e"** cuando se declina para facilitar la pronunciación. No es *"ein teuerer Tisch"* sino ***"ein teurer Tisch"*** (**'una mesa cara'**). Pasa lo mismo en femenino y neutro: ***"eine teure Uhr"*** (**'un reloj caro'**) y ***"ein teures Handy"*** (**'un móvil caro'**).

TAG 5 ¡Ponte a prueba!

Tapa la columna de la derecha y traduce las siguientes frases:

Empezamos con sustantivos masculinos. Escucha el audio y fíjate en que la terminación *"-er"* suena como una /a/. No solamente en los adjetivos, también suena como una /a/ en *"Kugelschreiber"*, *"Kalender"* y *"Computer"*: /kúguelshhhjáiba/, /kalénda/, /kompiúta/.

Esto es un bolígrafo azul.	**Das ist ein blauer Kugelschreiber.**
Eso es un calendario grande y eso es un calendario pequeño.	**Das ist ein großer Kalender und das ist ein kleiner Kalender.**
Eso es un ordenador caro y esto es un ordenador barato.	**Das ist ein teurer Computer und das ist ein billiger Computer.**

Te has acordado de que es *"teurer"* y no *"teuerer"*, *oder*? *"Teurer"* se pronuncia **/tóija/**.

Seguimos ahora con sustantivos femeninos. No olvides que la *"g"* de *"billige"* es como la 'g' de 'galgo'.

Esto es una ciudad grande.	**Das ist eine große Stadt.**
Esto es un reloj caro y eso es un reloj barato.	**Das ist eine teure Uhr und das ist eine billige Uhr.**
Eso es una puerta roja y esto es una puerta negra.	**Das ist eine rote Tür und das ist eine schwarze Tür.**

¡Vuelve a decir el último ejemplo sustituyendo *"Tür"* por *"Uhr"*!

¡Practica ahora con sustantivos neutros! Te vas a topar con la palabra *"sehr"* ('muy'), que pronunciamos /(s)éa/. *"Sehr"* se coloca delante del adjetivo, igual que en castellano.

Esto es un libro rojo.	**Das ist ein rotes Buch.**
Eso es un móvil muy caro y esto es un ordenador muy barato.	**Das ist ein sehr teures Handy und das ist ein sehr billiger Computer.**
Esto es una casa muy grande y eso es una casa muy pequeña.	**Das ist ein sehr großes Haus und das ist ein sehr kleines Haus.**

¿Has pronunciado *"sehr"* con una **'s'** vibrada? *Sehr gut!* ¡Muy bien!

TAG 6 *Das sind*

Después de trabajar ***"Das ist..."*** (**'Esto/eso es...'**) en los últimos dos *Tage*, vamos a ver ahora el plural ***"Das sind..."*** (**'Éstos/ésos son...'**). Además, veremos cómo se comportan los adjetivos delante de los sustantivos plurales.

Error común
"Das" es un pronombre que significa **'esto/eso'** y **'éstos/ésos/éstas/ésas'**, pero a menudo no se traduce. Por eso, **'Son niños'** no se dice *"sind Kinder"* sino ***"Das sind Kinder"***.

La palabra del día: ***grün***
"Grün" significa **'verde'** y su *Umlaut* **"ü"** se pronuncia diciendo una **'e'** pero poniendo boca de **'u'**.

LA MECÁNICA

El plural de ***"das ist"*** es ***"das sind"***, ¡así de fácil! Equivale tanto a **'éstos/ésos son'** como a **'éstas/ésas son'** (aunque a veces lo más natural en castellano es decir simplemente **'esto son'**) y se pronuncia **/dasínttt/**, como si fuera una sola palabra. ¿Cómo dirías entonces **'Esto son bolis'** y **'Esto son casas'**? ***"Das sind Kulis"*** y ***"Das sind Häuser"***, ¡muy bien! Ahora bien, para añadir un adjetivo, hay que colocarlo DELANTE del sustantivo y añadirle una ***"-e"***. Es igual para todos los géneros:

Das ist ein schöner Tisch.	→	**Das sind schöne Tische.**
Das ist eine schöne Uhr.	→	**Das sind schöne Uhren.**
Das ist ein schönes Haus.	→	**Das sind schöne Häuser.**

¿Quieres saber cómo se forman los plurales de las palabras que hemos ido introduciendo desde el *Tag 3*? Aquí los tienes:

der Bleistift (el lápiz)	**die Bleistifte**	**die Uhr** (el reloj)	**die Uhren**
der Kalender (el calendario)	**die Kalender**	**das Buch** (el libro)	**die Bücher**
der Computer (el ordenador)	**die Computer**	**das Handy** (el móvil)	**die Handys**

Clave de pronunciación
Cuando las letras ***"ch"*** aparecen detrás de una ***"u"*** siempre se pronuncian como una **/j/**, pero detrás de ***"ü"***, la ***"ch"*** se convierte en el sonido suave **/(sh)/** que encontramos en ***"ich"***. Por eso, ***"das Buch"*** se pronuncia **/das buuj/** y ***"die Bücher"*** se dice **/di büü(sh)a/**.

¡Un apunte!
Recuerda que puedes añadir ***"hier"*** y ***"da"*** detrás de ***"das"*** para especificar que algo está cerca o lejos: ***"Das hier sind..."*** (**'Esto de aquí son...'**), ***"Das da sind..."*** (**'Eso de allí son...'**).

TAG 6 ¡Ponte a prueba!

Tapa la columna de la derecha y traduce las siguientes frases:

Empezamos con un popurrí de plurales. ¡Asegúrate de pronunciar bien *"Bücher"*!

Esto son casas.	**Das sind Häuser.**
Esto son ordenadores y eso son móviles.	**Das sind Computer und das sind Handys.**
Eso son libros, eso son bolígrafos y esto son lápices.	**Das sind Bücher, das sind Kugelschreiber und das sind Bleistifte.**

¡Te proponemos un reto! Vuelve a decir las frases pero en singular: ***"Das ist ein Haus"***, ***"Das ist ein Computer und das ist..."***, ¡sigue tú!

Vamos a añadirles adjetivos, que se colocan... ¿dónde? ¡Sí! DELANTE de los sustantivos, *sehr gut*.

Esto son niños pequeños.	**Das sind kleine Kinder.**
Esto son libros verdes y eso son libros rojos.	**Das sind grüne Bücher und das sind rote Bücher.**
Eso son lápices rojos, eso son bolígrafos negros y eso son calendarios azules.	**Das sind rote Bleistifte, das sind schwarze Kulis und das sind blaue Kalender.**

Ahora un superreto: repite las frases en singular, ¡pero ten cuidado con los adjetivos! Si hace falta, repasa el *Tag 5*.

Para darle más emoción, ¡añadimos *"sehr"*!

Eso son coches muy bonitos.	**Das sind sehr schöne Autos.**
Esto son móviles muy caros.	**Das sind sehr teure Handys.**
Esto son relojes muy baratos y eso son relojes muy caros.	**Das sind sehr billige Uhren und das sind sehr teure Uhren.**

¿Tienes claro que ***"teuer"* /tóia/** se convierte en ***"teure"* /tóije/**? *Sehr gut!!!*

TAG 7 Preguntas

Para formar preguntas en alemán, invertimos el orden del sujeto y el verbo, por lo que ***"Das Auto ist teuer"*** (**'El coche es caro'**) se convierte en ***"Ist das Auto teuer?"*** (**'¿El coche es caro?'**). No ponemos un signo de interrogación al principio de la frase.

Clave de pronunciación
La *"r"* o *"rr"* a final de palabra suena a menudo como una **'a'**, como ocurre en ***"der"***, ***"wir"***, ***"ihr"*** o ***"Tür"***. Pero si a la *"r"* le sigue una vocal, sonará como la **'j'** del castellano, aunque un poco más suave. ***"Die Tür"*** (**'la puerta'**) se dice **/di tüa/**, pero ***"die Türen"*** (**'las puertas'**), es **/di tüüjennn/**.

La palabra del día: ***die Frage***
"Die Frage" en alemán es **'la pregunta'** y se pronuncia **/fjáague/**, con nuestra *"r"* gutural alemana seguida de una **'a'** larga. El plural es ***"die Fragen"***.

LA MECÁNICA

La teoría de invertir el orden del sujeto y el verbo es sencilla, pero a la hora de hablar es muy fácil cometer el error de preguntar *"Du bist müde?"* o *"Das Haus ist schön?"* en lugar de ***"Bist du müde?"*** y ***"Ist das Haus schön?"***. Aquí tienes más ejemplos:

Du bist zufrieden. Estás contento/a.	→	**Bist du zufrieden?** ¿Estás contento/a?
Ihr seid müde. Estáis cansados.	→	**Seid ihr müde?** ¿Estáis cansados?
Der Kugelschreiber ist rot. El bolígrafo es rojo.	→	**Ist der Kugelschreiber rot?** ¿El bolígrafo es rojo?
Das ist ein Bleistift. Esto es un lápiz.	→	**Ist das ein Bleistift?** ¿Esto es un lápiz?
Das ist eine teure Uhr. Esto es un reloj caro.	→	**Ist das eine teure Uhr?** ¿Esto es un reloj caro?
Das sind Handys. Esto son móviles.	→	**Sind das Handys?** ¿Esto son móviles?
Das sind große Häuser. Eso son casas grandes.	→	**Sind das große Häuser?** ¿Eso son casas grandes?

¡Un consejo!
Cuando apuntes el vocabulario en un cuaderno, escribe los sustantivos alemanes en tres colores distintos para resaltar aún más los géneros. Al cabo de un tiempo asociarás los colores con cada uno de los géneros y así te resultará más fácil memorizarlos. ¡Además le dará vida a tu cuaderno!

TAG 7 ¡Ponte a prueba!

Tapa la columna de la derecha y traduce las siguientes frases:

¡Recuerda que la forma de cortesía *"Sie"* siempre se escribe en mayúscula!

¿Es usted el señor Meier?	**Sind Sie Herr Meier?**
¿Estás aquí?	**Bist du hier?**
¿La señora es maja?	**Ist die Frau nett?**

¿Te has fijado en que ***"die Frau"*** también se puede traducir como **'la señora'**?

Vamos a practicar *"Fragen"* con el pronombre *"das"* ('esto/eso', 'éstos/ésos', 'éstas/ésas').

¿Esto es una pregunta?	**Ist das eine Frage?**
¿Eso es un ordenador o un móvil?	**Ist das ein Computer oder ein Handy?**
¿Esto son bolis o lápices?	**Sind das Kulis oder Bleistifte?**

Tanto ***"Computer"*** como ***"Handy"*** se pronuncian al estilo inglés: **/kompiúuta/**, **/hhhéndi/**.

Con estas *"Fragen"* puedes repasar las terminaciones de los adjetivos detrás de *"ein"*, *"eine"* y *"ein"*. Fíjate también en que decimos literalmente '¿Es una pequeña o grande ciudad?'.

¿Es un boli negro?	**Ist das ein schwarzer Kuli?**
¿Es una ciudad pequeña o grande?	**Ist das eine kleine oder eine große Stadt?**
¿Es un libro azul o verde?	**Ist das ein blaues oder ein grünes Buch?**

¡Ahora pasa las frases al plural! Te echamos una mano con la primera frase: ***"Sind das schwarze Kulis?"***.

TAG 8 La negación con *nicht*

El *Tag* de hoy lo dedicamos a la negación con ***"nicht"***, que equivale a **'no'**. Lleva el sonido suave de la ***"ch"*** de ***"ich"***: **/ni(sh)t/**.

La palabra del día: ***der Stuhl***
¡Apúntate que **'la mesa'** y **'la silla'** en alemán son sustantivos masculinos! Ya has visto ***"der Tisch"***, y ahora conoces también ***"der Stuhl"***. Se pronuncia **/shhhtuul/** y el plural es ***"Stühle"***, **/shhhtüüle/**.

Clave de pronunciación
Cuando la ***"h"*** va al principio de una palabra se pronuncia de forma aspirada, como en ***"Haus"***, **/hhháus/**.
Pero cuando va detrás de una vocal tiene la función de alargar esa vocal, como ocurre en ***"der Stuhl"***.

LA MECÁNICA

Nuestra partícula negativa ***"nicht"*** suele colocarse DETRÁS del verbo conjugado, ¡así que no puedes empezar una frase con ***"nicht"***!

Ich bin zufrieden.	Estoy contento.
Ich bin nicht zufrieden.	**No** estoy contento.
Das Auto ist teuer.	El coche es caro.
Das Auto ist nicht teuer.	El coche **no** es caro.

En preguntas negativas, ***"nicht"*** no se mueve de su sitio. Solamente se invierte el orden del sujeto y el verbo, por lo que ***"nicht"*** se coloca detrás del sujeto.

Bist du müde?	¿Estás cansado?
Bist du nicht müde?	¿No estás cansado?

Y... ¿sabías que **'tampoco'** en alemán se dice **'también no'**? Colocamos ***"auch"*** (**'también'**) delante de ***"nicht"***, y listo: ***"Er ist auch nicht zufrieden"*** (**'Él tampoco está contento'**), ***"Die Uhr ist auch nicht teuer"*** (**'El reloj tampoco es caro'**). Apréndete ***"auch nicht"*** como una unidad y pronúncialo **/áuj ni(sh)t/**. Fíjate en que la ***"ch"*** de ***"auch"*** suena como la **'j'** del castellano, mientras que en ***"nicht"*** equivale al sonido **/(sh)/**.

¡Un apunte!
'No' en alemán no siempre corresponde a ***"nicht"***. Junto con sustantivos empleamos ***"kein"*** o ***"keine"***, pero de eso ya te hablaremos mañana.

TAG 8 ¡Ponte a prueba!

Tapa la columna de la derecha y traduce las siguientes frases:

Empezamos con la negación de *"ich bin"*, *"er ist"* y *"ihr seid"*. ¡Pon el audio a tope para hacerte con la pronunciación de *"nicht"*!

No estoy cansada.	**Ich bin nicht müde.**
Él no es majo.	**Er ist nicht nett.**
¿No estáis aquí?	**Seid ihr nicht hier?**

¿Te has acordado de invertir *"ihr seid"* y de decir *"seid ihr"* porque es una pregunta? La frase afirmativa sería *"Ihr seid nicht hier"*, **/ía (s)áittt ni(sh)t hhhía/**.

Ahora empezamos las frases con *"der/das... ist"* y *"die... sind"*.

La silla no es verde.	**Der Stuhl ist nicht grün.**
El libro no es caro.	**Das Buch ist nicht teuer.**
Las casas no son bonitas.	**Die Häuser sind nicht schön.**

¡La **"s"** de *"Häuser"* y la **"s"** de *"sind"* deben sonar como el zumbido lejano de una abeja!

Veamos por último frases con *"nicht"* y *"auch nicht"*.

- La puerta no es negra. - La silla tampoco es negra.	**- Die Tür ist nicht schwarz.** **- Der Stuhl ist auch nicht schwarz.**
- Las sillas no son baratas. - Las mesas tampoco son baratas.	**- Die Stühle sind nicht billig.** **- Die Tische sind auch nicht billig.**
- No estamos contentos. - Nosotros tampoco.	**- Wir sind nicht zufrieden.** **- Wir auch nicht.**

¿Has pronunciado ***"wir"*** y ***"schwarz"*** con una **'v'** vvvvibrada? Decimos **/vvvía/** y **/shhhvvvaatsss/**.

TAG 9 La negación con *kein*

Como ya te comentamos en el *Tag 8*, ***"nicht"*** no es la única forma de formar la negación en alemán. Delante de los sustantivos masculinos y de los neutros empleamos ***"kein"***, que se convierte en ***"keine"*** para los femeninos y los plurales. ¿Cómo funciona esto? Estás a punto de descubrirlo.

!?

¡Qué curioso!
"Kein" en realidad corresponde a **'no un'** y ***"keine"*** a **'no una'** y **'no unos/unas'**.

¡Un apunte!
Si colocas ***"auch"*** delante de ***"kein/keine"***, obtienes ***"auch kein/keine"*** que, al igual que ***"auch nicht"***, significa **'tampoco'**.

LA MECÁNICA

'El boli no es rojo' se dice ***"Der Kuli ist nicht rot"***, pero **'Eso no es un boli'** no se dice *"Das ist nicht ein Kuli"* sino ***"Das ist kein Kuli"***. ¡Solamente le añadimos una ***"k"*** al artículo indefinido ***"ein"***! Prueba tú: **'Eso es una puerta'** es ***"Das ist eine Tür"***, entonces **'Eso NO es una puerta'** se dice... ***"Das ist keine Tür"***, ¡efectivamente!

Para los sustantivos masculinos y los neutros empleamos ***"kein"*** y para los femeninos y los plurales, ***"keine"***.

Das ist kein Bleistift.	**Das ist keine Stadt.**	**Das ist kein Haus.**	**Das sind keine Häuser.**
Eso no es un lápiz.	Esto no es una ciudad.	Eso no es una casa.	Eso no son casas.

Veamos cómo se comportan los adjetivos que se colocan detrás de ***"kein"***, ***"keine"*** y ***"kein"*** en singular. Si te has aprendido bien las terminaciones ***"-er"***, ***"-e"*** y ***"-es"*** que vimos en el *Tag 5*, no te va a costar asimilar las siguientes porque... ¡son exactamente las mismas!

Afirmativo:		Negativo:
Das ist ein großer Tisch. Esto es una mesa grande.	→	**Das ist kein großer Tisch.** Esto **no** es una mesa grande.
Das ist eine große Stadt. Eso es una ciudad grande.	→	**Das ist keine große Stadt.** Eso **no** es una ciudad grande.
Das ist ein großes Auto. Esto es un coche grande.	→	**Das ist kein großes Auto.** Esto **no** es un coche grande.

¿Y para los plurales? Añadimos la terminación ***"-en"*** a los adjetivos. A TODOS, da igual el género. Entonces, las frases de arriba convertidas en plural se quedan en ***"Das sind keine großen Tische"***, ***"Das sind keine großen Städte"*** y ***"Das sind keine großen Autos"***.

TAG 9 ¡Ponte a prueba!

Tapa la columna de la derecha y traduce las siguientes frases:

Veamos 'no es un...' con sustantivos masculinos y neutros, que es *"das ist kein..."*. Recuerda que *"das"* a veces no se traduce al castellano, ¡pero en alemán es imprescindible!

No es un problema.	**Das ist kein Problem.**
Esto no es una silla azul y eso no es una mesa negra.	**Das ist kein blauer Stuhl und das ist kein schwarzer Tisch.**
Eso no es una casa pequeña y eso no es un coche pequeño.	**Das ist kein kleines Haus und das ist kein kleines Auto.**

¿Cuáles de estos sustantivos son masculinos? ***"Der Stuhl"*** y ***"der Tisch"***, ¡eso es!

¡A por los femeninos! 'No es una' equivale a *"das ist keine"*.

Eso no es una ciudad.	**Das ist keine Stadt.**
Esto no es una puerta verde y eso no es una puerta azul.	**Das ist keine grüne Tür und das ist keine blaue Tür.**
Eso no es un reloj barato y eso no es un móvil barato.	**Das ist keine billige Uhr und das ist kein billiges Handy.**

¿Cómo dirías **'Eso tampoco es una ciudad'**? ***"Das ist auch keine Stadt"***, *sehr gut!*

Vamos con los sustantivos plurales. *"Keine"* es igual que en femenino, pero la terminación de los adjetivos siempre es *"-en"*. ¡Marca bien la *"n"* final!

No son casas bonitas.	**Das sind keine schönen Häuser.**
No son grandes problemas.	**Das sind keine großen Probleme.**
Esto no son móviles caros y eso no son ordenadores caros.	**Das sind keine teuren Handys und das sind keine teuren Computer.**

¿Eres capaz de convertir estas frases en afirmativas? Si has estudiado bien el *Tag 6*, ¡sí! Adelante, y ojo con los adjetivos: ***"Das sind schöne Häuser"***, ***"Das sind große Probleme"***, ***"Das sind teure Handys und das sind teure Computer"***.

TAG 10 Repaso de las clases 1-9

¡Ahora puedes comprobar lo que has aprendido en las últimas nueve clases!

Traduce las frases que encontrarás a continuación, tanto en voz alta como por escrito. ¡La buena pronunciación y la agilidad oral son importantísimas! Presta atención también a la ortografía: no hay que olvidar que todos los sustantivos en alemán van en mayúscula, por ejemplo. ¿Te acordarás de qué palabras tienen un *Umlaut* (**"ä"**, **"ö"**, **"ü"**)? Sólo hay una manera de saberlo... ¡poniéndose manos a la obra!

En la traducción de este trío de frases aparecerán dos veces las letras *"st"*, que en alemán se pronuncian /shhht/.

La silla es azul. ....

¿Esto es un lápiz? ....

La casa no es negra. ....

¡Recuerda que 'ordenador' y 'ordenadores' se dicen igual en alemán!

Estoy muy contento. ....

¿Ella es alta? ....

Los móviles son baratos y los ordenadores son caros. ....
....

Los adjetivos que van detrás de *"sein"* no cambian, pero cuando acompañan a artículos sí. ¡Y se colocan siempre DELANTE de los sustantivos!

Eso es una mesa bonita. ....

Las casas son rojas y los coches son verdes. ....
....

Esto es un reloj barato y eso es un móvil caro. ....
....

TAG 10 Repaso de las clases 1-9

En la traducción de 'puerta verde' aparece dos veces nuestra bonita *"ü"* que es como una 'u' pequeñita; para lograr este sonido, ¡di una 'e' mientras pones morritos!

No es un problema, ¿no? ....

Son chicas muy majas. ....

Eso es un calendario verde, eso es una puerta verde y esto es un libro verde. ....

¡Venga, te queda poco! No olvides que las letras *"ei"* se pronuncian /ai/ y las letras *"eu"/"äu"*, /oi/. Fácil, *oder*?

¿No es una ciudad bonita? ....

Los libros no son caros y los calendarios tampoco. ....

Eso no es un libro caro y el bolígrafo tampoco. ....

Si has estudiado bien el *Tag 9* sabes que la negación con *"keine"* vale tanto para los sustantivos femeninos como para los plurales. ¡Pero ojo con los adjetivos que le siguen!

Eso no son sillas rojas. ....

Eso no es una puerta azul, es una puerta negra. ....

¿Es una pregunta? ....

Comprueba las respuestas en la página 374.

TAG 11 Presentarse

De la mano del verbo ***"heißen"*** (**'llamarse'**) y la estructura ***"Mein Name ist..."*** (**'Mi nombre es...'**) vas a aprender hoy cómo nos presentamos en alemán.

Clave de pronunciación

La ***"h"*** al principio de palabras no es muda ni suena como una **'j'**. En alemán la aspiramos; es un sonido parecido al que haces cuando echas vaho para limpiarte las gafas. ***"Hallo, ich heiße..."*** (**'Hola, me llamo...'**) se dice **/hhhálo i(sh) hhháise/**.

LA MECÁNICA

El verbo ***"heißen"*** (**'llamarse'**) se pronuncia **/hhháisennn/** y se conjuga de la siguiente manera:

ich heiße	**du heißt**	**er/sie/es heißt**	**wir heißen**	**ihr heißt**	**sie heißen**

'Me llamo' es ***"ich heiße"***, **'te llamas'** es ***"du heißt"***, **'se llaman'**, ***"sie heißen"***, etc. ¡Recuerda que no omitimos el pronombre sujeto en alemán! Para hacer la pregunta **'¿Cómo te llamas?'**, necesitas saber que **'cómo'** en alemán es ***"wie"***, **/vvvi/**. En las preguntas invertimos el sujeto y el verbo, por lo que decimos ***"Wie heißt du?"***. ¿Y cómo dirías **'¿Cómo se llama usted?'**? Eso es, ***"Wie heißen Sie?"***, con ***"Sie"*** en inicial mayúscula para diferenciarlo de ***"sie"*** (**'ellos'**/**'ellas'**).

Otra manera de decir ***"Ich heiße..."*** es ***"Mein Name ist..."***, que quiere decir **'Mi nombre es...'**. Por ejemplo, ***"Mein Name ist Diego"*** o ***"Mein Name ist Martina Sánchez"***. Empleamos sobre todo ***"Mein Name ist..."*** cuando decimos el nombre y el apellido. Ten muy presente esta estructura porque es común tratarse de usted y dirigirse a alguien con el apellido. Aunque poco a poco se está perdiendo la formalidad, en general, reservamos el ***"du"*** y el nombre de pila para la familia y los amigos.

La palabra del día: ***der Name***

"Der Name" es **'el nombre'** y se pronuncia **/déa náame/**. ***"Name"*** aparece también en ***"der Vorname"*** (**'nombre de pila'**) y en ***"der Nachname"*** (**'apellido'**). En plural, se añade una ***"-n"***: ***"die Namen"***.

¡Qué curioso!

En un ambiente formal, es muy común decir el apellido seguido de ***"mein Name"***. Por ejemplo, ***"Hallo, Meier, mein Name"***, que literalmente es 'Hola, Meier, mi nombre'.

TAG 11 ¡Ponte a prueba!

Tapa la columna de la derecha y traduce las siguientes frases:

¿Tienes claro cómo pronunciamos la *"h"* en *"Hallo"* y *"heiße"*? ¡Buen comienzo!

Me llamo Carmen.	**Ich heiße Carmen.**
Hola, me llamo Daniela.	**Hallo, ich heiße Daniela.**
¡Hola! Me llamo Thomas, ¿y tú?	**Hallo! Ich heiße Thomas, und du?**

¡Vuelve a decir las frases empleando tu nombre de pila!

¡Vamos con las preguntas! La *"w"* en alemán suena como una especie de 'f' suave. Pronuncia la pregunta *"Wie heißt du?"* /vvvi hhháistu/, enlazando *"heißt"* con *"du"*.

¿Cómo te llamas?	**Wie heißt du?**
– Hola, ¿cómo te llamas? – Me llamo Peter.	**– Hallo, wie heißt du?** **– Ich heiße Peter.**
Buenos días, ¿cómo se llama usted?	**Guten Tag, wie heißen Sie?**

No es *"gute Tag"* sino ***"guten Tag"***, ¡así que marca bien la ***"n"*** y di **/gúutennn taak/**!

"Ich heiße Andreas Schubert" **es correcto, pero al presentarnos con nombre y apellido, suena más natural *"Mein Name ist..."*.**

– Hola, ¿cómo se llama usted? – Me llamo Pedro Martínez.	**– Hallo, wie heißen Sie?** **– Mein Name ist Pedro Martínez.**
Buenos días, me llamo Andreas Schubert.	**Guten Tag, mein Name ist Andreas Schubert.**
Buenos días, me llamo Schubert [mi apellido es Schubert].	**Guten Tag, Schubert, mein Name.**

Repite las últimas dos frases con tu nombre y apellido tantas veces como sea necesario, ¡hasta que te salga sin pestañear!

TAG 12 La edad

Hoy vamos a ver cómo se dice **'tengo X años'**. Por muy raro que parezca, decimos literalmente 'Soy X años viejo': ***"Ich bin X Jahre alt"***.

Clave de pronunciación
La **"j"** en alemán no tiene NADA que ver con la **'j'** del castellano. La nuestra suena como una **'i'** o una **'y'**, por lo que ***"Jahre"*** (**'años'**) se pronuncia **/iáaje/**.

La palabra del día: ***das Jahr***
"Das Jahr", pronunciado **/das iáa/**, es **'el año'** y el plural es ***"Jahre"***, ¡una palabra que vas a practicar a tope en esta doble página!

LA MECÁNICA

Para expresar la edad en alemán, **no empleamos el verbo *"haben"*** (**'tener'**), sino ***"sein"*** (**'ser'**/**'estar'**). Detrás de la edad solemos colocar la unidad ***"Jahre alt"***, compuesta por ***"Jahre"*** (**'años'**) y el adjetivo ***"alt"*** (**'viejo'**, **'antiguo'**). ***"Jahre alt"*** se puede omitir perfectamente, fíjate:

Tengo 36 años.	**Ich bin 36 Jahre alt.**
	Ich bin 36.

Una vez asimilado que decimos ***"Ich bin... Jahre alt"***, no te sorprenderá tanto que la pregunta **'¿Cuántos años tienes?'** sea ***"Wie alt bist du?"***, literalmente '¿Cómo viejo eres?'. En el caso de tratar de **'usted'**, sería ***"Wie alt sind Sie?"***.

¿Cómo dirías entonces **'Él tiene 24 años'** y **'¿Cuántos años tenéis?'**? ***"Er ist 24 Jahre alt"*** y ***"Wie alt seid ihr?"***, *sehr gut!*

Error común
Nada de *"Ich habe 20 Jahre"*, ¡ni tampoco *"Ich bin 20 Jahre"*! O dices ***"Ich bin 20 Jahre alt"*** o ***"Ich bin 20"***. Pero no te quedes a medio camino, y sobre todo, ¡prohibido usar *"haben"*!

¡Qué curioso!
¡En inglés se expresa la edad exactamente igual que en alemán! **'Tengo 20 años'** es ***"I'm 20 years old"*** o ***"I'm 20"***. La pregunta también coincide: ***"Wie alt bist du?"*** → ***"How old are you?"***.

TAG 12 ¡Ponte a prueba!

Tapa la columna de la derecha y traduce las siguientes frases:

Si no sabes los números en alemán todavía, o necesitas repasarlos, ¡no pasa nada! Los tienes en la página 395 del apéndice. Échales un vistazo antes de traducir las frases.

Tengo 45 años.	**Ich bin 45 Jahre alt.**
Él tiene 30 años y ella tiene 32 años.	**Er ist 30 Jahre alt und sie ist 32 Jahre alt.**
Las chicas tienen 8 y 10 años.	**Die Mädchen sind 8 und 10 Jahre alt.**

Estás diciendo **/iáaje alt/**, ¿verdad?

¡Vamos con las preguntas y las respuestas!

– ¿Cuántos años tienes? – Tengo 17 años.	**– Wie alt bist du?** **– Ich bin 17 Jahre alt.**
– ¿Cuántos años tiene usted? – Tengo 29 años.	**– Wie alt sind Sie?** **– Ich bin 29 Jahre alt.**
– ¿Cuántos años tienen? – Matthias tiene 14 años y Anna tiene 15 años.	**– Wie alt sind sie?** **– Matthias ist 14 Jahre alt und Anna ist 15 Jahre alt.**

Las **"s"** de ***"sind Sie/sie"*** deben sonar de forma vibrada: **/(s)int (s)i/**.

Como ya te explicamos, se puede prescindir de *"Jahre alt"*:

Tengo 18 años.	**Ich bin 18.**
– ¿Cuántos años tiene ella? – Tiene 57 años.	**– Wie alt ist sie?** **– Sie ist 57.**
– ¿Cuántos años tenéis? – Yo tengo 21 años y él tiene 19 años.	**– Wie alt seid ihr?** **– Ich bin 21 und er ist 19.**

¿Por qué no vuelves a decir los ejemplos con ***"Jahre alt"*** para ganar aún más soltura? ¡Venga! *Los!*

TAG 13 *Kommen aus*

El hecho de **'ser de'** algún lugar, en alemán se expresa con el verbo ***"kommen"*** (**'venir'**) junto con la preposición ***"aus"***. Por ejemplo, ***"Ich komme aus Stuttgart"*** (**'Soy de Stuttgart'**).

Error común

No olvides que la ***"s"*** se pronuncia **/shhh/** cuando va seguida de una ***"t"*** o ***"p"***. ***"Spanien"*** se pronuncia **/shhhpáaniennn/**, ¡no /espanien/ ni /spanien/!

LA MECÁNICA

El primer significado de ***"kommen"*** es **'venir'**, sin embargo, al juntarlo con ***"aus"***, cobra el significado de **'ser de'**. Veamos cómo se conjuga ***"kommen"*** en presente simple:

ich komme	**du kommst**	**er/sie/es kommt**	**wir kommen**	**ihr kommt**	**sie kommen**

Entonces, **'Soy de Madrid'**, **'Somos de Berlín'** y **'¿Es usted de Frankfurt?'** se dice... ¿cómo? Efectivamente, ***"Ich komme aus Madrid"***, ***"Wir kommen aus Berlin"*** y ***"Kommen Sie aus Frankfurt?"***.

La pregunta **'¿De dónde...?'** no contiene la preposición ***"aus"***; empleamos la palabra ***"Woher...?"***, que se pronuncia **/vvvohhhéa/**. Por ejemplo, **'¿De dónde eres?'** se dice ***"Woher kommst du?"***.

Para ir cogiendo carrerilla, te dejamos una pequeña lista de países junto con su pronunciación.

Spanien	**/shhhpáaniennn/**	**England**	**/én(g)lant/**
Deutschland	**/dóichlant/**	**Portugal**	**/póatugal/**
Frankreich	**/fjánkjai(sh)/**	**Italien**	**/itáaliennn/**

¡Un apunte!

También usamos el verbo ***"sein"*** en lugar de ***"kommen"***: ***"Ich bin aus Valencia/Ich komme aus Valencia"***. En la pregunta con ***"Woher...?"*** sin embargo, sí o sí recurrimos a ***"kommen"***.

¡Otro apunte!

La preposición **'de'** en el sentido de procedencia se traduce por ***"aus"***. No la confundas con ***"von"***, (lo veremos más adelante), que es **'de'** en el sentido de pertenencia: ***"Das Buch ist von Frau Schneider"*** (**'El libro es de la señora Schneider'**).

TAG 13 ¡Ponte a prueba!

Tapa la columna de la derecha y traduce las siguientes frases:

Las letras *"ch"* en *"Frankreich"* se pronuncian igual que en *"ich"*.

Soy de España.	**Ich komme aus Spanien.**
Somos de Francia, ¿y vosotros?	**Wir kommen aus Frankreich, und ihr?**
Manuela es de Italia, Petra es de Alemania y yo soy de España.	**Manuela kommt aus Italien, Petra kommt aus Deutschland und ich komme aus Spanien.**

¡Repite las frases con ***"sein"***! ***"Ich bin aus Spanien"***, ***"Wir sind aus..."***, ¡sigue tú en voz alta!

Vamos con preguntas, así que ve practicando /kómstu áus/, /kómennn (s)i áus/ y /kómtia áus/.

¿Eres de Inglaterra?	**Kommst du aus England?**
– ¿Usted es de Francia? – No, soy de Portugal.	**– Kommen Sie aus Frankreich?** **– Nein, ich komme aus Portugal.**
– ¿Sois de Alemania? – No, somos de Inglaterra.	**– Kommt ihr aus Deutschland?** **– Nein, wir kommen aus England.**

¡La ***"n"*** final de ***"nein"*** es igual de nítida que la primera! Decimos **/náinnn/**.

Estrénate con las preguntas con *"woher"*. Son dos palabras en castellano ('de dónde'), ¡pero solamente una en alemán!

– ¿De dónde eres? – Soy de Berlín.	**– Woher kommst du?** **– Ich komme aus Berlin.**
– ¿De dónde es usted? – Soy de Múnich.	**– Woher kommen Sie?** **– Ich komme aus München.**
– ¿De dónde sois? – Rafaela es de Italia y yo soy de España.	**– Woher kommt ihr?** **– Rafaela kommt aus Italien und ich komme aus Spanien.**

¿Te sale bien decir **/vvvohhhéa/**? Practícalo un par de veces más: **/vvvohhhéa/**, **/vvvohhhéa/**.

TAG 14 La hora

'La hora' o ***"die Uhrzeit"*** se expresa con la estructura en singular ***"Es ist..."***, literalmente 'ello es...'.

¡Qué curioso!
La pregunta **'¿Qué hora es?'** para nosotros equivale a '¿Cuánto reloj ello es?' o también '¿Cómo de tarde es?': ***"Wie viel Uhr ist es?"/"Wie spät ist es?"***.

Error común
El número **'uno'** en alemán es ***"eins"***, pero **'Es la una'** no se dice *"Es ist eins Uhr"* sino ***"Es ist ein Uhr"***.

LA MECÁNICA

Cuando es la hora en punto, empleamos ***"Es ist..."*** junto con la palabra ***"Uhr"***, que también significa **'reloj'**. Por ejemplo: ***"Es ist zwei Uhr"*** (**'Son las dos'**). ¡Pero en los demás casos prescindimos de ***"Uhr"***! **'Las dos y X'** es ***"X nach zwei"*** ('X después dos') y **'las dos menos X'** es ***"X vor zwei"*** ('X antes dos'). Ocurre lo mismo con **'...y/menos cuarto'**: empleamos la palabra ***"Viertel"*** seguida de ***"vor"*** o ***"nach"***.

Es ist...
Son las...

...fünf vor drei. ...tres menos cinco.	**...zwei Uhr.** ...dos.	**...fünf nach zwei.** ...dos y cinco.
...zehn vor drei. ...tres menos diez.		**...zehn nach zwei.** ...dos y diez.
...Viertel vor drei. ...tres menos cuarto.		**...Viertel nach zwei.** ...dos y cuarto.
...zwanzig vor drei. ...tres menos veinte.		**...zwanzig nach zwei.** ... dos y veinte.
...fünfundzwanzig vor drei. ...tres menos veinticinco.	**...halb drei.** ...dos y media.	**...fünfundzwanzig nach zwei.** ...dos y veinticinco.

En el caso de **'las dos y media'**, prescindimos de ***"nach"*** y decimos literalmente 'mitad tres'. Es decir, mientras que para vosotros la referencia es la hora que ya ha empezado (las dos), para nosotros la referencia es la hora que está por venir (las tres).

La palabra del día: ***das Viertel***
"Das Viertel" no solamente significa **'cuarto'** sino también **'barrio'** y se pronuncia **/fíatel/**, con **'f'** de **'fila'**.

Clave de pronunciación
La ***"b"*** a final de palabra se pronuncia como una **'p'**, como es el caso de ***"halb"***: **/hhhalp/**.

TAG 14 ¡Ponte a prueba!

Tapa la columna de la derecha y traduce las siguientes frases:

¡Empezamos con frases sencillas! Recuerda que *"eins"* delante de *"Uhr"* se convierte en *"ein"*.

Son las siete.	**Es ist sieben Uhr.**
Es la una.	**Es ist ein Uhr.**
Son las tres.	**Es ist drei Uhr.**

También se pueden decir las frases sin *"Uhr"*: *"Es ist sieben"*, *"Es ist eins"* (*"ein"* vuelve a ser *"eins"*, *"Es ist drei"*, etc.

Practica ahora con *"vor"* y *"nach"*. No olvides que detrás de *"es ist..."* (o *"ist es"* si es pregunta) decimos los minutos y después, delante de *"vor"* o *"nach"*, la hora.

Son las siete menos veinte.	**Es ist zwanzig vor sieben.**
Es la una y diez.	**Es ist zehn nach eins.**
– ¿Son las cuatro menos cinco? – No, son las cuatro y cinco.	**– Ist es fünf vor vier?** **– Nein, es ist fünf nach vier.**

Estás pronunciado *"vor"* y *"nach"* como **/vvvóa/** y **/naaj/**, ¿verdad?

Ahora toca *"Viertel"* y *"halb"*, y además trabajamos la pregunta *"Wieviel Uhr ist es?"*, que se pronuncia así: /vvvifil úua ístes/.

– ¿Qué hora es? – Son las seis y cuarto.	**– Wie viel Uhr ist es?** **– Es ist Viertel nach sechs.**
– ¿Qué hora es? – Son las doce menos cuarto.	**– Wie viel Uhr ist es?** **– Es ist Viertel vor zwölf.**
– ¿Qué hora es? – Son las tres y media.	**– Wie viel Uhr ist es?** **– Es ist halb vier.**

¿Y cómo decimos **'Son las cuatro y media'**? *"Es ist halb fünf"*, ¡eso es!
Por último, ¡repite estos ejemplos sustituyendo *"Wie viel Uhr ist es?"* por *"Wie spät ist es?"*!

TAG 15 El verbo *haben*

Hoy vamos a ver el verbo ***"haben"*** (**'tener'**) en presente simple junto con sustantivos incontables como ***"Hunger"*** (**'hambre'**) y ***"Zeit"*** (**'tiempo'**).

La palabra del día: *viel*
"Viel" significa **'mucho'** o **'mucha'** y se pronuncia **/fiil/**. Veremos con más detenimiento el uso de ***"viel"*** en el *Tag 42*.

Error común
¡**'Tengo frío'** no se dice *"Ich habe kalt"*! Decimos ***"Mir ist kalt"***, literalmente 'Me es frío'. Lo trabajaremos en detalle en el *Tag 52*.

LA MECÁNICA

El verbo ***"haben"*** se pronuncia **/hhháabennn/** y en presente se conjuga de la siguiente manera:

ich habe	**du hast**	**er/sie/es hat**	**wir haben**	**ihr habt**	**sie haben**

Aunque en los ejemplos en la página de la derecha no aparece el género de los sustantivos, te dejamos una lista de los sustantivos que vamos a ver junto con su artículo definido y su pronunciación. Aparte de ***"der Hunger"***, ¡ninguno de los demás sustantivos coincide con el género en castellano!

der Hunger	**/déa hhhún(g)a/**	el hambre
der Durst	**/déa dúast/**	la sed
die Zeit	**/di tsssáit/**	el tiempo
die Angst	**/di án(g)st/**	el miedo

¿Cómo dirías entonces **'Tengo miedo'**? ***"Ich habe Angst"***, ¡mira qué fácil! Ya estás más que preparado/a para ir practicando con los ejemplos.

¡Qué curioso!
'El tiempo libre' en alemán es ***"die Freizeit"***, pronunciado **/fjáitsssait/**. Está compuesto por ***"frei"*** (**'libre'**) y ***"die Zeit"*** (**'el tiempo'**). Ojo, ¡es femenino!

Clave de pronunciación
Las letras ***"ng"*** (como en ***"Angst"*** o ***"Hunger"***) producen un sonido nasal en el fondo de la garganta. ¡No suena ninguna **'g'** de **'gato'**!

TAG 15 ¡Ponte a prueba!

Tapa la columna de la derecha y traduce las siguientes frases:

En estos ejemplos nos centramos en la primera y la segunda persona del singular. Asegúrate de aspirar bien la *"h"* de /hhháabe/, /hhhast/ y /hhhún(g)a/.

Tengo hambre.	**Ich habe Hunger.**
– ¿Tienes tiempo? – Sí, tengo mucho tiempo.	**– Hast du Zeit?** **– Ja, ich habe viel Zeit.**
Tengo sed, ¿y tú? ¿Tú también tienes sed?	**Ich habe Durst, und du? Hast du auch Durst?**

¿Te has acordado de colocar *"auch"* detrás del verbo?

Ahora practica con /éa hhhat/ y /(s)i hhhat/.

Él tiene miedo.	**Er hat Angst.**
Él tiene mucho tiempo libre y ella también tiene mucho tiempo libre.	**Er hat viel Freizeit und sie hat auch viel Freizeit.**
Ella tiene hambre y él tiene sed.	**Sie hat Hunger und er hat Durst.**

¡¿No habrás dicho /hhhunga/?! ¡La *"g"* no debe sonar!

Terminemos con *"wir haben"*, *"ihr habt"* y *"sie haben"*.

Tenemos hambre. ¿Vosotros también tenéis hambre?	**Wir haben Hunger. Habt ihr auch Hunger?**
Ellos tienen miedo y nosotros también.	**Sie haben Angst und wir auch.**
– ¿Tenéis tiempo? – Sí, tenemos mucho tiempo.	**– Habt ihr Zeit?** **– Ja, wir haben viel Zeit.**

Fíjate en el audio: *"habt ihr"* suena como una única palabra, y además, la *"b"* suena como una **'p'**: /hhháptia/.

TAG 16 Los adjetivos posesivos (I)

Empezamos viendo los adjetivos posesivos, es decir, el equivalente en alemán de **'mi'**, **'tu'**, **'su'**, **'nuestro'**, etc. Hoy solamente nos centramos en los adjetivos posesivos delante de **sustantivos masculinos y neutros**.

LA MECÁNICA

Al igual que **'nuestro'** se convierte en **'nuestra'** cuando le sigue un sustantivo femenino, en alemán los adjetivos posesivos cambian dependiendo del sustantivo al que acompañan. Los que van delante de sustantivos femeninos y sustantivos plurales los veremos en el próximo *Tag*; de momento te presentamos los adjetivos posesivos que van delante de **sustantivos masculinos y sustantivos neutros**:

mein	**dein**	**sein**	**ihr**	**unser**	**euer**	**ihr**
/máinnn/	**/dáinnn/**	**/(s)áinnn/**	**/ía/**	**/ún(s)a/**	**/óia/**	**/ía/**
mi	tu	su (de él)	su (de ella)	nuestro	vuestro	su (de ellos/ellas)

Veamos algunos ejemplos. Aunque es ***"der Bleistift"*** y ***"das Buch"***, decimos ***"mein Bleistift"*** y ***"mein Buch"***, sin que se 'note' que las palabras son neutras o masculinas. Traduce entonces **'tu coche'** y **'tu mesa'**, teniendo en cuenta que es ***"das Auto"*** y ***"der Tisch"***. ¿Has dicho ***"dein Auto"*** y ***"dein Tisch"***? Claro que sí, *sehr gut!*

¡Ten muuucho cuidado con la traducción de **'su'**! ***"Sein"*** SOLAMENTE lo empleamos cuando algo le pertenece a un chico. ***"Sein Buch"*** podría ser el libro de Paco, pero si es el libro de Paula, tienes que decir ***"ihr Buch"***. En plural, sin embargo, no diferenciamos; **'su libro'** de ellos o de ellas, en cualquier caso decimos ***"ihr Buch"***.

¿Y **'su libro'** de usted/ustedes? Tampoco es *"sein Buch"*, ¡ojo! Empleamos el posesivo de la tercera persona del plural escrito en mayúscula, por lo que **'su libro'** de usted/ustedes es ***"Ihr Buch"***.

Error común

No confundas el pronombre sujeto ***"ihr"*** (**'vosotros'**) con el adjetivo posesivo ***"ihr"***, que puede ser **'su'** de ella, de ellos o de ellas.

La palabra del día: *das Problem*

No hace falta ni explicar el significado de ***"Problem"***, ¡pero sí decirte que no es *"der Problem"* sino ***"das Problem"***! Se pronuncia **/pjobléemmm/** y en plural hablamos de ***"die Probleme"***.

TAG 16 ¡Ponte a prueba!

Tapa la columna de la derecha y traduce las siguientes frases:

Empezamos con *"mein"*, *"dein"* y *"sein"* porque riman de una forma muy bonita. Exagera la *"n"* final y di /máinnn/, /dáinnn/, /(s)áinnn/.

Ése es mi boli y éste es mi libro.	**Das ist mein Kuli und das ist mein Buch.**
– ¿Éste es tu móvil? – No, es su móvil (de él).	**– Ist das dein Handy?** **– Nein, das ist sein Handy.**
Mi padre se llama Wolfgang, tu padre se llama Andreas y su padre (de él) se llama Thomas.	**Mein Vater heißt Wolfgang, dein Vater heißt Andreas und sein Vater heißt Thomas.**

¿Cuáles de estos sustantivos son masculinos? ***"Kuli"*** y ***"Vater"***, eso es.

Fíjate ahora en 'su' de ella, de ellos y de usted.

Éste de aquí es su lápiz (de él) y ése de allí es su lápiz (de ella).	**Das hier ist sein Bleistift und das da ist ihr Bleistift.**
Éstos son Daniel y Patrick. Su padre es de Bremen.	**Das sind Daniel und Patrick. Ihr Vater kommt aus Bremen.**
No es su problema (de usted/ustedes).	**Das ist nicht Ihr Problem.**

¿Has notado que usamos ***"Das sind..."*** para presentar a dos o más personas? En singular usamos: ***"Das ist Alejandro"*** (**'Éste es Alejandro'**).

Por último, nos centramos en *"unser"* ('nuestro') y *"euer"* ('vuestro'). ¡La *"s"* de *"unser"* se pronuncia de forma vibrada!

Éste es nuestro coche y esa es vuestra casa.	**Das ist unser Auto und das ist euer Haus.**
No es vuestro problema, es nuestro problema.	**Das ist nicht euer Problem, das ist unser Problem.**
– ¿De dónde es vuestro padre? – Nuestro padre es de Inglaterra.	**– Woher kommt euer Vater?** **– Unser Vater kommt aus England.**

¿Un truco para recordar ***"euer"***? ¡Se pronuncia como **'oiga'** sin la **'g'**!

TAG 17 Los adjetivos posesivos (II)

Después de familiarizarte con los adjetivos posesivos que van delante de sustantivos masculinos y neutros, veamos ahora cómo cambian delante de **sustantivos femeninos y plurales**.

LA MECÁNICA

En el *Tag 16* has visto los adjetivos posesivos ***"mein"***, ***"dein"***, ***"sein"***, ***"ihr"***, ***"unser"***, ***"euer"*** e ***"ihr"***, que acompañan a los sustantivos masculinos y a los neutros. Pues cuando acompañan a **sustantivos femeninos y a sustantivos plurales**, se les añade una ***"e"***. ***"Euer"*** cambia ligeramente, ya que no es *"euere"* sino ***"eure"***, fíjate:

meine	deine	seine	ihre	unsere	eure	ihre
/máine/	/dáine/	/(s)áine/	/íije/	/ún(s)aje/	/óije/	/íije/
mi/mis	tu/tus	su/sus (de él)	su/sus (de ella)	nuestra/ nuestros/ nuestras	vuestra/ vuestros/ vuestras	su/sus (de ellos/ellas)

Veamos estos ejemplos para reunir todos los adjetivos posesivos:

masculino	femenino	neutro	plural
der Tisch	**die Uhr**	**das Haus**	**die Kinder**
→ **mein Tisch**	→ **meine Uhr**	→ **mein Haus**	→ **meine Kinder**
→ **dein Tisch**	→ **deine Uhr**	→ **dein Haus**	→ **deine Kinder**
→ **sein Tisch**	→ **seine Uhr**	→ **sein Haus**	→ **seine Kinder**
→ **ihr Tisch**	→ **ihre Uhr**	→ **ihr Haus**	→ **ihre Kinder**
→ **unser Tisch**	→ **unsere Uhr**	→ **unser Haus**	→ **unsere Kinder**
→ **euer Tisch**	→ **eure Uhr**	→ **euer Haus**	→ **eure Kinder**
→ **ihr Tisch**	→ **ihre Uhr**	→ **ihr Haus**	→ **ihre Kinder**

De nuevo, te recordamos que la forma de cortesía se comporta siempre como la tercera persona del plural, ¡sólo que lo escribimos en mayúscula! **'Su reloj'** de usted(es) y **'sus hijos'** de usted(es) en alemán es ***"Ihre Uhr"*** e ***"Ihre Kinder"***, respectivamente.

La palabra del día: ***die Eltern***
"Die Eltern", pronunciado **/éltannn/**, significa **'los padres'**, es decir, el conjunto de ***"die Mutter"*** (**'la madre'**) y ***"der Vater"*** (**'el padre'**). ***"Die Väter"***, el plural de ***"Vater"***, solamente hace referencia a los padres hombres.

¡Un apunte!
"Kinder" es el término general para **'hijos e hijas'**, pero podemos diferenciar entre ***"Söhne"*** (**'hijos'** varones) y ***"Töchter"*** (**'hijas'**), cuyas formas en singular son ***"der Sohn"*** (**'el hijo'** varón) y ***"die Tochter"*** (**'la hija'**).

TAG 17 ¡Ponte a prueba!

Tapa la columna de la derecha y traduce las siguientes frases:

Empezamos con *"meine"*, *"deine"* y *"seine"*, que acompañan a *"die Jacke"* ('chaqueta'), *"die Eltern"* ('padres') y *"die Schuhe"* ('zapatos').

– ¿Es tu chaqueta? – Sí, es mi chaqueta.	**– Ist das deine Jacke? – Ja, das ist meine Jacke.**
– ¿De dónde son tus padres? – Mis padres son de Francia.	**– Woher kommen deine Eltern? – Meine Eltern kommen aus Frankreich.**
Su chaqueta (de él) es verde y sus zapatos son negros.	**Seine Jacke ist grün und seine Schuhe sind schwarz.**

¿Has escuchado bien el audio? *"Jacke"* se pronuncia **/iáke/** y *"Schuhe"*, **/shhhúue/**. Por cierto, el singular de *"Schuhe"* es *"der Schuh"*, **/déa shhhu/**.

¡Veamos ahora los distintos usos de *"ihre"* e *"Ihre"*! No olvides que *"sein"* solamente vale para expresar 'su' de él.

Ésta es su chaqueta (de él) y ésa es su chaqueta (de ella).	**Das ist seine Jacke und das ist ihre Jacke.**
– ¿Ése es su reloj? – Sí, es mi reloj.	**– Ist das Ihre Uhr? – Ja, das ist meine Uhr.**
(Éstos) son Tobias y Anne. Sus padres se llaman Eva y Walter.	**Das sind Tobias und Anne. Ihre Eltern heißen Eva und Walter.**

La última frase también se podría expresar así: ***"Ihr Vater heißt Walter und ihre Mutter heißt Eva"***.

¡De la mano de *"unsere"* y *"eure"* damos un último empujón a los adjetivos posesivos!

Nuestra puerta es roja y vuestra puerta es azul.	**Unsere Tür ist rot und eure Tür ist blau.**
– ¿De dónde son vuestros padres? – Nuestros padres son de Austria.	**– Woher kommen eure Eltern? – Unsere Eltern kommen aus Österreich.**
– ¿Cuántos años tienen sus hijos? – Nuestros hijos tienen 4 y 7 años.	**– Wie alt sind Ihre Kinder? – Unsere Kinder sind 4 und 7 Jahre alt.**

Para repasar cómo decimos la edad en alemán, echa un vistazo al *Tag 12*.

TAG 18 Los pronombres posesivos

En los *Tage 16* y *17* has visto dos tandas de adjetivos posesivos. ¡Vamos a acelerar un poco el ritmo! Hoy vas a conocer todos los pronombres posesivos.

La palabra del día: ***der Mantel***
No, no, ***"ein Mantel"*** no es 'un mantel', ¡sino **'un abrigo'**! Se pronuncia **/mántel/** y su plural es ***"Mäntel"***, **/méntel/**. **'El mantel'** por cierto es ***"die Tischdecke"***.

LA MECÁNICA

Tenemos una buena y una mala noticia. Empezamos con la buena: los pronombres posesivos femeninos y los plurales (**'mía'**, **'míos'**, **'mías'**) de nuevo coinciden, ¡y encima son los mismos que los adjetivos posesivos que acabas de ver en el *Tag* anterior! Mira: decimos ***"meine Jacke"*** y ***"meine Eltern"*** así como ***"das ist meine"*** (**'ésa es mía'**) y ***"das sind meine"*** (**'ésos son míos/mías'**).

La mala noticia es que los pronombres posesivos masculinos y neutros son distintos entre sí, y ninguno de ellos coincide con los adjetivos posesivos que vimos en el *Tag 16*. Es ***"mein Vater"*** y ***"mein Auto"***, pero ***"das ist meiner"*** (**'ese es mío'** masculino) y ***"das ist meins"*** (**'ese es mío'** neutro). ¡Veamos una bonita tabla!

masculino	femenino	neutro	plural
meiner (mío)	**meine** (mía)	**meins** (mío)	**meine** (míos/mías)
deiner (tuyo)	**deine** (tuya)	**deins** (tuyo)	**deine** (tuyos/tuyas)
seiner (suyo)*	**seine** (suya)	**seins** (suyo)	**seine** (suyos/suyas)
ihrer (suyo)*	**ihre** (suya)	**ihres** (suyo)	**ihre** (suyos/suyas)
unserer (nuestro)	**unsere** (nuestra)	**unseres** (nuestro)	**unsere** (nuestros/as)
eurer (vuestro)	**eure** (vuestra)	**eures** (vuestro)	**eure** (vuestros/as)
ihrer (suyo)*	**ihre** (suya)	**ihres** (suyo)	**ihre** (suyos/suyas)

* ***"Seiner/seine/seins"*** y sus derivados hacen referencia a algo que le pertenece a él, e ***"ihrer/ihre/ihres"*** a algo perteneciente a ella, ellos o ellas.

¡Recuerda!
Ya sabes que es ***"euer Vater"*** y ***"euer Buch"***, pero ***"eure Uhr"*** y ***"eure Eltern"***. En los pronombres posesivos, ***"euer"*** también pierde una **"e"**, ya que es ***"eurer/eure/eures/eure"***.

Error común
NUNCA colocamos el artículo delante de los pronombres posesivos, ¡así que no digas *"der meiner"* o *"das meins"*! **'El mío'** es ***"meiner"*** o ***"meins"***, a secas.

TAG 18 ¡Ponte a prueba!

Tapa la columna de la derecha y traduce las siguientes frases:

En estas frases vamos a usar los pronombres posesivos que hacen referencia a cosas masculinas, como por ejemplo a *"der Mantel"* ('el abrigo').

– ¿Es tu abrigo? – No, no es el mío, es el suyo (de él).	**– Ist das dein Mantel?** **– Nein, das ist nicht meiner, das ist seiner.**
– ¿Es el mío o el tuyo? – Es el suyo (de ella/ellos).	**– Ist das meiner oder deiner?** **– Das ist ihrer.**
– ¿Es el vuestro o el nuestro? – Es el suyo (de él).	**– Ist das eurer oder unserer?** **– Das ist seiner.**

¿Estás pronunciando la terminación ***"-er"*** como una **'a'**? *Sehr gut!*

A continuación mezclamos los pronombres posesivos femeninos y plurales, ¡que son iguales!

– ¿Es tu chaqueta? – No, no es mía, es suya (de ella/ellos).	**– Ist das deine Jacke?** **– Nein, das ist nicht meine, das ist ihre.**
– ¿Son sus zapatos (de él) o los tuyos? – Son míos.	**– Sind das seine Schuhe oder deine?** **– Das sind meine.**
– ¿Son suyos (de usted/es) o nuestros? – Son suyos (de usted/es).	**– Sind das Ihre oder unsere?** **– Das sind Ihre.**

¡La **"s"** de ***"sind"***, ***"seine"*** y ***"unsere"*** debe sonar como el zumbido de una abeja!

¡Terminamos con los neutros!

– ¿Es tu coche? – No, no es mío, es suyo (de él).	**– Ist das dein Auto?** **– Nein, das ist nicht meins, das ist seins.**
El mío es verde, el tuyo es negro, el suyo (de él) es azul y el suyo (de ella/ellos) es rojo.	**Meins ist grün, deins ist schwarz, seins ist blau und ihrs ist rot.**
El nuestro es pequeño y el vuestro es grande.	**Unseres ist klein und eures ist groß.**

Vuelve a decir el segundo ejemplo en masculino: ***"Meiner ist grün, deiner ist..."***, ¡sigue tú!

TAG 19 El genitivo sajón

En lugar de decir ***"das Buch von Paula"*** (**'el libro de Paula'**), en alemán podemos añadir una ***"s"*** al nombre y decir: ***"Paulas Buch"***. Es lo que se conoce como genitivo sajón, una peculiaridad lingüística que el alemán comparte con el inglés.

Las palabras del día: ***der Geburtstag & die Hauptstadt***

¡Aquí tienes dos sustantivos compuestos estupendos! Una vez que conozcas las partes que los componen, adivinarás enseguida su significado. ***"Geburts-"*** (**'de nacimiento'**) + ***"Tag"*** (**'día'**) equivale a... ¡**'cumpleaños'**, claro! Y al juntar ***"haupt-"*** (**'principal'**) con ***"Stadt"*** (**'ciudad'**) obtenemos... ¡**'capital'**! ***"Geburtstag"*** se pronuncia **/guebúatstaak/** y ***"Hauptstadt"***, **/hhháuptshhhtat/**.

LA MECÁNICA

La ***"s"*** del genitivo sajón en alemán SOLAMENTE se puede aplicar a nombres propios, como ***"Laura"***, ***"Deutschland"*** o ***"Barcelona"***: ***"Lauras Auto"*** (**'el coche de Laura'**), ***"Deutschlands Hauptstadt"*** (**'la capital de Alemania'**) o ***"Barcelonas Hafen"*** (**'el puerto de Barcelona'**). Esto no quiere decir que ***"das Auto von Laura"***, ***"die Hauptstadt von Deutschland"*** y ***"der Hafen von Barcelona"*** sean incorrectos; el genitivo sajón simplemente es otra manera de decirlo y muchas veces preferimos usarlo porque es más corto.

Tienes que tener tres cosas muy claras sobre el genitivo sajón:

- La ***"s"*** se añade al nombre propio sin apóstrofo: ***"Philips Geburtstag"***.
- Si el nombre ya termina en ***"s"*** o en una consonante cuyo último sonido es **/s/**, como la ***"z"***, **/tsss/** o la ***"x"***, **/ks/**, la palabra permanece intacta y se añade un apóstrofo al final: ***"Nils' Eltern"***, ***"Fritz' Bücher"***.
- Repetimos: a diferencia del inglés, solamente podemos añadir una ***"s"*** a **nombres propios**. Por ejemplo, no digas *"meine Mutters Buch"* como equivalente de **'el libro de mi madre'**. Habría que decir ***"das Buch meiner Mutter"*** (algo que trabajaremos en los *Tage 148* y *149*). ***"Mamas Buch"***, en cambio, sí es correcto, ya que ***"Mama"*** (**'Mamá'**) se considera un nombre propio.

Error común

No empleamos ningún artículo en el genitivo sajón: ¡*"der Phillips Geburtstag"* suena horripilante!

TAG 19 ¡Ponte a prueba!

Tapa la columna de la derecha y traduce las siguientes frases:

Empecemos con algo que es 'de Maria', 'de Peter', 'de Lisa' y 'de Mamá/Papá'.

El coche de Maria es azul y el coche de Peter es verde.	**Marias Auto ist blau und Peters Auto ist grün.**
- ¿El cumpleaños de Lisa es el miércoles? - No, su cumpleaños es el jueves.	**- Ist Lisas Geburtstag am Mittwoch?** **- Nein, ihr Geburtstag ist am Donnerstag.**
- ¿Es el abrigo de Mamá? - No, es el abrigo de Papá.	**- Ist das Mamas Mantel?** **- Nein, das ist Papas Mantel.**

¿Te has dado cuenta de que no decimos *"der Mittwoch"* y *"der Donnerstag"* sino ***"am Mittwoch"*** y ***"am Donnerstag"***?

Veamos ahora nombres que terminan en el sonido /s/, a los que les añadimos un apóstrofo.

El cumpleaños de Thomas es el sábado.	**Thomas' Geburtstag ist am Samstag.**
Ésa no es la chaqueta de Lucas.	**Das ist nicht Lucas' Jacke.**
Los padres de Felix son de Austria.	**Felix' Eltern kommen aus Österreich.**

¿***"Österreich"*** significa **'Austria'**? Pues sí, ¡vaya tela! Escucha bien el audio, decimos **/ööstajái(sh)/**.

Usa el genitivo sajón ahora con países y ciudades que también son nombres propios.

La capital de Alemania es Berlín.	**Deutschlands Hauptstadt ist Berlin.**
El puerto de Hamburgo es muy grande.	**Hamburgs Hafen ist sehr groß.**
El puerto de Cádiz no es muy grande.	**Cádiz' Hafen ist nicht sehr groß.**

No te olvides de aspirar las ***"h"*** en **/hhháuptshhhtat/**, **/hhhámbuaks/** y **/hhháafennn/**.

TAG 20 Repaso de las clases 11-19

¡Averigua si has asimilado bien lo que has estudiado en las últimas nueve clases!

Has aprendido muchas cosas: desde cómo nos presentamos (***"Ich heiße..."***, ***"Mein Name ist..."***) y cómo expresamos la hora (***"Es ist..."***), la edad (***"Ich bin... Jahre alt"***) o la procedencia (***"Ich komme aus..."***), hasta los adjetivos y los pronombres posesivos (***"mein Bleistift"*** – ***"meiner"***). ¡Y por supuesto también has conocido al verbo ***"haben"***!

Dale caña y traduce las siguientes frases, tanto en voz alta como por escrito.

¡No olvides invertir el sujeto y el verbo si se trata de una pregunta!

¿Es el móvil de Petra o el tuyo?	....
Hola, me llamo Michael. ¿Cómo te llamas?	....
Mis padres tienen 49 años.	....

¿Te acuerdas del falso amigo que en alemán significa 'abrigo'?

¿De dónde eres?	....
Mi abrigo es negro, mi chaqueta es verde y mis zapatos son azules.	....
Tengo hambre, ¿y vosotros?	....

Había dos formas de preguntar '¿Qué hora es?', ¿las recuerdas? Emplea la de *"Wie spät...?"* en el segundo ejemplo.

Su padre (de él) es de Inglaterra y su madre es de España.	....
- ¿Qué hora es? - Son las cinco.	....
Buenos días, me llamo Beatriz González.	....

TAG 20 Repaso de las clases 11-19

¡Ya queda menos! Ten en cuenta que 'Esto es...' en alemán se dice igual que 'Es...' seguido de un nombre.

Él tiene mucho tiempo libre.	....
Es Lisa. Su padre es de Alemania.	....
Es Pedro. Su madre se llama Carmen.	....

En el último ejemplo, traduce la pregunta utilizando *"Wie viel...?"*, que se pronuncia con *"w"* vibrada y 'f': /vvvifiil/.

- ¿Es el suyo (de él) o el suyo (de ella)? (El ordenador) - Es el suyo (de ella/ellos).	....
La suya (de él) es barata y la nuestra es cara.	....
- ¿Qué hora es? - Son las diez y cuarto.	....

En la primera frase usa el genitivo sajón. Ojo, ¡no aparece *"der"* por ningún lado!

El cumpleaños de Sebastian es el domingo.	....
¿Cuántos años tiene tu padre?	....
- ¿Son sus hijos (de usted)? - Sí, son míos.	....

Comprueba las respuestas en la página 374.

TAG 21 Los adjetivos detrás de *der, die, das & die*

Hoy vamos a ver cómo declinamos los adjetivos cuando aparecen detrás de los artículos definidos ***"der"***, ***"die"***, ***"das"*** y el plural ***"die"***.

Error común
Nada de *"der roter..."* o *"das kleines..."*, ¡cuando los adjetivos van detrás de ***"der"***, ***"die"*** y ***"das"*** no se declinan igual que con los artículos indefinidos ***"ein"***, ***"eine"*** y ***"ein"***!

LA MECÁNICA

En el *Tag 5* has aprendido cómo se modifican los adjetivos cuando van detrás de ***"ein"***, ***"eine"*** y ***"ein"***. Son tres terminaciones distintas: ***"-er"*** en masculino, ***"-e"*** en femenino y ***"-es"***. Ahora bien, detrás de ***"der"***, ***"die"*** y ***"das"***, **los adjetivos terminan siempre en *"-e"***:

ein roter Mantel	un abrigo rojo	**der rote Mantel**	el abrigo rojo
eine rote Tür	una puerta roja	**die rote Tür**	la puerta roja
ein rotes Auto	un coche rojo	**das rote Auto**	el coche rojo

¡Vamos a practicar un poco! ¿Cómo dirías **'la mesa pequeña'**, **'la puerta negra'** y **'la casa bonita'**? *Fantastisch*: ***"der kleine Tisch"***, ***"die schwarze Tür"*** y ***"das schöne Haus"***. ¿Y si pones delante los artículos indefinidos? Eso es: ***"ein kleiner Tisch"***, ***"eine schwarze Tür"*** y ***"ein schwarzes Haus"***.

Por otra parte, ten en cuenta que los adjetivos detrás de ***"die"*** en plural terminan en ***"-en"***. Como ya sabes, en plural da igual el género: es ***"die roten Mäntel"***, ***"die roten Türen"*** y ***"die roten Autos"***.

La palabra del día: *weiß*
"Weiß" significa **'blanco'** y se pronuncia **/vvváis/**. ***"Weiß"*** por cierto coincide con la primera y la tercera persona del singular del verbo ***"wissen"*** (**'saber'**): ***"Ich weiß"*** (**'yo sé'**), ***"er/sie weiß"*** (**'él/ella sabe'**).

Clave de pronunciación
La **"e"** no acentuada a final de palabra es muy corta y suena apagada, ya que apenas abrimos la boca al decirla. La **"e"** de ***"rote"***, ***"schwarze"*** o ***"große"*** no suena como la **"e"** de ***"nett"***, ¡escucha cómo la decimos en el audio!

TAG 21 ¡Ponte a prueba!

Tapa la columna de la derecha y traduce las siguientes frases:

Empezamos con los adjetivos *"neu"*, *"klein"* y *"weiß"*. No olvides que las letras *"eu"* se pronuncian /oi/ y las letras *"ei"*, /ai/.

El ordenador nuevo está aquí.	**Der neue Computer ist hier.**
La niña pequeña es muy maja.	**Das kleine Mädchen ist sehr nett.**
Mi chaqueta es la blanca.	**Meine Jacke ist die weiße.**

¿Te has acordado de que *"Mädchen"* es un sustantivo neutro?

Seguimos con *"der/die/das..."* en singular, y aprovechamos para repasar los pronombres posesivos que vimos en el *Tag 18*.

El abrigo verde es mío.	**Der grüne Mantel ist meiner.**
El reloj pequeño es mío.	**Die kleine Uhr ist meine.**
– ¿El móvil blanco es tuyo? – No, el móvil negro es mío.	**– Ist das weiße Handy deins?** **– Nein, das schwarze Handy ist meins.**

Decimos **/hhhéndi/**, con una *"h"* aspirada ¡que no tiene nada que ver con la 'j' del castellano!

Para terminar, practica con los sustantivos plurales. Asegúrate de marcar bien la *"n"* de la terminación *"-en"* cuando la pronuncies.

Las casas pequeñas son bonitas.	**Die kleinen Häuser sind schön.**
Los libros antiguos son míos.	**Die alten Bücher sind meine.**
– ¿Los zapatos verdes son nuevos? – No, los zapatos azules son nuevos.	**– Sind die grünen Schuhe neu?** **– Nein, die blauen Schuhe sind neu.**

¡Vuelve a decir todas las frases en singular! Venga va: **"Das kleine Haus ist schön"**, **"Das alte Buch ist meins"**,...

TAG 22 *Welcher, welche, welches & welche*

De la mano de ***"Welcher/Welche/Welches/Welche...?"***, vas a ver cómo se hacen preguntas del tipo **'¿Cuál de los móviles es nuevo?'**, **'¿Cuál es tuyo?'** o **'¿Cuáles son tuyos?'**.

La palabra del día: ***das Fahrrad***
"Das Fahrrad" es **'la bicicleta'** y, al igual que *"das Auto"* (**'el coche'**), es neutro. Se pronuncia **/fáajad/** y el plural es *"Fahrräder"*, **/fáajeeda/**. Lleva dentro la palabra *"das Rad"* (**'la rueda'**), cuyo plural también es *"Räder"*. ¡Acabas de aprender dos sustantivos por el precio de uno!

LA MECÁNICA

'¿Qué...?' o **'¿Cuál/cuáles de los...?' + sustantivo** en alemán se expresa con ***"Welcher...?"*** para sustantivos masculinos, ***"Welches...?"*** para los neutros, y ***"Welche...?"*** para los femeninos y los plurales. ***"Welcher"*** y sus derivados también pueden aparecer por sí solos sin que les siga un sustantivo. En este caso se traducen simplemente por **'cuál'** o **'cuáles'**:

masculino:	**Welcher Bleistift ist deiner?** ¿Cuál de los lápices es tuyo?	**Welcher ist deiner?** ¿Cuál es tuyo?
femenino:	**Welche Jacke ist deine?** ¿Cuál de las chaquetas es tuya?	**Welche ist deine?** ¿Cuál es tuya?
neutro:	**Welches Auto ist deins?** ¿Cuál de los coches es tuyo?	**Welches ist deins?** ¿Cuál es tuyo?
plural:	**Welche Schuhe sind deine?** ¿Cuáles de los zapatos son tuyos?	**Welche sind deine?** ¿Cuáles son tuyos?

Clave de pronunciación
"Welch-" se pronuncia **/vvvel(sh)/**, con una **'v'** vibrada y con el sonido suave **/(sh)/** que encontramos también en *"ich"*. Las letras ***"ch"*** se pronuncian de forma algo parecida a las letras ***"sch"***, ¡pero sonriendo!

¡Un apunte!
En castellano suena más natural **'¿Cuál es tu silla?'**, pero ***"Welcher ist dein Stuhl?"*** en alemán queda forzado. Si usas un sustantivo, colócalo detrás de las variantes de ***"welch-"***: ***"Welcher Stuhl ist deiner?"***.

TAG 22 ¡Ponte a prueba!

Tapa la columna de la derecha y traduce las siguientes frases:

Empezamos con sustantivos masculinos, por lo que ve practicando con la pronunciación de /vvvél(sh)a/. Los ejemplos van a ser un repaso perfecto de lo que acabas de aprender en los *Tage 18* y *21*.

¿Cuál de los ordenadores es nuevo, el pequeño o el grande?	**Welcher Computer ist neu, der kleine oder der große?**
¿Cuál de los bolígrafos es tuyo, el rojo o el azul?	**Welcher Kugelschreiber ist deiner, der rote oder der blaue?**
¿Cuál es el suyo (de usted)?	**Welcher ist Ihrer?**

Si *"Ihrer"* estuviera escrito en minúscula, la pregunta significaría **'¿Cuál es el suyo (de ella/ellos)?'**.

¡A por los sustantivos neutros!

¿Cuál de los móviles es tuyo, el blanco o el negro?	**Welches Handy ist deins, das weiße oder das schwarze?**
¿Cuál de las bicicletas es suya (de él), la azul o la verde?	**Welches Fahrrad ist seins, das blaue oder das grüne?**
¿Cuál es mío?	**Welches ist meins?**

Para pronunciar *"Fahrrad"* has dicho **/fáajad/**, *oder? Super!*

Por último, vamos con los sustantivos femeninos y con los plurales, por lo que es el turno de *"welche"*, /vvvél(sh)e/.

¿Cuál de las chaquetas es tuya, la blanca o la verde?	**Welche Jacke ist deine, die weiße oder die grüne?**
¿Cuáles de los zapatos son tuyos, los rojos o los negros?	**Welche Schuhe sind deine, die roten oder die schwarzen?**
¿Cuáles de las bicicletas son vuestras?	**Welche Fahrräder sind eure?**

¿Te has acordado de la terminación ***"-en"*** de los adjetivos detrás de ***"die"*** plural?

TAG 23 Los determinantes *dieser, diese, dieses & diese*

Hoy veremos cómo decimos en alemán los determinantes **'este'** y **'esta'** cuando van seguidos de un sustantivo. Según el número y el género, empleamos ***"dieser"***, ***"diese"*** o ***"dieses"***.

Clave de pronunciación
La ***"s"*** entre vocales casi siempre se pronuncia de forma vibrada en alemán. ¡Y los determinantes ***"dieser"***, ***"diese"*** y ***"dieses"*** no son una excepción! Decimos **/dii(s)a/**, **/dii(s)e/** y **/dii(s)es/**. No olvides tampoco que la combinación ***"ie"*** suena como una **'i'** alargada.

La palabra del día: ***kaputt***
"Kaputt" significa **'roto'** y se pronuncia como se escribe. De forma coloquial también lo usamos con el sentido de ***"erschöpft"*** (**'agotado'**): ***"Ich bin kaputt"*** (**'Estoy hecho polvo'**).

LA MECÁNICA

A estas alturas seguro que ya has adivinado que ***"dieser"*** va delante de sustantivos masculinos, ***"dieses"*** de los neutros y ***"diese"*** de los femeninos y de los plurales:

dieser Mann	este hombre
diese Frau	esta mujer
dieses Kind	este niño/a
diese Kinder	estos niños

Ten en cuenta que ***"dieser/diese/dieses/diese"*** normalmente van seguidos de un sustantivo, ya que son determinantes. Si quieres decir los pronombres **'éste'**, **'ésta'**, **'éstos'** o **'éstas'** a secas, emplea los artículos definidos junto con ***"hier"*** (**'aquí'**): ***"Der hier ist teuer"*** (**'Éste es caro'**), ***"Die hier sind kaputt"*** (**'Éstos están rotos'**), por ejemplo. Y, si cambias ***"hier"*** por ***"da"***, obtienes el equivalente de **'ése'** o **'aquél'**: ***"Der da ist teuer"*** (**'Ése es caro'**), ***"Die da sind kaputt"*** (**'Ésos están rotos'**).

¡Un apunte!
Detrás de ***"dieser/diese/dieses/diese"*** los adjetivos se comportan igual que detrás de ***"der/die/das/die"***: ***"dieser schöne Tisch"***, ***"diese schöne Jacke"***, ***"dieses schöne Auto"***, ***"diese schönen Schuhe"***.

Clave del método Vaughan
Nuestro método está basado en la práctica. No vale de mucho leer una explicación si no la trabajas después. Cada nuevo capítulo te permite crear tus propias frases con los nuevos elementos que vas aprendiendo. ¡Aprovéchalo y empieza a usar ***"dieser/diese/dieses/diese"*** con todo lo que ves a tu alrededor!

TAG 23 ¡Ponte a prueba!

Tapa la columna de la derecha y traduce las siguientes frases:

Empezamos con *"dieser"* seguido de sustantivos masculinos. ¡No olvides que la "s" es vibrada!

Esta silla está rota.	**Dieser Stuhl ist kaputt.**
Este abrigo no es bonito.	**Dieser Mantel ist nicht schön.**
¿Cuántos años tiene este ordenador?	**Wie alt ist dieser Computer?**

¡Vuelve a decir las frases sustituyendo ***"dieser Stuhl/Mantel/Computer"*** por ***"der hier"*** (**'este'**)!

Mezclamos los sustantivos femeninos y los plurales porque *"diese"* nos vale para los dos.

Esta chaqueta es cara.	**Diese Jacke ist teuer.**
Este reloj no está roto.	**Diese Uhr ist nicht kaputt.**
Estos ordenadores tampoco están rotos.	**Diese Computer sind auch nicht kaputt.**

¿Te acuerdas de que **'tampoco'** en alemán es 'también no'?

Terminamos con *"dieses"* + sustantivos neutros. La primera "s" es vibrada, pero la segunda no: /díi(s)es/.

¿Cómo se llama esta niña?	**Wie heißt dieses Mädchen?**
Este libro es muy antiguo.	**Dieses Buch ist sehr alt.**
Esta bicicleta no está rota.	**Dieses Fahrrad ist nicht kaputt.**

¿Cómo dirías estas frases en plural? ***"Wie heißen diese Mädchen?"***, ***"Diese Bücher sind sehr alt"*** y ***"Diese Fahrräder sind nicht kaputt"***... *sehr gut!*

TAG 24 El presente simple (I)

Vamos a ver cómo se conjugan los verbos regulares terminados en ***"-en"*** en presente simple.

Las palabras del día: ***heute & morgen***
"Heute" significa **'hoy'** y se pronuncia **/hhhóite/**. *"Morgen"* significa **'mañana'** y se pronuncia **/móaguennn/**. *"Der Morgen"* (¡en masculino!) además es **'la mañana'**, por lo que *"Guten Morgen"* (**'Buenos días'**) solamente se dice por la mañana.

LA MECÁNICA

Todos los verbos en alemán terminan en ***"-n"***, y la mayoría termina en ***"-en"***. Los verbos regulares terminados en ***"-en"*** se conjugan cambiando dicha terminación por ***"-e"***, ***"-st"***, ***"-t"***, ***"-en"***, ***"-t"*** y ***"-en"***, según la persona.

	machen (hacer)	**wohnen** (vivir/residir)	**bleiben** (quedarse)	**schreiben** (escribir)	**kommen** (venir)
ich	**mache**	**wohne**	**bleibe**	**schreibe**	**komme**
du	**machst**	**wohnst**	**bleibst**	**schreibst**	**kommst**
er/sie/es	**macht**	**wohnt**	**bleibt**	**schreibt**	**kommt**
wir	**machen**	**wohnen**	**bleiben**	**schreiben**	**kommen**
ihr	**macht**	**wohnt**	**bleibt**	**schreibt**	**kommt**
sie	**machen**	**wohnen**	**bleiben**	**schreiben**	**kommen**

El presente simple en alemán para:

- hablar de algo que tiene lugar en el presente:

Er wohnt in Düsseldorf.	Él vive en Düsseldorf.
Er macht Hausaufgaben.	Está haciendo los deberes.

- hablar de hábitos:

Meine Mutter kommt oft.	Mi madre viene a menudo.

- hablar de un futuro próximo:

Ich bleibe morgen zuhause.	Mañana me quedo en casa.

¡Qué curioso!
En el lenguaje hablado, muchas veces omitimos la ***"e"*** de la primera persona del singular. Decimos por ejemplo *"ich wohn"*, *"ich mach"* o *"ich bleib"*.

¡Un apunte!
Solemos colocar los adverbios de tiempo o de frecuencia, como *"oft"*, *"heute"* y *"morgen"*, detrás del verbo conjugado.

TAG 24 ¡Ponte a prueba!

Tapa la columna de la derecha y traduce las siguientes frases:

Empezamos con la primera y la segunda persona del singular: *"ich"* y *"du"*.

Vivo en Friburgo. ¿Tú también vives en Friburgo?	**Ich wohne in Freiburg. Wohnst du auch in Freiburg?**
Hoy me quedo en casa. ¿Tú también te quedas en casa?	**Ich bleibe heute zuhause. Bleibst du auch zuhause?**
Escribo una carta. ¿Tú también escribes una carta?	**Ich schreibe einen Brief. Schreibst du auch einen Brief?***

"Zuhause" (**'en casa'**) también se puede escribir *"zu Hause"*.

Veamos la tercera persona del singular junto con la segunda del plural, *"ihr"*. ¡La terminación es igual!

Él se queda en casa hoy. ¿Vosotros también os quedáis en casa?	**Er bleibt heute zuhause. Bleibt ihr auch zuhause?**
Mi padre viene mañana. Vosotros venís también, ¿verdad?	**Mein Vater kommt morgen. Ihr kommt auch, oder?**
Ella lo va a hacer mañana. ¿Vosotros lo vais a hacer hoy o mañana?	**Sie macht es morgen. Macht ihr es heute oder morgen?***

¿Estás aspirando bien la ***"h"*** en **/tsssuhhháu(s)e/** y **/hhhóite/**?

Por último, practica con la primera y la tercera persona del plural, *"wir"* y *"sie"*/*"Sie"*.

Nosotros venimos mañana. ¿Usted viene hoy o mañana?	**Wir kommen morgen. Kommen Sie heute oder morgen?**
Nosotros vivimos en Frankfurt y mis padres viven en Viena.	**Wir wohnen in Frankfurt und meine Eltern wohnen in Wien.**
Nos quedamos en casa a menudo y ellos también se quedan en casa a menudo.	**Wir bleiben oft zuhause und sie bleiben auch oft zuhause.**

La bonita ciudad de *"Wien"* se pronuncia **/vvviinnn/**.

* *"Schreiben"* y *"machen"* son algunos de los verbos cuyo complemento directo va en el llamado caso acusativo. Te hablaremos de este caso en los *Tage 34-35*.

TAG 25 El presente simple (II)

Hoy veremos otros verbos terminados en ***"-en"*** cuya conjugación es 'casi' regular. Además, te hablaremos de cómo se conjugan los verbos que terminan en ***"-eln"*** y ***"-ern"***.

LA MECÁNICA

Ya sabes que las terminaciones de los verbos regulares son: ***"-e"***, ***"-st"***, ***"-t"***, ***"-en"***, ***"-t"*** y ***"-en"***. A partir de esta regla, hay que tener en cuenta las siguientes peculiaridades:

- A la segunda persona del singular de los verbos cuya raíz termina en ***"-s"***, ***"-z"***, ***"-x"*** o ***"-ß"***, solamente se le añade una ***"-t"***, y no ***"-st"***. Ya lo has visto con ***"heißen"***, que no es *"du heißst"* sino ***"du heißt"***. Lo mismo sucede con ***"reisen"*** (***"du reist"***, **'viajas'**), por ejemplo.
- A los verbos cuya raíz termina en ***"-d"*** o ***"-t"***, como ***"arbeiten"*** (**'trabajar'**) o ***"reden"*** (**'hablar'**), se les añade una ***"-e-"*** extra para ***"du"***, ***"er/sie/es"*** e ***"ihr"***:

ich arbeite	**du arbeitest**	**er/sie/es arbeitet**	**wir arbeiten**	**ihr arbeitet**	**sie arbeiten**

Lo mismo ocurre con muchos verbos que terminan en ***"-nen" o "-men"*** y que van precedidos de consonante, como ***"atmen"*** (***"du atmest"***, **'respiras'**, ***"er atmet"***, **'él respira'**, ***"ihr atmet"***, **'respiráis'**) y ***"öffnen"*** (***"du öffnest"***, **'abres'**, ***"er öffnet"***, **'él abre'**, ***"ihr öffnet"***, **'abrís'**).

- A los verbos terminados en ***"-eln"*** como ***"lächeln"*** (**'sonreír'**), se les **puede** quitar la penúltima ***"e"*** en la primera persona del singular. Además, la terminación de ***"wir"*** y ***"sie"*** es ***"-n"*** y no ***"-en"***. Este último fenómeno también se produce con los verbos terminados en ***"-ern"***, como ***"ändern"*** (**'cambiar'**):

ich lächle o ich lächele	**du lächelst**	**er/sie/es lächelt**	**wir lächeln**	**ihr lächelt**	**sie lächeln**
ich ändere	**du änderst**	**er/sie/es ändert**	**wir ändern**	**ihr ändert**	**sie ändern**

Aparte de los verbos mencionados arriba, en la siguiente página vamos a darte unos ejemplos con los verbos ***"klingeln"*** (**'sonar'**/**'llamar al timbre'**), ***"sammeln"*** (**'coleccionar'**), ***"feiern"*** (**'celebrar'**) y ***"dauern"*** (**'durar'**).

La palabra del día: ***die Briefmarke***
"Die Briefmarke" es **'el sello'** y se pronuncia **/bjiifmaake/**. El plural es ***"die Briefmarken"***. Lleva dentro el sustantivo ***"der Brief"*** (**'la carta'**).

TAG 25 ¡Ponte a prueba!

Tapa la columna de la derecha y traduce las siguientes frases:

Empezamos con los verbos *"arbeiten"* ('trabajar'), *"reden"* ('hablar') y *"öffnen"* ('abrir'). Ten en cuenta que trabajar 'en' una empresa se expresa con la preposición *"bei"*.

¿Trabajas en Siemens? Mi marido también trabaja en Siemens.	**Arbeitest du bei Siemens? Mein Mann arbeitet auch bei Siemens.**
Hablo a menudo con Laura. ¿Hablas a menudo con Thomas?	**Ich rede oft mit Laura. Redest du oft mit Thomas?**
– ¿Abrís la carta? – Sí, abrimos la carta.	**– Öffnet ihr den Brief?** **– Ja, wir öffnen den Brief.***

La ***"r"*** de ***"arbeiten"*** alarga la ***"a"*** inicial: **/áabaitennn/**.

Seguimos con tres verbos terminados en *"-eln"*. ¡Recuerda que las consonantes finales en alemán se pronuncian de manera muy marcada!

Él sonríe y los niños sonríen también.	**Er lächelt und die Kinder lächeln auch.**
Tu móvil está sonando.	**Dein Handy klingelt.**
Colecciono sellos. ¿Tú también coleccionas sellos?	**Ich sammele/sammle Briefmarken. Sammelst du auch Briefmarken?***

No se oye ninguna **'g'** de **'gato'** en ***"klingelt"***. Se dice **/klín(g)elt/**, ¡fíjate en el audio!

Por último, veamos verbos que terminan en *"-ern"*. Esta terminación se pronuncia /annn/: /fáiannn/, /dáuannn/, /éndannn/.

¿Celebráis el cumpleaños de Paula hoy o mañana?	**Feiert ihr Paulas Geburtstag heute oder morgen?**
La película dura dos horas.	**Der Film dauert zwei Stunden.**
– ¿Cambias el plan? – No, no cambio el plan.	**– Änderst du den Plan?** **– Nein, ich ändere nicht den Plan.***

¿Te acordaste de usar el genitivo sajón en ***"Paulas Geburtstag"***? Si no es así, ¡repasa el *Tag 19*!

* ***"Öffnen"***, ***"sammeln"*** y ***"ändern"*** son algunos de los muchos verbos cuyo complemento directo (aquí ***"den Brief"***, ***"Briefmarken"***, ***"den Plan"***) va en el caso acusativo. Te hablaremos de este caso en los *Tage 34-35*.

TAG 26 El presente simple (III)

Esta tercera parte del presente simple la dedicamos a los verbos irregulares más comunes. Aquí no están incluidos los verbos modales (***"können"***, ***"müssen"***, etc.) porque los trataremos aparte.

Clave de pronunciación
La ***"h"*** de palabras como ***"sehen"*** (**'ver'**), ***"gehen"*** (**'ir'**), ***"stehen"*** (**'estar de pie'**) o ***"Ehe"*** (**'matrimonio'**) es muda, pero hace que pronunciemos dos **/e/** seguidas: **/(s)é_ennn/**, **/gué_ennn/**, **/shhhté_ennn/**, **/é_e/**.

La palabra del día: ***der Fisch***
En alemán no se diferencia entre **'el pez'** y **'el pescado'**. ¡En ambos casos decimos ***"der Fisch"***! Y su plural es ***"die Fische"***.

LA MECÁNICA

¡Buenas noticias! A pesar de que hay que hacer un pequeño esfuerzo y aprenderse los verbos irregulares de memoria, no es para tanto. Como puedes ver en las palabras marcadas en rojo, ¡solamente cambian la primera y la segunda persona del singular!

	geben (dar)	**sprechen** (hablar)	**essen** (comer)	**lesen** (leer)	**sehen** (ver)	**lassen** (dejar)	**schlafen** (dormir)	**nehmen** (coger)
ich	**gebe**	**spreche**	**esse**	**lese**	**sehe**	**lasse**	**schlafe**	**nehme**
du	**gibst**	**sprichst**	**isst**	**liest**	**siehst**	**lässt**	**schläfst**	**nimmst**
er/sie/es	**gibt**	**spricht**	**isst**	**liest**	**sieht**	**lässt**	**schläft**	**nimmt**
wir	**geben**	**sprechen**	**essen**	**lesen**	**sehen**	**lassen**	**schlafen**	**nehmen**
ihr	**gebt**	**sprecht**	**esst**	**lest**	**seht**	**lasst**	**schlaft**	**nehmt**
sie	**geben**	**sprechen**	**essen**	**lesen**	**sehen**	**lassen**	**schlafen**	**nehmen**

Error común
No confundas el verbo conjugado de la segunda persona del plural (***"ihr"***), que es regular, con la tercera del singular (***"er/sie/es"***), que tiene la raíz cambiada. ¡Nada de *"sie sprecht"* o *"er lasst"*! Solamente coinciden en los verbos regulares: ***"er wohnt"*** - ***"ihr wohnt"***.

¡Qué curioso!
Hay un refrán que dice ***"Man ist, was man isst"*** (**'Uno es lo que come'**). Las formas ***"ist"*** de ***"sein"*** e ***"isst"*** de ***"essen"*** ¡se pronuncian exactamente igual!

TAG 26 ¡Ponte a prueba!

Tapa la columna de la derecha y traduce las siguientes frases:

Empezamos con tres verbos en los que la *"e"* de la raíz se convierte en *"i"* en la segunda y la tercera persona del singular: *"sprechen"*, *"geben"* y *"essen"*.

Él habla español. ¿Tú también hablas español?	**Er spricht Spanisch. Sprichst du auch Spanisch?**
¿Le das la carta a Christian por favor?	**Gibst du Christian den Brief bitte?***
– ¿Comes pescado? – Sí, como pescado.	**– Isst du Fisch?** **– Ja, ich esse Fisch.***

¡Las formas *"spricht"* y *"sprichst"* no son precisamente fáciles de pronunciar! Practica diciéndolas con el audio y repite el primer ejemplo sustituyendo *"Spanisch"* por *"Deutsch"*.

Seguimos con *"schlafen"* y *"lassen"*, cuya *"a"* se convierte en *"ä"*.

Yo duermo bien aquí y ella duerme bien aquí. ¿Tú también duermes bien aquí?	**Ich schlafe gut hier und sie schläft gut hier. Schläfst du auch gut hier?**
– ¿Tú dejas el perro en casa? – No, no lo dejo en casa.	**– Lässt du den Hund zuhause?** **– Nein, ich lasse ihn nicht zuhause.***
– ¿Vais a dejar el coche aquí? – No, no lo vamos a dejar aquí.	**– Lasst ihr das Auto hier?** **– Nein, wir lassen es nicht hier.***

Te recordamos que en alemán usamos el presente simple para hablar de un futuro próximo.

Terminamos con *"sehen"* y *"lesen"* donde se añade una *"i"* en la raíz. Y por último, el caso peculiar de *"nehmen"*. ¡Vamos allá!

– ¿Ves el coche? – Sí, lo veo.	**– Siehst du das Auto?** **– Ja, ich sehe es.***
Él lee el artículo. ¿Tú también lees el artículo o lees tus correos?	**Er liest den Artikel. Liest du auch den Artikel oder liest du deine E-Mails?***
– ¿Vas a coger el autobús mañana? – No, voy a coger un taxi.	**– Nimmst du morgen den Bus?** **– Nein, ich nehme ein Taxi. ***

Hemos adoptado la palabra *"E-Mail"* del inglés. Pero cuidado, ¡es *"die **E-Mail**"* en singular!

* *"Geben"*, *"essen"*, *"lassen"*, *"sehen"*, *"lesen"* y *"nehmen"* son algunos de los muchos verbos cuyo complemento directo va en caso acusativo. Te hablaremos de este caso en los *Tage 34-35*.

TAG 27 El verbo *fahren*

Hoy te presentamos el verbo ***"fahren"***, un verbo muy usado en alemán y que no tiene un equivalente en castellano. La acepción más importante de ***"fahren"*** es la de **'ir'** en algún medio de transporte. Además, verás que usamos la preposición ***"nach"*** casi exclusivamente para decir que vamos **'a'** un país o una ciudad, como por ejemplo, ***"Wir fahren nach Berlin"***.

La expresión del día: ***nach Hause***
Has visto que ***"zuhause"*** (o ***"zu Hause"***) significa **'en casa'**. Pues **'a casa'** es ***"nach Hause"***, que también se puede escribir junto: ***"nachhause"***. Se pronuncia **/naaj hhháu(s)e/**.

LA MECÁNICA

El verbo ***"fahren"*** pertenece a uno de los grupos de verbos irregulares que acabas de ver en la página anterior. Al igual que ocurría con ***"schlafen"*** y ***"lassen"***, la ***"a"*** se convierte en ***"ä"*** en la segunda y la tercera persona del singular:

ich fahre	**du fährst**	**er/sie/es fährt**	**wir fahren**	**ihr fahrt**	**sie fahren**

Una vez aclarada la conjugación en presente, ¡veamos cómo se usa ***"fahren"***! Ten en cuenta que el verbo ***"gehen"*** significa **'ir'** en un sentido amplio, pero en general indica que vamos andando a un sitio. Sin embargo, cuando está involucrado algún medio de transporte, solemos recurrir a ***"fahren"***. En alemán, nosotros ***"fahren"*** en coche, en tren, en autobús, en taxi, en barco, etc. La excepción es **'ir'** en avión, ya que entonces diríamos ***"fliegen"*** (**'volar'**).

Cuando nos vamos **'a'** un país, una ciudad o alguna localidad, empleamos la preposición ***"nach"***. Una excepción importante es ***"nach Hause"*** (**'a casa'**). Fíjate en estos ejemplos:

Ich fahre morgen nach Zürich.	Mañana voy a Zúrich.
Fährst du nach Hause?	¿Vas a casa?
Wir fahren oft nach Italien.	Vamos a menudo a Italia.

Más adelante veremos cómo expresamos otras locuciones como **'ir al supermercado'**, **'ir al médico'** o **'ir a la estación de tren'**, por ejemplo.

¡Qué curioso!
Cuando un tren o un autobús **'sale'**, también usamos el verbo ***"fahren"***: ***"Der Zug fährt um vier"*** (**'El tren sale a las cuatro'**). Fíjate también en que **'a las...' + la hora** corresponde a la preposición ***"um"*** en alemán.

TAG 27 ¡Ponte a prueba!

Tapa la columna de la derecha y traduce las siguientes frases:

Pon en práctica *"fahren nach"* + ciudades y países.

– ¿Vas a Basel? – No, voy a Zúrich.	**– Fährst du nach Basel?** **– Nein, ich fahre nach Zürich.**
Vamos a Austria este año.	**Wir fahren dieses Jahr nach Österreich.**
Voy a España este año.	**Ich fahre dieses Jahr nach Spanien.**

¿Cómo has dicho ***"Zürich"***? Nada de /zúrich/, en alemán decimos **/tsssüüji(sh)/**.

Ahora pasamos a *"nach Hause fahren"*.

Vamos a casa.	**Wir fahren nach Hause.**
Mi padre va a casa mañana.	**Mein Vater fährt morgen nach Hause.**
– ¿Vais a casa? – No, no vamos a casa.	**– Fahrt ihr nach Hause?** **– Nein, wir fahren nicht nach Hause.**

¿Cómo preguntarías **'¿Va usted a casa?'**? Eso es: *"Fahren Sie nach Hause?"*.

Vamos a ver *"fahren"* en su acepción de 'salir' cuando se trata de *"der Zug"* ('tren'), por ejemplo. Di *"fährt um"* como si fuera una palabra: /féatummm/.

El autobús sale a las diez.	**Der Bus fährt um zehn (Uhr).**
El tren sale a las seis y cuarto.	**Der Zug fährt um Viertel nach sechs.**
– ¿El tren sale a las dos o a las dos y media? – El tren sale a las dos y media.	**– Fährt der Zug um zwei (Uhr) oder um halb drei?** **– Der Zug fährt um halb drei.**

Si te hace falta, ¡repasa cómo decimos la hora en el *Tag 14*!

TAG 28 Preguntas con *was, wer, wo, wie, warum*

¡Prepárate para un interrogatorio! Con las palabras *"was"* (**'qué'**), *"wer"* (**'quién'**), *"wo"* (**'dónde'**), *"wie"* (**'cómo'**) y *"wann"* (**'cuándo'**) vamos a trabajar un montón de preguntas en alemán.

Clave de pronunciación
La **"w"** en alemán suena como una **'v'** vibrada. Los dientes superiores deben tocar el labio inferior mientras dejas pasar el aire.

Error común
Olvídate de *"Wo du wohnst?"* o *"Wann du kommst?"*, ¡hay que invertir el orden del sujeto y el verbo en las preguntas!

LA MECÁNICA

A las partículas interrogativas *"wie"* (**'cómo'**) y *"woher"* (**'de dónde'**) que viste en el *Tag 12* y en el *Tag 13*, puedes sumarles estas cinco palabras para hacer preguntas en alemán:

was	wer	wo	wann	warum
/vvvas/	/vvvéa/	/vvvo/	/vvvannn/	/vvvajúmmm/
qué	quién	dónde	cuándo	por qué

Emplearlas es fácil, ¡sólo debes recordar que tienen que ir seguidas de un verbo!

Was ist das?	¿Qué es (esto)?
Wer hat Hunger?	¿Quién tiene hambre?
Wo wohnen Sie?	¿Dónde vive usted?
Wann kommen deine Eltern?	¿Cuándo vienen tus padres?
Warum macht er das?	¿Por qué hace esto?

En cuanto a *"warum"*, ten en cuenta que tiene dos sinónimos: *"wieso"* y *"weshalb"*. ¡Puedes usar los tres indistintamente! Pero no uses *"warum"*, *"wieso"* o *"weshalb"* en la respuesta con **'Porque...'**. Para ello, empleamos la conjunción *"weil"*, de la que te hablaremos en el *Tag 89*.

¡Un apunte!
No confundas *"wann"* (**'cuándo'**) con *"wenn"* (**'cuando'**), ya que *"wann"* solamente se usa en preguntas. Te explicaremos en más detalle la diferencia en el *Tag 94*.

La palabra del día: ***das Wochenende***
"Das Ende" es **'el final'** y *"die Woche"* es **'la semana'**, por lo que *"das Wochenende"* significa **'fin de semana'**. Pronúncialo con el mismo sonido vibrado **/vvv/** que tenemos en *"was"*, *"wer"*, *"wo"*, *"wann"* y *"warum"*.

TAG 28 ¡Ponte a prueba!

Tapa la columna de la derecha y traduce las siguientes frases:

Veamos unas preguntas sencillas con *"was"*, *"wer"* y *"wann"*. ¡Fíjate en el uso de *"das"*!

– ¿Qué es (esto)?	**– Was ist das?**
– Es un reloj.	**– Das ist eine Uhr.**
– ¿Quién es?	**– Wer ist das?**
– Es el padre de Paula.	**– Das ist Paulas Vater.**
– ¿Cuándo sale el tren?	**– Wann fährt der Zug?**
– A las once.	**– Um elf Uhr.**

¿Te acuerdas de que usamos el verbo ***"fahren"*** para decir que un tren o un autobús **'sale'**?

Además de *"was"*, ponemos en práctica *"wo"* y *"warum"*.

¿Dónde trabaja usted?	**Wo arbeiten Sie?**
¿Qué vas a hacer mañana?	**Was machst du morgen?**
¿Por qué no hablas con Lena?	**Warum redest du nicht mit Lena?**

No olvides que ***"nicht"*** se coloca detrás del verbo, pero en preguntas va detrás del sujeto.

Vas a preguntar ahora acerca de *"dieses Wochenende"*, que se pronuncia /dii(s)es vvvójenende/.

¿Qué haces este fin de semana?	**Was machst du dieses Wochenende?**
¿Quién viene este fin de semana?	**Wer kommt dieses Wochenende?**
¿Por qué trabajas este fin de semana?	**Warum arbeitest du dieses Wochenende?**

¿Cómo dirías la última frase en negativo? ***"Warum arbeitest du nicht dieses Wochenende?"***, *sehr gut!*

TAG 29 El adverbio *gerade*

¿Qué **estás haciendo**? **Estoy escribiendo** un correo. Él **está leyendo** un libro. **Estamos viendo** una película.

Este tiempo verbal del castellano, llamado presente continuo, en alemán se expresa con el presente simple + el adverbio ***"gerade"***, que equivale a **'ahora mismo'**.

Clave de pronunciación
La ***"g"*** seguida de una ***"e"*** en alemán se pronuncia como una **'g'** de **'gato'**. ***"Gerade"*** se pronuncia **/guejáade/**.

La palabra del día: ***telefonieren***
El verbo ***"telefonieren"*** significa **'hablar por telefono'** y es regular: ***"ich telefoniere, du telefonierst, er/sie telefoniert, wir telefonieren, ihr telefoniert, sie telefonieren"***. Pronúncialo **/telefoníijennn/**.

LA MECÁNICA

Para decir que **'estamos haciendo'** algo, en alemán colocamos el adverbio ***"gerade"*** detrás del verbo conjugado en presente:

Ich koche gerade.	Estoy cocinando.
Er liest gerade.	Él está leyendo.
Sie telefoniert gerade.	Ella está hablando por teléfono.
Was macht ihr gerade?	¿Qué estáis haciendo?
Wir lesen gerade.	Estamos leyendo.

¡Ya está! Es así de fácil. En lugar de **'estoy cocinando'** o **'está leyendo'**, decimos literalmente 'cocino ahora mismo' o 'él lee ahora mismo'.

Ten en cuenta que ***"gerade"*** se puede traducir expresamente como **'ahora mismo'** aunque, como todo, depende del contexto.

Ich bin gerade müde.	Estoy cansado ahora mismo.
Ich habe gerade keine Zeit.	No tengo tiempo ahora mismo.

¡Un apunte!
También se puede expresar el presente con el verbo ***"sein"*** **+** ***"am"*** **+ infinitivo** en mayúscula: ***"Ich bin am Kochen"***, ***"Wir sind am Telefonieren"***, etc. Sin embargo, se emplea más la forma ***"gerade"***.

¡Qué curioso!
En el lenguaje hablado, a menudo convertimos ***"gerade"*** en ***"grad"*** y decimos por ejemplo ***"Er kocht grad"***. Aunque no tiene nada que ver, ¡suena igual que el sustantivo ***"das Grad"***, **'el grado'**!

TAG 29 ¡Ponte a prueba!

Tapa la columna de la derecha y traduce las siguientes frases:

Pon en práctica *"gerade"* junto con *"lesen"*, *"telefonieren"* y *"schreiben"*.

Estoy leyendo.	**Ich lese gerade.**
Estoy hablando por teléfono.	**Ich telefoniere gerade.**
Estoy escribiendo un correo.	**Ich schreibe gerade eine E-Mail.**

El sustantivo femenino ***"E-Mail"*** se pronuncia como en inglés, **/imeil/**.

Seguimos con la tercera persona del singular y del plural, y después con *"wir"*.

Mi padre está hablando por teléfono.	**Mein Vater telefoniert gerade.**
Los niños están durmiendo.	**Die Kinder schlafen gerade.**
Estamos cocinando.	**Wir kochen gerade.**

Las letras ***"och"*** se pronuncian **/oj/** en alemán.

¡Terminamos con unas preguntas! *"Gerade"* ahora se coloca detrás del sujeto.

¿Qué estás haciendo?	**Was machst du gerade?**
¿Qué está leyendo usted?	**Was lesen Sie gerade?**
¿Qué estás comiendo?	**Was isst du gerade?**

Como viste en el *Tag 26*, a **"e"** de ***"essen"*** cambia a ***"i"*** en la segunda y la tercera persona del singular: ***"du isst"***, ***"er/sie isst"***.

TAG 30 Repaso de las clases 21-29

Ahora tienes la oportunidad de averiguar si has interiorizado los contenidos de las últimas nueve clases o si habrá que volver a estudiar un poco más algunos de los aspectos antes de seguir avanzando.

Escribe las siguientes frases en alemán en la columna de la derecha. Una vez que hayas comprobado que todas son correctas, vuelve a repasarlas en voz alta prestando atención a tu pronunciación y diciéndolas cada vez más rápido para mejorar tu agilidad oral. No nos cansamos de decírtelo: ¡la repetición en voz alta es el camino más directo a la mejora de tu alemán!

Recuerda que *"kaputt"* se escribe con doble *"t"*.

¿Por qué está roto este ordenador?	....
¿Qué estáis haciendo?	....
Mi madre colecciona sellos.	....

***"Dieses Wochenende"* se pronuncia /díi(s)es vvvójenende/.**

¿Cuál de las bicicletas es suya (de él), la nueva o la antigua?	....
Me quedo en casa este fin de semana.	....
¿También vives en Zúrich?	....

Ojo, ¡no es *"du fahrst"* sino *"du fährst"*!

Mi padre está cocinando.	....
Voy a Viena mañana.	....
¿Cuándo vas a casa?	....

TAG 30 Repaso de las clases 21-29

Lo mismo que en *"fahren"* pasa con *"schlafen"*: la *"a"* cambia a *"ä"* en *"du schläfst"* y *"er/sie/es schläft"*.

Leo mucho y mi padre también lee mucho.	....
Él está sonriendo.	....
¿Por qué duermes aquí?	....

***"Spanisch"* y *"sprechen"* empiezan con el sonido /shhhp/.**

¿Vais a casa este fin de semana?	....
¿Cuáles de los sellos son tuyos, los azules o los rojos?	....
Hablo español. ¿Ella también habla español?	....

¡No olvides que 'la silla' y 'la mesa' son sustantivos masculinos en alemán!

La silla blanca es nueva y la mesa negra también.	....
¿Cuándo vais a celebrar el cumpleaños de Thomas?	....
¿Qué haces hoy?	....

Comprueba las respuestas en la página 375.

TAG 31 El adverbio *gerne*

En alemán hay muchas formas de decir **'gustar'** dependiendo del contexto. Hoy nos centramos en el adverbio ***"gerne"***, con el que expresamos que nos **'gusta hacer'** algo.

¡Un apunte!
Según la región y la preferencia personal empleamos ***"gerne"*** o ***"gern"*** indistintamente. ***"Gerne"*** se pronuncia **/guéane/** y ***"gern"***, **/guéannn/**.

La palabra del día: *spielen*
El verbo regular ***"spielen"*** significa **'jugar'** (***"Ich spiele Fußball"***, ***"Ich spiele Karten"***), pero también lo empleamos para decir que **'tocamos'** un instrumento: ***"Ich spiele Gitarre"***. A ***"spielen"*** le sigue directamente el sustantivo, ¡sin artículo ni preposición! Pronúncialo **/shhhpíilennn/**, con el sonido **/shhhp/** seguido de una **'i'** larga.

LA MECÁNICA

Para traducir **'gustar' + infinitivo**, en alemán recurrimos al presente simple junto con el adverbio ***"gerne"***, que equivale a 'gustosamente' o 'con gusto'. Funciona igual que ***"gerade"*** (que acabas de ver en el *Tag 29*): lo colocamos detrás del verbo conjugado, salvo en las preguntas.

Ich koche gerne.	Me gusta cocinar.
Liest du gerne?	¿Te gusta leer?
Wir spielen gerne Karten.	Nos gusta jugar a las cartas.
Sie spielen gerne Fußball.	Les gusta jugar al fútbol.
Ich spiele gerne Gitarre.	Me gusta tocar la guitarra.

¿Y en negativo? La partícula ***"nicht"*** tiene preferencia y se coloca delante de ***"gerne"***.

Ich koche nicht gerne.	No me gusta cocinar.
Spielst du nicht gerne Karten?	¿No te gusta jugar a las cartas?

Para decir que **'nos gusta mucho'** hacer algo, no usamos ***"viel"*** sino ***"sehr"***. Es como si dijéramos 'Cocino muy gustosamente'.

Ich koche sehr gerne.	Me gusta mucho cocinar.
Ich spiele nicht sehr gerne Fußball.	No me gusta mucho jugar al fútbol.

¡Qué curioso!
Al contestar afirmativamente una pregunta como ***"Kommst du bitte?"*** (**'¿Vienes por favor?'**) o ***"Machst du es bitte?"*** (**'¿Lo haces por favor?'**) decimos a menudo ***"Gerne!"*** a secas. Se podría traducir como **'¡Claro que sí!'** o **'¡Lo hago encantado!'**.

TAG 31 ¡Ponte a prueba!

Tapa la columna de la derecha y traduce las siguientes frases:

Estrenamos *"gerne"* y *"sehr gerne"* con los verbos *"arbeiten"*, *"kochen"* y *"lesen"*.

Me gusta trabajar aquí.	**Ich arbeite gerne hier.**
A mis padres les gusta cocinar.	**Meine Eltern kochen gerne.**
A mi padre le gusta mucho leer.	**Mein Vater liest sehr gerne.**

La ***"r"*** de *"gerne"* suena como una **'a'**. Di **/guéane/**, **/guéane/**, **/guéane/**. ¿Te gusta decir **/guéane/**?

Ahora vemos frases en negativo:

A mi madre no le gusta cocinar.	**Meine Mutter kocht nicht gerne.**
¿No te gusta trabajar aquí?	**Arbeitest du nicht gerne hier?**
No me gusta mucho leer.	**Ich lese nicht sehr gerne.**

La ***"s"*** de *"lese"* y de *"sehr"* se pronuncia de forma vibrada.

Vamos a ver ahora *"spielen"* junto con *"Fußball"*, *"Karten"* y *"Tennis"*. No olvides que no usamos ningún artículo delante de los sustantivos en estas construcciones.

¿Os gusta jugar al fútbol?	**Spielt ihr gerne Fußball?**
A mis padres les gusta jugar a las cartas.	**Meine Eltern spielen gerne Karten.**
No me gusta jugar al tenis.	**Ich spiele nicht gerne Tennis.**

"Der Fußball" está compuesto por *"der Fuß"* (**'el pie'**) y *"der Ball"* (**'la pelota'**).

TAG 32 El tiempo y las temperaturas

El protagonista de hoy es **'el tiempo'** que hace, o como decimos nosotros, ***"das Wetter"***. Vamos a ver cómo se expresa **'Hace frío/calor'**, **'Está lloviendo'**, **'Hace sol'**, etc.

La palabra del día: *draußen*
"Draußen" significa **'fuera'** y se pronuncia **/djáusennn/**.

Error común
¡¡No digas *"Es macht kalt"*!! ¡Usar el verbo ***"machen"*** está PROHIBIDÍSIMO en cualquiera de las expresiones que tienen que ver con ***"das Wetter"***!

LA MECÁNICA

La pregunta **'¿Qué tiempo hace?'** en alemán es ***"Wie ist das Wetter?"***. Si quieres contestar que **'hace buen tiempo'**, di ***"Es ist gutes Wetter"***, ***"Es ist schönes Wetter"*** o también ***"Es ist schön draußen"*** (**'Hace bueno fuera'**). Y si **'hace malo'** o **'mal tiempo'**, di ***"Es ist schlechtes Wetter"***.

Empleamos ***"Es ist..."*** junto con ***"Grad"*** (**'grados'**) o los adjetivos ***"kalt"*** (**'frío'**), ***"kühl"*** (**'fresco'**), ***"warm"*** (**'cálido'**), ***"heiß"*** (**'caliente'**) para hablar de la temperatura:

Es ist kalt/kühl. Hace frío/fresco.	**Es ist heiß/warm.** Hace calor/bueno.	**Es ist 15 Grad.** Hace 15 grados.

También usamos ***"es ist"*** seguido de los adjetivos ***"bewölkt"*** (que viene de ***"die Wolke"***, **'la nube'**), ***"windig"*** (de ***"der Wind"***, **'el viento'**) y ***"sonnig"*** (de ***"die Sonne"***, **'el sol'**):

Es ist bewölkt. Está nublado.	**Es ist windig.** Hace viento.	**Es ist sonnig.** Está soleado.

Te presentamos los verbos ***"regnen"*** (**'llover'**), ***"schneien"*** (**'nevar'**) y ***"scheinen"*** (**'brillar'**):

Es regnet. Está lloviendo.	**Es schneit.** Está nevando.	**Die Sonne scheint.** Hace sol.

Conjugamos ***"regnen"*** y ***"schneien"*** con el pronombre impersonal ***"es"***. El sujeto de ***"scheinen"*** es ***"die Sonne"***, aunque se puede decir ***"Es scheint die Sonne"***.

¡Qué curioso!
En alemán también recurrimos a los **'perros'** (***"Hunde"***) para hablar del mal tiempo: ***"Was für ein Hundewetter!"*** (**'¡Vaya día de perros!'**). Lo contrario de ***"Hundewetter"*** es ***"Bombenwetter"***.

TAG 32 ¡Ponte a prueba!

Tapa la columna de la derecha y traduce las siguientes frases:

Empezamos con unas preguntas y respuestas sencillas sobre la temperatura que hace fuera. ¡*"Es ist"* se convierte en *"Ist es"* en las preguntas!

– ¿Hace frío fuera?	**– Ist es kalt draußen?**
– No, hace bueno.	**– Nein, es ist warm.**
– ¿Hace calor fuera?	**– Ist es heiß draußen?**
– Sí, hace 35 grados.	**– Ja, es ist 35 Grad.**
– ¿Hace bueno fuera?	**– Ist es warm draußen?**
– No, hace fresco.	**– Nein, es ist kühl.**

Las medidas casi siempre se expresan en singular en alemán, por eso *"Grad"* no cambia. Decimos también *"5 Kilo"* o *"100 Gramm"*, por ejemplo.

Ahora veamos la pregunta con *"Wie...?"* y una respuesta más completa, donde aparecen los verbos *"regnen"*, *"schneien"* y *"scheinen"*.

– ¿Qué tiempo hace?	**– Wie ist das Wetter?**
– Hace frío y está lloviendo.	**– Es ist kalt und es regnet.**
– ¿Qué tiempo hace?	**– Wie ist das Wetter?**
– Hace bueno y hace sol.	**– Es ist warm und die Sonne scheint.**
– ¿Qué tiempo hace hoy?	**– Wie ist das Wetter heute?**
– Hace viento y está nevando.	**– Es ist windig und es schneit.**

¿Estás pronunciando bien las **"w"** de *"wie"*, *"wetter"*, *"warm"* y *"windig"*?

¡Practicamos un poco más! Además estrena las expresiones con *"Was für ein...!"*.

Está lloviendo y hace viento. ¡Qué tiempo de perros!	**Es regnet und es ist windig. Was für ein Hundewetter!**
Hace 28 grados y hace sol. ¡Qué tiempo más espectacular!	**Es ist 28 Grad und die Sonne scheint. Was für ein Bombenwetter!**
Hace 7 grados y está lloviendo. ¡Vaya día de perros!	**Es ist 7 Grad und es regnet. Was für ein Hundewetter!**

"Der Hund" es **'el perro'** y *"die Bombe"*, ¡**'la bomba'**!

TAG 33 Los pronombres de objeto directo

Hoy vamos a ver los pronombres de objeto directo en alemán, que también se llaman pronombres personales en acusativo.

LA MECÁNICA

Los pronombres de objeto directo alemanes son los que ves en la segunda columna:

Hörst du	**mich?**	**/mi(sh)/**	¿**Me** oyes?
Ich sehe	**dich.**	**/di(sh)/**	**Te** veo.
Ich kenne	**ihn.**	**/iinnn/**	**Lo** conozco.
Ich kenne	**sie.**	**/(s)i/**	**La** conozco.
Ich verstehe	**es.**	**/es/**	**Lo** entiendo (la cosa).
Sie kennen	**uns.**	**/unnns/**	**Nos** conocen.
Ich sehe	**euch.**	**/ói(sh)/**	**Os** veo.
Wir verstehen	**sie.**	**/(s)i/**	**Los/las** entendemos.
Ich verstehe	**Sie.**	**/(s)i/**	**Le/les** entiendo (a usted/a ustedes).

Queremos destacar cuatro puntos:

- ***"Er"*** (**'él'**) se convierte en ***"ihn"*** (**'lo'**), pero ***"sie"*** (**'ella'**) se queda en ***"sie"*** (**'la'**).
- El pronombre ***"sie"*** (**'ellos/ellas'**) como objeto directo (**'los'/'las'**) también sigue siendo ***"sie"***. Y ya que la forma de cortesía ***"Sie"*** (**'usted'/'ustedes'**) se comporta como ***"sie"*** plural, su pronombre de objeto directo también se queda en ***"Sie"***.
- ¡El pronombre neutro ***"es"*** tampoco cambia!
- La partícula ***"nicht"*** se tiene que colocar detrás del pronombre: ***"Ich kenne ihn nicht"*** (**'No lo conozco'**).

Vamos a poner en práctica estos pronombres con los verbos ***"verstehen"*** (**'entender'**), ***"kennen"*** (**'conocer'**), ***"hören"*** (**'oír**) y ***"sehen"*** (**'ver'**).

Clave de pronunciación

¿Tienes clara la pronunciación de **/(sh)/** que encontramos en *"mich"*, *"dich"* y *"euch"*? Es un sonido muy suave que se produce cuando uno sonríe y deja pasar el aire entre los dientes.

¡Un apunte!

Mientras que en castellano existe la posibilidad de decir **'le conozco'** o **'le entiendo (a usted)'**, en alemán no podemos usar los pronombres indirectos (lo veremos más adelante). Hay que decir, sí o sí, **'lo conozco'** (*"ich kenne ihn"*) y **'lo/la entiendo'** (*"ich verstehe Sie"*).

TAG 33 ¡Ponte a prueba!

Tapa la columna de la derecha y traduce las siguientes frases:

¡Practica a tope el sonido /(sh)/ en voz alta! Te hace falta para decir *"mich"*, *"dich"*, *"ich"* y *"nicht"*.

– ¿Me entiendes? – Sí, te entiendo.	**– Verstehst du mich?** **– Ja, ich verstehe dich.**
No te oigo.	**Ich höre dich nicht.**
Mis padres no me entienden.	**Meine Eltern verstehen mich nicht.**

No olvides que *"nicht"* se coloca detrás del pronombre de objeto directo.

Veamos los pronombres de objeto directo en singular *"ihn"*, *"sie"* y *"es"*.

– ¿Conoces a Stefan? – Sí, lo conozco.	**– Kennst du Stefan?** **– Ja, ich kenne ihn.**
– ¿Conocéis a Sarah? – No, no la conocemos.	**– Kennt ihr Sarah?** **– Nein, wir kennen sie nicht.**
– ¿Oyes el coche? – Sí, lo oigo.	**– Hörst du das Auto?** **– Ja, ich höre es.**

Fíjate en que no usamos ninguna preposición delante de los nombres. Decimos literalmente '¿Conoces Stefan?'.

Ahora a por los plurales: *"uns"*, *"euch"* y *"sie"*.

No nos conocen.	**Sie kennen uns nicht.**
– ¿Nos veis? – Sí, os vemos.	**– Seht ihr uns?** **– Ja, wir sehen euch.**
– ¿Conoces a Paula y Stefan? – Sí, los conozco.	**– Kennst du Paula und Stefan?** **– Ja, ich kenne sie.**

¿Y cómo dirías **'Le conozco (a usted)'**? Eso es: ***"Ich kenne Sie"***.

TAG 34 El caso acusativo (I)

¡Ha llegado el gran día! Hoy te explicamos en qué consiste el caso acusativo (*"der Akkusativ"*). ¡Que no cunda el pánico! Iremos muy poco a poco. De momento nos vamos a centrar en cómo se aplica el caso acusativo a los **sustantivos masculinos**.

LA MECÁNICA

Para empezar, tienes que tener claro qué es un objeto directo. En términos técnicos, el objeto directo en una frase es el elemento sobre el que recae la acción del verbo. Pongamos el ejemplo **'Ella corta el árbol'**. **'Ella'** es el sujeto; **'corta'**, el verbo; y **'el árbol'**, el objeto directo porque recibe la acción de cortar.

Bien, pues casi siempre, cuando hay un objeto directo en alemán, éste tiene que ir en el llamado caso acusativo. En realidad ya vimos este fenómeno con los pronombres de objeto directo en el *Tag 33*: ya sabes que no se dice *"Ich sehe er"* sino ***"Ich sehe ihn"***. Y al sustituir ***"ihn"*** por ***"der Mann"***, no puedes decir *"Ich sehe der Mann"*. ***"Der"*** tiene que cambiar a ***"den"***, pronunciado **/deennnn/**:

Lo veo.	~~Ich sehe er.~~	**Ich sehe ihn.**
Veo al hombre.	~~Ich sehe der Mann.~~	**Ich sehe den Mann.**

Una vez que has entendido que ***"der"*** cambia a ***"den"***, ¡memorizar cómo cambia ***"ein"*** (**'un'**), ***"mein"*** (**'mi'**), y ***"dieser"*** (**'este'**) es pan comido! Todos terminarán en ***"-en"***:

Veo a un hombre.	**Ich sehe einen Mann.**
Veo a mi marido.	**Ich sehe meinen* Mann.**
Veo a este hombre.	**Ich sehe diesen Mann.**

* Los demás posesivos siguen el mismo esquema: ***"deinen, seinen, ihren, unseren, euren, ihren"***.

Sabiendo que ***"kein"*** se comporta igual que ***"ein"***, ¡no te sorprenderá que ***"kein"*** se convierta en ***"keinen"***! Puedes observar además que ***"kein"*** muchas veces se traduce como **'ninguno'**: ***"Ich sehe keinen Mann"*** (**'No veo a ningún hombre'**).

¡Un apunte!
Los sustantivos en el caso acusativo en general no se modifican. Sin embargo, algunos sustantivos masculinos reciben una ***"-n"*** o ***"-en"***, como por ejemplo ***"Herr"*** (**'señor'**) y ***"Praktikant"*** (**'becario'**): ***"Kennen Sie Herrn Schneider/den Praktikanten?"*** (**'¿Conoce usted al señor Schneider/al becario?'**).

La palabra del día:
brauchen
El verbo ***"brauchen"*** significa **'necesitar'** y se pronuncia **/bjáujennn/**. Si quitas la ***"b"*** obtienes ***"rauchen"***, ¡**'fumar'**!

TAG 34 ¡Ponte a prueba!

Tapa la columna de la derecha y traduce las siguientes frases:

Empezamos con los verbos *"brauchen"* ('necesitar'), *"sehen"* ('ver') y *"kennen"* ('conocer') junto con *"der Stuhl"*, *"der Garten"* y *"dieser Mann"*. ¡*"Der"* y *"dieser"* se convertirá en *"den"* y *"diesen"*!

¿Necesita usted la silla?	**Brauchen Sie den Stuhl?**
– ¿Ves el jardín?	**– Siehst du den Garten?**
– Sí, lo veo.	**– Ja, ich sehe ihn.**
– ¿Conoces a este hombre?	**– Kennst du diesen Mann?**
– No, no lo conozco.	**– Nein, ich kenne ihn nicht.**

¡Vuelve a decir las primeras dos frases con los sustantivos *"Bleistift"* y *"Tisch"*!

Veamos ahora como *"ein"* y *"kein"* se convierten en *"einen"* y *"keinen"*.

– ¿Tiene usted un jardín?	**– Haben Sie einen Garten?**
– No, no tengo jardín.	**– Nein, ich habe keinen Garten.**
– ¿Escribes una carta?	**– Schreibst du einen Brief?**
– No, no escribo una carta.	**– Nein, ich schreibe keinen Brief.**
– ¿Necesitas un boli?	**– Brauchst du einen Kuli?**
– No, gracias, tengo un lápiz.	**– Nein danke, ich habe einen Bleistift.**

¡No olvides que *"der Brief"* es masculino en alemán, pero *"die E-Mail"* es femenino!

Terminamos con los adjetivos posesivos, que también terminan con *"-en"* en el caso acusativo.

– ¿Conocéis a mi padre?	**– Kennt ihr meinen Vater?**
– Sí, conocemos a tu padre.	**– Ja, wir kennen deinen Vater.**
– ¿Necesitas su ordenador (de ella)?	**– Brauchst du ihren Computer?**
– No, necesito su ordenador (de él).	**– Nein, ich brauche seinen Computer.**
– ¿Veis nuestro jardín?	**– Seht ihr unseren Garten?**
– Sí, vemos vuestro jardín.	**– Ja, wir sehen euren Garten.**

Un sinónimo de *"der Computer"* es *"der PC"*, pronunciado **/pe tssse/**.

TAG 35 El caso acusativo (II)

Ayer viste que ***"der"***, ***"dieser"***, ***"ein"***, ***"mein"*** y ***"kein"*** se convierten en ***"den"***, ***"diesen"***, ***"einen"***, ***"meinen"*** y ***"keinen"*** en el caso acusativo. Ahora toca ver qué ocurre cuando se trata de sustantivos femeninos, neutros y plurales.

Las palabras del día: ***Bruder & Schwester***
"Der Bruder" es **'el hermano'** y *"die Schwester"*, **'la hermana'**. En plural decimos *"Brüder"* y *"Schwestern"*.

LA MECÁNICA

Los artículos, determinantes y posesivos que acompañan a **sustantivos femeninos y neutros** NO cambian con respecto a lo que ya conoces. Solamente con los sustantivos masculinos tienes que acordarte de que van con la terminación ***"-en"*** que acabas de practicar en el *Tag 34*.

	masculino/femenino/neutro	
Ich kenne	**den Mann/die Frau/das Kind.**	Conozco al hombre / a la mujer / al niño.
Ich brauche	**einen Kuli/eine Uhr/ein Auto.**	Necesito un boli / un reloj / un coche.
Er hat	**meinen Computer/meine Uhr/ mein Handy.**	Él tiene mi ordenador / mi reloj / mi móvil.
Ich habe	**keinen Computer/keine Uhr/kein Handy.**	No tengo ordenador /reloj / móvil.
Ich kenne	**diesen Mann/diese Frau/dieses Kind.**	Conozco a este hombre / esta mujer / este niño.

¿Y los plurales? ¡Tampoco cambian! Decimos ***"Ich kenne die Kinder"*** (**'Conozco a los niños'**), ***"Ich kenne diese Mädchen"*** (**'Conozco a estas chicas'**), ***"Ich habe keine Kinder"*** (**'No tengo hijos'**) y ***"Er hat meine Bücher"*** (**'Él tiene mis libros'**), por ejemplo.

¡Muy importante!
Llegados a este punto, es muy importante que tengas clarísimo lo que has aprendido en los siguientes *Tage*:
Tag 2 y *Tag 3*: los artículos definidos ***"der"***, ***"die"***, ***"das"*** y ***"die"*** (plural)
Tag 4: los artículos indefinidos ***"ein"***, ***"eine"*** y ***"ein"***
Tag 9: la negación con ***"kein"***
Tag 16 & *Tag 17*: los adjetivos posesivos ***"mein"***, ***"meine"***, ***"mein"***, etc.
Tag 23: los determinantes ***"dieser"***, ***"diese"***, ***"dieses"*** y ***"diese"*** (plural)

TAG 35 ¡Ponte a prueba!

Tapa la columna de la derecha y traduce las siguientes frases:

¡Empezamos con los sustantivos femeninos! Pero ojo, se ha colado algún que otro sustantivo masculino...

– ¿Conoces a la mujer? – No, pero conozco al hombre.	**– Kennst du die Frau?** **– Nein, aber ich kenne den Mann.**
– ¿Tiene usted una pregunta? – No, no tengo ninguna pregunta.	**– Haben Sie eine Frage?** **– Nein, ich habe keine Frage.**
– ¿Conoces a mi hermana? – No, pero conozco a tu hermano.	**– Kennst du meine Schwester?** **– Nein, aber ich kenne deinen Bruder.**

En el último ejemplo, ¿has pronunciado **/shhhvvvésta/** y **/bjúuda/** igual que en el audio? ¿Y **/áaba/** también? *Sehr gut!*

Seguimos con sustantivos neutros (¡pero no dejamos de repasar los masculinos!).

– ¿Ves la casa? – No, pero veo el jardín.	**– Siehst du das Haus?** **– Nein, aber ich sehe den Garten.**
– ¿Necesitas un coche o una bicicleta? – Necesito una bicicleta.	**– Brauchst du ein Auto oder ein Fahrrad?** **– Ich brauche ein Fahrrad.**
– ¿Usted necesita este móvil? – No, pero necesito este ordenador.	**– Brauchen Sie dieses Handy?** **– Nein, aber ich brauche diesen Computer.**

¡Repite la primera frase empleando ***"Buch"*** en la pregunta y ***"Kuli"*** en la respuesta!

Terminamos con los plurales. Ahora no tenemos que preocuparnos por el género de las palabras.

Mañana voy a escribir los correos.	**Ich schreibe morgen die E-Mails.**
– ¿Conoce usted a mis hermanos (varones)? – No, pero conozco a sus hermanas.	**– Kennen Sie meine Brüder?** **– Nein, aber ich kenne Ihre Schwestern.**
– ¿Necesita usted estos libros? – Sí, los necesito.	**– Brauchen Sie diese Bücher?** **– Ja, ich brauche sie.**

¿Qué tal te ha salido decir **/bjüüda/** y **/shhhvvvéstannn/**?

TAG 36 Los verbos separables

En alemán tenemos muchos verbos cuyo prefijo se separa y se coloca al final de la frase. Por ejemplo, ***"anrufen"*** (**'llamar'**): no decimos *"Ich anrufe dich morgen"* sino ***"Ich rufe dich morgen an"*** (**'Te llamo mañana'**). ¡Bienvenido/a al maravilloso mundo de los verbos separables!

¡Un apunte!
Los prefijos ***"ab-"***, ***"an-"***, ***"aus-"***, ***"auf-"***, ***"ein-"***, ***"hin-"***, ***"her-"***, ***"mit-"***, ***"vor-"***, ***"zu-"***, ***"nach-"*** y ***"weg-"*** siempre son separables.

¡Qué curioso!
Los verbos separables se parecen un poco a los *phrasal verbs* en inglés, aunque no funcionan igual.

LA MECÁNICA

Los verbos separables son abundantes en el alemán, por lo que es muy importante saber cómo emplearlos. Para empezar, aquí tienes una pequeña tabla con algunos de los más comunes:

anrufen	**anmachen**	**ausmachen**	**aufmachen**	**zumachen**
llamar (por tfno.)	encender	apagar	abrir	cerrar
mitnehmen	**mitkommen**	**aufstehen**	**abholen**	**vorbereiten**
llevar	venir/venirse	levantarse	recoger	preparar

Al conjugar un verbo separable, colocamos el prefijo al final de la frase:

Ich rufe ihn morgen an.	Lo llamo mañana.
Machst du bitte die Heizung aus?	¿Apagas la calefacción, por favor?
Ich mache das Fenster auf.	Abro la ventana.
Ich nehme meinen Hund mit.	Me llevo el perro.
Ich stehe morgen um sieben Uhr auf.	Mañana me levanto a las siete.
Ich hole die Kinder morgen ab.	Mañana recojo a los niños.
Er bereitet eine Präsentation vor.	Él prepara una presentación.

Cada sufijo suele tener varios significados, por ejemplo, ***"aus-"*** muchas veces indica la conclusión de una acción. Pero en general, es mejor que te aprendas cada verbo por separado. En la página 440 encuentras una lista de los 100 verbos separables más comunes.

La palabra del día: ***mitkommen***
Empleamos el verbo ***"mitkommen"*** cuando alguien acompaña a una o varias personas (es decir, **'se apunta'** a algún plan). Se puede traducir como **'venirse (con)...'** o **'irse (con)...'**. Por ejemplo: ***"Kommst du mit? Ja, ich komme mit!"*** (**'¿Te vienes? '¡Sí, voy!'**).

¡Recuerda!
El objeto directo tiene que ir en el caso acusativo. No es *"Ich nehme mein Hund mit"* sino ***"Ich nehme meinen Hund mit"***.

TAG 36 ¡Ponte a prueba!

Tapa la columna de la derecha y traduce las siguientes frases:

Damos la bienvenida a los verbos separables con *"anrufen"*, *"aufstehen"* y *"vorbereiten"*.

Te llamo este fin de semana.	**Ich rufe dich dieses Wochenende an.**
Mis padres se levantan a las ocho.	**Meine Eltern stehen um acht auf.**
Preparamos la presentación.	**Wir bereiten die Präsentation vor.**

La *"v"* de *"vor"* se pronuncia como una **'f'**, decimos **/fóa/**.

Aceleramos el ritmo, ¡ahora con preguntas y respuestas!

– ¿Cuándo vas a recoger a los niños? – Los recojo a las dos.	**– Wann holst du die Kinder ab?** **– Ich hole sie um zwei ab.**
– ¿Te vienes mañana? – Sí, voy (contigo/con vosotros).	**– Kommt du morgen mit?** **– Ja, ich komme mit.**
– ¿Vas a llevar a tu hermano? – No, voy a llevar a mi hermana.	**– Nimmst du deinen Bruder mit?** **– Nein, ich nehme meine Schwester mit.**

¿Te has acordado de decir *"deinen Bruder"*?

Practica con las parejas *"anmachen/ausmachen"* y *"aufmachen/zumachen"*. Fíjate además en *"außerdem"*, que significa... pues eso, ¡'además'! Se pronuncia /áusadeemmm/.

¿Apagas el ordenador, por favor?	**Machst du bitte den Computer aus?**
– ¿Cierras la ventana, por favor? – Sí, además enciendo la calefacción.	**– Machst du bitte das Fenster zu?** **– Ja, ich mache außerdem die Heizung an.**
– ¿Apaga la calefacción, por favor? – Sí, además abro la ventana.	**– Machen Sie bitte die Heizung aus?** **– Ja, ich mache außerdem das Fenster auf.**

"Bitte" también se podría colocar al final de la pregunta.

TAG 37 Los prefijos *fertig-*, *weiter-* & *zurück-*

¡Vamos a explorar un poco más el mundo de los verbos separables! Como ya te dijimos en el *Tag 36*, hay muchísimos prefijos y cada uno tiene tantos significados que es mejor aprenderse cada verbo por separado. Dicho esto, queremos destacar tres prefijos importantes que se usan con muchos verbos y que tienen un significado bastante claro: ***"fertig-"*** (**'terminar...'**), ***"weiter-"*** (**'continuar...'**) y ***"zurück-"*** (**'volver...'**).

Clave de pronunciación
La **"z"** en alemán se pronuncia como una **'t'** seguida de una **'s'**: **/tsss/**. ¡La **'z'** del castellano no existe en alemán! Di **/tsssujük/** y diferencia bien entre la ***"u"*** y la ***"ü"***.

La palabra del día: ***später***
Significa **'más tarde'** o **'luego'** y se pronuncia **/shhhpéeta/**, con nuestro sonido fuerte **/shhh/** de mandar callar.

LA MECÁNICA

- Combinamos el prefijo ***"fertig-"***, pronunciado **/féatik/**, con otros verbos para expresar que **'terminamos'** de hacer algo. Por ejemplo, decimos ***"fertiglesen"*** (**'terminar de leer'**), ***"fertigschreiben"*** (**'terminar de escribir'**), ***"fertigschauen"*** (**'terminar de ver'**), ***"fertigessen"*** (**'terminar de comer'**), etc. Sin detallar qué es lo que se termina, recurrimos a ***"fertigmachen"***.
- El prefijo ***"weiter-"***, pronunciado **/vvváita/**, indica que **'continuamos'** o **'seguimos'** haciendo algo. Existe el verbo ***"fortführen"***, también separable, pero es muy formal. En el día a día hablamos de ***"weitermachen"*** (**'continuar'**), ***"weiterlesen"*** (**'seguir leyendo'**), ***"weiterschauen"*** (**'seguir viendo'**), ***"weiterreden"*** (**'seguir hablando'**), etc.
- Con el prefijo ***"zurück-"*** junto con los verbos ***"fahren"*** y ***"gehen"*** expresamos **'volver'**, dependiendo de si es en un medio de transporte (***"fahren"***) o no (***"gehen"***). Según el punto de vista, también usamos ***"zurückkommen"***, que significa literalmente **'volver a venir'**. Otros verbos comunes que incluyen ***"zurück-"*** son ***"zurückgeben"*** (**'devolver'**) y ***"zurückrufen"*** (**'devolver la llamada'**).

Como se trata de prefijos de verbos separables, ***"fertig"***, ***"weiter"*** y ***"zurück"***, se tienen que colocar al final de la frase (***"Ich mache es später fertig"***, ***"Wir spielen morgen weiter"***, ***"Er kommt zurück"***).

¡Un apunte!
"Fertig sein" (en dos palabras) equivale a **'estar listo'** o **'haber terminado'**, por ejemplo ***"Bist du fertig? Ja, ich bin fertig"*** (**'¿Estás listo/Has terminado? Sí, estoy listo/he terminado'**).

TAG 37 ¡Ponte a prueba!

Tapa la columna de la derecha y traduce las siguientes frases:

Empezamos con verbos separables con el prefijo *"fertig-"*. Fíjate también en que decimos *"Kommst du bitte einen Moment?"*, donde *"einen Moment"* está en acusativo.

Lo termino mañana.	**Ich mache es morgen fertig.**
Luego terminamos (de ver) la película.	**Wir schauen den Film später fertig.**
– ¿Vienes un momento por favor? – Ningún problema, luego termino (de escribir) la carta.	**– Kommst du bitte einen Moment?** **– Kein Problem, ich schreibe den Brief später fertig.**

Según la región, decimos **/féatik/** o **/féati(sh)/**.

Le toca el turno a *"weiter-"*. ¿Qué es lo que se seguirá haciendo en estos ejemplos?

Luego sigo.	**Ich mache später weiter.**
Luego seguimos viendo la película.	**Wir schauen den Film später weiter.**
– ¿Vienes un momento por favor? – Ningún problema, luego sigo leyendo.	**– Kommst du bitte einen Moment?** **– Kein Problem, ich lese später weiter.**

Asegúrate de pronunciar la **"w"** de *"weiter"* como una **'v'** vibrada.

Por último, veamos *"zurück-"*. Nada de decir /zuruk/, ¡*"zurück"* se dice /tsssujük/!

Mañana devuelvo el libro.	**Ich gebe das Buch morgen zurück.**
– ¿Cuándo vuelves (allí)? – Vuelvo mañana.	**– Wann fährst du zurück?** **– Ich fahre morgen zurück.**
– ¿Cuándo volvéis (a venir)? – No volvemos (a venir).	**– Wann kommt ihr zurück?** **– Wir kommen nicht zurück.**

En el segundo ejemplo, también podríamos haber usado *"zurückgehen"*.

TAG 38 El verbo *können* (I)

Hoy vamos a ver cómo se dice el verbo **'poder'** en alemán. Empleamos ***"können"***, y lo peculiar de este verbo (y de todos los verbos modales) es lo siguiente: ¡el verbo que acompaña a ***"können"*** en infinitivo se coloca al final de la frase!

Clave de pronunciación
La ***"ö"*** se pronuncia diciendo una **'e'** pero poniendo boca de **'o'**. ¡Inténtalo delante de un espejo!

LA MECÁNICA

El verbo ***"können"*** es irregular en las primeras tres personas del singular: ***"ich kann"***, ***"du kannst"***, ***"er/sie/es kann"***. Al conjugarlo, **tenemos que colocar el verbo en infinitivo al final de la frase**. Cuando es un verbo separable como ***"anrufen"***, ¡este verbo se mantiene intacto!

Ich kann ihn morgen anrufen.	Lo puedo llamar mañana.
Du kannst später kommen.	Puedes venir más tarde.
Sie kann hier bleiben.	Ella se puede quedar aquí.
Wir können dich morgen abholen.	Podemos recogerte mañana.
Ihr könnt das Fenster aufmachen.	Podéis abrir la ventana.
Sie können morgen kommen.	Pueden venir mañana.

Para hacer la negación con ***"nicht"***, ¡no hay nada nuevo! ***"Nicht"*** sigue colocándose detrás del verbo conjugado pero si hay un objeto directo, recuerda que éste tiene preferencia:

Ich kann nicht schlafen.	No puedo dormir.
Ich kann dich nicht abholen.	No te puedo recoger.

¡Un apunte!
Empleamos el verbo ***"können"*** a menudo junto con ***"verstehen"*** (**'entender'**), ***"hören"*** (**'oír'**) y ***"sehen"*** (**'ver'**). Decimos literalmente **'¿Puedes oírme?'** o **'Puedo entenderte'**: ***"Kannst du mich hören?"***, ***"Ich kann dich verstehen"***.

Clave del método Vaughan
Cuando sabemos dónde hemos tropezado es mucho más fácil no volver a cometer un error. Por eso corregimos a nuestros alumnos continuamente y no les dejamos avanzar hasta que no hayan dicho lo que querían sin tropezar. Intenta seguir este método tú mismo/a. Cuando veas que no has traducido las frases correctamente, vuelve a intentarlo hasta que te salga sin pestañear.

TAG 38 ¡Ponte a prueba!

Tapa la columna de la derecha y traduce las siguientes frases:

Usamos *"können"* junto con los verbos *"arbeiten"*, *"kommen"* y *"bleiben"*. ¡Ojo con dónde colocamos los infinitivos!

Puedo trabajar este fin de semana.	**Ich kann dieses Wochenende arbeiten.**
¿Puedes venir mañana?	**Kannst du morgen kommen?**
No podemos quedarnos aquí.	**Wir können nicht hier bleiben.**

"Das Wochenende" está compuesto por *"die Woche"* (**'la semana'**) y *"das Ende"* (**'el final'**). La ***"n"*** del medio es simplemente una letra para unir las dos palabras.

Practiquemos ahora con algunos de los verbos separables que acabas de ver en los *Tage 36* y *37*. ¡El prefijo no se separa en estos casos!

¿Puede usted cerrar la puerta?	**Können Sie die Tür zumachen?**
¿Puedo terminar eso más tarde?	**Kann ich das später fertigmachen?**
No puedo recoger a tu hermano, pero mi padre puede llevarlo.	**Ich kann deinen Bruder nicht abholen, aber mein Vater kann ihn mitnehmen.**

La ***"b"*** de *"abholen"* suena como una **'p'**; decimos **/áphhhoolennn/**.

Terminamos con unas frases en las que *"können"* no se suele traducir al castellano.

Lo entiendo (a él).	**Ich kann ihn verstehen.**
– ¿Me oyes? – Sí, te oigo.	**– Kannst du mich hören?** **– Ja, ich kann dich hören.**
– ¿Me veis? – No, no te vemos.	**– Könnt ihr mich sehen?** **– Nein, wir können dich nicht sehen.**

Vuelve a decir las frases sin *"können"*, ¡que también es correcto! *"Ich verstehe ihn"*, *"Hörst du mich? Ja, ich höre dich"*, *"Seht ihr mich? Nein, wir sehen dich nicht"*.

TAG 39 El verbo *können* (II)

El verbo ***"können"*** no significa solamente **'poder'**; también lo empleamos para expresar la idea de **'saber'** hacer algo. Por ejemplo, ***"Ich kann schwimmen"*** (**'Sé nadar'**).

La palabra del día: *das Klavier*
"Das Klavier" es **'el piano'** y se pronuncia **/klavvvía/**, con **"v"** vibrada. Cuidado, **'tocar el piano'** no es *"das Klavier spielen"*, ¡sino ***"Klavier spielen"*** a secas! ***"Ich kann Klavier spielen"***. Y tú, *kannst du Klavier spielen?*

Error común
¡No digas *"Ich weiß schwimmen"*! Solamente utilizamos el verbo ***"wissen"*** (**'saber'**) para decir que sabemos ALGO, no que sabemos HACER algo.

LA MECÁNICA

Para expresar que **'sabemos'** hacer algo empleamos el verbo ***"können"***. Al conjugar ***"können"***, ¡el verbo en infinitivo por supuesto sigue colocándose al final de la frase!

Ich kann kochen.	Sé cocinar.
Ich kann Tennis spielen.	Sé jugar al tenis.
Sie kann Englisch sprechen.	Ella sabe hablar inglés.

Para decir que sabemos hacer algo **'bien'** o **'muy bien'**, entonces añadimos ***"gut"*** o ***"sehr gut"*** detrás de ***"können"***:

Ich kann gut Klavier spielen.	Sé tocar bien el piano.
Mein Vater kann sehr gut kochen.	Mi padre sabe cocinar muy bien.

¿Y la negación con ***"nicht"***? Como era de esperar, ***"nicht"*** va detrás del verbo conjugado:

Ich kann nicht schwimmen.	No sé nadar.
Ich kann nicht gut singen.	No sé cantar bien.

¡Un apunte!
Cuando se trata de saber hablar algún idioma, podemos omitir ***"sprechen"*** y decir ***"Ich kann Deutsch"***, ***"Er kann Englisch"***. Para negar esta frase, hay que emplear ***"kein"***: ***"Ich kann kein Deutsch"***, ***"Er kann kein Englisch"***.

Consejo clave
¿A que suena raro 'Yo puedo bien piano tocar'? Por eso, es muy importante repetir la estructura en alemán hasta la saciedad hasta que te suene igual de natural como a los alemanes.

TAG 39 ¡Ponte a prueba!

Tapa la columna de la derecha y traduce las siguientes frases:

Empieza practicando con *"ich kann"*, *"du kannst"* y *"er kann"*. ¡No olvides que tanto *"sprechen"* como *"spielen"* empiezan con el sonido /shhhp/!

Sé hablar alemán.	**Ich kann Deutsch sprechen.**
Él sabe tocar el piano.	**Er kann Klavier spielen.**
¿Sabes tocar la guitarra?	**Kannst du Gitarre spielen?**

¡Vuelve a repetir las frases con *"Spanisch"*, *"Fußball spielen"* y *"singen"*!

Vamos a añadir ahora *"gut"* y *"sehr gut"* detrás de *"können"*. Fíjate también en que 'tío' en alemán es *"Onkel"* y 'tía', *"Tante"*.

Mi tío sabe cocinar bien.	**Mein Onkel kann gut kochen.**
Mi tía sabe tocar el piano muy bien.	**Meine Tante kann sehr gut Klavier spielen.**
– ¿Ella sabe cantar? – Sí, ella sabe cantar muy bien.	**– Kann sie gut singen?** **– Ja, sie kann sehr gut singen.**

Cuando uno canta, hace vibrar las cuerdas vocales. ¡Haz lo mismo al pronunciar la **"s"** vibrada del verbo *"singen"* (**'cantar'**)!

¡Las frases van ahora en negativo! Coloca *"nicht"* detrás de *"können"*.

No sé cantar.	**Ich kann nicht singen.**
No saben nadar.	**Sie können nicht schwimmen.**
– ¿Él sabe tocar bien el piano? – No, no sabe tocar bien el piano.	**– Kann er gut Klavier spielen?** **– Nein, er kann nicht gut Klavier spielen.**

¿Cuántas veces has dicho el sonido **/vvv/** en estas frases? ¡Esperemos que tres veces! Primero en *"schwimmen"*, **/shhhvvvímennn/** y luego dos veces en *"Klavier"*, **/klavvvía/**.

TAG 40 Repaso de las clases 31-39

En las últimas nueve clases has aprendido muchísimas cosas, entre ellas, el importantísimo caso acusativo. También sabes manejar el adverbio ***"gerne"***, los distintos usos del verbo ***"können"***, cómo funcionan los verbos separables y cómo expresamos las temperaturas y el tiempo que hace. ¡Ponte a prueba para ver si has asimilado bien todos estos conocimientos!
Escribe las siguientes frases en alemán en la columna de la derecha. Tras comprobar que todas son correctas, vuelve a repasarlas en voz alta, prestando atención a tu pronunciación y diciéndolas cada vez más rápido. Vamos, ¡ánimo!

No te despistes con el plural de *"das Buch"*; ¡es *"die Bücher"*!

A mi tío le gusta cocinar. ....

Necesito estos libros. ....

Ella no nos entiende. ....

Usamos *"es"* y *"es ist"* cuando hablamos de *"das Wetter"*.

¿Cierra usted la ventana, por favor? Hace mucho frío fuera. ....

– ¿Qué tiempo hace? ....
– Hace 3 grados y está nevando. ....

Me gusta tocar el piano. ....

¡Mucho cuidado con los sustantivos masculinos cuando hacen de objeto directo!

Ella vuelve (a venir) este fin de semana. ....

¿Necesitas esta silla? ....

– ¿Conoces a mi tía? ....
– Sí, la conozco. ....

TAG 40 Repaso de las clases 31-39

Ya sabes: con *"können"* ponemos el verbo en infinitivo al final de la frase.

No puedo venir mañana. ....

Luego seguimos hablando. ....

– ¿Hace fresco fuera? ....
– No, hace calor y hace sol. ....

Los verbos separables NO se separan en infinitivo.

– ¿Ves esta casa? ....
– Sí, la veo. ....

¿Puede usted llamar más tarde? ....

Tengo un ordenador, un reloj y un móvil. ....

¡No descanses todavía y recuerda decirlo todo en voz alta! La última frase es de las complicadas... pero con todo lo que has aprendido, ¡tú puedes con ella!

Podemos terminar eso luego. ....

– ¿Él sabe tocar la guitarra? ....
– No, pero sabe tocar el piano muy bien. ....

No me gusta levantarme a las seis. ....

Comprueba las respuestas en la página 376.

TAG 41 *Wie viel & wie viele*

Hoy veremos cómo se dice **'cuánto'**, **'cuánta'**, **'cuántos'** y **'cuántas'** en alemán. Solamente tienes que aprenderte dos elementos: ***"wie viel"*** y ***"wie viele"***. ¡Por una vez el alemán es más fácil que el castellano!

Clave de pronunciación
Asegúrate de diferenciar bien entre la **"w"** y la **"v"** en **"wie viel"/"wie viele"**. La **"w"** se parece más bien a una **'v'** vibrada y la **"v"** suena como la **'f'** del castellano. Decimos **/vvvifiil/** y **/vvvifiile/**.

LA MECÁNICA

'Cuánto' y **'cuánta'** en alemán se expresan con ***"wie viel"***. Lo viste cuando estudiamos ***"Wie viel Uhr ist es?"***. ***"Wie viel"*** nos vale para todos los sustantivos en singular, ¡da igual el género!

der Strom:	**Wie viel Strom verbraucht das Gerät?** ¿Cuánta electricidad consume el aparato?
die Zeit:	**Wie viel Zeit brauchst du?** ¿Cuánto tiempo necesitas?
das Geld:	**Wie viel Geld nimmst du mit?** ¿Cuánto dinero te vas a llevar?

Ya sabes que en plural no distinguimos el género en alemán. Empleamos ***"wie viele"*** (**'cuántos'**/**'cuántas'**) para todos los sustantivos plurales:

Wie viele Einwohner hat München?	¿Cuántos habitantes tiene Múnich?

La palabra del día: ***die Geschwister***
"Geschwister" se refiere al conjunto de ***"Brüder"*** (**'hermanos'**) y ***"Schwestern"*** (**'hermanas'**). Para preguntar **'cuántos hermanos'** tiene alguien, no digas ***"Wie viele Brüder...?"*** sino ***"Wie viele Geschwister...?"***, ya que ***"Brüder"*** solamente se refiere a los hermanos varones. Pronuncia ***"Geschwister"*** con el sonido **/shhh/** seguido de una **'v'** vibrada: **/gueshhhvvvvísta/**.

Clave del método Vaughan
Una de las razones por las que insistimos tanto en que practiques mucho en voz alta es porque tienes que entrenar tu boca para que haga movimientos a los que no estás acostumbrado/a. Ensaya con los ejemplos que te damos, exagerando todo lo que puedas, y verás que luego en la práctica ¡las frases te saldrán casi solas!

TAG 41 ¡Ponte a prueba!

Tapa la columna de la derecha y traduce las siguientes frases:

Estrenamos *"wie viel"* junto con *"die Zeit"*, *"das Geld"* y con el verbo *"kosten"* ('costar').

¿Cuánto tiempo tenemos?	**Wie viel Zeit haben wir?**
¿Cuánto dinero necesitas?	**Wie viel Geld brauchst du?**
¿Cuánto cuesta (esto)?	**Wie viel kostet das?**

La ***"d"*** de *"Geld"* se pronuncia como una **'t'**: **/guelt/**.

¡Pasamos a los plurales con *"die Geschwister"* ('hermanos/as'), *"die Einwohner"* ('habitantes') y *"die Sachen"* ('las cosas')!

¿Cuántos hermanos (chicos o chicas) tiene él?	**Wie viele Geschwister hat er?**
¿Cuántos habitantes tiene Madrid?	**Wie viele Einwohner hat Madrid?**
¿Cuántas cosas me puedo llevar?	**Wie viele Sachen kann ich mitnehmen?**

"Einwohner" y *"Sachen"* en singular son *"der Einwohner"* y *"die Sache"*, pronunciados **/áinvvvoona/** y **/(s)áje/**.

Seguimos con *"wie viele"*, esta vez con preguntas y respuestas. ¡Asegúrate de emplear el caso acusativo con el verbo *"haben"*!

– ¿Cuántos hijos tiene usted? – Tengo un hijo y una hija.	**– Wie viele Kinder haben Sie?** **– Ich habe einen Sohn und eine Tochter.**
– ¿Cuántos hermanos tienes? – Tengo un hermano y una hermana.	**– Wie viele Geschwister hast du?** **– Ich habe einen Bruder und eine Schwester.**
– ¿Cuántos hijos tienes? – Tengo dos hijos y dos hijas.	**– Wie viele Kinder hast du?** **– Ich habe zwei Söhne und zwei Töchter.**

La ***"ö"*** de *"Töchter"* hace que la ***"ch"*** se pronuncie de forma suave. Decimos *"eine* **/tójta/***"*, pero *"zwei* **/tö(sh)ta/***"*.

TAG 42 *Viel(e) & wenig(e)*

Hoy veremos cómo decimos **'mucho'** y **'poco'** en alemán. Al igual que ocurría con *"wie viel/wie viele"*, solamente diferenciamos entre el singular y el plural.

La palabra del día: *die Geduld*
"Die Geduld" es **'la paciencia'** y se pronuncia **/guedúlt/**.
'Tener paciencia' es *"Geduld haben"*: *"Ich habe Geduld"*, *"Er hat keine Geduld"*.

Consejo clave
Aplica lo aprendido a las situaciones de tu vida cotidiana. Mira a tu alrededor y ve diciendo en alemán las muchas o pocas cosas que tienes. Una vez estudiadas estas páginas, practica diciendo *"Ich habe viele Bücher"*, *"Ich habe viele blaue Kulis"*, *"Ich habe wenig..."*.

LA MECÁNICA

Como ya te comentamos anteriormente, *"viel"* significa **'mucho'** o **'mucha'**. En plural, empleamos *"viele"* (**'muchos'**/**'muchas'**)

viel Geld mucho dinero	**viele Fragen** muchas preguntas

Lo contrario de *"viel"* y *"viele"* es *"wenig"* (**'poco'**/**'poca'**) y *"wenige"* (**'pocos'**/**'pocas'**), respectivamente:

wenig Geld poco dinero	**wenige Fragen** pocas preguntas

Ten en cuenta que en alemán a menudo empleamos *"nicht viel"* o *"nicht viele"* en lugar *"wenig"* y *"wenige"*. Por ejemplo, podemos decir *"Ich habe nicht viel Zeit"* en lugar de *"Ich habe wenig Zeit"*.

Clave de pronunciación
La terminación *"-ig"* en alemán se pronuncia **/ik/** o **/i(sh)/**, por lo que *"wenig"* se puede decir **/vvvéenik/** o **/vvvéeni(sh)/**. La *"g"* de *"wenige"* suena como una **'g'** de **'gato'**; decimos **/vvvéenigue/**.

¡Qué curioso!
'Muy poco' o **'muy pocos'** se dice *"sehr wenig"* o *"sehr wenige"*, sin más misterio. ¡Y también empleamos *"sehr"* con *"viel/viele"*! *"Sehr viel"* y *"sehr viele"* se puede traducir como **'muchísimo'** y **'muchísimos'**.

TAG 42 ¡Ponte a prueba!

Tapa la columna de la derecha y traduce las siguientes frases:

Practica con *"viel"* seguido de sustantivos en singular.

Tengo mucho tiempo hoy.	**Ich habe heute viel Zeit.**
Mi profesor tiene mucha paciencia.	**Mein Lehrer hat viel Geduld.**
Mi tío tiene muchísimo dinero.	**Mein Onkel hat sehr viel Geld.**

¿Has dicho **/guelt/** y **/guedúlt/** con **'t'** fuerte al final?

Le toca el turno a *"wenig"*, el contrario de *"viel"*.

Tengo poco dinero.	**Ich habe wenig Geld.**
Mi profesora tiene poca paciencia.	**Meine Lehrerin hat wenig Geduld.**
Mi jefe tiene muy poco tiempo.	**Mein Chef hat sehr wenig Zeit.**

¡Vuelve a decir las frases con ***"nicht viel"*/*"nicht sehr viel"***!

Terminamos con *"viele"* y *"wenige"* seguidos de sustantivos en plural. ¿Te acuerdas de *"Einwohner"*? Significa 'habitantes' y viene de *"wohnen"* ('vivir', 'habitar').

Tenemos muchas preguntas.	**Wir haben viele Fragen.**
La ciudad tiene muchos problemas.	**Die Stadt hat viele Probleme.**
– ¿Chinchón tiene muchos habitantes? – No, Chinchón tiene pocos habitantes.	**– Hat Chinchón viele Einwohner?** **– Nein, Chinchón hat wenige Einwohner.**

¿Cuál es el singular de ***"Fragen"*** y ***"Probleme"***? ¿***"Die Frage"*** y *"der Problem"*?
Nooo, ¡¡es ***"das Problem"***!!

TAG 43 Los adjetivos en acusativo

En los *Tage 34* y *35* te hemos contado cómo afecta el caso acusativo a los artículos, posesivos y determinantes. Ahora veremos cómo se modifican los adjetivos.

LA MECÁNICA

Antes de nada, asegúrate de que tienes bien claros los conceptos y explicaciones de los *Tage 34* y *35*... ¿Los has repasado? ¿Pero de verdad? Bien. En primer lugar, recordemos cuándo empleábamos el acusativo: en términos generales, es el objeto directo de una frase, que tiene que ir en acusativo. Muy bien. Como vimos, el caso acusativo solamente "se nota" cuando son sustantivos masculinos. Decimos ***"Ich sehe den/einen/diesen/meinen Mann"*** pero ***"Ich sehe die/eine/diese/meine Frau"***, ***"Ich sehe das/ein/dieses/mein Kind"*** y ***"Ich sehe die/diese/meine Kinder"***.

Perfecto. Veamos entonces qué ocurre con los adjetivos. De nuevo, solamente sufren un cambio los adjetivos que van delante de los sustantivos masculinos, y además siguen la pauta de ***"den"***, ***"einen"***, etc., ya que terminan en ***"-en"***.

Der schwarze Kuli ist meiner.	Ich brauche **den schwarzen*** Kuli.
Die schwarze Uhr ist meine.	Ich brauche **die schwarze*** Uhr.
Das schwarze Auto ist meins.	Ich brauche **das schwarze*** Auto.
Die schwarzen Kulis sind meine.	Ich brauche **die schwarzen*** Kulis.

* Usamos las mismas terminaciones detrás de ***"diesen"***, ***"diese"***, ***"dieses"*** y ***"diese"***, respectivamente.

Das ist **ein schwarzer** Kuli.	Ich brauche **einen schwarzen*** Kuli.
Das ist **eine schwarze** Uhr.	Ich brauche **eine schwarze*** Uhr.
Das ist **ein schwarzes** Auto.	Ich brauche **ein schwarzes*** Auto.
Das sind **schwarze** Kulis.	Ich brauche **schwarze**** Kulis.

* Usamos las mismas terminaciones con los posesivos (***"meinen schwarzen Kuli"***, ***"meine schwarze..."***, etc.) y con ***"kein"*** (***"keinen schwarzen Kuli"***, ***"keine schwarze..."***, etc.).

** Detrás de los posesivos y de ***"keine"***, los adjetivos tienen la misma terminación que cuando van detrás de ***"die"*** y ***"diese"*** (***"meine schwarzen Kulis"***, ***"keine schwarzen Kulis"***).

La palabra del día: ***der Laden***

"Der Laden" significa **'la tienda'**. Tiene además un sinónimo: ***"das Geschäft"***. Fíjate en el género, ¡ninguna de las dos palabras es femenina!

TAG 43 ¡Ponte a prueba!

Tapa la columna de la derecha y traduce las siguientes frases:

Empezamos con sustantivos masculinos. ¡La terminación *"-en"* estará por todas partes!

Conozco la nueva tienda.	**Ich kenne den neuen Laden.**
– ¿Tienes un boli rojo? – No, pero tengo uno azul.	**– Hast du einen roten Kuli?** **– Nein, aber ich habe einen blauen.**
¿Ves a mi perro pequeño?	**Siehst du meinen kleinen Hund?**

Utilizando *"das Geschäft"* en lugar de *"der Laden"*, la primera frase quedaría en *"Ich kenne das neue Geschäft"*.

Veamos ahora los sustantivos femeninos y los plurales. Aunque vayan en acusativo, no cambia ninguna terminación, ni de los artículos ni de los adjetivos.

Tengo una hermana pequeña y un hermano pequeño.	**Ich habe eine kleine Schwester und einen kleinen Bruder.**
Él conoce a la nueva vecina.	**Er kennt die neue Nachbarin.**
– ¿Ves los coches rojos? – No, pero veo (unas) bicicletas rojas.	**– Siehst du die roten Autos?** **– Nein, aber ich sehe rote Fahrräder.**

Cuidado, no es *"die rote Autos"*. Detrás de *"die"* plural, los adjetivos terminan en ***"-en"*** (como viste en el *Tag 21*).

Por último, practica con frases donde aparecen sustantivos neutros. ¡Seguimos sin modificar los adjetivos respecto a lo que ya conoces!

Tengo una casa grande y un jardín grande.	**Ich habe ein großes Haus und einen großen Garten.**
No necesito un móvil nuevo, pero mi marido necesita un ordenador nuevo.	**Ich brauche kein neues Handy, aber mein Mann braucht einen neuen Computer.**
¿Usted conoce este nuevo programa?	**Kennen Sie dieses neue Programm?**

¿Cómo sería la última frase si sustituimos *"dieses"* por *"mein"*? *"Kennst du mein neues Programm?"*. ¡Eeeso es!

TAG 44 *Es gibt*

Vamos a ver cómo decimos **'hay'** en alemán. El verbo **'haber'** es el mismo que el de **'dar'**, ***"geben"***, y en tercera persona del singular decimos ***"es gibt"***. Por ejemplo, ***"Es gibt viele Fragen"*** (**'Hay muchas preguntas'**).

Clave de pronunciación
"Es gibt" se pronuncia **/es guipt/**, ¡con **'p'**! Practícalo varias veces hasta que te salga bien la **'p'** seguida de la **'t'**: **/es guipt/**, **/es guipt/**, **/es guipt/**.

Error común
¡**'Aquí hay...'** no se dice *"Hier es gibt..."*! Decimos ***"Es gibt hier..."*** o ***"Hier gibt es..."***. En el *Tag 65* te explicaremos por qué invertimos el orden del sujeto y el verbo en este caso.

LA MECÁNICA

'Hay' se expresa en dos palabras en alemán: ***"es gibt"***. ***"Es gibt"*** va seguido del caso acusativo, y eso significa que debes ir con cuidado cuando uses un sustantivo masculino. Veamos unos ejemplos con ***"der Flughafen"***, ***"die Kathedrale"***, ***"das Hotel"*** y ***"die Flughäfen"***:

Es gibt einen großen Flughafen in Madrid.	Hay un aeropuerto grande en Madrid.
Es gibt eine große Kathedrale in Cuenca.	Hay una catedral grande en Cuenca.
Es gibt ein großes Hotel in Freiburg.	Hay un hotel grande en Friburgo.
Es gibt zwei große Flughäfen in London.	Hay dos aeropuertos grandes en Londres.

¿Y en negativo? Te recordamos que ***"nicht"*** no puede ir seguido de ***"ein-"***, por lo que **'no hay un/una...'** se dice ***"Es gibt keinen.../keine.../kein..."***. Por ejemplo, ***"Es gibt keinen Flughafen in Salamanca"***. ¿Y **'no hay hoteles'**? ***"Es gibt keine Hotels"***, perfecto.

Para formar la pregunta hace falta poner el sujeto detrás del verbo, así que nada de *"Es gibt...?"*. ¡Practica diciendo ***"Gibt es...?"*** por lo menos quince veces!

La expresión del día: *in der Nähe*
"In der Nähe", literalmente 'en la cercanía', es como decimos **'cerca'**. Por ejemplo ***"Gibt es ein Restaurant in der Nähe?"*** (**'¿Hay un restaurante cerca?'**). Lo usamos a menudo junto con ***"hier"***: ***"Gibt es hier ein... in der Nähe?"*** (**'¿Hay un... por aquí cerca?'**). ***"In der Nähe"*** se pronuncia **/in déa nee_e/**, ¡presta atención al audio!

¡Un apunte!
'Hay' no siempre se traduce como ***"es gibt"***, ya que en determinadas ocasiones usamos ***"da ist"*** o ***"da sind"***. ¡Te contaremos por qué en el *Tag 79*!

TAG 44 ¡Ponte a prueba!

Tapa la columna de la derecha y traduce las siguientes frases:

Practica *"es gibt"* junto con *"viele"* ('muchos'/ 'muchas').

Hay muchos restaurantes en Dortmund.	**Es gibt viele Restaurants in Dortmund.**
Hay muchos parques en Inglaterra.	**Es gibt viele Parks in England.**
Aquí no hay muchos hoteles.	**Es gibt hier nicht viele Hotels.**

"Restaurants", *"Parks"* y *"Hotels"* en singular es *"das Restaurant"*, *"der Park"* y *"das Hotel"*.

Vamos a ver ahora *"es gibt"* seguido del artículo indefinido en acusativo. Además, estrenamos la expresión *"in der Nähe"*.

Hay un parque bonito cerca.	**Es gibt einen schönen Park in der Nähe.**
Hay un bar chulo cerca.	**Es gibt eine nette Bar in der Nähe.**
Hay un restaurante chulo cerca.	**Es gibt ein nettes Restaurant in der Nähe.**

Cuando el adjetivo *"nett"* (**'majo'**, **'simpático'**) describe a un lugar o establecimiento se podría traducir como **'chulo'** o **'un... que está bien'**.

Terminamos con preguntas en afirmativo y respuestas en negativo. Ten en cuenta que solemos colocar *"hier"* justo detrás de *"Gibt es...?"*.

– ¿Hay un museo por aquí? – No, no hay un museo por aquí.	**– Gibt es hier ein Museum?** **– Nein, es gibt hier kein Museum.**
– ¿Hay un bar por aquí cerca? – No, no hay un bar por aquí.	**– Gibt es hier eine Bar in der Nähe?** **– Nein, es gibt hier keine Bar.**
– ¿Hay un aeropuerto grande en Bilbao? – No, no hay ningún aeropuerto grande.	**– Gibt es einen großen Flughafen in Bilbao?** **– Nein, es gibt keinen großen Flughafen.**

¡Vuelve a decir las preguntas con la forma contraída *"Gibt's...?"*!

TAG 45 Los pronombres de objeto indirecto

En el *Tag 33* conociste los pronombres de objeto directo (acusativo). Ahora veremos los pronombres de objeto indirecto, es decir, los que expresan **'a mí'**, **'a ti'**, **'a él/ella'**, etc.

La palabra del día: ***der Schlüssel***
"Der Schlüssel" es **'la llave'** en castellano. Cuidado, ¡es masculino en alemán! El plural no cambia; **'las llaves'** son ***"die Schlüssel"***.

¡Un apunte!
Más adelante (en los *Tage 67-68*) veremos cómo se forman los imperativos. Hoy te adelantamos que el imperativo de ***"geben"*** (**'dar'**) es ***"gib"*** (**'da'**), ***"gebt"*** (**'dad'**) y ***"geben Sie"*** (**'dé'** usted).

LA MECÁNICA

Con estos ejemplos te presentamos los pronombres de objeto indirecto en alemán, que también se llaman pronombres personales en dativo.

Da**me** la llave.	**Gib**	**mir**	**den Schlüssel.**	/mía/
Te doy la llave.	**Ich gebe**	**dir**	**den Schlüssel.**	/día/
Da**le** la llave (**a él**).	**Gib**	**ihm**	**den Schlüssel.**	/iimmm/
Da**le** la llave (**a ella**).	**Gib**	**ihr**	**den Schlüssel.**	/iia/
Da**nos** la llave.	**Gib**	**uns**	**den Schlüssel.**	/unnns/
Os doy la llave.	**Ich gebe**	**euch**	**den Schlüssel.**	/ói(sh)/
Da**les** la llave.	**Gib**	**ihnen**	**den Schlüssel.**	/iinennn/
Le(s) doy la llave **a usted(es)**.	**Ich gebe**	**Ihnen**	**den Schlüssel.**	/iinennn/

El objeto directo en estas frases es ***"Schlüssel"***, cuyo artículo ***"der"*** se ha convertido en ***"den"*** por ir en caso acusativo. ¿Por qué es el **objeto directo**? Porque es **lo que** das. ¿Y por qué ***"mir"***, ***"dir"***, ***"ihm"***, etc., son los pronombres de **objeto indirecto**? Porque expresan **a quién** se lo das.

Fíjate en que, en alemán, casi todos los pronombres directos e indirectos son diferentes. Los únicos que coinciden son la primera y la segunda persona del plural (***"uns"*** = ***"uns"***, ***"euch"*** = ***"euch"***).

Clave de pronunciación
Cierra bien la boca al decir la ***"m"*** final de palabras como ***"ihm"***. Si no juntas bien los labios, ¡parece que estás diciendo ***"ihn"***!

¡Cuidado!
El pronombre **'le'** tiene tres equivalentes diferentes en alemán, según a quién te refieras. Puede ser ***"ihm"*** (**'a él'**), ***"ihr"*** (**'a ella'**) o ***"Ihnen"*** (**'a usted'**).

TAG 45 ¡Ponte a prueba!

Tapa la columna de la derecha y traduce las siguientes frases:

Empezamos por *"mir"* y *"dir"*. ¡La *"r"* se pronuncia como una 'a'!

Dame el libro, por favor.	**Gib mir das Buch, bitte.**
Deme el expediente, por favor.	**Geben Sie mir die Akte, bitte.**
Él te da la llave mañana.	**Er gibt dir den Schlüssel morgen.**

También podríamos colocar ***"bitte"*** detrás de ***"mir/dir"***: ***"Gib mir bitte..."***, ***"Geben Sie mir bitte..."***.

Le toca el turno a *"ihm"* e *"ihr"*.

Dale esta carta (a él), por favor.	**Gib ihm diesen Brief, bitte.**
Dadle la carta (a ella) mañana, por favor.	**Gebt ihr morgen den Brief, bitte.**
¿Puedes darle las cosas (a él)?	**Kannst du ihm die Sachen geben?**

Después de *"mir"*, *"dir"*, *"ihm"* e *"ihr"*, nos quedan por ver los pronombres en plural *"uns"*, *"euch"* e *"ihnen"*.

Danos los libros, por favor.	**Gib uns die Bücher, bitte.**
Puedo daros este expediente mañana.	**Ich kann euch diese Akte morgen geben.**
Podemos darles las cosas mañana (a ellos).	**Wir können ihnen die Sachen morgen geben.**

"Wir können Ihnen die Sachen geben", con ***"Ihnen"*** escrito en mayúscula, significa **'Podemos darle(s) las cosas a usted(es)'**.

TAG 46 El caso dativo (I)

Después de haberte familiarizado con los entresijos del caso acusativo (*"der Akkusativ"*), ¡ha llegado la hora de conocer **el caso dativo** (*"der Dativ"*)! Hoy nos interesan solamente los artículos, posesivos, etc., que acompañan a **los sustantivos masculinos y neutros**.

LA MECÁNICA

Si en lugar de **'Dale la llave (a él)'** (*"Gib ihm den Schlüssel"*) quieres decir **'Dale la llave al hombre'**, no puedes decir *"Gib der Mann den Schlüssel"*. Al igual que ***"er"*** cambia a ***"ihm"*** cuando es el objeto indirecto, ***"der Mann"*** tiene que transformarse en ***"dem Mann"***: ***"Gib dem Mann den Schlüssel"***.

La terminación ***"-em"*** se aplica también al artículo definido (*"ein"*), a los posesivos (*"mein"*, *"dein"*, etc.), a la negación (*"kein"*) y al determinante (*"dieser"*). Veamos unos ejemplos con *"Gib es..."* (**'Dáselo a...'**):

Dáselo **al** hombre.	**Gib es dem Mann.**
Dáselo **a un** hombre.	**Gib es einem Mann.**
Dáselo **a mi** marido.	**Gib es meinem* Mann.**
No se lo des **a ningún** hombre.	**Gib es keinem Mann.**
Dáselo **a este** hombre.	**Gib es diesem Mann.**

* Los demás posesivos siguen el mismo esquema: ***"deinem/seinem/ihrem/unserem/eurem/ihrem"***.

Esta misma regla también se aplica a los sustantivos neutros, como *"das Kind"*:

Dáselo **al** niño.	**Gib es dem Kind.**
Dáselo **a un** niño.	**Gib es einem Kind.**
Dáselo **a mi** hijo.	**Gib es meinem Kind.**
No se lo des **a ningún** niño.	**Gib es keinem Kind.**
Dáselo **a este** niño.	**Gib es diesem Kind.**

La palabra del día: *der Kunde*
"Der Kunde" es **'el cliente'** y es uno de los pocos sustantivos que en caso acusativo y dativo recibe una ***"-n"*** al final: *"Ich rufe den Kunden an"*, *"Gib es dem Kunden"*.

¡Qué curioso!
¡Decimos literalmente 'Dalo al hombre'! La parte **'se'** en **'Dáselo al hombre'** no tiene traducción en alemán.

TAG 46 ¡Ponte a prueba!

Tapa la columna de la derecha y traduce las siguientes frases:

Observa cómo *"der Chef"*, *"das Mädchen"* y *"dieser Kunde"* se convierten en *"dem Chef"*, *"dem Mädchen"* y *"diesem Kunden"*.

Dáselo al jefe, por favor.	**Gib es dem Chef, bitte.**
Dáselo a la niña.	**Gib es dem Mädchen.**
Dáselo a este cliente, por favor.	**Gib es diesem Kunden, bitte.**

Las letras ***"ch"*** en *"Chef"* excepcionalmente se pronuncian **/shhh/**.

Ahora emplea *"ein"* y *"kein"* en dativo:

Dáselo a un niño.	**Gib es einem Kind.**
Déselo a un cliente.	**Geben Sie es einem Kunden.**
No se lo deis a ningún cliente.	**Gebt es keinem Kunden.**

¡En el imperativo de **'usted'** no puede faltar *"Sie"*!

Practica por último con los adjetivos posesivos:

Dáselo a mi hermano.	**Gib es meinem Bruder.**
Déselo a su jefe (de usted), por favor.	**Geben Sie es Ihrem Chef, bitte.**
Dáselo a su jefe (de él), por favor.	**Gib es seinem Chef, bitte.**

Vuelve a decir todas las frases empleando las formas contraídas *"Gib's"*, **/guips/** y *"Geben Sie's"*, **/guéebenn (s)is/**.

TAG 47 El caso dativo (II)

¿Tienes claro ya por qué **'Dáselo al hombre'** y **'Dáselo al niño'** se dice ***"Gib es dem Mann"*** y ***"Gib es dem Kind"***? Después de ver el caso dativo con sustantivos masculinos y neutros, te enseñamos ahora qué ocurre con **los sustantivos femeninos**.

!?

¡Qué curioso!
El sufijo ***"-in"*** en alemán convierte una persona masculina en una femenina, como por ejemplo ***"Lehrer"*** → ***"Lehrerin"*** (**'profesora'**), ***"Chef"*** → ***"Chefin"*** (**'jefa'**), ***"Berater"*** → ***"Beraterin"*** (**'asesora'**).

Las palabras del día: *zeig, zeigt & zeigen Sie*
El verbo ***"zeigen"*** significa **'enseñar' / 'mostrar'**, y sus formas en imperativo son ***"zeig"*** (**'enseña'**), ***"zeigt"*** (**'enseñad'**) y ***"zeigen Sie"*** (**'enseñe usted'**). Pronúncialas **/tsssáik/**, **/tsssaikt/** y **/tsssáiguennn (s) i/**. ¡La ***"g"*** de ***"zeig"*** y ***"zeigt"*** suena como una **'k'**!

LA MECÁNICA

Los casos en alemán no son fáciles, ¡no te vamos a mentir! Pero quédate con lo bueno: las terminaciones de los artículos, posesivos, etc., casi siempre siguen la misma lógica. ¡Ya te has dado cuenta con ***"dem/einem/meinem/keinem/diesem"***! Pues con decirte que **'Dáselo a la mujer'** se dice ***"Gib es der Frau"***, ya debería ser suficiente para que deduzcas que ***"eine"*** cambiará a ***"einer"***, ***"meine"*** a ***"meiner"***, ***"keine"*** a ***"keiner"***, y ***"diese"*** a ***"dieser"***:

Dáselo **a la** mujer.	**Gib es der Frau.**
Dáselo **a una** mujer.	**Gib es einer Frau.**
Dáselo **a mi** mujer.	**Gib es meiner* Frau.**
No se lo des **a ninguna** mujer.	**Gib es keiner Frau.**
Dáselo **a esta** mujer.	**Gib es dieser Frau.**

* Los demás posesivos siguen el mismo esquema: ***"deiner, seiner, ihrer, unserer, eurer, ihrer"***.

Error común
La terminación ***"-er"*** es propia de los adjetivos masculinos cuando van detrás de ***"ein"/"mein"/"kein"***: ***"ein kleiner Tisch"***, ***"mein roter Kuli"***, ***"kein großer Stuhl"***. No la combines con la terminación ***"-er"*** en el dativo femenino. ¡Nunca decimos *"einer kleiner Tisch"* o *"meiner roter Kuli"*!

¡Un apunte!
En el *Tag 81* veremos cómo se modifican los adjetivos en el dativo. ¿Te damos un adelanto? **'Dáselo a la nueva profesora'** es ***"Gib es der neuen Lehrerin"***.

TAG 47 ¡Ponte a prueba!

Tapa la columna de la derecha y traduce las siguientes frases:

Fíjate en cómo cambian *"die"* y *"diese"* en el caso dativo:

Dáselo a la jefa, por favor.	**Gib es der Chefin, bitte.**
Enséñaselo a la profesora.	**Zeig es der Lehrerin.**
Enséñeselo a esta clienta, por favor.	**Zeigen Sie es dieser Kundin, bitte.**

En el lenguaje hablado a menudo contraemos *"es"* y decimos *"Gib's"*, *"Zeig's"* y *"Zeigen Sie's"*.

Vamos a ver ahora *"eine"* y *"keine"* convertidos en *"einer"* y *"keiner"*.

Dáselo a una asesora.	**Gib es einer Beraterin.**
Enséñaselo a una clienta.	**Zeig es einer Kundin.**
No se lo dé a ninguna clienta.	**Geben Sie es keiner Kundin.**

¿Cómo serían las frases con *"Berater"* y *"Kunde"*? *"Gib es einem Berater"*, *"Zeig es einem Kunden"* y *"Geben Sie es keinem Kunden"*.

Terminamos con los adjetivos posesivos.

Dáselo a mi hermana.	**Gib es meiner Schwester.**
Enséñeselo a su jefa (de usted).	**Zeigen Sie es Ihrer Chefin.**
Enseñádselo a nuestra asesora.	**Zeigt es unserer Beraterin.**

"Beraterin" se pronuncia **/bejáatejinnn/**.

TAG 48 El caso dativo (III)

Has visto cuál es la terminación de los artículos, posesivos, etc., delante de sustantivos masculinos y neutros (***"-em"***) y sustantivos femeninos (***"-er"***). Veamos ahora qué ocurre con **los sustantivos plurales**.

LA MECÁNICA

En el dativo, la terminación de los artículos, posesivos y determinantes es ***"-en"*** cuando acompañan a sustantivos plurales. Además, **añadimos una *"-n"* a los sustantivos plurales**, ¡sea cual sea el género!

Gib es... Dáselo...	**dem Mann** al hombre	**der Frau** a la mujer	**dem Kind** al niño	**den Kindern** a los niños
	einem Mann a un hombre	**einer Frau** a una mujer	**einem Kind** a un niño	-
	meinem Mann a mi marido	**meiner Frau** a mi mujer	**meinem Kind** a mi hijo	**meinen* Kindern** a mis hijos
	diesem Mann a este hombre	**dieser Frau** a esta mujer	**diesem Kind** a este niño	**diesen Kindern** a estos niños
No se lo des...	**keinem Mann** a ningún hombre	**keiner Frau** a ninguna mujer	**keinem Kind** a ningún niño	**keinen Kindern** a ningunos niños

* Los demás posesivos siguen el mismo esquema.

Hay dos excepciones de sustantivos que no se ven afectados por la ***"-n"*** final del dativo: los que ya terminan en ***"-n"*** como ***"Eltern"*** (**'padres'**), y los que terminan en ***"-s"*** como ***"Autos"*** (**'coches'**).

Aparte de ***"Kinder"*** y ***"Eltern"***, en los ejemplos de la página siguiente trabajaremos con los plurales ***"Berater"*** (**'asesores'**), ***"Lehrer"*** (**'profesores'**), ***"Kunden"*** (**'clientes'**), ***"Schüler"*** (**'alumnos'**) y ***"Freunde"*** (**'amigos'**). Los plurales ***"Berater"***, ***"Lehrer"*** y ***"Schüler"*** coinciden con su singular en masculino ***"der Berater/Lehrer/Schüler"***.

¡Cuidado!

¿Sabes cuál es la diferencia entre ***"Zeig es dem Kunden"*** y ***"Zeig es den Kunden"***? La primera frase significa **'Enséñaselo al cliente'** y la segunda **'Enséñaselo a los clientes'**. Cuando se trata de un sustantivo peculiar como ***"Kunde"***, que en dativo y acusativo llevan una ***"-n"*** al final, hay que tener especial cuidado con emplear correctamente la terminación ***"-en"*** o ***"-em"***. ¡Por una sola letra el significado de la frase cambia!

La palabra del día:

die Freunde

"Die Freunde" es el plural de ***"der Freund"***, **'el amigo'**. Sus equivalentes en femenino son ***"die Freundinnen"*** y ***"die Freundin"***, respectivamente.

TAG 48 ¡Ponte a prueba!

Tapa la columna de la derecha y traduce las siguientes frases:

El artículo plural *"die"* se transforma en *"den"* en el dativo.

Enséñaselo a los niños.	**Zeig es den Kindern.**
Dáselo a los profesores.	**Gib es den Lehrern.**
Enseñádselo a los asesores.	**Zeigen Sie es den Beratern.**

¡Vuelve a decir las frases en singular! ***"Zeig es dem Kind"***, ***"Gib es dem Lehrer"***, ***"Zeigen Sie es dem Berater"***. *Prima!*

Veamos ahora cómo cambia *"diese"* y *"keine"* en dativo junto con los plurales *"Schüler"*, *"Kunden"* y *"Freunde"*.

Déselo a estos alumnos.	**Geben Sie es diesen Schülern.**
Enséñeselo a estos clientes.	**Zeigen Sie es diesen Kunden.**
No se lo enseñes a ningún amigo.	**Zeig es keinen Freunden.**

El plural de ***"Kunde"*** es ***"Kunden"***, por lo que no se le añade una ***"n"*** adicional en dativo.

Por último, adaptamos los adjetivos posesivos. ¡No olvides marcar bien la *"n"* del final de las palabras!

Dáselo a sus padres (de él).	**Gib es seinen Eltern.**
Enséñeselo a nuestros clientes.	**Zeigen Sie es unseren Kunden.**
Enséñaselo a tus amigos.	**Zeig es deinen Freunden.**

Si sustituimos **'a tus amigos'** por **'a tu amiga'**, la última frase en alemán sería ***"Zeig es deiner Freundin"***.

TAG 49 El orden de los objetos directos e indirecto

Da**me la carta**. Dá**mela**. Enséña**le el jardín**. Enséña**selo**. ¿Cómo decimos este tipo de frases en alemán? ¿En qué orden van el objeto directo y el indirecto? ¡Hoy vas a averiguarlo!

Error común
'Dámelo' no es *"Gib mir es"* sino ***"Gib es mir"***. El pronombre indirecto, es decir, el que se refiere a una persona, va detrás del pronombre directo.

LA MECÁNICA

Hay tres reglas acerca del orden de los objetos directos e indirectos en alemán.

1. Cuando hay dos sustantivos, colocamos primero el indirecto y después el directo:

Gib deiner Mutter *die Blumen*.	Dale las flores a tu madre.

Objeto indirecto (**la persona** a la que se da algo) **en dativo**

Objeto directo (**la cosa** que se da) ***en acusativo***

2. Cuando hay un pronombre, da igual si es el directo o el indirecto, éste se coloca siempre delante del sustantivo:

Gib ihr *die Blumen*.	Dale las flores.
Gib *sie* deiner Mutter.	Dáselas a tu madre.

3. Si hay dos pronombres, entonces ponemos primero el pronombre de objeto directo (aquí, el pronombre que sustituye a ***"die Blumen"***):

Gib *sie* ihr.	Dáselas.

Vamos a hacer una prueba: Traduce **'Dale el boli a tu amigo'**. ¿***"Gib deinem Freund den Kuli"***? Bien. Sustituye **'el boli'**, diciendo **'Dáselo a tu amigo'**. ¿***"Gib ihn deinem Freund"***? Muy bien. Ahora, sustituye **'a tu amigo'**, diciendo **'Dale el boli'**. ¿***"Gib ihm den Kuli"***? ¡Fenomenal! Y por último, sustituye **'el boli'** y **'a tu amigo'**, diciendo **'Dáselo'**. ¿***"Gib ihn ihm"***? *Fantastisch!!!*

TAG 49 ¡Ponte a prueba!

Tapa la columna de la derecha y traduce las siguientes frases:

Empezamos con frases en las que los dos objetos son sustantivos. Ya sabes: en alemán decimos literalmente 'Da al profesor el libro'.

Por favor, dale el libro al profesor.	**Bitte gib dem Lehrer das Buch.**
Enséñale mi carta a tu profesora.	**Zeig deiner Lehrerin meinen Brief.**
Dele las flores a los clientes.	**Geben Sie den Kunden die Blumen.**

"Lehrerin" se pronuncia **/léejajinnn/**, con dos **"r"** de las que nacen en la garganta.

En estos ejemplos el objeto directo o indirecto es un pronombre, y por eso va primero.

Enséñame el jardín.	**Zeig mir den Garten.**
Éste es el nuevo móvil. Enséñeselo a la clienta.	**Das ist das neue Handy. Zeigen Sie es der Kundin.**
Allí están los clientes. Enséñales la casa.	**Da sind die Kunden. Zeig ihnen das Haus.**

¿Eres capaz de decir las frases sustituyendo *"Garten"*, *"Kundin"* y *"Haus"* por *"Sachen"*, *"Kunde"* y *"Autos"*? Claro que sí: *"Zeig mir die Sachen"*, *"Zeigen Sie es dem Kunden"*, *"Zeig ihnen die Autos"*.

Ahora veamos ejemplos con dos pronombres. Decimos literalmente 'Da lo le' o 'Da lo me'.

Aquí tienes la carta para Stefan. Dásela.	**Hier ist der Brief für Stefan. Gib ihn ihm.**
Allí está mi móvil. Dámelo, por favor.	**Da ist mein Handy. Gib es mir, bitte.**
Tengo vuestras cosas. Os las daré mañana.	**Ich habe eure Sachen. Ich gebe sie euch morgen.**

Fíjate en que *"Hier ist..."* se traduce como **'Aquí tienes...'**.

TAG 50 Repaso de las clases 41-49

En las últimas nueve clases has dado un salto grande en tu aprendizaje del alemán, ya que te has familiarizado con el caso dativo. Has conocido los pronombres de objeto indirecto (**"mir"**, **"dir"**, etc.) y has visto cómo cambia el objeto indirecto cuando es masculino, femenino, neutro o plural (**"dem Mann"**, **"der Frau"**, etc.); y todo ello lo has trabajado junto con el caso acusativo, como en ***"Gib der Frau den Schlüssel"*** o ***"Gib ihn ihr"***.

¡Y eso no es todo! Antes de presentarte el caso dativo, vimos preguntas con ***"wie viel(e)"*** y te explicamos el uso de ***"viel(e)"*** y ***"wenig(e)"***. También sabes ya cómo terminan los adjetivos en el acusativo, y pudiste lucir estos conocimientos junto con ***"es gibt"***.

Ahora repasa todo esto y traduce los siguientes ejemplos, ¡tanto por escrito como en voz alta!

Recuerda que solemos traducir 'Aquí tienes...' por *"Hier ist..."*.

Tengo mucha paciencia.	....
Aquí tienes el libro. Dáselo a los niños.	....
– ¿Hay un parque por aquí cerca?	....
– Sí, hay un parque grande cerca.	....

Solemos colocar *"nicht"* detrás del verbo, por lo que '...no tiene mucha...' es *"...hat nicht viel..."*.

¿Cuánto vale la casa?	....
Mañana te doy tu llave.	....
Mi profesor no tiene mucha paciencia.	....

'Habitantes' en alemán suena así: /áinvvvoona/.

Tenéis poco tiempo.	....
Esta ciudad tiene muchos habitantes.	....
Aquí hay pocos hoteles.	....

TAG 50 Repaso de las clases 41-49

Cuando te refieras a hermanos y hermanas en conjunto, emplea *"Geschwister"*.

Aquí tienes las flores para Emma y Andreas. Dáselas, por favor. ....

Tenemos un perro negro. ....

¿Cuántos hermanos tenéis? ....

'EL expediente' es *"DIE Akte"*, y 'LA carta' es *"DER Brief"*.

Dele este expediente (a él), por favor. ....

Necesito un nuevo ordenador, un nuevo reloj y un nuevo móvil. ....

Aquí tienes la carta. Dásela a tu madre, por favor. ....

El femenino de *"Berater"* ('asesor') es *"Beraterin"*. ¡Y no olvides añadir la *"-n"* a los sustantivos plurales en dativo!

Enséñeselo a su asesora (de usted). ....

Mañana se lo enseño a mis amigos. ....

Allí está mi bolígrafo. Dámelo, por favor. ....

Comprueba las respuestas en la página 376.

TAG 51 *Wie geht's?*

¿Qué tal? O como diríamos en alemán, ***"Wie geht's?"***. ¡Esperamos que estupendamente! Hoy vas a aprender cómo contestar a esta pregunta en alemán y cómo preguntar por los demás.

La expresión del día: *Danke der Nachfrage*
"Danke der Nachfrage" equivale a **'gracias por preguntar'**. La empleamos sobre todo en contextos formales y la pronunciamos **/dánke déa náajfjaague/**.

LA MECÁNICA

La pregunta **'¿Qué tal?'** o **'¿Cómo estás?'** en alemán es ***"Wie geht's?"***, pronunciado **/vvvi gueets/**. Es la forma contraída de ***"Wie geht es?"*** y le sigue **el caso dativo**. Es decir que debes emplear un pronombre de objeto indirecto (***"dir"***, ***"ihm"***, ***"ihr"***, ***"euch"***, etc.) o un sustantivo en dativo (***"deinem Bruder"***, ***"ihrer Schwester"***, etc.). Decimos literalmente **'¿Cómo te va?'**, a lo que luego contestaremos 'A mí me va bien', por ejemplo.

Toma nota de que con **'usted'** es más común mantener ***"wie geht es"*** sin contraer, ya que ***"wie geht's"*** tiene un toque informal.

Wie geht's?	¿Qué tal?
Wie geht's dir?	¿Qué tal estás?
Wie geht's ihm?	¿Cómo está él?
Wie geht's deinem Bruder?	¿Qué tal está tu hermano?
Wie geht es Ihnen?	¿Cómo está usted?
Wie geht es Ihrer Frau?	¿Cómo está su mujer?

Para expresar qué tal estamos, fíjate en estas cinco opciones:

Mir geht's...

Estoy...

☺☺☺	☺☺	☺	☹	☹☹
sehr gut	**gut**	**ganz gut**	**nicht so gut**	**nicht gut**
muy bien	bien	bastante bien	regular	no bien

¡Un apunte!
Para repasar el dativo, echa un vistazo a los *Tage* 45-49.

¡Qué curioso!
En lugar de ***"Mir geht's..."***, ***"Ihr geht's..."***, ***"Ihm geht's..."***, etc. puedes decir ***"Es geht mir..."***, ***"Es geht ihr..."***, ***"Es geht ihm..."***. El hecho de empezar la frase con ***"es"*** no cambia el significado en absoluto.

TAG 51 ¡Ponte a prueba!

Tapa la columna de la derecha y traduce las siguientes frases:

Vamos con /vvvi gueets/ y /mía gueets/. ¡Pronuncia bien los consonantes /ts/! Con 'usted', no olvides que solemos separar *"geht"* y *"es"*.

– ¿Qué tal?	– **Wie geht's?**
– Bien, ¿y tú?	– **Mir geht's gut, und dir?**
– ¿Qué tal estás?	– **Wie geht's dir?**
– Estoy bastante bien, ¿y tú?	– **Mir geht's ganz gut, und dir?**
– ¿Cómo está usted?	– **Wie geht es Ihnen?**
– Estoy bien, gracias por preguntar.	– **Mir geht es gut, danke der Nachfrage.**

En lugar de *"...und dir?"* también decimos *"...und selbst?"* (**'¿y tú mismo/a?'**).

Veamos ahora preguntas con sustantivos que en la respuesta se sustituyen por un pronombre.

– ¿Qué tal está tu padre?	– **Wie geht's deinem Vater?**
– Está bien.	– **Ihm geht's gut.**
– ¿Cómo están tus padres?	– **Wie geht es deinen Eltern?**
– Están bastante bien.	– **Ihnen geht's ganz gut.**
– ¿Qué tal está su mujer (de usted)?	– **Wie geht es Ihrer Frau?**
– Está muy bien, gracias por preguntar.	– **Ihr geht es sehr gut, danke der Nachfrage.**

¡Vuelve a decir las respuestas con *"Es geht ihm/Ihnen/ihr..."*!

En los siguientes ejemplos contestaremos que 'ahora mismo no estamos bien' o 'regular'. Coloca *"gerade"* ('ahora mismo') detrás de *"geht's"*.

– ¿Qué tal estás?	– **Wie geht's dir?**
– No estoy bien ahora mismo.	– **Mir geht's gerade nicht gut.**
– ¿Cómo está él?	– **Wie geht's ihm?**
– Está regular ahora mismo.	– **Ihm geht's gerade nicht so gut.**
– ¿Qué tal está tu madre?	– **Wie geht's deiner Mutter?**
– Está regular ahora mismo.	– **Ihr geht's gerade nicht so gut.**

Cuando hablamos rápido, la *"t"* de *"nicht"* apenas se oye. Decimos **/ni(sh) guut/** y **/ni(sh) (s)o guut/**.

TAG 52 *Mir ist kalt*

En el *Tag 15* ya te comentamos que **'Tengo frío'** bajo ningún concepto se debe traducir como *"Ich habe kalt"*. ¿Cómo lo expresamos entonces? Decimos literalmente 'A mí me es frío', ***"Mir ist kalt"***.

Las palabras del día: ***ein bisschen***
¿Piensas que **'un poco'** en alemán es ***"ein wenig"***? ¡Llevas razón! Pero lo que más usamos es ***"ein bisschen"***, que se pronuncia **/áinnn bís(sh)ennn/**. Ojo, ¡aquí las letras ***"sch"*** NO se pronuncian con el sonido /shhh/! Además ten en cuenta que ***"ein bisschen"*** NO va seguido de *"von"* ('de'). **'Un poco de dinero'** se dice ***"ein bisschen Geld"***.

Error común
¡No digas *"Mir ist viel kalt"*! ***"Kalt"*** es un adjetivo, por lo que decimos ***"Mir ist sehr kalt"***.

LA MECÁNICA

Para decir que **'tenemos frío'** o **'calor'**, en alemán empleamos el dativo junto con el verbo ***"sein"***. Los adjetivos que corresponden a **'frío'**, **'calor'**, etc., son los mismos que viste en el *Tag 32* cuando hablamos de las temperaturas. Usamos sobre todo ***"heiß"*** (**'caliente'**), ***"kalt"*** (**'frío'**) y ***"warm"*** (**'cálido'**). Tanto ***"heiß"*** como ***"warm"*** se traducen por **'calor'**, aunque la sensación de ***"warm"*** no es tan fuerte como la de ***"heiß"***.

Mir ist heiß.	Tengo calor.
Ist dir warm?	¿Tienes calor?
Den Kindern ist warm.	Los niños tienen calor.
Meiner Mutter ist kalt.	Mi madre tiene frío.

Para decir que tienes **'mucho'** o **'un poco de'** frío o calor, usa ***"sehr"*** (**'muy'**) y ***"ein bisschen"*** (**'un poco'**):

Mir ist sehr heiß.	Tengo mucho frío.
Uns ist ein bisschen kalt.	Tenemos un poco de frío.

¿Y en negativo? ¡No hay sorpresas! Como casi siempre, colocamos ***"nicht"*** detrás del verbo: ***"Mir ist nicht kalt"*** (**'No tengo frío'**).

¡Qué curioso!
En alemán tenemos un verbo que expresa **'tener frío'**: ***"frieren"***, pronunciado **/fjíijennn/**. Puedes decir, por ejemplo, ***"Frierst du? Ja, ich friere"*** (**'¿Tienes frío? Sí, tengo frío'**).

TAG 52 ¡Ponte a prueba!

Tapa la columna de la derecha y traduce las siguientes frases:

Empezamos con *"mir ist"* y *"uns ist"*. ¡Vete acostumbrando a decir literalmente 'A mí me es caliente' o 'A mí me es frío'!

– Tengo frío, ¿y tú?	**– Mir ist kalt, und dir?**
– Yo también.	**– Mir auch.**
– Tengo mucho calor, ¿y vosotros?	**– Mir ist sehr heiß, und euch?**
– Nosotros también tenemos mucho calor.	**– Uns ist auch sehr heiß.**
– Tengo un poco de calor, ¿y usted?	**– Mir ist ein bisschen warm, und Ihnen?**
– Yo también tengo un poco de calor.	**– Mir ist auch ein bisschen warm.**

Las letras ***"ch"*** de *"bisschen"* se pronuncian de forma suave, mientras que las de *"auch"* suenan como vuestra **'j'**.

Haremos unas preguntas a las que contestamos en negativo.

– ¿Tienes frío?	**– Ist dir kalt?**
– No, no tengo frío.	**– Nein, mir ist nicht kalt.**
– ¿Tiene usted calor?	**– Ist Ihnen warm?**
– No, no tengo calor.	**– Nein, mir ist nicht warm.**
– ¿No tenéis calor?	**– Ist euch nicht heiß?**
– No, no tenemos calor.	**– Nein, uns ist nicht heiß.**

¡Esperemos que estés diciendo **/vvvaammm/** y no /barm/!

Aprovechamos el tema de hoy para repasar *"können"* ('poder') junto con los verbos separables *"zumachen"* ('cerrar'), *"ausmachen"* ('apagar') y *"aufmachen"* ('abrir').

Tengo frío. ¿Puedes cerrar la ventana?	**Mir ist kalt. Kannst du das Fenster zumachen?**
Tengo un poco de calor. ¿Puedo apagar la calefacción?	**Mir ist ein bisschen heiß. Kann ich die Heizung ausmachen?**
Tenemos calor. ¿Podemos abrir la puerta?	**Uns ist warm. Können wir die Tür aufmachen?**

Para repasar el verbo *"können"*, consulta el *Tag 38*.

TAG 53 El verbo *gehören*

El verbo ***"gehören"*** (**'pertenecer'**) es de uso mucho más frecuente que su equivalente en castellano. En alemán, es igual de común decir ***"Das Buch gehört mir"*** (**'El libro me pertenece'**) que ***"Das ist mein Buch"*** (**'Es mi libro'**). ¡Veamos este verbo más de cerca!

Clave de pronunciación
"Gehört" se pronuncia **/guehhhöat/**, con una ***"h"*** aspirada y una ***"r"*** que suena como una **'a'**. Pronuncia bien la ***"t"*** porque si no lo haces, parece que hablas de ***"das Gehör"*** (**'el oído'**).

LA MECÁNICA

En los *Tage 16-18* hemos visto los adjetivos y pronombres posesivos en frases como ***"Das ist meins"*** y ***"Ist das dein Handy?"***. ¡Pero hay otra forma de expresarlo en alemán! Utilizamos el verbo ***"gehören"*** (**'pertenecer'**) para decir lo mismo: ***"Das Handy gehört mir"*** (literalmente 'El móvil me pertenece a mí'). Como puedes observar por la presencia de ***"mir"*** en esta frase, ***"gehören"*** requiere que usemos el **dativo**:

Der Computer gehört mir.	El ordenador es mío.
Gehören die Sachen dir?	¿Las cosas son tuyas?
Gehört das Ihnen?	¿Eso es suyo (de usted)?
Das Auto gehört meinem Vater.	El coche es de mi padre.
Das Fahrrad gehört meiner Schwester.	La bicicleta es de mi hermana.
Das gehört meinen Eltern.	Eso es de mis padres.

En negativo, colocamos ***"nicht"*** detrás del verbo, pero cuando hay un pronombre, éste tiene preferencia.

Das gehört mir nicht.	No es mío.
Das gehört nicht meiner Schwester.	No es de mi hermana.

La pregunta hay que hacer con ***"wem"***:

Wem gehört dieses Buch?	¿De quién es este libro?

La palabra del día: ***die Nachbarn***
"Die Nachbarn" son **'los vecinos'**. ***"Der Nachbar"*** en singular es uno de los sustantivos que tiene una ***"-n"*** en acusativo y dativo, por lo que no debes confundir ***"Es gehört dem Nachbarn"*** (**'Es del vecino'**) con ***"Es gehört den Nachbarn"*** (**'Es de los vecinos'**).

TAG 53 ¡Ponte a prueba!

Tapa la columna de la derecha y traduce las siguientes frases:

¡Nos metemos de lleno con *"gehören"*! ¿Te saldrán las preguntas y respuestas a la primera?

– ¿El abrigo es tuyo?	**– Gehört der Mantel dir?**
– Sí, es mío.	**– Ja, er gehört mir.**
– ¿El bolso es tuyo?	**– Gehört die Tasche dir?**
– Sí, es mío.	**– Ja, sie gehört mir.**
– ¿El móvil es suyo (de usted)?	**– Gehört das Handy Ihnen?**
– No, no es mío.	**– Nein, es gehört mir nicht.**

Fíjate en que sustituimos ***"der Mantel"***, ***"die Tasche"*** y ***"das Handy"*** por ***"er"***, ***"sie"*** y ***"es"*** en las respuestas.

Vamos ahora con sustantivos. ¡Cuidado con *"dem Nachbarn"* y *"den Nachbarn"*!

– ¿Las bicicletas son de los vecinos?	**– Gehören die Fahrräder den Nachbarn?**
– Sí, son suyas.	**– Ja, sie gehören ihnen.**
– ¿El perro es del vecino?	**– Gehört der Hund dem Nachbarn?**
– No, no es suyo.	**– Nein, er gehört ihm nicht.**
– ¿El bolso es de tu hermana?	**– Gehört die Tasche deiner Schwester?**
– No, no es suyo.	**– Nein, sie gehört ihr nicht.**

El primer ejemplo expresado en singular sería: ***"Gehört das Fahrrad dem Nachbarn? Ja, es gehört ihm"***.

Pregunta ahora con *"wem"*, que se pronuncia /vvveemmm/. ¿Tienes puesto el audio? ¡Deberías!

– ¿De quién es eso?	**– Wem gehört das?**
– Es mío.	**– Das gehört mir.**
– ¿De quién es la bicicleta?	**– Wem gehört das Fahrrad?**
– Es de la vecina.	**– Es gehört der Nachbarin.**
– ¿De quién son estas cosas?	**– Wem gehören diese Sachen?**
– Son de los vecinos.	**– Sie gehören den Nachbarn.**

La **"s"** de ***"Sachen"*** es vibrada; decimos **/(s)ájennn/**.

TAG 54 El verbo *mögen*

Usamos el verbo ***"mögen"*** sobre todo para decir que algo **'nos gusta'** o alguien **'nos cae bien'**. La construcción en alemán es distinta a la del castellano; decimos por ejemplo, ***"Ich mag Schokolade"*** o ***"Ich mag dich"***, que equivaldría a 'Aprecio el chocolate' o 'Te aprecio'. Es un verbo irregular en las primeras tres personas:

ich mag	**du magst**	**er/sie/es mag**	**wir mögen**	**ihr mögt**	**sie mögen**

Clave de pronunciación
La ***"g"*** de ***"mag"***, ***"magst"*** y ***"mögt"*** se pronuncia como una **'k'**. Lo mismo ocurre con ***"zeig"*** (**'enseña'**), ***"du zeigst"*** (**'enseñas'**) e ***"ihr zeigt"*** (**'enseñáis'**), por ejemplo.

Error común
¡No digas *"Ich mag die Schokolade"*! **'Me gusta el chocolate'** se dice ***"Ich mag Schokolade"***, a secas. Si usas ***"die"***, entenderemos que hablas de un chocolate en concreto.

LA MECÁNICA

¿Te acuerdas de cómo se dice **'Me gusta jugar al fútbol'**? Lo vimos en el *Tag 31*: ***"Ich spiele gerne Fußball"***. Empleamos el adverbio ***"gerne"*** para hablar de lo que nos gusta HACER.

Para decir que nos gusta ALGO, especialmente la comida, usamos el verbo ***"mögen"***. Y ojo, ¡mucho cuidado con el artículo! Cuando hablamos en general que nos gusta **'el pescado'** (***"der Fisch"***), **'el chocolate'** (***"die Schokolade"***) o **'la cerveza'** (***"das Bier"***) o **'las aceitunas'** (***"die Oliven"***), NO usamos ningún artículo.

En negativo, no puedes decir *"Ich mag nicht Fisch"*, ya que junto con los sustantivos hay que usar la negación con ***"kein"***. ***"Mögen"*** requiere el acusativo, por lo que debes cuidar las terminaciones de ***"kein"***:

Ich mag Fisch.	**Ich mag keinen Fisch.**
Ich mag Schokolade.	**Ich mag keine Schokolade.**
Ich mag Bier.	**Ich mag kein Bier.**
Ich mag Oliven.	**Ich mag keine Oliven.**

También usamos el verbo ***"mögen"*** con las personas, pero en este caso la traducción más cercana es **'caer bien'**. Por ejemplo, ***"Ich mag deinen Vater"*** (**'Me cae bien tu padre'**).

¡Un apunte!
"Mögen" también se puede usar en el sentido de **'querer'**, como en ***"Magst du noch mehr?"*** (**'¿Quieres más?'**). Pero usamos mucho más la forma ***"möchten"*** o el verbo modal ***"wollen"*** (**'querer'**). ¡Te lo enseñamos pasado mañana!

TAG 54 ¡Ponte a prueba!

Tapa la columna de la derecha y traduce las siguientes frases:

Empezamos viendo *"mögen"* con cosas que nos gustan: *"Oliven"*, *"schwarze Schokolade"* (femenino) y *"Kaffee"* (masculino).

– ¿Te gustan las aceitunas? – Sí, me gustan las aceitunas.	**– Magst du Oliven?** **– Ja, ich mag Oliven.**
– ¿Le gusta el chocolate negro (a usted)? – Sí, me gusta el chocolate negro.	**– Mögen Sie schwarze Schokolade?** **– Ja, ich mag schwarze Schokolade.**
– ¿Le gusta el café (a él)? – Sí, le gusta el café.	**– Mag er Kaffee?** **– Ja, er mag Kaffee.**

Pronuncia *"schwarze Schokolade"* así: **/shhhvvváatssse shhhokoláade/**.

Ahora las respuestas serán negativas.

– ¿Le gusta el pescado (a ella)? – No, no le gusta el pescado.	**– Mag sie Fisch?** **– Nein, sie mag keinen Fisch.**
– ¿Te gusta el chocolate negro? – No, no me gusta el chocolate negro.	**– Magst du schwarze Schokolade?** **– Nein, ich mag keine schwarze Schokolade.**
– ¿Os gusta la cerveza? – No, no nos gusta la cerveza.	**– Mögt ihr Bier?** **– Nein, wir mögen kein Bier.**

"Bier" es un sustantivo neutro, ¡por eso no es *"wir mögen keinen Bier"* o *"keine Bier"*!

Vamos a ver *"mögen"* con personas, por lo que lo traducimos como 'caer bien'.

– ¿Te cae bien Lena? – Sí, me cae bien.	**– Magst du Lena?** **– Ja, ich mag sie.**
– ¿Os cae bien el nuevo vecino? – Sí, nos cae bien.	**– Mögt ihr den neuen Nachbarn?** **– Ja, wir mögen ihn.**
– ¿Le cae bien su nueva jefa (a usted)? – No, no me cae bien.	**– Mögen Sie Ihre neue Chefin?** **– Nein, ich mag sie nicht.**

¿Cómo dirías **'me cae bien la nueva vecina'**? Eso es: *"Ich mag die neue Nachbarin"*.

TAG 55 El verbo *gefallen*

¡Seguimos hablando de lo que nos gusta y de lo que no! Esta vez, lo haremos con el verbo ***"gefallen"***, que al igual que ***"mögen"***, significa **'gustar'**. ***"Gefallen"*** es un verbo irregular:

ich gefalle	**du gefällst**	**er/sie/es gefällt**	**wir gefallen**	**ihr gefallt**	**sie gefallen**

La palabra del día: *die Arbeitsstelle*
"Die Arbeit" es **'el trabajo'** y *"die Stelle"*, **'el lugar'** o **'el puesto'**, por lo que *"die Arbeitsstelle"* (con **"-s-"** como nexo entre las dos palabras) es **'el puesto de trabajo'**.

LA MECÁNICA

A diferencia de ***"mögen"***, la construcción de la frase con ***"gefallen"*** es muy parecida al castellano: **'El vestido me gusta'** es ***"Das Kleid gefällt mir"***. Como puedes ver por ***"mir"***, ¡la persona a la que le gusta algo va en dativo! **'El vestido le gusta a mi madre'** entonces es ***"Das Kleid gefällt meiner Mutter"***. También podemos empezar con ***"meiner Mutter"*** o ***"mir"*** y decir ***"Mir/Meiner Mutter gefällt das Kleid"***. Dicho esto, ten en cuenta que solamente ponemos la persona al principio de la frase si queremos enfatizar. Es decir, mientras que en castellano queda más natural decir **'Me gusta...'**, en alemán preferimos empezar con **'El vestido...'**: ***"Das Kleid gefällt mir"***.

Bien, ¿pero qué diferencia de significado hay entre ***"gefallen"*** y ***"mögen"***?

Cuando hablamos de cosas, ***"gefallen"*** se usa de manera más amplia que ***"mögen"***. ***"Mögen"*** se usa sobre todo para la comida; para casi todas las demás cosas solemos recurrir a ***"gefallen"***: ***"Das Haus gefällt mir"***, ***"Meine neue Arbeitsstelle gefällt mir"***, ***"Die Schuhe gefallen mir"***. Podríamos decir ***"Ich mag das Haus"***, ***"Ich mag meine neue Arbeitsstelle"*** y ***"Ich mag die Schuhe"***, pero suena menos natural. Eso sí, ¡no uses ***"gefallen"*** con la comida! Nunca diríamos *"Mir gefällt Schokolade"*.

Cuando hablamos de personas, empleamos ***"gefallen"*** y **'gustar'** de manera parecida, ya que en ambos idiomas hacemos hincapié en que alguien nos gusta físicamente: ***"Er gefällt mir"***.

Error común
Para decir que algo te gusta **'mucho'**, ¡no digas *"es gefällt mir viel"*! Echamos mano de ***"sehr"*** o ***"sehr gut"***: ***"Es gefällt mir sehr (gut)"***.

¡Qué curioso!
Existe el sustantivo ***"der Gefallen"***, que significa **'el favor'**.

TAG 55 ¡Ponte a prueba!

Tapa la columna de la derecha y traduce las siguientes frases:

Vamos con *"...gefällt mir"*, que se pronuncia /guefélt mía/.

Eso me gusta.	**Das gefällt mir.**
Me gusta mucho el nuevo puesto de trabajo.	**Die neue Arbeitsstelle gefällt mir sehr gut.**
– ¿Te gusta el vestido? – Sí, me gusta.	**– Gefällt dir das Kleid?** **– Ja, es gefällt mir.**

¡Recuerda que tanto *"die Arbeit"* como *"die Arbeitsstelle"* son sustantivos femeninos!

Ahora son cosas en plural las que 'nos gustan', así que seguimos con *"...gefallen mir"*.

Me gustan los zapatos rojos.	**Die roten Schuhe gefallen mir.**
Me gustan los hombres altos.	**Große Männer gefallen mir.**
– ¿A usted le gustan las imágenes? – Sí, me gustan mucho.	**– Gefallen Ihnen die Bilder?** **– Ja, sie gefallen mir sehr gut.**

Cuando hablamos en general, prescindimos del artículo. Si dices *"die großen Männer"* se entiende que hablas de un grupo de hombres altos en particular.

¡Terminamos con unas frases en negativo!

Eso no me gusta.	**Das gefällt mir nicht.**
– ¿A tu hermana le gusta su nuevo puesto de trabajo? – No, no le gusta.	**– Gefällt deiner Schwester ihre neue Arbeitsstelle?** **– Nein, sie gefällt ihr nicht.**
¿No te gustan los hombres bajos?	**Gefallen dir kleine Männer nicht?**

¿Te has acordado de expresar *"deine Schwester"* en dativo?

TAG 56 Los verbos *möchten* & *wollen*

Hoy vamos a ver el verbo ***"wollen"*** (**'querer'**) y su hermano gemelo más educado ***"möchten"***, que se usa muy a menudo en alemán.

Clave de pronunciación
Las letras ***"ch"*** detrás de una ***"ö"*** se pronuncian de manera suave, como en *"ich"*. Escucha bien el audio e imita nuestra **'o'** de boca pequeña seguida del sonido sonriente **/(sh)/**: **/i(sh) mö(sh)te/**.

LA MECÁNICA

Al igual que ***"können"***, el verbo modal ***"wollen"*** (**'querer'**) es irregular en las primeras tres personas:

ich will	**du willst**	**er/sie/es will**	**wir wollen**	**ihr wollt**	**sie wollen**

¡Toma nota de tres cosas importantes!

1. ***"Wollen"*** va seguido del acusativo: ***"Ich will einen neuen Computer"*** (**'Quiero un nuevo ordenador'**).
2. Cuando ***"wollen"*** va acompañado de un verbo en infinitivo, este va al final de la frase como ya vimos con ***"können"***: ***"Ich will ihn morgen anrufen"*** (**'Quiero llamarlo mañana'**).
3. **No usamos *"wollen"* a la hora de pedir algo** porque suena brusco. En un restaurante, por ejemplo, no diríamos ***"Ich will einen Kaffee"***.

Como sinónimo educado o formal de ***"wollen"*** usamos ***"mögen"*** en un tiempo verbal que se llama *Konjunktiv II*. En lugar de ***"Ich will einen Kaffee"*** decimos ***"Ich möchte einen Kaffee"***, literalmente **'Querría/quisiera un café'**. Veamos toda la conjugación:

ich möchte	**du möchtest**	**er/sie/es möchte**	**wir möchten**	**ihr möchtet**	**sie möchten**

Dado que ***"ich möchte"***, ***"du möchtest"***, etc., se usa de forma muy generalizada, tratamos a ***"möchten"*** como si fuese un verbo independiente, aunque realmente viene de ***"mögen"***. No sólo usamos ***"möchten"*** con sustantivos; también lo podemos juntar con otros verbos: ***"Ich möchte Deutsch lernen"*** (**'Quiero aprender alemán'**).

La expresión del día: ***ein Glas Wasser***
'Un vaso de agua' en alemán es ***"ein Glas Wasser"***, ¡sin *"von"*! Lo mismo ocurre con ***"eine Flasche Wein"*** (**'una botella de vino'**), ***"eine Tasse Kaffee"*** (**'una taza de café'**), etc.

¡Un apunte!
Otra forma muy común de decir ***"Ich möchte einen/eine/ein..."*** es ***"Ich hätte gerne einen/eine/ein..."***; literalmente **'Me gustaría tener un/una...'**. ***"Hätte gerne"*** se pronuncia **/hhhéte guéane/**.

TAG 56 ¡Ponte a prueba!

Tapa la columna de la derecha y traduce las siguientes frases:

Trabajamos *"wollen"* y *"möchten"* por partida doble junto con un verbo al final de la frase.

Quiero ir a Italia este año.	**Ich will dieses Jahr nach Italien fahren.** **Ich möchte dieses Jahr nach Italien fahren.**
Ella quiere volver pronto.	**Sie will bald zurückkommen.** **Sie möchte bald zurückkommen.**
Queremos comprar un coche nuevo.	**Wir wollen ein neues Auto kaufen.** **Wir möchten ein neues Auto kaufen.**

¡La ***"d"*** de *"bald"* suena como una **'t'**! **'Hasta pronto'** por cierto se dice *"Bis bald"*, **/bis balt/**.

Dejamos atrás *"wollen"* porque no lo usamos para pedir algo.

Quiero un café con leche.	**Ich möchte einen Milchkaffee.**
Quiero un chocolate caliente.	**Ich möchte eine heiße Schokolade.**
Queremos la cuenta, por favor.	**Wir möchten die Rechnung, bitte.**

Un *"Milchkaffee"* tiene más leche que un **'café con leche'** y se sirve en una taza bastante grande. Puedes pedir incluso *"einen großen Milchkaffee"*, ¡que se sirve en una taza aún más grande!

Sigue practicando con *"möchten"*, ahora con *"eine Tasse..."*, *"eine Flasche..."* y *"ein Glas..."* sin utilizar *"von"*.

Quiero una taza de té.	**Ich möchte eine Tasse Tee.**
Queremos una botella de vino.	**Wir möchten eine Flasche Wein.**
Quiero un vaso de vino y un vaso de agua.	**Ich möchte ein Glas Wein und ein Glas Wasser.**

Recuerda que la ***"w"*** suena como una **'v'** vibrada en **/vvváinnn/** y **/vvvása/**.

TAG 57 *Kann ich... haben?*

¿Piensas que la pregunta '¿Puedo tener una servilleta?' es rara? ¡En alemán no lo es en absoluto! Usamos la estructura ***"Kann ich... haben?"*** como equivalente de vuestro **'¿Me puede(s) dar...?'** o **'¿Me puede(s) traer...?'**.

¡Qué curioso!
En inglés se usa ***"Can I have...?"*** de la misma manera que ***"Kann ich... haben?"*** en alemán.

Error común
¡No olvides que ***"können"*** empuja al verbo en infinitivo hasta el final de la frase! No es *"Kann ich haben eine Serviette?"* sino ***"Kann ich eine Serviette haben?"***.

LA MECÁNICA

Para pedirle a alguien que nos dé o que nos traiga algo, en alemán no solemos decir ***"Gibst du mir...?"*** o ***"Bringen Sie mir...?"***, sino ***"Kann ich... haben?"***. Dependiendo del contexto, se puede traducir como **'¿Me das.../Me puedes dar...?'**, **'¿Me traes/Me puedes traer...?'**, **'¿Me puede dar...?'**, **'¿Me puede traer...?'**.

¿Cómo dirías entonces **'¿Me puede traer un café?'**? ¡Ojo! *"Kann ich ein Kaffee haben?"* es incorrecto. El verbo ***"haben"*** requiere que usemos el acusativo, por lo que tiene que ser ***"Kann ich einen Kaffee haben?"***.

Veamos algunos ejemplos más para ir calentando motores y para ver las distintas traducciones posibles de ***"Kann ich... haben?"***. Y ya sabes, ¡***"haben"*** va SIEMPRE al final de la frase!

Kann ich einen Kuli haben?	¿Me das un boli?
Kann ich einen Löffel haben?	¿Me puede traer una cuchara?
Kann ich ein Glas Wasser haben?	¿Me puede dar un vaso de agua?
Kann ich ein Kilo Kartoffeln haben?	¿Me da un kilo de patatas?

La palabra del día:
das Leitungswasser
En alemán, no hablamos de **'agua del grifo'** sino **'agua de tubería'**, ya que ***"die Leitung"*** es **'la tubería'**.
Pronuncia ***"Leitungswasser"*** así: **/láitun(g)s_vvvasa/**.

¡Un apunte!
Para darle un toque más educado a nuestra petición, también decimos mucho ***"Könnte ich bitte?... haben?"*** (**'¿Me podría dar...?'**).

TAG 57 ¡Ponte a prueba!

Tapa la columna de la derecha y traduce las siguientes frases:

¡Pon en práctica todo lo que sabes y empieza con /káni(sh).../! En el último ejemplo, fíjate en la fórmula típica *"Selbstverständlich, kommt sofort"*, que literalmente significa 'Por supuesto, viene enseguida'.

¿Me puede traer un café con leche?	**Kann ich einen Milchkaffee haben?**
¿Me puede traer una servilleta?	**Kann ich eine Serviette haben?**
– ¿Me puede traer una cuchara? – Por supuesto, ahora se la traigo.	**– Kann ich einen Löffel haben?** **– Selbstverständlich, kommt sofort.**

¿Qué tal te sale decir *"selbstverständlich"*? Practica por partes: **/selpst/**, **/fea/**, **/shhhtendli(sh)/**. Ahora todo junto: **/selpstfeashhhtendli(sh)/**.

¡Más ejemplos con *"Kann ich... haben?"*! Ahora con *"ein Glas..."*, *"ein Kilo..."* y *"eine Tasse..."*. Insistimos: ¡queda prohibida la preposición *"von"*!

¿Me puede traer un vaso de agua del grifo?	**Kann ich ein Glas Leitungswasser haben?**
¿Me puede dar un kilo de patatas?	**Kann ich ein Kilo Kartoffeln haben?**
– ¿Me puede traer una taza de té? – Por supuesto, ahora se la traigo.	**– Kann ich eine Tasse Tee haben?** **– Selbstverständlich, kommt sofort.**

Vuelve a decir las preguntas con *"Könnte ich...?"*.

Por último, pediremos que 'nos den' o 'nos traigan' algo, y lo haremos con *"Können wir... haben?"*.

¿Nos puede dar unas servilletas?	**Können wir Servietten haben?**
¿Nos puede dar dos kilos de patatas?	**Können wir zwei Kilo Kartoffeln haben?**
– ¿Nos puede traer una botella de agua mineral? – Por supuesto, ahora se la traigo.	**– Können wir eine Flasche Mineralwasser haben?** **– Selbstverständlich, kommt sofort.**

¿Te has fijado en que *"Kilo"* se mantiene en singular?

TAG 58 El verbo *müssen*

'Tener que' en alemán se expresa con una sola palabra: el verbo modal ***"müssen"***. Al igual que ocurrió con ***"können"***, ***"wollen"*** y ***"mögen"***, las primeras tres personas son irregulares:

ich muss	**du musst**	**er/sie/es muss**	**wir müssen**	**ihr müsst**	**sie müssen**

LA MECÁNICA

¿Cómo se dice **'Puedo recogerla mañana'**? ***"Ich kann sie morgen abholen"***, efectivamente. ¿Y cómo será **'Tengo que recogerla mañana'**? ***"Ich muss sie morgen abholen"***, ¡claro que sí! A estas alturas ya no te sorprenderá que ***"müssen"*** conjugado haga que el verbo infinitivo se coloque al final de la frase y que los verbos separables (como ***"abholen"***) no se separen.

Bien, ¿pero qué ocurre con los demás elementos de la frase? Los adverbios y los pronombres se colocan simplemente entre ***"müssen"*** y el infinitivo, como en ***"Ich muss heute lernen"*** (**'Hoy tengo que estudiar'**), ***"Ich muss zuhause bleiben"*** (**'Tengo que quedarme en casa'**) o ***"Ich muss ihn anrufen"*** (**'Tengo que llamarlo'**). Si hay más elementos, los objetos directos e indirectos tienen preferencia, como puedes ver en estas frases:

Ich muss es ihm morgen geben.	Tengo que dárselo mañana (a él).
Ich muss die Kinder später abholen.	Tengo que recoger a los niños luego.

En negativo, colocamos ***"nicht"*** delante del infinitivo, salvo cuando hay una mención de lugar como ***"hier"*** o ***"zuhause"***:

Ich muss nicht lernen.	No tengo que estudiar.
Ich muss heute nicht arbeiten.	No tengo que trabajar hoy.
Ich muss die Kinder später nicht abholen.	No tengo que recoger a los niños luego.
Ich muss heute nicht zuhause bleiben.	No tengo que quedarme en casa hoy.

Las reglas sobre dónde se coloca cada elemento de una frase en alemán están explicadas en la página 410 del apéndice.

Error común

No traduzcas **'Tengo que estudiar'** por *"Ich muss studieren"*. El verbo ***"studieren"*** solamente se emplea con el sentido de estudiar una carrera: ***"Ich studiere Mathematik an der Humboldt-Universität"***. Cuando estudiamos en casa, usamos el verbo ***"lernen"***, que también significa **'aprender'**.

¡Qué curioso!

Aunque puedes decir ***"Ich muss gehen"***, ten en cuenta que la manera más natural de decir **'Me tengo que ir'** es ***"Ich muss los"*** o ***"Ich muss weg"***.

TAG 58 ¡Ponte a prueba!

Tapa la columna de la derecha y traduce las siguientes frases:

Pon en práctica *"müssen"* junto con *"arbeiten"*, *"lernen"* y *"abholen"*.

Tengo que trabajar.	**Ich muss arbeiten.**
– ¿Tienes que estudiar hoy? – Sí, hoy tengo que estudiar.	**– Musst du heute lernen?** **– Ja, ich muss heute lernen.**
– ¿Quién tiene que recoger a los niños? – Katharina tiene que recogerlos.	**– Wer muss die Kinder abholen?** **– Katharina muss sie abholen.**

¿Estás aspirando la ***"h"*** en **/hhhóite/** y **/áphhhoolennn/**?

Subimos de nivel: ¡ahora hay que colocar dos elementos entre *"müssen"* y el verbo en infinitivo!

Tengo que llamarla mañana.	**Ich muss sie morgen anrufen.**
Tenéis que recoger las cosas luego.	**Ihr müsst die Sachen später abholen.**
– ¿Tienes que quedarte en casa hoy? – Sí, tengo que estudiar.	**– Musst du heute zuhause bleiben?** **– Ja, ich muss lernen.**

Asegúrate de diferenciar bien entre *"musst"* y *"müsst"*. La ***"ü"*** se consigue si dices una **'i'** pero poniendo boca de **'u'**.

Ya te lo esperabas, ¿verdad? Le toca el turno a los ejemplos en negativo.

No tengo que trabajar este fin de semana.	**Ich muss dieses Wochenende nicht arbeiten.**
No tienes que dármelo.	**Du musst es mir nicht geben.**
No tenemos que llamarlo mañana.	**Wir müssen ihn morgen nicht anrufen.**

Practica un poco más y vuelve a decir las frases con los sujetos *"er"*, *"ihr"* y *"sie"* (plural).

TAG 59 El verbo *sollen*

Hoy vas a conocer el verbo modal ***"sollen"***, que significa **'deber'** y se conjuga de la siguiente manera:

ich soll	**du sollst**	**er/sie/es soll**	**wir sollen**	**ihr sollt**	**sie sollen**

Error común

Las preguntas del tipo **'¿Abro la ventana?'** o **'¿Te ayudo?'**, es decir, cuando nos ofrecemos a hacer algo, ¡en alemán no se traducen como *"Mache ich das Fenster auf?"* o *"Helfe ich dir?"*! Empleamos el verbo ***"sollen"***, como descubrirás en el punto 2.

LA MECÁNICA

Cabe destacar tres usos principales de ***"sollen"*** en presente simple:

1. El primer significado de ***"sollen"*** es el de **'deber'**, como por ejemplo ***"Du sollst nicht rauchen"*** (**'No debes fumar'**). Pero al igual que en castellano, usamos ***"sollen"*** sobre todo en *Konjunktiv II* (***"ich sollte..."***, **'debería...'**), que es un tiempo verbal parecido a vuestro condicional. ¡Lo trabajaremos en el *Tag 61*!
2. Es muy común utilizar ***"sollen"*** en preguntas del tipo ***"Soll ich...?"*** para proponer que hagamos algo. Se podría traducir como **'¿Quieres que...?'**, como en ***"Was soll ich kaufen?"*** (**'¿Qué quieres que compre?'**) pero muchas veces ***"sollen"*** no se traduce porque en castellano se usa el presente simple del verbo en cuestión:

Soll ich die Tür zumachen?	¿Cierro la puerta?
Sollen wir euch helfen?	¿Os ayudamos?

3. Otro uso muy corriente de ***"sollen"*** consiste en utilizarlo para decirle a alguien que haga algo que ha dicho una tercera persona. Por ejemplo, **'Pedro dice que lo llames'** en alemán equivale a 'Pedro dice que lo debes llamar'. Aquí ten en cuenta además que se puede prescindir de ***"dass"*** (**'que'**) y decir literalmente 'Pedro dice, lo debes llamar':

Pedro sagt, du sollst ihn anrufen.	Pedro dice que lo llames.

¡Un apunte!

En los *Tage 91* y *93* veremos que ***"dass"*** hace que el verbo conjugado se coloque al final de la frase subordinada: ***"Pedro sagt, dass du ihn anrufen sollst"***.

¡Qué curioso!

También usamos ***"sollen"*** como equivalente de **'Dicen que...'** o **'Se dice que...'**, por ejemplo, ***"Der Film soll gut sein"*** (**'Dicen que la película es buena'**).

TAG 59 ¡Ponte a prueba!

Tapa la columna de la derecha y traduce las siguientes frases:

Veamos primero *"sollen"* en su acepción de 'deber'. Ten en cuenta que los 'deberes' en alemán son literalmente las 'tareas' (*"Aufgaben"*) de 'casa' (*"Haus"*): *"Hausaufgaben"*.

Él debe hacer los deberes.	**Er soll Hausaufgaben machen.**
No debo fumar.	**Ich soll nicht rauchen.**
No debes molestar.	**Du sollst nicht stören.**

"Stören" se pronuncia **/shhhtööjennn/**.

Seguimos ahora con *"Soll ich...?"*, que se usa para ofrecernos a hacer algo.

¿Llamo más tarde?	**Soll ich später anrufen?**
– Tengo frío. – ¿Cierro la ventana?	**– Mir ist kalt. – Soll ich das Fenster zumachen?**
– Tengo calor. – ¿Apago la calefacción?	**– Mir ist heiß. – Soll ich die Heizung ausmachen?**

Vuelve a decir las preguntas, pero con ***"Sollen wir...?"***, que equivaldría aquí a **'¿Llamamos/Abrimos/Apagamos...?'**.

Practicamos ahora el uso de *"sollen"* para cuando queremos transmitirle a alguien que haga algo. Ten en cuenta que en *"Arzt"* deben sonar claramente dos 't': /aatssst/.

El jefe dice que llame (usted) al cliente.	**Der Chef sagt, Sie sollen den Kunden anrufen.**
El médico dice que te quedes en casa hoy.	**Der Arzt sagt, du sollst heute zuhause bleiben.**
Vuestra madre dice que hagáis los deberes.	**Eure Mutter sagt, ihr sollt Hausaufgaben machen.**

No usamos *"die"* delante de ***"Hausaufgaben"***.

TAG 60 Repaso de las clases 51-59

¡No han sido pocos los conocimientos que has acumulado en las últimas nueve clases! El protagonismo se lo han llevado los verbos ***"gehören"***, ***"mögen"***, ***"gefallen"***, ***"wollen"/"möchten"*** y ***"können"***, junto con ***"haben"***, ***"müssen"*** y ***"sollen"***. También has aprendido cómo decir que tienes frío (***"Mir ist kalt"***) y cómo contestar a la pregunta ***"Wie geht's dir?"***.

¡Ha llegado el momento de ponerte a prueba para ver si has podido interiorizar todas estas nuevas enseñanzas! Escribe las siguientes frases en alemán en la columna de la derecha. Tras comprobar que las has escrito bien todas, vuelve a repasarlas en voz alta prestando atención a tu pronunciación y diciéndolas cada vez más rápido. Si ves que hay frases que te cuestan más que otras, ya sabes, busca la clase o las clases en cuestión y échales otro vistazo. ¡Vamos allá!

En alemán decimos literalmente '¿Puedo una botella vino tener?'.

Queremos comprar un nuevo ordenador.	....
¿Me puede traer una botella de vino?	....
– ¿Qué tal estás?	....
– Estoy bastante bien.	....

Usa el verbo *"gehören"* en la última frase.

Los niños tienen que quedarse en casa.	....
– ¿Te caen bien los nuevos vecinos?	....
– Sí, me caen bien.	....
¿De quién son estos zapatos?	....

'Un vaso de agua del grifo' suena así: /áinnn glaas láitun(g)svvvása/.

Quisiera la cuenta, por favor.	....
¿Nos puede traer un vaso de agua del grifo por favor?	....
Las imágenes me gustan.	....

TAG 60 Repaso de las clases 51-59

De nuevo, usa el verbo *"gehören"* en el segundo ejemplo.

Tengo frío. ¿Puedes encender la calefacción? ....

- ¿El perro es tuyo? ....
- No, es de mi hermana. ....

No me gusta la cerveza, pero me gusta el vino. ....

Venga, ¡que queda poco! Hablando de 'poco'; recuerda que 'un poco de' se dice *"ein bisschen"*.

- ¿Qué tal estáis? ....
- Estamos bien. ....

Tengo calor. ¿Usted no tiene calor? ....

- Tengo un poco de frío. ....
- ¿Enciendo la calefacción? ....

Ten cuidado, 'mucho' en la última frase se traduce como *"sehr gut"*.

No tengo que estudiar este fin de semana. ....

Annika dice que recojas a los niños. ....

- ¿Les gusta la ciudad? ....
- Sí, nos gusta mucho. ....

Comprueba las respuestas en la página 377.

TAG 61 El verbo *sollen* en *Konjunktiv II*

¡No te asustes por el título! Veremos más adelante en qué consiste el *Konjunktiv II*; ahora solamente nos interesa conjugar ***"sollen"*** en este tiempo verbal para decir **'debería'**, **'deberías'**, etc.:

ich sollte	**du solltest**	**er/sie/es sollte**	**wir sollten**	**ihr solltet**	**sie sollten**

Clave de pronunciación
No olvides que la ***"s"*** al principio de las palabras casi siempre se pronuncia de forma vibrada, como el zumbido de una abeja. Di **/i(sh) (s)ólte/**, **/du (s)óltest/**, **/(s) i (s)ólte/**, etc. Pero ojo, como bien sabes, ¡la ***"s"*** de las palabras que empiezan por ***"sp..."*** y ***"st..."*** se pronuncia **/shhh/**!

La palabra del día: *aufpassen*
"Aufpassen" significa **'tener cuidado'**/ **'prestar atención'** y es un verbo separable: ***"Ich passe auf"***. Junto con ***"besser"*** (**'mejor'**) podemos expresar **'tener más cuidado'** o **'prestar más atención'**.

LA MECÁNICA

Usamos ***"ich sollte"***, ***"du solltest"***, etc., para expresar una recomendación (***"Du solltest nicht rauchen"***, **'No deberías fumar'**) o una suposición (***"Die Prüfung sollte einfach sein"***, **'El examen debería de ser fácil'**). Como siempre, ¡el verbo en infinitivo tiene que ir al final de la frase!

Ich sollte sie fragen.	Debería preguntarle (a ella).
Du solltest ihn anrufen.	Deberías llamarlo.
Sie sollte morgen kommen.	Ella debería venir mañana.
Wir sollten die Karten reservieren.	Deberíamos reservar las entradas.
Ihr solltet hier bleiben.	Deberíais quedaros aquí.
Sie sollten besser aufpassen.	Deberían tener más cuidado.

Veamos algunos ejemplos en negativo, para no perder de vista a ***"nicht"*** y ***"kein-"***:

Du solltest das nicht sagen.	No deberías decir eso.
Ich sollte keinen Kaffee trinken.	No debería beber café.
Es sollte keine Probleme geben.	No debería de haber problemas.

¡Qué curioso!
En alemán tenemos el dicho ***"Wer im Glashaus sitzt, sollte nicht mit Steinen werfen"*** (**'Quien está sentado en la casa de cristal no debería tirar piedras'**), que equivale a **'No deberías tirar piedras sobre tu propio tejado'**.

TAG 61 ¡Ponte a prueba!

Tapa la columna de la derecha y traduce las siguientes frases:

¡Vamos con /(s)ólte/! Ten en cuenta además que *"die Karten"* no solamente son 'las cartas' sino también 'las entradas'.

Yo debería irme.	**Ich sollte gehen.**
Él debería tener cuidado.	**Er sollte aufpassen.**
Ella debería reservar pronto las entradas.	**Sie sollte die Karten früh reservieren.**

¡Vuelve a decir las frases con ***"hier bleiben"***, ***"mich anrufen"*** y ***"hier nicht rauchen"***!

Seguimos con la segunda persona del singular y del plural, *"du solltest"* e *"ihr solltet"*. ¡Asegúrate de pronunciar bien la *"-st"* en *"solltest"*!

Deberías quedarte en casa hoy.	**Du solltest heute zuhause bleiben.**
Deberíais tener más cuidado.	**Ihr solltet besser aufpassen.**
No deberíais molestar.	**Ihr solltet nicht stören.**

No olvides que ***"stören"*** se pronuncia **/shhhtööjennn/**, no /estoren/.

Ahora a por la primera y la tercera persona del plural, *"sollten"*.

Deberíamos decir algo.	**Wir sollten etwas sagen.**
Usted no debería comer chocolate.	**Sie sollten keine Schokolade essen.**
Los niños deberían hacer los deberes.	**Die Kinder sollten Hausaufgaben machen.**

'Hacer los deberes' en alemán se expresa o con el posesivo (***"...sollten ihre Hausaufgaben machen"***) o sin ningún artículo, como en el último ejemplo.

TAG 62 El verbo *dürfen*

Hoy te enseñamos un verbo peculiar que no tiene un equivalente en castellano. Se trata de ***"dürfen"***, que significa **'poder'** en el sentido de **'tener permiso'**. Veamos primero cómo se conjuga:

ich darf	**du darfst**	**er/sie/es darf**	**wir dürfen**	**ihr dürft**	**sie dürfen**

Clave de pronunciación
La ***"r"*** de ***"darf"*** y ***"darfst"*** alarga la ***"a"***, ya que decimos **/daaf/** y **/daafst/**. En ***"dürfen"*** y ***"dürft"***, la ***"r"*** no alarga la ***"ü"*** sino que suena como una **'a'**: **/düafennn/**, **/düaft/**.

La palabra del día: ***reinkommen***
El verbo separable ***"reinkommen"*** corresponde a vuestro **'entrar'**. Al conjugarlo, el prefijo ***"rein-"***, que equivale a **'hacia dentro'**, se coloca al final de la frase: ***"Er kommt rein"***, **'Él entra'**.

LA MECÁNICA

Con el verbo ***"dürfen"*** expresamos **'poder'**, pero no en el sentido de 'ser capaz' sino en el de **'tener permiso'**. ***"Er kann morgen kommen"***, por ejemplo, significa que él puede venir mañana porque existe esa posibilidad; sin embargo, ***"Er darf morgen kommen"*** significa que él puede venir mañana porque tiene permiso. En cuanto a la construcción de la frase, sigue siendo válido lo que te comentamos sobre ***"können"***, ***"müssen"***, ***"sollen"*** y ***"wollen"***. ¡El verbo principal se coloca al final de la frase!

Sie dürfen reinkommen.	Pueden entrar.
Du darfst diesen Film nicht sehen.	No puedes ver esta película.
Darf ich etwas sagen?	¿Puedo decir algo?

"Dürfen" a veces puede cobrar un significado parecido al de ***"sollen"*** o **'deber'**, como en:

Sie ist schwanger. Sie darf nicht rauchen.	Está embarazada. No puede fumar.
Er ist Diabetiker. Er darf keinen Zucker essen.	Es diabético. No puede comer azúcar.

Además, ***"dürfen"*** se usa con el sentido de urgencia, como en **'No podemos permitir que...'**:

Das darf nicht noch einmal passieren.	Esto no puede volver a pasar.

A pesar de que hay una diferencia de significado entre ***"können"*** y ***"dürfen"***, también es verdad que a veces usamos estos verbos de forma casi intercambiable. Para preguntar **'¿Puedo usar tu móvil?'**, podríamos decir ***"Kann ich dein Handy benutzen?"*** pero también ***"Darf ich dein Handy benutzen?"***, con la diferencia de que la pregunta con ***"dürfen"*** es más cauta.

TAG 62 ¡Ponte a prueba!

Tapa la columna de la derecha y traduce las siguientes frases:

Empezamos con *"dürfen"* en afirmativo. No te olvides de emplear el caso acusativo cuando lo requiere el verbo principal (como *"sehen"*).

Puedo fumar aquí, ¿verdad?	**Ich darf hier rauchen, oder?**
¡Está terminado! Puedes entrar ahora.	**Es ist fertig! Du darfst jetzt reinkommen.**
Los niños pueden ver esta película.	**Die Kinder dürfen diesen Film sehen.**

"Es ist fertig" también se puede traducir como **'Está listo'**.

¡Veamos unas frases en negativo! Cuidado, cuando negamos un sustantivo, no empleamos *"nicht"* sino *"kein-"*.

Los niños no pueden ver esta película.	**Die Kinder dürfen diesen Film nicht sehen.**
No puedes fumar aquí.	**Du darfst hier nicht rauchen.**
Está embarazada. No puede beber alcohol.	**Sie ist schwanger. Sie darf keinen Alkohol trinken.**

"Schwanger" se pronuncia **/shhhvvván(g)a/**, sin rastro de la **'g'** del castellano.

Ahora toca hacer preguntas con *"Darf ich...?"*. Dilo como si fuera una sola palabra: /dáafi(sh)/.

– ¿Puedo entrar? – ¡Claro!	**– Darf ich reinkommen?** **– Aber klar!**
– ¿Puedo coger un trozo? – ¡Naturalmente!	**– Darf ich mir ein Stück nehmen?** **– Aber natürlich!**
– ¿Puedo coger un boli? – ¡Por supuesto!	**– Darf ich mir einen Kuli nehmen?** **– Selbstverständlich!**

"Das Stück" (**'el trozo'**) es neutro, por eso en acusativo no es *"einen Stück"* sino *"ein Stück"*.

TAG 63 El pronombre indefinido *man*

Después de ***"dürfen"***, ¡nos enfrentamos de nuevo a una palabra que no tiene un equivalente exacto en castellano! Hoy te presentamos el pronombre indefinido ***"man"***, que corresponde a vuestro **'uno'** o **'se'**: ***"Man isst gut in Spanien"*** (**'Se come bien en España'**), ***"Man muss aufpassen"*** (**'Uno tiene que tener cuidado'**).

Error común
No confundas ***"man"*** con ***"Mann"*** (**'hombre'**), ¡aunque se pronuncien igual! El pronombre ***"man"*** se escribe en minúscula y con una sola ***"n"***.

Clave de pronunciación
Hay que marcar bien la ***"n"*** final de las palabras en alemán. ¡La lengua tiene que tocar el paladar! Practícalo con la frase ***"Man sieht einen Mann"*** (**'Se ve a un hombre'**): **/mannn (s)iit áinennn mannn/**.

LA MECÁNICA

El pronombre ***"man"*** se conjuga en la tercera persona del singular y hace referencia a la gente en general. Dependiendo del contexto, tiene traducciones diferentes en castellano: puede ser **'uno'** o la tercera persona del plural (***"Man sagt, dass..."***, **'Dicen que...'**), pero la traducción más común es la de **'se'**. ¡Veamos unos ejemplos!

Man spricht hier Deutsch und Spanisch.	Aquí se habla alemán y español.
Man isst das mit Tomatensoße.	Eso se come con salsa de tomate.
Man sieht es nicht.	No se ve.
Wie sagt man das auf Deutsch?	¿Cómo se dice esto en alemán?

"Man" también se emplea muy a menudo con ***"können"*** (**'poder'**), ***"dürfen"*** (**'poder'**, **'tener permiso'**), ***"müssen"*** (**'tener que'**) y ***"sollen"*** (**'deber'**). ¡Recuerda que el verbo principal en infinitivo va al final de la frase!

Man muss nicht perfekt sein.	Uno no tiene que ser perfecto.
Man darf hier nicht parken.	No se puede aparcar aquí.
Man soll kein rohes Fleisch essen.	No se debe comer carne cruda.

¡Un apunte!
"Man muss" también se puede traducir como **'Hay que'**, por ejemplo ***"Man muss reservieren"***, **'Hay que reservar'**.

La palabra del día: *früh*
"Früh" es el contrario de ***"spät"*** (**'tarde'**) y significa **'pronto'** o **'temprano'**. Junto con ***"aufstehen"*** (**'levantarse'**), cobra el significado de **'madrugar'**, por ejemplo, ***"Man muss früh aufstehen"*** (**'Hay que madrugar'**).

TAG 63 ¡Ponte a prueba!

Tapa la columna de la derecha y traduce las siguientes frases:

Pon en práctica *"man"* junto con *"schlafen"*, *"sprechen"* y *"müssen"*.

Se duerme bien aquí.	**Man schläft hier gut.**
Aquí no se habla francés.	**Man spricht hier kein Französisch.**
Hay que coger un autobús.	**Man muss einen Bus nehmen.**

¿Qué tal la pronunciación de *"Französisch"*? Escucha bien el audio: es **/fjantsssöö(s)ishhh/**.

¡Veamos unas preguntas! Ya sabes, ¡*"man"* ahora va detrás del verbo!

¿Cómo se hace eso?	**Wie macht man das?**
¿Hay que reservar pronto?	**Muss man früh reservieren?**
¿Eso se puede comer?	**Kann man das essen?**

Tanto la **"s"** como la **"v"** de *"reservieren"* se pronuncian de forma vibrada.

Ahora céntrate en *"man"* y el verbo que aprendiste ayer, *"dürfen"*.

No se puede fumar aquí.	**Man darf hier nicht rauchen.**
No se puede beber alcohol aquí.	**Man darf hier keinen Alkohol trinken.**
¿Se puede entrar?	**Darf man reinkommen?**

¡La **"h"** de *"Alkohol"* es aspirada! No es /alcól/ sino **/álkohhhool/**.

TAG 64 El futuro con *werden*

Vamos a ver el futuro en alemán, llamado *Futur I*. Para formarlo, necesitamos el verbo auxiliar *"werden"*, que se conjuga como un verbo regular salvo en la segunda y en la tercera persona del singular:

ich werde	**du wirst**	**er/sie/es wird**	**wir werden**	**ihr werdet**	**sie werden**

Clave de pronunciación
Dado que la *"d"* final se pronuncia como una **'t'**, *"wird"* se pronuncia igual que *"wirst"* pero sin *"s"*: /vvíat/.

La expresión del día: *nächstes Jahr*
'El año que viene' no es *"das nächste Jahr"* sino *"nächstes Jahr"*, ¡sin artículo! Lo mismo ocurre con *"nächste Woche"* (**'la semana que viene'**), *"nächstes Wochenende"* (**'el fin de semana que viene'**), etc. Las letras *"ch"* de *"nächst-"* se pronuncian de forma suave.

LA MECÁNICA

El *Futur I* en alemán corresponde a vuestro **'haré'**, **'volveré'**, **'llamaré'**, **'veré'**, etc. Se construye con *"werden"* como auxiliar más el verbo principal en infinitivo. Por ejemplo, *"Ich werde bleiben"*, **'Me quedaré'**. ¿Dónde crees que va el verbo en infinitivo en una frase como **'Mañana te llamaré'**? Eso es, al final de la frase: *"Ich werde dich morgen anrufen"*. ¡Veamos más ejemplos!

Ich werde sie nächste Woche fragen.	Le preguntaré (a ella) la semana que viene.
Wirst du es machen?	¿Lo harás?
Sie wird hier bleiben.	Ella se quedará aquí.
Wir werden nächstes Jahr nach Spanien fahren.	Iremos a España el año que viene.
Werdet ihr mich abholen?	¿Me recogeréis?
Sie werden zuhause bleiben.	Se quedarán en casa.

En negativo, colocamos *"nicht"* como siempre detrás del verbo conjugado, pero cediendo el paso a pronombres como *"ihn"* y complementos de tiempo como *"morgen"*:

Ich werde ihn nicht fragen.	No lo preguntaré (a él).
Er wird morgen nicht kommen.	Él no vendrá mañana.

¡Un apunte!
"Werden" no solamente es un verbo auxiliar. En el *Tag 167* verás que cuando es el verbo principal, cobra el significado de **'convertirse'**, **'volverse'** o **'ponerse'**, como en *"Ich werde verrückt"* (**'Me vuelvo loco'**) o *"Er wird rot"* (**'Se pone rojo'**).

TAG 64 ¡Ponte a prueba!

Tapa la columna de la derecha y traduce las siguientes frases:

Empezamos a ver el futuro en frases afirmativas.

Le escribiré una carta (a él).	**Ich werde ihm einen Brief schreiben.**
Mi madre me visitará el año que viene.	**Meine Mutter wird mich nächstes Jahr besuchen.**
Iremos a Hamburgo la semana que viene.	**Wir werden nächste Woche nach Hamburg fahren.**

¿Estás pronunciando la ***"w"*** como una **'v'** vibrada como debe ser en *"werde"*, *"wird"*, *"wir"* y *"Woche"*?

¡Vamos con el negativo! En el último ejemplo rescatamos nuestro querido pronombre *"man"*, que acabas de conocer en el *Tag* anterior.

No me quedaré aquí.	**Ich werde nicht hier bleiben.**
No será fácil.	**Es wird nicht einfach sein.**
No se entenderá.	**Man wird es nicht verstehen.**

La negación no se hace siempre con *"nicht"*; si lo que negamos es un sustantivo, usamos *"kein"* (*"Ich werde keinen Brief schreiben"*, **'No voy a escribir una carta'**).

¡Terminamos con preguntas! ¡Sigue esforzándote con la *"w"*, que es una 'v' vibrada en alemán.

¿Qué haréis?	**Was werdet ihr machen?**
¿Cuándo le preguntará (a él)?	**Wann werden Sie ihn fragen?**
¿No visitarás a tus padres el año que viene?	**Wirst du deine Eltern nächstes Jahr nicht besuchen?**

No se te habrá escapado un *"das nächste Jahr"*, ¿verdad?

TAG 65 La inversión de sujeto y verbo

A estas alturas ya tienes más claro que el agua que en las preguntas invertimos el orden del sujeto y el verbo, como por ejemplo, ***"Kommst du?"***, ***"Wo bist du?"***, ***"Was macht er?"***.

¡Pero no es la única ocasión en la que esto ocurre en alemán! Cuando una frase **no empieza con el sujeto** ocurre lo mismo que en las preguntas – se invierten el sujeto y el verbo.

La palabra del día: ***vielleicht***
"Vielleicht" significa **'a lo mejor'** y se pronuncia con **/filái(sh)t/**, con **/f/**. Cuidado al escribir ***"vielleicht"***, ¡se escribe con ***"ie"*** seguido de una doble ***"l"***!

Clave de pronunciación
Las letras ***"ch"*** se pronuncian de forma suave detrás de ***"ei"***, **/ai/**, como en ***"vielleicht"*** (**'a lo mejor'**), ***"leicht"*** (**'fácil'**, **'ligero'**), ***"Reich"*** (**'reino'**), ***"Teich"*** (**'estanque'**) o ***"weich"*** (**'suave'**, **'blando'**).

LA MECÁNICA

¿Cómo decimos **'Vienen a casa mañana'**? ***"Sie kommen morgen nach Hause"***. ¿Y si quieres empezar la frase con ***"morgen"***? No puedes decir *"Morgen sie kommen..."*; si empezamos con ***"morgen"***, el sujeto y el verbo cambian de sitio: ***"Morgen kommen sie nach Hause"***.

Esta inversión no solamente ocurre con ***"morgen"***, sino con casi cualquier otra palabra o expresión que vaya al principio de una frase. Da igual si es ***"nächste Woche"***, ***"in Peru"***, ***"vielleicht"*** o simplemente ***"das"***; cuando el sujeto no está al principio de la frase, entonces se tiene que colocar detrás del verbo. ¡Veamos más ejemplos!

Ich fahre nächste Woche nach Berlin. Voy a Berlín la semana que viene.	→	**Nächste Woche fahre ich nach Berlin.** La semana que viene voy a Berlín.
Man spricht Spanisch in Peru. Se habla español en Perú.	→	**In Peru spricht man Spanisch.** En Perú se habla español.
Du solltest das nicht essen. No deberías comerte eso.	→	**Das solltest du nicht essen.** Eso no deberías comértelo.
Er ruft dich vielleicht an. Te llama, a lo mejor.	→	**Vielleicht ruft er dich an.** A lo mejor te llama.

¡Qué curioso!
"Aber" (**'pero'**) al principio de una frase no afecta al orden de las palabras. Decimos ***"Aber ich habe keine Zeit!"*** (**'¡Pero no tengo tiempo!'**).

TAG 65 ¡Ponte a prueba!

Tapa la columna de la derecha y traduce las siguientes frases:

Vamos a ver frases donde el sujeto se coloca detrás de *"haben"*, *"essen"* y *"fahren"* conjugado.

Hoy no tengo tiempo.	**Heute habe ich keine Zeit.**
En España hay muchas playas bonitas.	**In Spanien gibt es viele schöne Strände.**
El año que viene él va a Inglaterra.	**Nächstes Jahr fährt er nach England.**

No se te habrá escapado *"Heute ich habe..."*, ¿verdad?

Vamos a practicar ahora con los verbos separables *"aufstehen"*, *"abholen"* y *"zurückkommen"*. ¡El prefijo sigue colocándose al final de la frase!

Mañana nos levantamos a las ocho.	**Morgen stehen wir um acht auf.**
El viernes ella te recoge.	**Am Freitag holt sie dich ab.**
Pronto vuelven mis padres.	**Bald kommen meine Eltern zurück.**

Recuerda que no se dice *"Der Freitag holt sie..."*; ¡es ***"AM Freitag"***!

Por último, hemos elegido ejemplos en los que hay un verbo infinitivo. La inversión de sujeto y verbo solamente afecta el verbo conjugado.

Esto se debería saber.	**Das sollte man wissen.**
La semana que viene le puedo preguntar (a ella).	**Nächste Woche kann ich sie fragen.**
A lo mejor encontraré un nuevo puesto de trabajo.	**Vielleicht werde ich eine neue Arbeitsstelle finden.**

"Die Arbeit" y también ***"die Arbeitsstelle"*** son sustantivos femeninos. ***"Arbeitsstelle"*** se pronuncia **/áabaits_shhhtele/**.

TAG 66 *Lass uns & Wollen wir?*

¡Hoy vas a aprender dos estructuras muy comunes del lenguaje hablado en alemán! Se trata de ***"Lass uns..."*** que se usa para proponer algún plan, y ***"Wollen wir...?"***, que no solamente significa **'¿Queremos...?'** sino también **'¿Te/os apetece...?'**. En ambas expresiones **colocamos el verbo principal al final de la frase**.

Clave de pronunciación
Puedes pronunciar *"lass uns"* como si fuera una palabra: **/lásuns/**. ¡Que se oiga bien la **"s"** del final!

La expresión del día: ***etwas trinken gehen***
"Etwas trinken gehen" significa **'irse a tomar algo'** (una bebida) y se pronuncia **/étvvvas tjínkennn gué_ennn/**. Es muy común que *"etwas"* (**'algo'**) se acorte y se quede en *"was"* cuando hablamos rápido.

LA MECÁNICA

Empecemos con ***"lass uns"***, que significa literalmente **'déjanos'**, como en ***"Lass uns in Ruhe"*** (**'Déjanos en paz'**). Pero no solamente significa eso; también es nuestra manera de expresar el imperativo de **'nosotros'**. Cuando vosotros decís **'Vayámonos'** o **'Bailemos'**, la traducción en alemán es ***"Lass uns gehen"*** y ***"Lass uns tanzen"***. Este ***"Lass uns..."*** se traduce también por **'¡Vamos a...!'**, ya que con ello queremos proponer algo a los demás. ¡Veamos más ejemplos! *Lass uns mehr Beispiele sehen!*

Lass uns anfangen!	¡Empecemos!
Lass uns etwas trinken gehen!	¡Vamos a tomar algo!
Lass uns morgen weitermachen!	¡Sigamos mañana!

Continuemos (*Lass uns weitermachen*) con otra expresión de uso frecuente en el día a día. Se trata de ***"Wollen wir...?"***, que aparte de **'¿Queremos...?'**, significa **'¿Te/os apetece...?'** o **'¿Te/os parece que...?'**. Se parece a ***"Lass uns..."*** ya que ambas estructuras sirven para proponer algo a los demás:

Wollen wir anfangen?	¿Os parece que empecemos?
Wollen wir etwas trinken gehen?	¿Os apetece ir a tomar algo?
Wollen wir später weitermachen?	¿Te parece que sigamos luego?

¡Qué curioso!
El equivalente de *"Lass uns..."* en inglés es *"Let's..."*, que es la contracción de *"let us"* (**'déjanos'**). ¡Usamos *"lass uns"* y *"let's"* igual en ambos idiomas!

¡Un apunte!
Para contestar que te apetece el plan que te proponen, puedes decir *"Gerne!"* (**'¡Encantado! /¡Estupendo!'**) o *"Gute Idee!"* (**'¡Buena idea!'**).

TAG 66 ¡Ponte a prueba!

Tapa la columna de la derecha y traduce las siguientes frases:

Lass uns anfangen! **Acuérdate de que 'hablar por teléfono' en alemán se dice *"telefonieren"*.**

¡Quedémonos aquí!	**Lass uns hier bleiben!**
¡Hablemos mañana por teléfono!	**Lass uns morgen telefonieren!**
¡Vamos a tomar algo este fin de semana!	**Lass uns dieses Wochenende etwas trinken gehen!**

Vuelve a decir las frases sustituyendo ***"bleiben"***, ***"telefonieren"*** y ***"etwas trinken gehen"*** por ***"nach Italien fahren"***, ***"anfangen"*** y ***"tanzen gehen"***.

Wollen wir mit "wollen wir" weitermachen? **Ten en cuenta que 'ver una película' se dice *"einen Film sehen"*, pero también *"einen Film schauen"* ('mirar una película').**

¿Os apetece ver una película?	**Wollen wir einen Film schauen?**
¿Te parece si hablamos luego?	**Wollen wir später telefonieren?**
¿Os apetece ir a tomar algo mañana?	**Wollen wir morgen etwas trinken gehen?**

¡Asegúrate de pronunciar bien la **"w"** en **/vvvólennn vvvía/**!

Ahora se trata de contestar a las propuestas de *"Lass uns..."* y *"Wollen wir...?"*.

– Encendamos la calefacción. – Buena idea.	**– Lass uns die Heizung anmachen.** **– Gute Idee.**
– Veamos una película. – Sí, ¡estupendo!	**– Lass uns einen Film schauen.** **– Ja, gerne!**
– ¿Te apetece ir a tomar algo? – Sí, ¡encantado!	**– Wollen wir etwas trinken gehen?** **– Ja, gerne!**

Como vimos en el *Tag 31*, usamos ***"gerne"*** para decir que nos gusta hacer algo: ***"Ich koche gerne"*** (**'Me gusta cocinar'**).

TAG 67 El imperativo (I)

Ya conoces el imperativo de **'nosotros'** (**'¡Bailemos!'**, **'¡Empecemos!'**) que en alemán se suele expresar con ***"Lass uns...!"*** + infinitivo. También conoces el imperativo de ***"geben"*** y ***"zeigen"*** porque lo trabajamos en los *Tage 45-49* con los objetos directos e indirectos. Hoy vamos a ver cómo se forma el imperativo de **los verbos regulares**.

LA MECÁNICA

¡Formar el imperativo de los verbos regulares en alemán es bastante sencillo! La segunda persona del singular es idéntica a la raíz del verbo; a la segunda persona del plural se le añade una ***"-t"*** a la raíz, y la forma de cortesía es **infinitivo +** ***"Sie"***:

	2ª p. del singular	2ª p. del plural	forma de cortesía
machen (hacer)	**Mach!**	**Macht!**	**Machen Sie!**
bleiben (quedarse)	**Bleib!**	**Bleibt!**	**Bleiben Sie!**
kommen (venir)	**Komm!**	**Kommt!**	**Kommen Sie!**
schreiben (escribir)	**Schreib!**	**Schreibt!**	**Schreiben Sie!**

En textos escritos o en películas antiguas podrás encontrarte con que a la segunda persona del singular se le añade una ***"-e"***, como en ***"Bleibe!"*** o ***"Mache!"***. Esta ***"-e"*** se está quedando prácticamente obsoleta, salvo en los verbos cuya raíz termina en ***"-d"*** o ***"-t"***:

reden (hablar)	**Rede!**	**Redet!**	**Reden Sie!**
warten (esperar)	**Warte!**	**Wartet!**	**Warten Sie!**

Los verbos que terminan en ***"-eln"*** siguen casi la misma regla, salvo que la segunda persona del singular tiene la terminación ***"-le"***:

lächeln (sonreír)	**Lächle!**	**Lächelt!**	**Lächeln Sie!**

En el caso de los verbos separables, el prefijo se coloca al final de la frase: ***"Mach das Licht an"*** (**'Enciende la luz'**):

anrufen (llamar)	**Ruf an!**	**Ruft an!**	**Rufen Sie an!**
aufpassen (tener cuidado)	**Pass auf!**	**Passt auf!**	**Passen Sie auf!**

Error común

Solamente en la forma de cortesía usamos el pronombre, ¡y va **DETRÁS** del verbo! No digas *"Sie bleiben!"* o *"Sie gehen!"* sino ***"Bleiben Sie!"*** (**'¡Quédese!'**) y ***"Gehen Sie!"*** (**'¡Váyase!'**).

¡Qué curioso!

En el lenguaje hablado, usamos muchísimo la muletilla ***"mal"***, que no tiene traducción. Por ejemplo, ***"Schau mal!"*** (**'¡Mira!'**) o ***"Sag mal!"*** (**'¡Di!'**).

TAG 67 ¡Ponte a prueba!

Tapa la columna de la derecha y traduce las siguientes frases:

Veamos unos ejemplos del imperativo de 'tú'. Ten en cuenta que 'aquí' cuando es 'hacia aquí' en alemán es *"her"*, no *"hier"*.

Ven aquí, ¡mira!	**Komm her, schau mal!**
Espera un momento.	**Warte einen Moment.**
Enciende la luz.	**Mach das Licht an.**

¡Fíjate en que decimos *"einen Moment"*!

Seguimos con el imperativo de 'vosotros'. ¡Solamente añadimos una *"-t"*!

Esperad aquí un momento.	**Wartet einen Moment hier.**
Venid aquí, ¡mirad!	**Kommt her, schaut mal!**
Quedaos aquí y haced los deberes.	**Bleibt hier und macht eure Hausaufgaben.**

Aspira la ***"h"*** de *"Hausaufgaben"*: **/hhháusaufgabennn/**.

Terminamos con la forma de cortesía, donde no puede faltar *"Sie"* detrás del verbo.

Escriba un artículo.	**Schreiben Sie einen Artikel.**
Tenga más cuidado.	**Passen Sie besser auf.**
Llame más tarde.	**Rufen Sie später an.**

Vuelve a decir las frases empezando con *"Bitte..."*.

TAG 68 El imperativo (II)

En el *Tag 26* te hemos presentado una serie de verbos cuya segunda y tercera persona del singular en presente simple son irregulares, como ***"geben"*** (***"du gibst"***, ***"er gibt"***) y ***"schlafen"*** (***"du schläfst"***, ***"er schläft"***). El imperativo de estos mismos verbos también tiene alguna que otra irregularidad... ¡veámoslo de cerca!

Clave de pronunciación
Acuérdate de marcar bien la ***"t"*** de las palabras, ¡sobre todo al final! En el caso de los imperativos, a menudo es la única letra que diferencia la segunda persona del plural de la del singular: ***"Lass"*** (**'Deja'**), ***"Lasst"*** (**'Dejad'**).

La expresión del día: ***vorsichtig sein***
"Vorsichtig sein" es un sinónimo de ***"aufpassen"*** (**'tener cuidado'**) y significa literalmente **'ser cuidadoso'**.

LA MECÁNICA

En general, solamente el imperativo de **'tú'** tiene formas irregulares. Los verbos que en presente cambian su vocal de ***"e"*** a ***"i"*** **mantienen esta modificación** en imperativo y se quita la terminación ***"-st"*** (o ***"-t"*** si la raíz del verbo termina en ***"s"***).

		2ª p. del singular	2ª p. del plural	forma de cortesía
geben (dar)	**du gibst**	**Gib!**	**Gebt!**	**Geben Sie!**
nehmen (coger)	**du nimmst**	**Nimm!**	**Nehmt!**	**Nehmen Sie!**
sprechen (hablar)	**du sprichst**	**Sprich!**	**Sprecht!**	**Sprechen Sie!**
essen (comer)	**du isst**	**Iss!**	**Esst!**	**Essen Sie!**
lesen (leer)	**du liest**	**Lies!**	**Lest!**	**Lesen Sie!**
vergessen (olvidar)	**du vergisst**	**Vergiss!**	**Vergesst!**	**Vergessen Sie!**

Los verbos cuya ***"a"*** en presente se transforma en ***"ä"*** **pierden esta modificación** en imperativo:

fahren (ir)	**du fährst**	**Fahr!**	**Fahrt!**	**Fahren Sie!**
schlafen (dormir)	**du schläfst**	**Schlaf!**	**Schlaft!**	**Schlafen Sie!**
lassen (dejar)	**du lässt**	**Lass!**	**Lasst!**	**Lassen Sie!**

Veamos por último el imperativo de ***"sein"***, que es irregular para **'tú'** y **'usted(es)'**, y el de ***"haben"***, que en segunda persona del singular es irregular:

sein (ser/estar)	**du bist/Sie sind**	**Sei!**	**Seid!**	**Seien Sie!**
haben (tener)	**du hast**	**Hab!**	**Habt!**	**Haben Sie!**

TAG 68 ¡Ponte a prueba!

Tapa la columna de la derecha y traduce las siguientes frases:

Veamos el imperativo de *"sprechen"*, *"nehmen"*, *"lesen"* y *"geben"* en la forma de 'tú', que mantiene la raíz irregular del presente.

Habla con Thomas, está triste.	**Sprich mit Thomas, er ist traurig.**
¡Cógete un trozo!	**Nimm dir ein Stück!**
Lee el libro y devuélvemelo.	**Lies das Buch und gib es mir zurück.**

¡Vuelve a decir las frases con el imperativo de **'vosotros'**!

Seguimos con el imperativo de 'tú', centrándonos en *"fahren"*, *"schlafen"* y *"lassen"*.

No tienes que esperar. ¡Vete a casa!	**Du musst nicht warten. Fahr nach Hause!**
¡Duerme bien! ¡Llámame mañana!	**Schlaf gut! Ruf mich morgen an!**
Deja al perro fuera.	**Lass den Hund draußen.**

¡Vuelve a decir las frases con el imperativo de **'usted'**!

Veamos ahora las formas irregulares del imperativo de *"sein"* y *"haben"*.

¡Ten cuidado!	**Sei vorsichtig!**
¡Tenga cuidado!	**Seien Sie vorsichtig!**
¡Ten paciencia! La comida estará lista dentro de poco.	**Hab Geduld! Das Essen ist bald fertig.**

"Sei" y *"Seien Sie"* en otros contextos se traducen por **'Sé/Estate'** y **'Sea(n)/Esté(n)se'**, por ejemplo, *"Sei ehrlich"* (**'Sé honesto'**) o *"Seien Sie beruhigt"* (**'Estese tranquilo'**).

TAG 69 El imperativo (III)

Después de ver cómo se forma el imperativo en alemán, es hora de aprender cómo negarlo. ¡Y hay buenas noticias! No es especialmente complicado, ya que sigue en pie lo que ya sabes sobre la negación de *"nicht"* y *"kein"*.

La palabra del día: *tun*

El verbo *"tun"* es un sinónimo de *"machen"*, aunque se usa menos. Es irregular (*"ich tue"*, *"tu tust"*, *"sie tut"*, *"wir tun"*, *"ihr tut"*, *"sie tun"*), pero el imperativo sigue la regla que conoces: decimos *"Tu"* (**'Haz'**), *"Tut"* (**'Haced'**) y *"Tun Sie"* (**'Haga(n)'**).

LA MECÁNICA

¡El imperativo negativo en alemán no tiene ningún misterio! Empleamos *"nicht"* o *"kein"* según los criterios que conoces: si negamos el verbo, hace falta usar *"nicht"*, y si negamos un sustantivo, hace falta modificar *"kein"* según el género, número y caso.

Nuestra partícula *"nicht"* se coloca como en una frase 'normal', es decir, detrás del verbo pero cediéndole el paso a los objetos directos e indirectos:

Bleib nicht hier!	¡No te quedes aquí!
Mach die Heizung nicht aus!	¡No apagues la calefacción!
Tu es nicht! / Tu's nicht!	¡No lo hagas!
Zeigen Sie es ihnen nicht!	¡No se lo enseñe (a ellos)!

"Kein" y sus variantes se colocan delante de los sustantivos. A veces se pueden traducir como **'ningún'** o **'ni un...'**:

Hab keine Angst!	¡No tengas miedo!
Sag kein Wort!	¡No digas ni una palabra!
Gib den Kindern keine Süßigkeiten!	¡No les des chuches a los niños!
Trinken Sie keinen Alkohol!	¡No beba alcohol!

¡Qué curioso!

Empleamos la palabra *"bloß"* delante de *"nicht"* o *"kein"* para intensificar lo que decimos. Equivale a vuestro **'bajo ningún concepto'** o **'por nada del mundo'**: *"Tu's bloß nicht!"*.

Clave del método Vaughan

Si te encanta estudiar con libros, ¡estupendo! Pero no dejes de lado la práctica en voz alta porque los idiomas se aprenden hablando. Aléjate del escritorio e intenta formar frases en alemán por tu cuenta, ¡y que no te dé vergüenza!

TAG 69 ¡Ponte a prueba!

Tapa la columna de la derecha y traduce las siguientes frases:

Empezamos con frases en imperativo en las que empleamos *"nicht"*.

¡No lo haga!	**Tun Sie es nicht!**
¡No lo llames!	**Ruf ihn nicht an!**
¡No lo olvidéis!	**Vergesst es nicht!**

Vuelve a decir las frases con ***"Tut...!"***, ***"Ruft...!"*** y ***"Vergessen Sie...!"***.

Ahora vamos a negar los sustantivos, por lo que hace falta echar mano de *"kein"* y modificarlo según sea necesario. Por cierto, *"Süßigkeiten"* se pronuncia /(s)üsi(sh)kaitennn/.

¡No tengáis miedo! Vamos a encontrar una solución.	**Habt keine Angst! Wir werden eine Lösung finden.**
¡No compres ningún ordenador! Puedes coger el mío.	**Kauf keinen Computer! Du kannst meinen haben.**
¡No les dé chuches a los niños!	**Geben Sie den Kindern keine Süßigkeiten!**

Fíjate en que ***"haben"*** en el segundo ejemplo se traduce como **'coger'**.

Vamos a ver cómo cambia el significado de las frases si colocamos *"bloß"* justo delante de *"nicht"* o *"kein"*.

¡No se lo digas a tus padres por nada del mundo!	**Sag es deinen Eltern bloß nicht!**
¡No lo olvides bajo ningún concepto!	**Vergiss es bloß nicht!**
¡No bebas agua del grifo bajo ningún concepto!	**Trink bloß kein Leitungswasser!**

¿Te acuerdas de nuestra 'agua de tubería', ***"das Leitungswasser"***?

TAG 70 Repaso de las clases 61-69

De nuevo tienes la oportunidad de comprobar cuánto has aprendido. En las últimas nueve clases, hemos trabajado el verbo ***"sollen"*** en su formas ***"ich sollte"***, ***"du solltest"***, etc., el peculiar verbo ***"dürfen"***, que significa ***"können"*** pero con el matiz de **'tener permiso'**, el pronombre ***"man"***, el futuro con ***"werden"***, la inversión de sujeto y verbo cuando colocamos algún elemento al principio de la frase, el imperativo, y las fórmulas ***"Lass uns..."*** y ***"Wollen wir...?"***. ¡A ver si te hace falta repetir alguna de estas clases!

Como siempre, escribe las siguientes frases en alemán en la columna de la derecha. Una vez que hayas comprobado que son correctas, vuelve a repasarlas en voz alta prestando atención a tu pronunciación y diciéndolo cada vez más rápido para ir mejorando tu agilidad oral.

La segunda frase equivale literalmente a 'Déjanos más tarde telefonear'. En castellano suena horrible, ¡pero en alemán queda divino!

¿Se puede aparcar aquí?	....
Hablemos más tarde (por teléfono).	....
Yo debería llamar a mis padres.	....

El primer ejemplo empieza con *"Am Mittwoch..."*. ¡Nada de *"der Mittwoch"*!

El miércoles vamos a continuar.	....
No podéis ver esta película (no tenéis permiso).	....
¡No olvides tus cosas!	....

'Hay que', 'Se tiene que' y 'Uno tiene que' se dice de la misma manera en alemán: *"Man muss"*.

Hay que llamar.	....
Espere un momento, por favor.	....
Mi hermana lo entenderá.	....

TAG 70 Repaso de las clases 61-69

¡En los primeros dos ejemplos hay dos maneras de decirlo! O con el verbo separable *"aufpassen"* o con *"vorsichtig sein"*.

Él debería tener cuidado.	....
¡Tened cuidado!	....
Hoy estoy muy cansado.	....

***"Stück"*, que es neutro en alemán, se pronuncia /shhhtük/.**

Por favor apaga la luz. Quiero dormir.	....
Le daré las flores (a ella).	....
¡Cogeos un trozo!	....

Recuerda que 'ir a tomar algo' se dice *"etwas trinken gehen"*, /étvvvas tjínkennn gué_ennn/.

Usted no puede fumar aquí (no tiene permiso).	....
¿Te apetece ir a tomar algo hoy?	....
¡No le des chocolate al perro bajo ningún concepto!	....

Comprueba las respuestas en la página 378.

TAG 71 *Was für...?*

Hoy vas a aprender cómo formular preguntas del estilo **'¿Qué tipo de...?'** o **'¿Qué clase de...?'**. Como ***"Art"*** es nuestro sustantivo para decir **'tipo'** o **'manera'**, se puede decir ***"Welche Art von...?"***, pero la forma más común de expresarlo es con ***"Was für ein...?"***, por ejemplo, ***"Was für ein Buch suchen Sie?"*** (**'¿Qué tipo de libro busca usted?'**).

La expresión del día: ***Musik hören***
En alemán no **'escuchamos'** la música, ¡la **'oimos'**! **'Escucho música'** se dice ***"Ich höre Musik"***. El verbo ***"zuhören"*** (**'escuchar'**) es separable y se usa sobre todo con personas: ***"Ich höre euch zu"*** (**'Os escucho'**).

Error común
No olvides que en las preguntas invertimos el orden del sujeto y el verbo. Nada de *"Was für ein Auto du hast?"*, tiene que ser ***"Was für ein Auto hast du?"***.

LA MECÁNICA

Empleamos la fórmula ***"Was für ein...?"*** para preguntar **'¿Qué tipo de...?'**. El artículo ***"ein"*** tiene que cambiar según el género. Observa:

Was für ein Computer ist das?	¿Qué tipo de ordenador es?
Was für eine Uhr ist das?	¿Qué tipo de reloj es?
Was für ein Auto ist das?	¿Qué tipo de coche es?

Y también cambia según el caso:

Was für einen Computer hast du?	¿Qué tipo de ordenador tienes?

Con sustantivos plurales o incontables, prescindimos del artículo:

Was für Computer haben Sie?	¿Qué tipo de ordenadores tiene (usted)?
Was für Musik hörst du?	¿Qué tipo de música escuchas?

¡Qué curioso!
"Was für ein-...!" también se usa para exclamaciones del tipo **'¡Qué sorpresa!'** o **'¡Qué día más bonito!'**: ***"Was für eine Überraschung!"***, ***"Was für ein schöner Tag!"***.

TAG 71 ¡Ponte a prueba!

Tapa la columna de la derecha y traduce las siguientes frases:

Empecemos con *"Was für... ist das?"*, que se pronuncia /vvvas füa... istás/. Los sustantivos son *"der Kurs"*, *"die Schule"* y *"das Buch"*.

¿Qué tipo de curso es?	**Was für ein Kurs ist das?**
¿Qué tipo de colegio es?	**Was für eine Schule ist das?**
¿Qué clase de libro es?	**Was für ein Buch ist das?**

'Un curso de alemán' es *"ein Deutschkurs"*. ¡Juntamos las palabras *"Deutsch"* y *"Kurs"*!

Los verbos *"kaufen"*, *"suchen"* y *"möchten"* requieren que usemos el caso acusativo. Ya sabes, solamente se 'nota' el caso acusativo delante de sustantivos masculinos (como *"der Fernseher"*).

¿Qué tipo de televisor quiere comprar?	**Was für einen Fernseher wollen Sie kaufen?**
¿Qué tipo de reloj busca usted?	**Was für eine Uhr suchen Sie?**
¿Qué tipo de helado quieres?	**Was für ein Eis möchtest du?**

"Das Eis" es **'el hielo'** pero también **'el helado'**. Se pronuncia igual que *"ice"* en inglés: /áis/.

¡Con los sustantivos plurales y con los incontables no ponemos ningún artículo! Fíjate, por cierto, que *"Fernseher"* no cambia en plural.

¿Qué tipos de televisores tiene usted?	**Was für Fernseher haben Sie?**
¿Qué tipos de problemas hay?	**Was für Probleme gibt es?**
¿Qué tipo de música escucháis?	**Was für Musik hört ihr?**

Solemos contraer *"Gibt es"* a *"gibt's"* cuando hablamos rápido.

TAG 72 Preposiciones que rigen el acusativo

Hasta ahora hemos visto que aplicamos el caso acusativo al complemento directo de un verbo, como puede ser ***"haben"***, ***"möchten"*** o ***"sehen"***: ***"Ich habe einen Hund"***, ***"Ich möchte diesen Computer"***, ***"Ich sehe den Mann"***, etc. Pero no solamente son los verbos los que requieren el acusativo; también hay una serie de preposiciones que nos obligan a usarlo. Por ejemplo ***"für"*** (**'para'**). No decimos *"Das ist für mein Bruder"* o *"...für er"* sino ***"Das ist für meinen Bruder/für ihn"***.

¡Un apunte!
Para repasar cómo funciona el caso acusativo y cómo afecta a los pronombres, artículos, posesivos, adjetivos, etc., vete a los *Tage 33-35* y *43*.

¡Recuerda!
Insistimos en 'lo bueno' del caso acusativo: ¡solamente se ven afectados los elementos que acompañan a los sustantivos masculinos!

LA MECÁNICA

Entre las preposiciones más importantes que rigen el acusativo se encuentran:

bis	durch	für	gegen	ohne	um
/bis/	/dúa(sh)/	/füa/	/géeguennn/	/óone/	/ummm/
hasta	a través de	para	contra	sin	alrededor de / entorno a

Compruébalo en los siguientes ejemplos:

Du hast Zeit bis nächste Woche.	Tienes tiempo hasta la semana que viene.
Lass uns durch den Park gehen.	Atravesemos el parque andando.
Das Geschenk ist für meinen Mann.	El regalo es para mi marido.
Pass auf, fahr nicht gegen den Baum!	Ten cuidado, ¡no te des contra el árbol!
Ich verreise nie ohne meinen roten Koffer.	Nunca viajo sin mi maleta roja.
Der Laden ist um die Ecke.	La tienda está a la vuelta de la esquina.

Ten en cuenta que, en general, hay que aprenderse de memoria el caso que rige una preposición. ¿Te preguntas si hay preposiciones que requieren el dativo? Anda que las hay... ¡descúbrelas en el *Tag 73*!

La palabra del día: *laufen*
"Laufen" significa **'correr'** o **'ir andando'** dependiendo del contexto. Junto con *"durch"* cobra el significado de **'atravesar'** o **'cruzar'**, y junto con *"gegen"* se puede traducir como **'darse contra'** o **'chocarse contra'**.

TAG 72 ¡Ponte a prueba!

Tapa la columna de la derecha y traduce las siguientes frases:

Empecemos con la preposición *"für"*, quizás la preposición más importante que rige el acusativo. ¡Fíjate en que *"wer"* cambia a *"wen"* cuando va precedido de *"für"*!

– ¿El regalo es para Andreas? – Sí, es para él.	**– Ist das Geschenk für Andreas?** **– Ja, es ist für ihn.**
– ¿Para quién es el pastel? – Para los niños.	**– Für wen ist der Kuchen?** **– Für die Kinder.**
– ¿Para quién son los regalos? – El vino es para mi padre y el libro es para mi madre.	**– Für wen sind die Geschenke?** **– Der Wein ist für meinen Vater und das Buch ist für meine Mutter.**

Como ves, *"das Geschenk"* es un sustantivo neutro y su plural es *"Geschenke"*.

¡Ahora nos centramos en *"ohne"*!

No viajamos nunca sin nuestro perro.	**Wir verreisen nie ohne unseren Hund.**
¡No puedo vivir sin ti!	**Ich kann ohne dich nicht leben!**
Mi hijo no puede dormir sin su oso de peluche.	**Mein Sohn kann ohne seinen Teddy nicht schlafen.**

Ten en cuenta que *"leben"* significa **'vivir'** en su sentido existencial, mientras que *"wohnen"* hace referencia a **'habitar'** o **'residir'**.

¡Terminamos con *"durch"*, *"gegen"* y *"um"*!

Vamos a cruzar la ciudad (andando).	**Lass uns durch die Stadt laufen.**
Cuidado, ¡no te des contra la puerta!	**Pass auf, lauf nicht gegen die Tür!**
Vivo aquí, a la vuelta de la esquina.	**Ich wohne hier um die Ecke.**

"Die Ecke" se refiere tanto a **'el rincón'** como a **'la esquina'**.

TAG 73 Preposiciones que rigen el dativo

Ya conoces las preposiciones que requieren el uso del acusativo, ¡pues ahora veremos las que nos obligan a usar el dativo!

La palabra del día: ***bei***
"Bei" es una preposición peculiar que no tiene una traducción exacta al castellano. La usamos para decir **'cerca de'/'junto a'** (***"Der Laden ist bei der Kirche"***, **'La tienda está cerca de la iglesia'**), pero también significa **'en casa de'** (***"Ich bin bei meinem Vater"***, **'Estoy en casa de mi padre'**) o **'en'** cuando se trata de una profesión como ***"Zahnarzt"*** (**'dentista'**): ***"Ich bin beim Zahnarzt"***.

LA MECÁNICA

Las siguientes preposiciones nos obligan a usar el caso dativo:

mit /mit/ con	**von** /fonnn/ de (pertenencia)	**aus** /áus/ de (procedencia)	**bei** /bái/ en, junto a, cerca de, en casa de	
ab /ap/ a partir de	**nach** /naaj/ después	**außer** /áusa/ excepto	**zu*** /tsssu/ a, a casa de	**seit**** /(s)áit/ desde (hace)

* Dedicamos el siguiente capítulo (*Tag 74*) a ***"zu"***.

Dedicamos los *Tage 139* y *141* a los distintos usos de *"seit"***.

Die Kinder spielen mit dem Ball.	Los niños juegan con la pelota.
Das Geschenk ist von meinem Bruder.	El regalo es de mi hermano.
Meine Eltern kommen aus einem Dorf.	Mis padres son de un pueblo.
Ich bin bei einer Freundin.	Estoy en casa de una amiga.
Ihr könnt ab dem 3. März kommen.	Podéis venir a partir del 3 de marzo.
Wir gehen nach der Arbeit etwas trinken.	Vamos a tomar algo después del trabajo.
Alle wissen es außer den Kindern.	Todos lo saben excepto los niños.

Ten en cuenta que cuando ***"bei"*** y ***"von"*** van seguidas de ***"dem"*** se contraen y se convierten en ***"beim"*** y ***"vom"***: ***"beim Zahnarzt"*** (**'en el dentista'**), ***"der Hund vom Nachbarn"*** (**'el perro del vecino'**).

¡Un apunte!
Para repasar cómo funciona el caso dativo y cómo afecta a los pronombres, artículos, posesivos, etc., vete a los *Tage 45-48*. En el *Tag 81* veremos cómo se modifican los adjetivos en dativo.

¡Un apunte más!
Otras preposiciones que requieren el dativo son ***"entsprechend"*** (**'según'**) y ***"gegenüber"*** (**'frente a'**): ***"den Umständen entsprechend"*** (**'según las circunstancias'**), ***"gegenüber der Kirche"*** (**'frente a la iglesia'**).

TAG 73 ¡Ponte a prueba!

Tapa la columna de la derecha y traduce las siguientes frases:

Ponte a practicar con *"mit"* ¡que siempre va seguido del dativo!

Mañana hablo con la profesora.	**Morgen rede ich mit der Lehrerin.**
Mi hermana juega al fútbol con sus amigos.	**Meine Schwester spielt mit ihren Freunden Fußball.**
– ¿Hablas a menudo con tu padre (por teléfono)? – Sí, hablo con él a menudo.	**– Telefonierst du oft mit deinem Vater?** **– Ja, ich telefoniere oft mit ihm.**

No olvides que los plurales reciben una ***"-n"*** en dativo, por eso *"Freunde"* se convierte en *"Freunden"*.

Le toca el turno a *"nach"*, *"bei"* y *"von"*. ¡Recuerda que *"wer"* cambia a *"wem"* en dativo! Además, fíjate en que *"das Abendessen"*, compuesto por *"Abend"* ('tarde/noche') y *"Essen"* ('comida'), es 'la cena'.

Te llamo después de la cena.	**Ich rufe dich nach dem Abendessen an.**
– Él está en el dentista ahora mismo. – ¿Dónde está el dentista? ¿Cerca del colegio?	**– Er ist gerade beim Zahnarzt.** **– Wo ist der Zahnarzt? Bei der Schule?**
– ¿De quién son las flores? – De mi marido.	**– Von wem sind die Blumen?** **– Von meinem Mann.**

¿Estás pronunciando correctamente **/tsssáanatssst/**? Así suena nuestra preciosísima palabra *"Zahnarzt"*.

Veamos por fin *"aus"*, *"ab"* y *"außer"*. Podrás comprobar que *"kommen aus"* no solamente significa 'ser de' algún sitio, sino también 'salir de'.

Están saliendo del colegio.	**Sie kommen gerade aus der Schule.**
A partir de esta semana se puede ver la película.	**Ab dieser Woche kann man den Film sehen.**
Todos lo conocen (a él) excepto yo.	**Alle kennen ihn außer mir.**

Como el segundo ejemplo no empieza por el sujeto (*"man"*), éste se tiene que colocar detrás del verbo.

TAG 74 *Gehen/fahren + zu*

Como lo prometido es deuda, ¡hoy te hablamos de la preposición ***"zu"***! Ya te comentamos en el capítulo anterior que ***"zu"*** forma parte del grupo de preposiciones que **nos obligan a usar el dativo**. Vamos a ver ahora que ***"zu"*** se usa para decir **'a'** y **'a casa de'**.

LA MECÁNICA

La preposición ***"zu"*** rige el dativo y se contrae cuando va seguida de ***"dem"*** o ***"der"***, de forma que se convierte en ***"zum"*** (**'al'**) o ***"zur"*** (**'a la'**):

zu + der Supermarkt →	**zu dem Supermarkt →**	**zum Supermarkt**	al supermercado
zu + das Museum →	**zu dem Museum →**	**zum Museum**	al museo
zu + die Arbeit →	**zu der Arbeit →**	**zur Arbeit**	al trabajo

Por un lado, empleamos ***"zu"*** para expresar **'a'**, seguido de lugares y de profesiones:

Ich gehe zum Supermarkt.	Voy al supermercado.
Ich gehe heute nicht zur Arbeit.	Hoy no voy al trabajo.
Meine Mutter geht heute zum Arzt.	Mi madre va hoy al médico.

Y por otro, ***"zu"*** nos sirve para expresar **'a casa de'**. No busques una traducción como *"zum Haus von Anna"* ni nada parecido, ¡**'a casa de Anna'** es simplemente ***"zu Anna"***!

Ich gehe heute zu meinem Vater.	Voy a casa de mi padre.
Wir fahren dieses Wochenende zu ihm.	Este fin de semana vamos a su casa (de él).
Er fährt morgen zu seinen Eltern.	Él va mañana a casa de sus padres.

En lo que se refiere a las profesiones y las personas, el equivalente 'estático' de ***"zu"*** es ***"bei"*** (**'en'**, **'en casa de'**) que también rige el dativo:

Ich gehe zum Zahnarzt.	**Ich bin beim Zahnarzt.**
Ich gehe zu meinen Eltern.	**Ich bin bei meinen Eltern.**

Error común

No digas *"Ich fahre zu Madrid"* o *"zu Deutschland"*, ¡junto con ciudades y países empleamos la preposición ***"nach"***!

¡Qué curioso!

Cuando hacemos una frase con ***"müssen"***, del tipo **'Tengo que ir a...'**, solemos omitir ***"gehen"*** o ***"fahren"*** y decimos ***"Ich muss zum Arzt"*** (**'Tengo que ir al médico'**), a secas.

TAG 74 ¡Ponte a prueba!

Tapa la columna de la derecha y traduce las siguientes frases:

Empecemos yendo *"zum Supermarkt"*, *"zum Bahnhof"*, *"zum Flughafen"* y *"zur Arbeit"*.

Vamos al supermercado. ¿Te vienes?	**Wir gehen zum Supermarkt. Kommst du mit?**
– ¿Vas al aeropuerto? (en medio de transporte) – No, voy a la estación de trenes.	**– Fährst du zum Flughafen?** **– Nein, ich fahre zum Bahnhof.**
Tengo que ir al trabajo ahora.	**Ich muss gleich zur Arbeit.**

Ten en cuenta que *"gleich"* significa **'dentro de nada'** pero la traducción más cercana es **'ahora'**. La diferencia entre *"jetzt"* y *"gleich"* es que *"gleich"* se refiere a un futuro inmediato.

Veamos ahora unas profesiones. En el último ejemplo podrás ver que en alemán vamos 'al peluquero', no 'a la peluquería'.

Mi madre va luego al médico.	**Meine Mutter geht später zum Arzt.**
Él tiene que ir al dentista mañana.	**Er muss morgen zum Zahnarzt.**
Voy a la peluquería este fin de semana.	**Ich gehe dieses Wochenende zum Frisör.**

"Frisör" se pronuncia **/fji(s)öa/**, con **"s"** vibrada.

Seguimos con *"zu"*, ahora con el sentido de 'a casa de'.

Mañana voy a casa de mi abuela. (en medio de transporte)	**Ich fahre morgen zu meiner Großmutter.**
Vamos luego a tu casa.	**Wir gehen später zu dir.**
– ¿Estás en casa de tus padres? – Sí, pero ahora voy a casa de una amiga.	**– Bist du bei deinen Eltern?** **– Ja, aber ich gehe gleich zu einer Freundin.**

¡Vuelve a decir la primera frase con *"zu meinem Großvater"* (**'a casa de mi abuelo'**)!

TAG 75 *In* & *auf* + acusativo

'Ir a' no siempre se traduce como ***"gehen/fahren zu"***. Tenemos otras preposiciones, principalmente ***"in"***, que también se usan para expresar que vamos **'a'** un lugar. ¿Y qué caso rige ***"in"***? ¡Eso depende! ***"In"*** es una de las llamadas ***"Wechselpräpositionen"*** (**'preposiciones de cambio'**) que rigen **el acusativo o el dativo en función de si hay movimiento o no**. Como ahora estamos hablando de ir a algún sitio, ***"in"*** **expresa movimiento** y por tanto nos obliga a usar **el acusativo**.

!!

¡Cuidado!
Aunque la preposición ***"zu"*** expresa movimiento, ¡siempre rige el dativo!

La expresión del día: ***in den Urlaub fahren***
"Der Urlaub" (¡en singular!) es nuestra palabra para **'las vacaciones'**. **'Irse de vacaciones'** es la expresión fija ***"in den Urlaub fahren"***.

LA MECÁNICA

Cuando la preposición ***"in"*** expresa movimiento y se traduce como **'a'**, requiere que usemos el acusativo:

in + der Park		**→ in den Park**	al parque
in + die Schule		**→ in die Schule**	al colegio
in + das Kino	**→ in das Kino**	**→ ins Kino**	al cine

¿Pero cuál es la diferencia entre ***"in"*** y ***"zu"***? En términos generales, ***"zu"*** hace hincapié en el traslado hacia un sitio, mientras que ***"in"*** acentúa el hecho de entrar en él. Por tanto, solemos usar ***"in"*** con edificios o espacios donde se puede entrar (como ***"das Museum"***, ***"der Park"***) y no con lugares como ***"die Arbeit"*** o ***"der Arzt"***.

in den Garten	**in die Innenstadt**	**in die Oper**	**ins Museum**	**ins Theater**	**ins Büro**
al jardín	al centro	a la ópera	al museo	al teatro	a la oficina

También usamos la preposición ***"auf"*** con algunos lugares. Por una parte, lo empleamos con espacios abiertos en los que no se puede **'entrar'**, como ***"Markt"*** (**'mercado'**), ***"Straße"*** (**'calle'**) y ***"Land"*** (**'campo'**): ***"auf den Markt/die Straße gehen"***, ***"aufs Land fahren"***. Por otro lado, solemos recurrir a ***"auf"*** cuando se trata de un evento como ***"eine Feier"*** (**'una fiesta'**) o ***"eine Hochzeit"*** (**'una boda'**): ***"auf eine Hochzeit gehen"***, ***"auf eine Feier gehen"***. Al igual que ***"in"***, ***"auf"*** rige el caso acusativo porque expresa movimiento y se contrae con ***"das"*** (***"aufs Land fahren"***).

¡Un apunte!
En algunas ocasiones, se puede usar tanto ***"in"*** como ***"zu"***; por ejemplo, ***"Ich gehe zur Schule"*** y ***"Ich gehe in die Schule"*** son igualmente correctos.

TAG 75 ¡Ponte a prueba!

Tapa la columna de la derecha y traduce las siguientes frases:

¡Dale caña a *"in"* seguido de *"das Kino"*, *"der Urlaub"* y *"die Innenstadt"*!

Mañana voy al cine.	**Ich gehe morgen ins Kino.**
¿Cuándo te vas de vacaciones?	**Wann fährst du in den Urlaub?**
Después del trabajo voy al centro.	**Nach der Arbeit gehe ich in die Innenstadt.**

¿Te has fijado en que en este tercer ejemplo repasamos *"nach"* + **dativo**?

Veamos unos ejemplos con *"auf"*.

Voy al mercado los sábados.	**Ich gehe samstags auf den Markt.**
Vamos a una boda este fin de semana.	**Wir gehen dieses Wochenende auf eine Hochzeit.**
¿Vas a la fiesta de cumpleaños de Patrick?	**Gehst du auf Patricks Geburtstagsfeier?**

Practica diciendo *"Geburtstagsfeier"* primero en trozos: **/gue/**, **/buats/**, **/taaks/**, **/fáia/**. Y ahora todo junto: **/guebúatstaaksfaia/**.

Ya conoces *"Woher...?"* ('¿De dónde...?'), pues ahora toca ver *"Wohin...?"* ('¿Adónde?').

– ¿Adónde vamos? – A la fiesta de cumpleaños de Lena.	**– Wohin gehen wir?** **– Auf Lenas Geburtstagsfeier.**
– ¿Adónde queréis ir? – Al cine.	**– Wohin wollt ihr gehen?** **– Ins Kino.**
– Me voy de vacaciones la semana que viene. – ¿Adónde vas?	**– Ich fahre nächste Woche in den Urlaub.** **– Wohin fährst du?**

En lugar de *"Feier"* usamos a menudo *"Party"*, por lo que también puedes decir *"Geburtstagsparty"*.

TAG 76 *In & auf* + dativo

Ayer te contamos que las preposiciones ***"in"*** y ***"auf"*** rigen el caso acusativo cuando **expresan movimiento**, es decir, cuando significan **'a'**. Ahora comprobarás que cuando estas preposiciones significan **'en'** y **no expresan movimiento, rigen el dativo**. No decimos *"Ich bin in die Innenstadt"* sino ***"Ich bin in der Innenstadt"***.

LA MECÁNICA

Para decir que estamos **'en'** algún lugar, generalmente empleamos la preposición ***"in"***. ***"In"*** forma parte del grupo de preposiciones que rigen el acusativo o el dativo en función de si hay movimiento o no. Como ***"in"*** en su significado de **'en'** no expresa movimiento, requiere que usemos el dativo. Ten en cuenta que cuando ***"in"*** va junto con ***"dem"***, se convierte en ***"im"***:

in + der Park	**→ in dem Park**	**→ im Park**	en el parque
in + das Kino	**→ in dem Kino**	**→ im Kino**	en el cine
in + die Stadt		**→ in der Stadt**	en la ciudad

Veamos entonces la diferencia entre **'ir a'** y **'estar en'** un sitio:

"in" = **'a'** (movimiento) → **acusativo** — A, B

"in" = **'en'** (no movimiento) → **dativo** — A

A	B	A
Ich gehe ins Kino.		**Ich bin im Kino.**
Wir gehen in den Park.		**Wir sind im Park.**
Sie fahren in die Stadt.		**Sie wohnen in der Stadt.**

¿Ya te vas haciendo una idea? Pues pasa lo mismo con ***"auf"*** que se usa con lugares abiertos (***"Markt"***, ***"Straße"***, ***"Land"***) y eventos (***"Hochzeit"***, ***"Feier"***, etc.). Decimos ***"Ich gehe auf den Markt/auf die Straße"***, ***"Ich fahre aufs Land"*** pero ***"Ich bin auf dem Markt/auf der Straße"***, ***"Ich wohne auf dem Land"***.

¡Qué curioso!
En alemán existe la preposición ***"an"***, y la usamos para transmitir la idea de **'junto a'**, **'al lado de'**. Por ejemplo, para decir **'en la parada de autobús'** o **'en la playa'**, recurrimos a ***"an der Bushaltestelle"*** y ***"am Strand"***, ya que no estamos **'dentro de'** estos sitios. Observa esta diferencia en ***"im Meer"*** (**'en el mar'**) y ***"am Meer"*** (**'en la orilla del mar'**).

¡Un apunte!
Una buena manera de averiguar si hay que usar el acusativo o el dativo es hacer la pregunta ***"Wohin?"*** (**'¿Adónde?'** → acusativo) o ***"Wo?"*** (**'¿Dónde?'** → dativo).

TAG 76 ¡Ponte a prueba!

Tapa la columna de la derecha y traduce las siguientes frases:

Empezamos viendo *"in"* con el significado de 'en'. ¡Esperamos que tengas presente los *Tage 46-48* donde vimos cómo funciona el dativo!

Los niños están en el colegio.	**Die Kinder sind in der Schule.**
- ¿Estáis en el centro? - Sí, estamos en una tienda ahora mismo.	**- Seid ihr in der Innenstadt?** **- Ja, wir sind gerade in einem Laden.**
- ¿Estáis en el cine o en el teatro? - ¡Estamos en la ópera!	**- Seid ihr im Kino oder im Theater?** **- Wir sind in der Oper!**

¡*"Die Oper"* (**'la ópera'**) se pronuncia casi igual que *"der Opa"* (**'el abuelito/yayo'**)!

Como era de esperar... ¡veamos *"auf"* como traducción de 'en'!

Los niños juegan en la calle.	**Die Kinder spielen auf der Straße.**
Mis padres están en una boda.	**Meine Eltern sind auf einer Hochzeit.**
- ¿Vive en la ciudad? - No, vivo en el campo.	**- Wohnen Sie in der Stadt?** **- Nein, ich wohne auf dem Land.**

"Hochzeit" se pronuncia **/hójtsssait/**.

¡Ahora empieza la locura! ¡Mezclamos *"in"*/*"auf"* + acusativo con *"in"*/*"auf"* + dativo!

Estoy en el supermercado. Luego voy al centro. (en medio de transporte)	**Ich bin im Supermarkt. Später fahre ich in die Innenstadt.**
- ¿Estás en la oficina? - No, pero voy ahora a la oficina.	**- Bist du im Büro?** **- Nein, aber ich gehe gleich ins Büro.**
- ¿Vives en el campo? - Vivo en la ciudad pero voy a menudo al campo.	**- Wohnst du auf dem Land?** **- Ich wohne in der Stadt, aber ich fahre oft aufs Land.**

¿Y si contestamos a la última pregunta **'Vivo en el campo pero voy a menudo a la ciudad'**? Pues quedaría así: *"Ich wohne **auf dem** Land, aber ich fahre oft **in die** Stadt"*.

TAG 77 Los verbos *stellen* & *legen*

En alemán tenemos dos verbos para expresar **'poner'**: ***"stellen"*** y ***"legen"***. Usamos ***"stellen"*** cuando ponemos algo 'de pie' o en posición vertical como una botella o un vaso, y empleamos ***"legen"*** cuando colocamos algo en posición horizontal, como puede ser un papel o un boli. Trabajaremos estos dos verbos junto con un montón de preposiciones. ¡Te espera una clase intensa!

LA MECÁNICA

Los verbos ***"stellen"*** y ***"legen"*** son regulares (***"Ich stelle, du stellst..."***, ***"Ich lege, du legst..."***), por lo que su imperativo también es regular: ***"Stell"***/***"Leg"*** corresponde a **'Pon'**; ***"Stellt"***/***"Legt"*** a **'Poned'** y ***"Stellen Sie/Legen Sie"*** a **'Ponga'**. Y como era de esperar, el objeto directo, es decir, la cosa que se 'pone', se expresa en acusativo.

stellen (poner – de pie)	+ acusativo	**Stell das Glas...** (Pon el vaso...)
legen (poner – tumbado)	+ acusativo	**Leg den Kuli...** (Pon el boli...)

Veamos ahora las llamadas preposiciones de lugar que son ***"Wechselpräpositionen"***, es decir, preposiciones que rigen el acusativo cuando hay movimiento y el dativo cuando no lo hay. Dos de ellas, ***"in"*** y ***"auf"*** acabas de ver en los capítulos anteriores.

in	auf	unter	neben	zwischen	hinter	vor
en, dentro de	encima de	debajo de	al lado de	entre	detrás de	delante de

+ acusativo cuando hay movimiento

Stell das Glas in den Schrank.	Pon el vaso en el armario.
Leg die Uhr auf den Tisch.	Pon el reloj en la mesa.
Leg die Serviette unter die Uhr.	Pon la servilleta debajo del reloj.
Leg die Zeitung neben die Zeitschrift.	Pon el periódico al lado de la revista.
Stell den Schrank zwischen den Tisch und das Sofa.	Pon el armario entre la mesa y el sofá.
Stell den Stuhl vor den Tisch.	Pon la silla delante de la mesa.
Stell die Kiste hinter das Sofa.	Pon la caja detrás del sofá.

¡Un apunte!
Al igual que ocurría con ***"in"*** y ***"auf"***, solemos contraer las preposiciones ***"unter"***, ***"vor"*** y ***"hinter"*** cuando van seguidas de ***"das"***: ***"unters"***, ***"vors"***, ***"hinters"***.

¡Qué curioso!
Si quieres decir **'Ponlo allí'** o **'Pon el plato ahí'**, tienes que añadir ***"hin"*** detrás de ***"hier"*** o ***"da"***: ***"Stell es hier hin"***, ***"Leg den Teller da hin"***.

TAG 77 ¡Ponte a prueba!

Tapa la columna de la derecha y traduce las siguientes frases:

¡Empieza la mudanza! En estos ejemplos manejamos objetos grandes que no se pueden tumbar, por lo que recurrimos a *"stellen"*. ¡Acuérdate de usar el acusativo por partida doble!

Ponga la mesa al lado del armario.	**Stellen Sie den Tisch neben den Schrank.**
Pon la caja entre el armario y la lámpara.	**Stell die Kiste zwischen den Schrank und die Lampe.**
Ponga el sofá delante de la ventana.	**Stellen Sie das Sofa vors Fenster.**

Hemos contraído *"vor das"* en el último ejemplo a *"vors"*, **/fóas/**.

Ahora se trata de *"legen"* distintos objetos planos en posición horizontal.

Pon la revista en el cajón.	**Leg die Zeitschrift in die Schublade.**
Ponga el boli en la mesa.	**Legen Sie den Kuli auf den Tisch.**
Pon el periódico debajo del vaso.	**Leg die Zeitung unters Glas.**

¡Fíjate en que *"die Schublade"* y *"die Zeitung"* son sustantivos femeninos!

Ahora vamos a sustituir los objetos que colocamos por pronombres.

Ahí está el armario. Por favor póngalo detrás de la cama.	**Da ist der Schrank. Bitte stellen Sie ihn hinters Bett.**
Aquí tienes el libro. Por favor ponlo en la estantería.	**Hier ist das Buch. Bitte stell es ins Regal.**
Ahí está mi chaqueta. Por favor ponla en la silla.	**Da ist meine Jacke. Bitte leg sie auf den Stuhl.**

Ten en cuenta que en el segundo ejemplo se supone que se coloca el libro de forma vertical en la estantería. Si hubiera que **'tumbarlo'**, la frase sería *"Bitte leg es..."*.

TAG 78 Los verbos *stehen* & *liegen*

Para decir que algún objeto **'está'** en un lugar podemos emplear el verbo ***"sein"***, pero para nosotros es más natural recurrir a ***"stehen"*** o ***"liegen"***. La diferencia entre ***"stehen"*** y ***"liegen"*** es la misma que entre ***"stellen"*** y ***"legen"***: ***"stehen"*** significa **'estar'** cuando algo está de pie y ***"liegen"*** significa lo mismo pero cuando algo está tumbado. Vamos a ver las mismas preposiciones que ayer, ¡pero ahora irán **seguidas del dativo**!

LA MECÁNICA

"Stehen" y ***"liegen"*** son verbos regulares, por lo que cuando algo **'está'** en un lugar decimos que ***"es steht"*** o que ***"es liegt"*** allí. Al usar las preposiciones de lugar (***"in"***, ***"auf"***, ***"unter"***, ***"neben"***, etc.), éstas nos obligan a emplear **el dativo** porque **no hay movimiento**. Es la misma lógica que vimos en los *Tage 75* y *76*: decimos ***"Ich fahre in die Stadt"*** (movimiento → **acusativo**), pero ***"Ich bin in der Stadt"*** (no movimiento → **dativo**).

movimiento → **acusativo** (A, B) | no movimiento → **dativo** (A)

A	B / A
Leg die Zeitschrift in die Schublade. Pon la revista en el cajón.	**Die Zeitschrift liegt in der Schublade.** La revista está en el cajón.
Stell das Glas auf den Tisch. Pon el vaso encima de la mesa.	**Das Glas steht auf dem Tisch.** El vaso está encima de la mesa.

¡Veamos más ejemplos con las demás preposiciones de lugar que son ***"Wechselpräpositionen"***! Todas ellas ahora requieren el uso del dativo, fíjate:

Der Kuli liegt unter dem Buch.	El boli está debajo del libro.
Die Uhr liegt neben der Zeitschrift.	El reloj está al lado de la revista.
Das Bett steht vor dem Fenster.	La cama está delante de la ventana.
Der Schrank steht hinter der Tür.	El armario está detrás de la puerta.

¡Un apunte!
"Unter", *"hinter"* y *"vor"* se suelen contraer cuando van seguidas de *"dem"*; decimos *"unterm Tisch"*, *"hinterm Sofa"* y *"vorm Fernseher"*, por ejemplo.

¡Otro apunte!
También usamos *"stehen"* y *"liegen"* con personas: *"Ich stehe hinter dir"* (**'Estoy detrás de ti'**), *"Er liegt im Bett"* (**'Está en la cama'**).

TAG 78 ¡Ponte a prueba!

Tapa la columna de la derecha y traduce las siguientes frases:

Empezamos con *"stehen"*, que se pronuncia /shhhtée_ennn/.

El ordenador está encima de la mesa.	**Der Computer steht auf dem Tisch.**
La botella está en el armario.	**Die Flasche steht im Schrank.**
Las cajas están delante de la puerta.	**Die Kisten stehen vor der Tür.**

¡Vuelve a decir los ejemplos con *"Stell..."*! *"Stell den Computer auf den Tisch"*, *"Stell die Flasche in den Schrank"*, *"Stell die Kisten vor die Tür"*.

Ahora son objetos planos que están 'tumbados' en alguna parte. ¡Recurrimos a /líiguennn/!

El móvil está detrás del sofá.	**Das Handy liegt hinterm Sofa.**
Los libros están debajo de la cama.	**Die Bücher liegen unterm Bett.**
El lápiz está al lado del periódico.	**Der Bleistift liegt neben der Zeitung.**

¡Ya sabes, vuelve a decir los ejemplos con *"Leg..."*! *"Leg das Handy hinters Sofa"*, *"Leg die Bücher unters Bett"*, *"Leg den Bleitstift neben die Zeitung"*.

Vamos a centrarnos en *"zwischen"*, /tsssvvvíshhhennn/, que te da la oportunidad de trabajar el dativo dos veces en cada frase. ¡Adelante!

La tele está entre la lámpara y la estantería.	**Der Fernseher steht zwischen der Lampe und dem Regal.**
El bolígrafo está entre la revista y el móvil.	**Der Kugelschreiber liegt zwischen der Zeitschrift und dem Handy.**
La caja está entre la cama y la lámpara.	**Die Kiste steht zwischen dem Bett und der Lampe.**

¿Por qué no vuelves a decir las frases con *"Leg/Stell..."*? ¡Sólo con la práctica podrás avanzar!

TAG 79 *Da ist/steht/liegt...*

En el *Tag 44* te comentamos que **'hay'** no siempre se expresa con ***"es gibt"***. Hoy verás que cuando **no** nos referimos a que algo 'existe' de manera general, decimos que algo **'está allí'**, por lo que recurrimos a ***"da ist/sind..."***, y por extensión también a ***"da liegt/liegen..."*** o ***"da steht/stehen..."*** dependiendo del contexto.

La palabra del día: ***die Leute***
"Leute" significa **'gente'** y es un sustantivo PLURAL, por eso decimos ***"Da sind viele Leute"***, no *"Da ist viel Leute"*. Se pronuncia **/lóite/**.

Un consejo
Una vez que hayas estudiado estas dos páginas, ¡mira a tu alrededor y forma tus propias frases con ***"da ist"***, ***"da liegt"***, ***"da steht"***, etc.!

LA MECÁNICA

"Es gibt" solamente se emplea para expresar que **'hay'** algo en un sentido amplio. Un buen truco para saber cuándo usarlo es sustituir **'hay'** por **'existe'** y ver si la frase tiene sentido: **'Hay/Existe un aeropuerto en Madrid'** entonces es ***"Es gibt einen Flughafen in Madrid"***. En cambio, para decir **'hay'** en el sentido localizado y concreto, tenemos que decir literalmente que 'está allí': ***"Schau mal, da ist ein Flughafen"*** (**'Mira, ahí hay un aeropuerto'**). Y si se trata de algún objeto, ya conoces también los matices de ***"stehen"*** y ***"liegen"***, ¿verdad? Pues decimos ***"Da liegt ein Kuli auf dem Tisch"*** (**'Hay un boli en la mesa'**) o ***"Da stehen Kisten vor dem Haus"*** (**'Hay cajas delante de la casa'**).

Otra diferencia entre ***"es gibt"*** y ***"sein"***/ ***"stehen"***/ ***"liegen"*** es que con estos últimos verbos NO usamos el caso acusativo. Con tus ojos de lince ya habrás detectado que hemos escrito ***"Es gibt einen Flughafen"*** pero ***"Da ist ein Flughafen"***.

Bien. Pues basta de teoría, lo mejor es que te empapes con ejemplos, que además son la oportunidad perfecta para repasar las **preposiciones de lugar + dativo** que trabajamos ayer:

Da ist ein Kino neben dem Supermarkt.	Hay un cine al lado del supermercado.
Da sind Leute vorm Haus.	Hay gente delante de la casa.
Da liegt Geld auf dem Tisch.	Hay dinero encima de la mesa.
Da liegen Zeitschriften im Schrank.	Hay revistas en el armario.
Da steht eine Flasche unterm Bett.	Hay una botella debajo de la cama.
Da stehen zwei Autos in der Garage.	Hay dos coches en el garaje.

TAG 79 ¡Ponte a prueba!

Tapa la columna de la derecha y traduce las siguientes frases:

Empecemos con *"da"* + *"sein"* como equivalente de 'hay':

Hay un cine al lado del colegio.	**Da ist ein Kino neben der Schule.**
Hay una panadería delante de nuestra casa.	**Da ist eine Bäckerei vor unserem Haus.**
Hay mucha gente en el bar.	**Da sind viele Leute in der Bar.**

La persona que trabaja ***"in einer Bäckerei"*** se llama ***"Bäcker"*** o ***"Bäckerin"***.

Seguimos con /da shhhteet/ y /da shhhtée_ennn/. En estas frases y las siguientes con *"liegen"* también podríamos usar *"sein"*.

Hay una silla delante de la ventana.	**Da steht ein Stuhl vorm Fenster.**
Hay un vaso en el suelo.	**Da steht ein Glas auf dem Boden.**
Hay cajas en el garaje.	**Da stehen Kisten in der Garage.**

Cuidado, ¡**'el garaje'** es ***"die Garage"***! Se pronuncia **/gajáshe/**, un poco a la francesa.

Terminamos con cosas que *"liegen"* en alguna parte.

Hay un móvil debajo del periódico.	**Da liegt ein Handy unter der Zeitung.**
Mira, hay dinero en el suelo.	**Schau mal, da liegt Geld auf dem Boden.**
Hay lápices detrás del sofá.	**Da liegen Bleistifte hinterm Sofa.**

'En el suelo' no se dice ***"im Boden"*** (eso sería 'dentro del suelo'), sino ***"auf dem Boden"***.

TAG 80 Repaso de las clases 71-79

El gran reto de las últimas nueve clases han sido las preposiciones en alemán. Hay algunas que sólo rigen el acusativo, otras que rigen sólo el dativo y luego están las preposiciones de lugar que rigen el acusativo o el dativo dependiendo de si expresan movimiento o una posición. Y hemos machacado que movimiento = acusativo, ¿verdad? Además, te hemos enseñado cuál es la diferencia entre ***"stellen"*** y ***"legen"***, ***"stehen"*** y ***"liegen"***, y entre ***"es gibt"*** y ***"da ist"***. Ah, y también eres capaz de preguntar ***"Was für (ein)...?"*** (**'¿Qué tipo de...?'**).

Averigua si has asimilado las nuevas enseñanzas y traduce las siguientes frases al alemán, primero por escrito y después en voz alta.

En el segundo ejemplo, se supone que el libro está tumbado, por lo que usa *"da liegt"*.

La mesa está delante del sofá. ....

Hay un libro en el suelo. ....

¿Qué tipo de zapatos busca usted? ....

¡'El dinero' en alemán es neutro y 'el cajón' es femenino!

– ¿Para quién es esto? ....
– Para mi hijo. ....

Por favor, ponga el lápiz en la mesa. ....

El dinero está en el cajón. ....

'A casa de' se dice con una sola palabrita que rige el dativo.

Vamos luego a casa de mi madre. ....

Por favor, pon la botella al lado del vaso. ....

Estoy hablando por teléfono con un amigo. ....

TAG 80 Repaso de las clases 71-79

¡No olvides que *"Leute"* es plural!

Vamos a menudo al cine. ....

Hay mucha gente en el museo. ....

Después de la boda vamos a una fiesta. ....

'En el campo' en alemán se dice *"auf dem Land"*.

Estoy en la oficina. ....

Mi hermana vive en la ciudad y yo vivo en el campo. ....

Él nunca viaja sin su perro. ....

Detrás de *"für"* (+ acusativo), *"wer"* cambiaba a *"wen"*, ¿entonces detrás de *"von"* (+ dativo), cambia a...? ¡Correcto! ¡Cambia a *"wem"*!

- ¿De quién es esto? ....
- De un cliente. ....

¿Qué tipo de curso quieres hacer? ....

Voy al aeropuerto ahora mismo. ....

Comprueba las respuestas en la página 379.

TAG 81 Los adjetivos en dativo

En los *Tage 46-48* te enseñamos en qué consiste el caso dativo y cómo afecta a los artículos, posesivos, etc. ¡Veamos ahora cómo afecta a los adjetivos!

LA MECÁNICA

En el *Tag 43*, pudiste comprobar que los adjetivos en acusativo terminan en ***"-en"***, pero sólo cuando acompañan a sustantivos masculinos. Por ejemplo, ***"Ich habe einen kleinen Bruder"***. Cuando los adjetivos van delante de los demás sustantivos (femeninos, neutros y plurales) siguen teniendo la misma terminación que en la forma 'básica' que vimos originariamente (***"Ich habe eine kleine Schwester"***, ***"Ich habe ein kleines Auto"***, etc.).

En dativo, los adjetivos también terminan en ***"-en"***, ¡pero no solamente cuando acompañan a sustantivos masculinos! Siempre empleamos la terminación ***"-en"***, ¡da igual si se trata de un sustantivo masculino, femenino, neutro o plural! Veamos unos ejemplos con preposiciones de lugar que, al **no expresar movimiento**, rigen el dativo:

Das Buch liegt auf dem roten Tisch.	El libro está encima de la mesa roja.
Das Buch liegt in der roten Schublade.	El libro está en el cajón rojo.
Das Buch liegt unter dem roten Bett.	El libro está debajo de la cama roja.
Die Bücher liegen auf den roten Tischen.	Los libros están encima de las mesas rojas.

¿Cómo dirías entonces **'Estoy en casa de una buena amiga'**? ***"Ich bin bei einer guten Freundin"***. ¿Y **'Voy a un buen médico'**? ***"Ich gehe zu einem guten Arzt"***. ¿Y **'Dale el regalo a tu amigo inglés'**? ***"Gib das Geschenk deinem englischen Freund"***. ¡Así es! Siempre que uses el dativo, ya sea detrás de una preposición que lo requiere o porque se trata del objeto indirecto, añade ***"-en"*** al adjetivo (si lo hay).

¡Un apunte!

Cuando un adjetivo en dativo va directamente detrás de una preposición, éste adopta la terminación del artículo en dativo. Decimos ***"mit einem großen Hund"*** y ***"in einer guten Schule"*** pero ***"mit großem Interesse"*** (**'con gran interés'**), ***"in gutem Zustand"*** (**'en buen estado'**) e ***"in guter Qualität"*** (**'de buena calidad'**).

TAG 81 ¡Ponte a prueba!

Tapa la columna de la derecha y traduce las siguientes frases:

Comencemos con dos sustantivos masculinos (*"Schrank"*, *"Bruder"*) y uno neutro (*"Mädchen"*). En la tercera frase, ¡usa el verbo *"gehören"* ('pertenecer a')!

Los vasos están en el armario viejo.	**Die Gläser stehen im alten Schrank.**
Dale la pelota a la niña pequeña.	**Gib dem kleinen Mädchen den Ball.**
El ordenador es de mi hermano mayor.	**Der Computer gehört meinem großen Bruder.**

"Der Ball" cambia a *"den Ball"* (acusativo) porque es el objeto directo de *"geben"*.

Veamos ahora sustantivos femeninos. ¡Los adjetivos siguen terminando en *"-en"*!

Hablaré con la nueva profesora.	**Ich werde mit der neuen Lehrerin sprechen.**
El regalo es de mi hermana mayor.	**Das Geschenk ist von meiner großen Schwester.**
Soy de una ciudad pequeña.	**Ich komme aus einer kleinen Stadt.**

Como vimos en el *Tag 73*, las preposiciones *"mit"*, *"von"* y *"aus"* siempre rigen el dativo.

¿Qué es lo que falta? ¡Sí, Los plurales! No olvides que en dativo hace falta añadirles una *"n"* a los sustantivos plurales.

Dígaselo a nuestros nuevos empleados.	**Sagen Sie es unseren neuen Angestellten.**
La pelota es de los niños pequeños.	**Der Ball gehört den kleinen Kindern.**
Excepto los zapatos viejos, me lo llevo todo.	**Außer den alten Schuhen nehme ich alles mit.**

¿Te acuerdas del *Tag 65*? Si lo recuerdas, sabrás que *"ich nehme… mit"* se convierte en *"nehme ich… mit"*.

TAG 82 Verbos que rigen el dativo

Ya sabes que los objetos directos suelen ir en acusativo en alemán. Lo vimos en los *Tage 33-35*: ***"Ich sehe dich"***, ***"Ich kenne den Mann"***, ***"Ich habe ein rotes Auto"***, etc. ¡Pero hay algunos verbos que rigen el dativo! Por ejemplo ***"helfen"*** (**'ayudar'**): no es *"ich helfe dich"* sino ***"ich helfe dir"***.

La palabra del día: ***schmecken***
El verbo ***"schmecken"*** significa **'gustar'**, pero únicamente cuando hablamos de comida. Decimos por ejemplo, ***"Schmeckt dir das Essen?"*** (**'¿Te gusta la comida?'**, **'¿Te sabe bien la comida?'**).

Error común
Dado que el verbo ***"helfen"*** es irregular en la segunda y la tercera persona del singular (***"du hilfst"***, ***"er/sie/es hilft"***), el imperativo no es *"Helf"* sino ***"Hilf"***: ***"Hilf mir!"*** (**'¡Ayúdame!'**).

LA MECÁNICA

Vamos a rebobinar un momento. ¿Cuándo se usa el caso dativo? Se usa con el objeto **indirecto** (***"Ich gebe es dem Mann"***), con **preposiciones** que lo rigen (***"Ich gehe zu meiner Mutter"***) y con **preposiciones de lugar** cuando **no hay movimiento** (***"Ich bin in der Schule"***).

¡Ahora vamos a añadir un cuarto uso! La inmensa mayoría de verbos nos obligan a usar el caso acusativo con el objeto directo, pero hay algunos verbos que exigen el dativo. Se trata de excepciones y como tales, hay que aprendérselas de memoria. A lo largo de este libro, ya hemos visto dos verbos que requieren el dativo: ***"gehören"*** (**'pertenecer a'**, *Tag 53*) y ***"gefallen"*** (**'gustar'**, *Tag 55*). A continuación tienes algunos de los verbos más comunes que requieren el dativo en alemán, incluidos los verbos separables ***"wehtun"*** y ***"zuhören"****:

helfen	ayudar	**schmecken**	gustar (comida)
antworten	contestar	**folgen**	seguir
passieren	pasar/ocurrir	**vertrauen**	confiar en
glauben	creer	**verzeihen**	perdonar
zuhören	escuchar	**wehtun**	doler

¡Veamos unos ejemplos para calentar motores!

Bitte antworte mir so bald wie möglich.	Por favor, contéstame cuanto antes.
Ich glaube dir nicht.	No te creo.
Ich helfe meinem Bruder.	Ayudo a mi hermano.
Das passiert den Kindern oft.	Esto les ocurre a menudo a los niños.

* En la página 429 del apéndice encontrarás una lista más exhaustiva de los verbos que rigen el dativo.

TAG 82 ¡Ponte a prueba!

Tapa la columna de la derecha y traduce las siguientes frases:

Empezamos con los verbos *"folgen"*, *"vertrauen"*, *"zuhören"* y *"passieren"* junto con pronombres en dativo.

Por favor, sígame.	**Bitte folgen Sie mir.**
Confía en ella y escúchala.	**Vertrau ihr und hör ihr zu.**
Esto no le pasa nunca (a él).	**Das passiert ihm nie.**

No olvides que *"zuhören"* es un verbo separable.

Ahora modificamos sustantivos en dativo, porque van con *"verzeihen"*, *"glauben"*, *"wehtun"* (¡separable!) y *"helfen"*.

Él perdona a su padre.	**Er verzeiht seinem Vater.**
La policía no cree al hombre.	**Die Polizei glaubt dem Mann nicht.**
A mi amiga le duele la mano. Ayúdala, por favor.	**Meiner Freundin tut ihre Hand weh. Hilf ihr bitte.**

"Polizei" se pronuncia **/politsssái/**, y *"verzeihen"*, **/featsssáiennn/**. ¡Que suenen bien tus **"z"** alemanas!

Terminamos con *"antworten"*, *"helfen"* y *"schmecken"* como verbos en infinitivo al final de la frase.

Yo debería contestarle pronto al cliente.	**Ich sollte dem Kunden bald antworten.**
¿Puede usted ayudar a la señora?	**Können Sie der Dame helfen?**
La comida les gustará (a ellos).	**Das Essen wird ihnen schmecken.**

'La señora Schneider' se dice *"Frau Schneider"*, pero **'la señora'** a secas es *"die Dame"*.

TAG 83 Los pronombres reflexivos en acusativo

Me siento bien. Da**te** prisa. Ellos **se** han resfriado. ¿Cómo se dicen este tipo de frases en alemán? Hoy vas a averiguarlo, ya que el tema de este capítulo son los pronombres reflexivos en acusativo.

LA MECÁNICA

Veamos cómo se dicen los pronombres reflexivos en alemán a través del verbo reflexivo ***"sich beeilen"*** (**'darse prisa'**), pronunciado **/(s)i(sh) beáilennn/**. Verás que **'se'** corresponde a ***"sich"***, tanto en singular como en plural:

Ich beeile	**mich.**	**Me** doy prisa.
Beeil	**dich!**	¡Da**te** prisa!
Er beeilt	**sich.**	Él **se** da prisa.
Sie beeilt	**sich.**	Ella **se** da prisa.
Wir beeilen	**uns.**	**Nos** damos prisa.
Beeilt	**euch!**	¡Da**os** prisa!
Sie beeilen	**sich.**	Ellos **se** dan prisa.
Beeilen Sie	**sich!**	¡De**se** prisa!

Vamos a poner estos pronombres en práctica gracias a los siguientes verbos:

sich fühlen	**sich erkälten**	**sich erholen**	**sich setzen**	**sich anziehen**	**sich umziehen**
sentirse	resfriarse	descansar	sentarse	vestirse	cambiarse

Ten en cuenta que **'descansar'** en alemán es reflexivo; nosotros en realidad decimos 'Me descanso', ***"Ich erhole mich"***. En cuanto a ***"sich anziehen"*** y ***"sich umziehen"***, tienes que saber que son verbos separables. **'Me visto'** y **'Me cambio'** se dicen ***"Ich ziehe mich an"*** e ***"Ich ziehe mich um"***, respectivamente.

No olvides que los pronombres reflexivos se colocan detrás del verbo conjugado (***"Ich setze mich"***, ***"Ich werde mich erholen"***, ***"Sie können sich anziehen"***). Y para hacer la negación, ya sabes que ***"nicht"*** le cede el paso a los pronombres, por lo que **'No me siento bien'** se expresa así: ***"Ich fühle mich nicht gut"***.

Clave de pronunciación

La ***"s"*** de ***"sich"*** se pronuncia de forma vibrada, como si fuera el zumbido de una abeja. Las letras ***"ch"*** dan lugar a ese sonido suave que ya conoces de ***"ich"***. ¡Escucha bien el audio!

TAG 83 ¡Ponte a prueba!

Tapa la columna de la derecha y traduce las siguientes frases:

¡A por *"mich"*, *"dich"* y *"sich"*! Y no olvides que 'estar haciendo' algo en alemán se expresa con el adverbio *"gerade"*, como vimos en el *Tag 29*.

Me estoy vistiendo.	**Ich ziehe mich gerade an.**
– ¿Cómo te sientes? – Me siento bien.	**– Wie fühlst du dich?** **– Ich fühle mich gut.**
Ella se está cambiando.	**Sie zieht sich gerade um.**

¿Se te ha escapado decir *"Ich mich ziehe..."* o *"Ich mich fühle..."*? ¡Repite las frases hasta que te salgan bien!

Veremos ahora los pronombres reflexivos *"uns"*, *"euch"* y *"sich"*.

Nos sentimos mejor.	**Wir fühlen uns besser.**
¡Sentaos! Allí hay sillas.	**Setzt euch! Da sind Stühle.**
Los niños se resfrían a menudo.	**Die Kinder erkälten sich oft.**

"Erkälten" viene de *"kalt"* (**'frío'**) y se pronuncia **/eakéltennn/**.

Por último, vamos a combinar nuestros verbos reflexivos con *"werden"* (para formar el futuro), *"müssen"* y *"können"*, que empujan los infinitivos al final de la frase.

Vas a descansar.	**Du wirst dich erholen.**
No tenemos que darnos prisa.	**Wir müssen uns nicht beeilen.**
Podéis sentaros en el sofá.	**Ihr könnt euch auf das Sofa setzen.**

Tanto *"Sofa"* como *"setzen"* empiezan por una **'s'** vibrada. Fíjate además en que usamos la preposición *"auf"* seguida del acusativo, porque expresa movimiento hacia el sofá.

TAG 84 Los pronombres reflexivos en dativo

Acabas de conocer los pronombres reflexivos ***"mich"***, ***"dich"***, ***"sich"***, etc., y los hemos practicado con ***"sich fühlen"*** y ***"sich beeilen"***, entre otros verbos. Hoy verás que cuando hay un objeto directo como en **'lavarse las manos'** (***"sich die Hände waschen"***), ***"mich"*** y ***"dich"*** se convierten en ***"mir"*** y ***"dir"***. ¡Se trata de los pronombres reflexivos en dativo!

La expresión del día: ***sich etwas wünschen***
Con ***"sich etwas wünschen"*** hablamos de lo que queremos o deseamos. Por ejemplo, ***"Er wünscht sich dieses Buch zum Geburtstag"*** (**'Quiere este libro para su cumpleaños'**).

LA MECÁNICA

Para empezar, fíjate en estas dos frases:

Ich wasche mich.	**Ich wasche mir die Hände.**

La primera significa **'Me lavo'**, y usamos ***"mich"*** porque la acción de **'lavar'** recae sobre uno mismo. En la segunda frase, que significa **'Me lavo las manos'**, la acción recae sobre el objeto directo, ***"die Hände"***. Por eso, tenemos que usar ***"mir"*** en lugar de ***"mich"***. Lo mismo ocurre con ***"dich"***, que se convierte en ***"dir"*** en este tipo de frases: **'Lávate las manos'** se dice ***"Wasch dir die Hände"***.

"Mir" y ***"dir"*** son los únicos pronombres reflexivos que cambian, todos los demás permanecen igual: ***"Er wäscht sich die Hände"***, ***"Wir waschen uns die Hände"***, ***"Ihr wascht euch die Hände"***, ***"Sie waschen sich die Hände"***.
Aparte de ***"sich etwas waschen"*** (**'lavarse algo'**), también vas a practicar los pronombres reflexivos en dativo con las siguientes expresiones:

sich etwas kaufen	comprarse algo	**sich etwas wünschen**	desear/querer algo
sich etwas anziehen	ponerse algo	**sich etwas ausziehen**	quitarse algo

¡No olvides que ***"anziehen"*** y ***"ausziehen"*** son verbos separables!

¡Un apunte!
Otras expresiones con las que usamos los pronombres reflexivos en dativo son ***"sich etwas vorstellen"*** (**'imaginarse algo'**), ***"sich etwas leisten"*** (**'permitirse algo'**) y ***"sich Mühe geben"*** (**'esforzarse'**), entre otros.

TAG 84 ¡Ponte a prueba!

Tapa la columna de la derecha y traduce las siguientes frases:

Empezamos con los únicos dos pronombres reflexivos en dativo que son distintos a los del acusativo: *"mir"* y *"dir"*.

Me compro un nuevo ordenador.	**Ich kaufe mir einen neuen Computer.**
Por favor, quítate los zapatos.	**Bitte zieh dir die Schuhe aus.**
– ¿Qué quieres (deseas)? – Quiero un nuevo móvil.	**– Was wünschst du dir?** **– Ich wünsche mir ein neues Handy.**

Pronuncia ***"wünschst du"*** como si fuera una sola palabra: **/vvvünshhhstu/**.

Ahora empleamos *"sich"* con *"er/sie"*, *"sie"* plural y *"Sie"*.

Él se está poniendo el abrigo.	**Er zieht sich gerade den Mantel an.**
Se están quitando los zapatos.	**Sie ziehen sich gerade die Schuhe aus.**
Por favor, lávese las manos.	**Bitte waschen Sie sich die Hände.**

"Hände" se pronuncia **/hhhénde/**, con ***"h"*** aspirada.

Por último, practica con *"uns"* y *"euch"*.

Nos compraremos una casa.	**Wir werden uns ein Haus kaufen.**
Poneos los zapatos.	**Zieht euch die Schuhe an.**
– ¿Qué queréis (deseáis)? – Queremos libros.	**– Was wünscht ihr euch?** **– Wir wünschen uns Bücher.**

¿Te acuerdas de que ***"Bücher"*** es el plural de ***"das Buch"***?

TAG 85 Verbos con preposición (I)

En alemán como en castellano, hay muchos verbos que van acompañados de una preposición, como por ejemplo **'preguntar por'** o **'depender de'**. En los dos idiomas no hay reglas que te ayuden a saber con qué preposición va cada verbo, ¡hay que aprendérselo de memoria! En alemán hay además una complicación añadida, y es que luego tienes que acordarte de qué caso usar con qué preposición. Hoy nos centramos en algunos verbos que van con una preposición que siempre rige o bien el acusativo, o el dativo.

LA MECÁNICA

En el *Tag 72* te presentamos preposiciones que siempre rigen el acusativo, como ***"für"*** y ***"um"***, y acto seguido, en el *Tag 73*, vimos preposiciones que siempre rigen el dativo, como ***"mit"*** o ***"zu"***. ¿Qué ocurre cuando empleamos estas preposiciones junto con verbos? ¡Nada sorprendente! Siguen exigiendo el caso acusativo o dativo, dependiendo de cuál sea la preposición. Hoy vamos a ver una serie de verbos que van acompañados de preposiciones que siempre rigen un caso o el otro:

Verbos con prep. que rigen el **acusativo**		Verbos con prep. que rigen el **dativo**	
bitten um	pedir	**helfen bei**	ayudar con
sich kümmern um	encargarse/ cuidar de	**sich unterhalten mit**	conversar con
sich interessieren für	interesarse por	**fragen nach**	preguntar por
		abhängen von*	depender de
		einladen zu*	invitar a (algo)

* ***"Abhängen"*** y ***"einladen"*** son verbos separables.

Hay algunos verbos que van acompañados de dos preposiciones, como ***"sich entschuldigen"*** (**'pedir disculpas'**): **'pedir disculpas por'** se dice ***"sich entschuldigen für"*** y **'pedirle disculpas a'** alguien es ***"sich entschuldigen bei"***: ***"Ich entschuldige mich bei dir für mein Verhalten"*** (**'Te pido disculpas por mi comportamiento'**).

La palabra del día: ***Vorbereitungen***
"Vorbereitungen" es el plural de ***"die Vorbereitung"*** (**'la preparación'**) y se traduce como **'preparativos'**. Pronúncialo **/fóabejaitun(g)ennn/**.

¡Un apunte!
En la página 423 del apéndice encontrarás una lista exhaustiva de los verbos más importantes que van acompañados de preposición.

TAG 85 ¡Ponte a prueba!

Tapa la columna de la derecha y traduce las siguientes frases:

Empezamos con verbos que van acompañados de preposiciones que rigen el acusativo. Como te comentamos como curiosidad en el *Tag 55*, *"der Gefallen"* es 'el favor'.

Yo me encargo de los preparativos.	**Ich kümmere mich um die Vorbereitungen.**
Te pido un favor.	**Ich bitte dich um einen Gefallen.**
Me intereso por la política.	**Ich interessiere mich für Politik.**

"Die Vorbereitungen" viene del verbo separable *"vorbereiten"* ('**preparar**').

Le toca el turno a verbos cuya preposición rige el dativo. Recuerda que, a diferencia del castellano, 'conversar' es un verbo reflexivo en alemán.

Tenemos que preguntar por el camino.	**Wir müssen nach dem Weg fragen.**
Eso depende de ti.	**Das hängt von dir ab.**
Me gusta conversar con tu abuela.	**Ich unterhalte mich gerne mit deiner Großmutter.**

¡Vuelve a decir la última frase pero con *"Wir"*! *"Wir unterhalten uns gerne..."*

Veamos ahora *"helfen bei"*, *"einladen zu"* y *"entschuldigen bei... für..."*. ¡No olvides que tanto *"helfen"* como *"bei"* requieren el dativo!

Por favor ayúdame con los preparativos.	**Bitte hilf mir bei den Vorbereitungen.**
¿A quién vas a invitar a la boda?	**Wen wirst du zur Hochzeit einladen?**
Pídele disculpas (a ella) por tu mal comportamiento.	**Entschuldige dich bei ihr für dein schlechtes Verhalten.**

El verbo asociado a *"das Verhalten"* es *"sich verhalten"* ('**comportarse**').

TAG 86 Verbos con preposición (II)

En los *Tage 75-78* vimos que en alemán hay un grupo de preposiciones de lugar, las ***"Wechselpräpositionen"***, que rigen el acusativo o el dativo en función de si indican movimiento o no. Pero cuando estas preposiciones acompañan a un verbo y la regla de movimiento/no movimiento no se puede aplicar, como en ***"warten auf"*** (**'esperar a'**), ¿cómo sabemos si ***"auf"*** rige el dativo o el acusativo? Lo cierto es que hay que aprenderse cada caso de memoria, pero como regla general te vendrá bien saber que suele ir seguido del acusativo.

LA MECÁNICA

Cuando una preposición de lugar que puede requerir el acusativo o el dativo (***"in"***, ***"auf"***, ***"über"***, etc.) acompaña a un verbo, ¡en la mayoría de las ocasiones rige el *Akkusativ*! Veamos una lista de algunos de los verbos más importantes que llevan una ***"Wechselpräposition"***:

warten auf + *Akk*	esperar (a)	**Warte auf mich!**
denken an + *Akk*	pensar en	**Ich denke an ihn.**
reden über + *Akk*	hablar sobre	**Wir reden über den Plan.**
aufpassen auf + *Akk*	cuidar (a)	**Pass auf die Kinder auf.**
sich erinnern an + *Akk*	acordarse de	**Ich erinnere mich an den Tag.**
sich verlieben in + *Akk*	enamorarse de	**Ich bin in meinen Chef verliebt.**
sich gewöhnen an + *Akk*	acostumbrarse a	**Er gewöhnt sich an das Wetter.**
sich beschweren über + *Akk*	quejarse de	**Sie beschweren sich über ihn.**

Hay verbos que van acompañados de una preposición o de otra dependiendo del significado. Por ejemplo, ***"sich freuen für"*** significa **'alegrarse por'** alguien, mientras que ***"sich freuen auf"*** expresa las ganas de que ocurra algo: ***"Ich freue mich für dich"*** (**'Me alegro por ti'**), ***"Ich freue mich auf dich!"*** (**'¡Estoy ansioso por verte! / ¡Qué ganas de verte!'**). Otros ejemplos son ***"denken an"*** (**'pensar en'**) / ***"denken über"*** (**'pensar sobre'**) y ***"reden mit"*** (**'hablar con'**) / ***"reden über"*** (**'hablar de'**).

¡Un apunte!
Hay pocas ***"Wechselpräpositionen"*** que rigen el dativo cuando van con un verbo. Una de ellas es el verbo separable ***"teilnehmen an"*** (**'participar en'**): ***"Er nimmt an einem Kurs teil"***.

¡Un consejo!
No olvides que en la página 423 del apéndice encontrarás una lista exhaustiva de los verbos más importantes que van acompañados de una preposición. Memorízatela poco a poco (por ejemplo un verbo al día), ¡y llegarás lejos con tu alemán!

TAG 86 ¡Ponte a prueba!

Tapa la columna de la derecha y traduce las siguientes frases:

Empezamos con *"denken an"*, *"warten auf"* y *"aufpassen auf"*.

Pienso a menudo en mi padre.	**Ich denke oft an meinen Vater.**
¡Esperadme!	**Wartet auf mich!**
¿Cuidas al perro este fin de semana?	**Passt du dieses Wochenende auf den Hund auf?**

Fíjate en la diferencia de *"aufpassen"* a secas (*"Pass auf"*, **'Ten cuidado'/'Presta atención'**) y *"aufpassen auf"* (*"Pass auf dich auf"*, **'Cuídate'**).

Seguimos con 'quejarse SOBRE', 'estar enamorado EN' y 'estar ansioso ENCIMA DE'. ¿Te suena raro? ¡En alemán lo decimos así!

El cliente se queja del servicio.	**Der Kunde beschwert sich über den Service.**
Está enamorada de su compañero de trabajo.	**Sie ist in ihren Kollegen verliebt.**
Estamos ansiosos por irnos de vacaciones.	**Wir freuen uns auf den Urlaub.**

"Der Kollege" es uno de los sustantivos a los que se le añade una *"n"* al declinarlo.

Veamos ahora *"reden über"*, *"sich gewöhnen an"* y *"sich erinnern an"* seguidos del acusativo. Ten en cuenta que lo más natural es usar *"sich erinnern"* junto con *"können"*, ya que decimos literalmente '¿Puedes acordarte de...?'.

Hablaré con él sobre el tema.	**Ich werde mit ihm über das Thema reden.**
Tengo que acostumbrarme al tiempo.	**Ich muss mich an das Wetter gewöhnen.**
¿Te acuerdas de su boda (de él)?	**Kannst du dich an seine Hochzeit erinnern?**

"Hochzeit" se pronuncia **/hhhójtsssait/**.

TAG 87 *In, vor & an* en sentido temporal

Hay algunas ***"Wechselpräpositionen"*** que usamos en un sentido temporal, como ***"in"*** (**'en'**), ***"vor"*** (**'antes de'**) y ***"an"*** (**'en'**). En este sentido temporal, ***"in"***, ***"vor"*** y ***"an"*** rigen siempre el dativo.

LA MECÁNICA

Hoy nos centraremos en las preposiciones ***"in"***, ***"vor"*** y ***"an"*** que, cuando se usan en un sentido temporal, nos obligan a emplear **el dativo**.

"In" significa **'en'** o **'dentro de'**, y decimos por ejemplo, ***"in einer Woche"*** (**'dentro de una semana'**), ***"in einem Monat"*** (**'dentro de un mes'**), ***"in einem Jahr"*** (**'dentro de un año'**). Usamos ***"im"*** (la contracción de ***"in"*** + ***"dem"***) junto con los meses y las estaciones del año: ***"im Januar"*** (**'en enero'**), ***"im August"*** (**'en agosto'**), ***"im Winter"*** (**'en invierno'**), ***"im Sommer"*** (**'en verano'**), etc.

"Vor" significa **'delante de'** pero en un sentido temporal quiere decir **'antes de'**. Decimos ***"vor einem Spiel"*** (**'antes de un examen'**), ***"vorm Abendessen"*** (**'antes de la cena'**) o ***"vor einer Hochzeit"*** (**'antes de una boda'**), por ejemplo.

La preposición ***"an"*** en un sentido temporal no tiene siempre traducción al castellano, ¡pero la usamos muchísimo en alemán! La empleamos con las festividades, como ***"an Weihnachten"*** (**'en Navidades'**) o ***"an Ostern"*** (**'en Pascua'**). Usamos ***"am"*** (***"an"*** + ***"dem"*** contraído) junto con los días de la semana o el fin de semana, por ejemplo ***"am Freitag"*** (**'el viernes'**), ***"am Wochenende"*** (**'el fin de semana'**) y junto con las fechas: ***"am ersten Januar"*** (**'el uno de enero'**), ***"am dritten März"*** (**'el tres de marzo'**). En el apéndice encontrarás un capítulo en el que tratamos las fechas con más profundidad.

La palabra del día: ***die Prüfung***
"Die Prüfung", en femenino, es **'el examen'**. Viene del verbo ***"prüfen"***, que significa **'examinar'** o **'comprobar'**.

¡Un apunte!
"Vor" también se usa para decir **'hace'**, como en ***"vor zwei Jahren"*** (**'hace dos años'**). Lo trabajaremos en el *Tag 142*.

TAG 87 ¡Ponte a prueba!

Tapa la columna de la derecha y traduce las siguientes frases:

Empezamos con *"in"* + dativo para expresar 'dentro de' o 'en'.

Nos vemos en un mes.	**Wir sehen uns in einem Monat.**
Llueve mucho en abril.	**Es regnet viel im April.**
En verano voy a menudo a la piscina.	**Im Sommer gehe ich oft ins Schwimmbad.**

En el último ejemplo, aparece *"in"* también como preposición de lugar + acusativo porque indica movimiento. Y como puedes ver, **'la piscina'** es neutro en alemán; ¡es ***"das Schwimmbad"***!

Ahora veremos *"vor"*, que se pronuncia /fóa/.

Lávate las manos antes de la cena.	**Wasch dir die Hände vorm Abendessen.**
Siempre estoy nervioso antes de un examen.	**Ich bin immer nervös vor einer Prüfung.**
Antes de los exámenes estoy siempre nerviosa.	**Vor den Prüfungen bin ich immer nervös.**

La ***"v"*** de ***"vor"*** se pronuncia como una **'f'**, mientras que la de ***"nervös"*** es una ***"v"*** vibrada: **/neavvvöös/**.

Acabamos con *"an"* y *"am"*. ¡Olvídate de usar *"in"* o *"der"* en su lugar!

¿Vienes el miércoles o el jueves?	**Kommst du am Mittwoch oder am Donnerstag?**
Tengo que trabajar el fin de semana.	**Ich muss am Wochenende arbeiten.**
En Navidades vamos a casa de mis abuelos. (en medio de transporte)	**An Weihnachten fahren wir zu meinen Großeltern.**

"Weihnachten" se pronuncia **/vvváinajtennn/**, con **'j'** castellana.

TAG 88 Cuándo NO usar el artículo definido

En alemán no usamos ningún artículo delante de los sustantivos cuando hablamos de algo en general. Decimos por ejemplo ***"Rosen sind schöne Blumen"*** (**'Las rosas son flores bonitas'**).

La palabra del día: ***lieben***
El verbo ***"lieben"*** no significa solamente **'amar'** o **'querer'** (***"Ich liebe dich"***, **'Te quiero'**), sino también lo usamos cuando algo **'nos encanta'**: ***"Ich liebe Schokolade"***. Por cierto, ¡ocurre lo mismo en inglés! Se dice ***"I love you"*** y también ***"I love chocolate"***.

LA MECÁNICA

Cuando hablamos de **'los niños'**, **'los tigres'** o **'el dinero'** en general, no decimos *"die Kinder"*, *"die Tiger"* o *"das Geld"* sino ***"Kinder"***, ***"Tiger"*** y ***"Geld"*** a secas, SIN ARTÍCULO. Fíjate en estos ejemplos:

Kinder sind neugierig.	Los niños son curiosos.
Tiger sind gefährliche Tiere.	Los tigres son animales peligrosos.
Geld ist wichtig.	El dinero es importante.
Ärzte haben viel Verantwortung.	Los médicos tienen mucha responsabilidad.
Ich mag Katzen.	Me gustan los gatos.
Ich liebe Hunde.	Me encantan los perros.

Solamente usamos el artículo definido para hablar de algo EN CONCRETO. Por ejemplo, puedes decir ***"die Kinder im Hof..."*** (**'los niños del patio...'**), ***"die Tiger in diesem Zoo..."*** (**'los tigres de este zoo...'**) o ***"das Geld für das Geschenk..."*** (**'el dinero para el regalo...'**), porque te refieres a unos niños, unos tigres o una cantidad de dinero en particular.

Otro ejemplo sería **'Las rosas rojas son bonitas'**. ¿Cómo lo dirías en alemán? Depende; si hablas de unas rosas en concreto, sería ***"Die roten Rosen sind schön"***, pero si quieres decir que todas las rosas rojas son bonitas, tienes que decir ***"Rote Rosen sind schön"***.

¡Un apunte!
En alemán tenemos el dicho ***"Geld regiert die Welt"*** (**'El dinero gobierna el mundo'**), donde **/guelt/** y **/vvvelt/** riman. Como ves, ¡no es *"Das Geld regiert die Welt"*!

TAG 88 ¡Ponte a prueba!

Tapa la columna de la derecha y traduce las siguientes frases:

Empezamos con *"Kaffee"*, *"Geld"* y *"Obst"*, ¡SIN usar su artículo definido! *"Das Obst"*, por cierto es 'la fruta' y se pronuncia /oopst/.

Me encanta el café.	**Ich liebe Kaffee.**
El dinero es indispensable.	**Geld ist unabdingbar.**
La fruta es sana.	**Obst ist gesund.**

¿Qué tal la pronunciación de ***"unabdingbar"*** (**'indispensable'**)? Puede parecer un trabalenguas pero no lo es: di primero **/unap/**, después **/din(g)/** y luego **/ba/**: **/unapdín(g)ba/**.

Ahora nos interesan los sustantivos plurales. ¡Prohibidísimo usar *"die"*!

Las chuches no son sanas.	**Süßigkeiten sind ungesund.**
Las escuelas privadas son caras.	**Privatschulen sind teuer.**
A los niños les gusta jugar.	**Kinder spielen gerne.**

En lugar de ***"ungesund"*** también podríamos decir ***"nicht gesund"***.

Por último, vamos a colocar adjetivos delante de los sustantivos.

Los restaurantes buenos son caros.	**Gute Restaurants sind teuer.**
Los animales salvajes son peligrosos.	**Wilde Tiere sind gefährlich.**
Me encanta el chocolate negro.	**Ich liebe schwarze Schokolade.**

"Gefährlich" se pronuncia **/gueféali(sh)/** y viene del sustantivo ***"die Gefahr"*** (**'el peligro'**).

TAG 89 *Warum? Weil...*

Desde el *Tag 29* sabes formar preguntas con ***"Warum...?"*** (**'¿Por qué...?'**), ¡pero todavía no te hemos dicho cómo contestarlas! En alemán recurrimos a ***"weil"***, una palabra que hace que el verbo conjugado se coloque al final de la frase: ***"Warum kommt er nicht? / Weil er beschäftigt ist"*** (**'¿Por qué no viene?' / 'Porque está ocupado'**).

Consejo clave
No te detengas demasiado en averiguar por qué las cosas se dicen cómo se dicen, porque eso no te ayudará a hablar. Acepta las estructuras como son, asimílalas ¡y sigue avanzando!

Error común
No decimos *"...weil ich bin krank"* o *"...weil ich habe viel Arbeit"*, ¡eso es incorrectísimo!

LA MECÁNICA

A la pregunta ***"Warum...?"*** no contestamos con ***"warum"*** sino con ***"weil"***, que pronunciamos **/vvváil/**. Como todas las conjunciones, ***"weil"*** tiene que ir precedida de una coma, y además, por arte de magia, ¡**manda al verbo conjugado al final de la frase**!

– Warum bleibst du zuhause?	– ¿Por qué te quedas en casa?
– Ich bleibe zuhause, weil ich krank bin.	– Me quedo en casa porque estoy enfermo.

Cuando conjugamos un verbo separable, juntamos la raíz conjugada con el prefijo al final de la frase, fíjate:

Ich hole meine Mutter ab.	Recojo a mi madre.
Ich muss gehen, weil ich sie abhole.	Tengo que irme porque la recojo.

Y cuando hay un verbo auxiliar o modal, éste se coloca al final del todo, es decir, detrás del infinitivo:

Sie kann morgen nicht kommen.	Ella no puede venir mañana.
Ich bin traurig, weil sie morgen nicht kommen kann.	Estoy triste porque no puede venir mañana.

¡Un apunte!
Un sinónimo más formal de ***"weil"*** es ***"da"***: ***"Frau Koch kommt nicht, da sie krank ist"***, ***"Ich muss gehen, da ich meine Eltern abholen muss"***.

TAG 89 ¡Ponte a prueba!

Tapa la columna de la derecha y traduce las siguientes frases:

¡Pon en práctica lo que sabes sobre *"Warum...?"* y *"weil"*!

– ¿Por qué no viene (ella)? – Porque está ocupada.	**– Warum kommt sie nicht?** **– Weil sie beschäftigt ist.**
– ¿Por qué no te vas de vacaciones? – Porque no tengo dinero.	**– Warum fährst du nicht in den Urlaub?** **– Weil ich kein Geld habe.**
Los niños no deben comer chuches porque no son sanas.	**Die Kinder sollen keine Süßigkeiten essen, weil sie ungesund sind.**

"Beschäftigt" se pronuncia **/beshhhéftikt/**, con **/kt/** al final.

Ahora conjugaremos verbos separables. Recuerda que *"weil"* hace que se coloquen al final sin que se separe el prefijo.

– ¿Por qué no recoges a tu hermano? – Porque lo recoge mi marido.	**– Warum holst du deinen Bruder nicht ab?** **– Weil mein Mann ihn abholt.**
– ¿Por qué tienes que darte prisa? – Porque empieza la película ahora.	**– Warum musst du dich beeilen?** **– Weil der Film gleich anfängt.**
Estoy triste porque él no llama.	**Ich bin traurig, weil er nicht anruft.**

"Anfangen" cambia su raíz en la segunda y la tercera personas del singular: *"du fängst an"*, *"sie fängt an"*.

Por último, vamos a conjugar los verbos *"können"*, *"müssen"* y *"wollen"*. ¡Ahora se colocan detrás de los infinitivos!

– ¿Por qué estás triste? – Porque no puedes venir.	**– Warum bist du traurig?** **– Weil du nicht kommen kannst.**
– ¿Por qué tienes que irte? – Porque tengo que recoger a Andrea.	**– Warum musst du gehen?** **– Weil ich Andrea abholen muss.**
Necesito dinero porque quiero comprarme un coche.	**Ich brauche Geld, weil ich mir ein Auto kaufen will.**

"Traurig" se pronuncia **/tjáujik/** o **/tjáuji(sh)/**.

TAG 90 Repaso de las clases 81-89

¡Vamos a comprobar si has sido capaz de asimilar lo aprendido en las últimas clases! ¿Cuáles han sido los puntos principales? Hemos visto cómo se ven modificados los adjetivos en dativo, has conocido una serie de verbos, como ***"helfen"***, que excepcionalmente rigen el dativo, has descubierto los pronombres reflexivos y ya sabes que no usamos el artículo cuando hablamos de algo en general. Además te has familiarizado con los verbos que van acompañados de una preposición, como ***"warten auf"*** y ***"einladen zu"***. ¡Y por fin sabes cómo contestar a la pregunta ***"Warum...?"***!

Traduce y repite las siguientes frases hasta que te salgan de manera natural, sin que tengas que pararte a pensar. De la teoría te hablamos en las clases, ¡ahora te toca a seguir practicando y consolidar lo aprendido!

¡Prohibido usar *"der Freitag"* en la tercera frase!

Me encanta el pescado.	....
Las revistas están encima de la silla verde.	....
Te llamo el viernes.	....

'Peligroso' en alemán es *"gefährlich"*, /gueféali(sh)/.

Los tigres son animales peligrosos.	....
– ¿Por qué no vienes? – Porque no tengo tiempo.	....
Por favor, ayude a la señora.	....

El verbo *"vertrauen"* ('confiar en') va directamente seguido del dativo, ¡sin preposición!

No me siento bien.	....
Ponte una chaqueta, hace fresco fuera.	....
Confío en mi médico.	....

TAG 90 Repaso de las clases 81-89

No olvides que *"abhängen"* es separable y va acompañado de *"von"*.

¿Te puedo pedir un favor? ....

Eso no depende de mí. ....

Me cambio después del trabajo. ....

¿Ya tienes claro que 'esperar' se dice *"warten auf"*?

Lo esperaré. ....

Él piensa a menudo en su abuelo. ....

Quiero comprarme un móvil nuevo. ....

Delante de *"weil"* hay que colocar una coma en alemán.

Tengo que darme prisa porque mis amigos me esperan. ....

La botella está al lado de la lámpara amarilla. ....

Nos vamos de vacaciones dentro de una semana. ....

Comprueba las respuestas en la página 379.

TAG 91 El verbo *wissen* & *ob, dass, was, wie, etc.*

Hoy trabajaremos el verbo ***"wissen"*** principalmente con las palabras ***"dass"*** (**'que'**) y ***"ob"*** (**'si'**) para hacer frases del tipo ***"Ich weiß, dass..."*** (**'Sé que...'**) y ***"Weißt du, ob...?"*** (**'¿Sabes si...?'**). El verbo ***"wissen"*** es irregular en las primeras tres personas en presente simple:

ich weiß	**du weißt**	**er/sie/es weiß**	**wir wissen**	**ihr wisst**	**sie wissen**

Clave de pronunciación

Dado que la letra estrella de hoy sin duda es la ***"w"***, ¡vamos a insistir en que la pronuncies a la perfección! Haz que tus dientes superiores toquen tu labio inferior mientras dejas pasar el aire... ¡y que vibren las cuerdas vocales!

LA MECÁNICA

Para poder construir frases del tipo **'Sé que no es fácil'** o **'Sabemos que el alemán es un idioma maravilloso'**, nos hace falta la palabra ***"dass"*** (**'que'**), que al igual que ***"weil"*** (**'porque'**), va precedida de una coma y empuja el verbo conjugado al final de la frase:

Ich weiß, dass er viel Arbeit hat.	Sé que él tiene mucho trabajo.

'Saber si', por otra parte, se traduce con ***"wissen"*** junto con la palabra ***"ob"***, que funciona igual que ***"dass"*** y ***"weil"***:

Ich weiß nicht, ob er viel Arbeit hat.	No sé si él tiene mucho trabajo.

Bien, pues una vez que tengas clara la mecánica de colocar el verbo conjugado al final, ¡puedes usar cualquier palabra interrogativa! Ten en cuenta que **'lo que'** en alemán es ***"was"*** (**'qué'**):

Ich weiß nicht, wer morgen kommt.	No sé quién viene mañana.
Weißt du, wie das funktioniert?	¿Sabes cómo funciona esto?
Wissen Sie, wie viel das kostet?	¿Sabe usted cuánto cuesta esto?
Wir wissen nicht, warum es Probleme gibt.	No sabemos por qué hay problemas.
Er weiß, was wir ihm kaufen.	Él sabe lo que le compramos.

¡Recuerda!

Cuando hay un verbo separable, éste se reúne con su prefijo al final (***"Ich weiß nicht, wann der Film anfängt"***) y cuando hay un verbo modal o auxiliar, éste se coloca al final del todo, detrás del infinitivo (***"Ich weiß, wohin ich gehen muss"***).

¡Qué curioso!

Al decir **'Lo sé'** y **'No lo sé'**, en alemán muchas veces omitimos ***"es"*** y decimos ***"Ich weiß"*** y ***"Ich weiß nicht"***, a secas.

TAG 91 ¡Ponte a prueba!

Tapa la columna de la derecha y traduce las siguientes frases:

Empezamos con *"wissen"* + *"dass"*, ¡escrito con doble *"s"*! En el primer ejemplo, no te olvides de poner *"es"*.

Sé que no es fácil.	**Ich weiß, dass es nicht einfach ist.**
¿Sabes que te puede ayudar?	**Weißt du, dass sie dir helfen kann?**
¿Sabe usted que estos relojes son caros?	**Wissen Sie, dass diese Uhren teuer sind?**

"Dass" se pronuncia igual que ***"das"***.

Ahora practica con nuestra palabra *"ob"* ('si'), cuya *"b"* suena como una 'p' fuerte: /op/.

No sé si se puede aparcar aquí.	**Ich weiß nicht, ob man hier parken darf.**
¿Sabes si hay un problema?	**Weißt du, ob es ein Problem gibt?**
¿Sabéis si Petra hoy está enferma?	**Wisst ihr, ob Petra heute krank ist?**

¿Te acuerdas de cómo usamos ***"dürfen"*** y ***"man"***? Vuelve a echar un vistazo a los *Tage 62* y *63* para refrescarte la memoria.

Acabemos con las palabras interrogativas *"wie"*, *"wann"* y *"was"*. ¡El verbo sigue colocándose al final! Nada de *"Wissen Sie, was ist das?"*, ¡eso suena fatal!

Él sabe cómo funciona la calefacción.	**Er weiß, wie die Heizung funktioniert.**
¿Sabes cuándo nos recogen?	**Weißt du, wann sie uns abholen?**
¿Usted sabe lo que es esto?	**Wissen Sie, was das ist?**

Asegúrate de aspirar las ***"h"*** de **/hhháitsssun(g)/** y de **/áphhhoolennn/**.

TAG 92 El verbo *fragen* & *ob, wann, wie, wo,* etc.

Dedicamos este capítulo al verbo regular ***"fragen"*** (**'preguntar'**) para que tengas claro que va seguido del acusativo. Además, nos brinda la oportunidad perfecta para seguir afianzando las frases subordinadas con ***"ob"***, ***"wann"***, ***"wie"***, ***"warum"***, etc. ¡Vamos al lío!

Clave de pronunciación
Cuando la ***"g"*** va al final o delante de ***"t"*** o ***"-st"*** final, ¡se pronuncia como una **/k/**! Por eso, **'Pregunta'** se dice **/fjaak/** (*"Frag"*), **'preguntas'** es **/du fjaakst/** (*"du fragst"*) y **'ella pregunta'**, **/(s)i fjaakt/** (*"sie fragt"*).

LA MECÁNICA

El verbo ***"fragen"*** rige **el acusativo**, es decir, la persona a la que preguntamos tiene que ir en este caso: ***"Ich frage dich"***, ***"Du fragst mich"***, ***"Ich frage meinen Vater/Ich frage ihn"***, ***"Ich frage meine Mutter/Ich frage sie"***, ***"Sie fragt uns"***, ***"Ich frage euch"***, ***"Ich frage meine Freunde/Ich frage sie"***.

Para seguir practicando lo que vimos ayer, vamos a practicar ***"fragen"*** junto con ***"ob"***, ***"was"***, ***"warum"***, ***"wie"***, ***"wann"*** etc., es decir, vamos a formar frases subordinadas donde el verbo conjugado se coloca al final de la frase. ¡Veamos unos ejemplos!

Frag sie, ob sie morgen kommt.	Pregúntale (a ella) si viene mañana.
Fragen Sie ihn, ob er sehr beschäftigt ist.	Pregúntele (a él) si está muy ocupado.
Frag die Nachbarn, ob sie Hilfe brauchen.	Pregúntales a los vecinos si necesitan ayuda.
Frag deine Mutter, wann sie dich abholt.	Pregúntale a tu madre cuándo te recoge.
Fragt die Leute, woher sie kommen.	Preguntadle a la gente de dónde viene.

Las palabras del día: ***Freund & Freundin***
"Freund" no significa solamente **'amigo'**; también lo usamos para referirnos al **'novio'**. Si quieres hablar de **'mi amigo'**, di *"ein Freund von mir"* (**'un amigo mío'**) para evitar confusiones, ya que con *"mein Freund"* se puede entender que hablas de tu novio. Lo mismo ocurre con *"Freundin"*, que puede ser **'amiga'** o **'novia'**.

¡Recuerda!
Como vimos brevemente en el *Tag 85*, **'preguntar por'** en alemán se dice ***"fragen nach"*** + dativo: ***"Man muss nach dem Weg fragen"*** (**'Hay que preguntar por el camino'**).

TAG 92 ¡Ponte a prueba!

Tapa la columna de la derecha y traduce las siguientes frases:

Practica primero con *"fragen"* en imperativo junto con *"ob"*:

Pregúntale (a él) si tiene un momento.	**Frag ihn, ob er einen Moment Zeit hat.**
Pregúntele (a ella), si puede venir un momento.	**Fragen Sie sie, ob sie einen Moment kommen kann.**
Pregúntale a tu novio si quiere venir.	**Frag deinen Freund, ob er kommen möchte.**

¡*"Ein Moment"* suele ir en acusativo! También decimos *"Einen Moment, bitte"*, a secas.

Veamos ahora frases subordinadas que empiezan por *"wie viel"*, *"was"* y *"wie"*.

Pregúntale al dependiente cuánto vale esto.	**Frag den Verkäufer, wie viel das kostet.**
Pregúntele al señor Koch cuál es el problema.	**Fragen Sie Herrn Koch, was das Problem ist.**
Preguntadles a vuestros amigos, cómo se hace esto.	**Fragt eure Freunde, wie man das macht.**

Cuando hablamos de *"ein Problem"*, preguntamos con *"was"* y no con *"welche"*: *"Was ist das Problem?"*.

Para terminar, vamos a conjugar *"werden"*, *"müssen"* y *"können"*, por lo que *"fragen"* se coloca al final de la frase principal:

Le preguntaré a mi novia si quiere venir.	**Ich werde meine Freundin fragen, ob sie kommen möchte.**
Tengo que preguntarle al jefe quién nos puede ayudar.	**Ich muss den Chef fragen, wer uns helfen kann.**
¿Puedes preguntarle (a él) por qué no funciona el ordenador?	**Kannst du ihn fragen, warum der Computer nicht funktioniert?**

La primera **"t"** de *"funktioniert"* se pronuncia como una **"z"** alemana: **/funktsssioníat/**.

TAG 93 El verbo *sagen* & *dass*, *wann*, *wo*, *wie*, etc.

Después de ver ***"fragen"*** en ejemplos como ***"Frag ihn, ob..."*** (**'Pregúntale a él si...'**) y ***"Fragen Sie sie, wann..."*** (**'Pregúntele a ella cuándo...'**), vamos a centrar nuestra atención en el verbo regular ***"sagen"*** (**'decir'**). Una diferencia fundamental entre ***"sagen"*** y ***"fragen"*** es que la persona a la que le **decimos** algo en alemán va **en dativo**.

La palabra del día: ***Toiletten***

"Die Toilette", pronunciado **/toaléte/**, es **'el baño'** o **'el servicio'** y en plural decimos ***"Toiletten"*** (**'aseos'/'servicios'**). En un letrero de restaurante o una cafetería normalmente pone ***"Toiletten"*** o también ***"WC"***, que viene del inglés ***"water closet"***.

Error común

¡No confundas ***"ihn"*** e ***"ihm"***! Decimos ***"Frag ihn, wann..."*** (**'Pregúntale a él cuándo...'**) en acusativo pero ***"Sag ihm, wann..."*** (**'Dile a él cuándo...'**) en dativo.

LA MECÁNICA

A la hora de decirle algo **'a alguien'**, tienes que expresar ese **'a alguien'** en dativo. No es *"Sag mich"* ni *"Sag deinen Vater"* sino ***"Sag mir"*** y ***"Sag deinem Vater"***. Vamos a ver el verbo ***"sagen"*** junto con elementos como ***"dass"***, ***"wo"***, ***"wie"***, etc. que ya conoces de las clases anteriores. No nos cansamos de repetirlo: ¡***"dass"*** y compañía hacen que el verbo conjugado se coloque al final de la frase!

Sag ihm, dass alles fertig ist.	Dile (a él) que todo está listo.
Sag ihr, wo die Toiletten sind.	Dile (a ella) dónde están los servicios.
Bitte sagen Sie mir, wie das funktioniert.	Por favor dígame cómo funciona esto.
Sagen Sie dem Kunden, was das Problem ist.	Dígale al cliente cuál es el problema.

Para expresar la idea de **'decirle a alguien que haga algo'**, en alemán recurrimos a ***"sagen"*** + ***"dass"*** + ***"sollen"*** en presente simple. Ya te comentamos en el *Tag 59*, cuando vimos ***"sollen"***, que en alemán decimos literalmente 'Dile que debe hacer tal cosa':

Sag ihr, dass sie mich anrufen soll.	Dile (a ella) que me llame.

Clave de pronunciación

La **"s"** de ***"sagen"*** es vibrada, como el zumbido de una mosca. Y no olvides que la **"g"** final de ***"sag"*** suena como una **/k/**, al igual que ocurre en ***"frag"***. Di **/(s)aak/** y **/fjaak/**.

¡Qué curioso!

Cuando se trata de **'decir que...'**, en alemán podemos omitir ***"dass"*** y, por lo tanto, el verbo vuelve a su posición original: ***"Sag ihm, alles ist fertig"***, ***"Sag ihr, sie soll mich anrufen"***.

TAG 93 ¡Ponte a prueba!

Tapa la columna de la derecha y traduce las siguientes frases:

Veamos primero *"sagen"* junto con *"dass"*.

Dile (a él) que estoy ocupado.	**Sag ihm, dass ich beschäftigt bin.**
Dígale a la clienta que voy ahora.	**Sagen Sie der Kundin, dass ich gleich komme.**
Les diré que no tenemos tiempo ahora mismo.	**Ich werde ihnen sagen, dass wir gerade keine Zeit haben.**

Como puedes ver en el segundo ejemplo, **'Ahora voy'** se dice *"Ich komme gleich"*. *"Ich gehe gleich"* significa **'Ahora me voy'**.

Dejamos de lado *"dass"* para ver *"sagen"* con *"wann"*, *"was"* y *"wo"*.

Dile cuándo empieza el concierto.	**Sag ihm, wann das Konzert anfängt.**
Dime lo que puedo hacer.	**Sag mir, was ich tun kann.**
¿Me puede decir dónde están los servicios?	**Können Sie mir sagen, wo die Toiletten sind?**

"Das Konzert", que es neutro en alemán, se pronuncia **/kontsssèat/**.

Practica por último con *"sagen"* y *"sollen"*, ¡para que puedas decirle a la gente que haga algo!

Dile (a ella) que venga un momento.	**Sag ihr, dass sie einen Moment kommen soll.**
Dígale (a él) que me llame.	**Sagen Sie ihm, dass er mich anrufen soll.**
Les diré a los vecinos que apaguen la música.	**Ich werde den Nachbarn sagen, dass sie die Musik ausmachen sollen.**

En lugar de *"die Musik ausmachen"*, los vecinos también podrían *"die Musik leiser machen"* (**'bajar la música'**).

TAG 94 *Wenn*

Hoy te presentamos la conjunción *"wenn"*, que significa **'cuando'** o **'si'** dependiendo de cómo se use.

La expresión del día: *nach Hause kommen*
Existe el verbo separable *"ankommen"* que significa **'llegar'** en el sentido de **'llegar de un viaje'** o para decir que un tren **'llega'** a una hora. En el día a día, usamos sobre todo *"kommen"*, por lo que **'llegar a casa'** se dice *"nach Hause kommen"*.

LA MECÁNICA

"Wenn" manda el verbo al final de la frase y significa...

- **'cuando'** en el sentido de **'siempre cuando'**:

Ich mache die Heizung an, wenn es kalt ist.	Enciendo la calefacción cuando hace frío.

- **'cuando'** para referirnos a un momento en el futuro. Las frases del tipo **'cuando hagas...'** en alemán se expresan en presente simple:

Ich rufe dich an, wenn ich nach Hause komme.	Te llamo cuando llegue a casa.

- **'si'** en frases condicionales del estilo **'si pasa esto, ocurrirá lo otro'**:

Ich bleibe zuhause, wenn es morgen regnet.	Me quedo en casa si llueve mañana.

En los ejemplos de arriba también podemos empezar la frase con *"wenn"*, al igual que en castellano. Pero como vimos en el *Tag 65*, ¡entonces tenemos que **invertir el sujeto y el verbo** de la frase principal!

Wenn es kalt ist, mache ich die Heizung an.	Cuando hace frío enciendo la calefacción.
Wenn ich nach Hause komme, rufe ich dich an.	Cuando llegue a casa te llamo.
Wenn es morgen regnet, bleibe ich zuhause.	Si llueve mañana me quedo en casa.

Clave de pronunciación
La *"e"* de *"wenn"* es muy corta. Si la dices larga, se entiende *"wen"*, que es *"wer"* en acusativo: *"Für wen ist das?"* (**'¿Para quién es esto?'**).

Error común
Es fácil confundir *"wenn"* y *"wann"*. Piensa que con *"wenn"* NUNCA empezamos una pregunta, ya que se podría sustituir por **'siempre cuando'**, **'en cuanto'** o **'en caso de que'**. Por eso no puedes decir *"Wenn kommst du?"*. *"Wann"* corresponde a vuestro **'cuándo'** (con tilde) y un buen truco para saber cuándo usar **'cuándo'** es probar si podrías sustituirlo por **'a qué hora'**. *"Wann kommst du?"*/*"Um wie viel Uhr kommst du?"*.

TAG 94 ¡Ponte a prueba!

Tapa la columna de la derecha y traduce las siguientes frases:

Arrancamos con *"wenn"* cuando significa 'cuando'.

Mucha gente va al parque cuando hace buen tiempo.	**Viele Leute gehen in den Park, wenn es schönes Wetter ist.**
Cuando estoy enfermo, voy al médico.	**Wenn ich krank bin, gehe ich zum Arzt.**
Cuando él duerme poco, está cansado.	**Wenn er wenig schläft, ist er müde.**

No te has olvidado de invertir el sujeto y el verbo en las últimas dos frases, ¿verdad?

A continuación, *"wenn"* se traduce como 'cuando' + subjuntivo porque se refiere al futuro.

Llamadme cuando lleguéis a casa.	**Ruft mich an, wenn ihr nach Hause kommt.**
Cuando todo esté listo, puedes irte.	**Wenn alles fertig ist, kannst du gehen.**
Abre las ventanas cuando llegues a casa.	**Mach die Fenster auf, wenn du nach Hause kommst.**

El verbo *"aufmachen"* (**'abrir'**) es separable, al igual que *"zumachen"* (**'cerrar'**).

Para terminar, nos queda por ver *"wenn"* en su significado de 'si':

Coge un trozo si quieres.	**Nimm dir ein Stück, wenn du willst.**
Si hay un problema, te lo digo.	**Wenn es ein Problem gibt, sage ich es dir.**
Si tenéis preguntas, escribidme un correo.	**Wenn ihr Fragen habt, schreibt mir eine E-Mail.**

"E-Mail" es femenino en alemán y se pronuncia a la inglesa, **/ímeil/**.

TAG 95 *Etwas & nichts*

Hoy vamos a ver cómo decimos **'algo'** y **'nada'** en alemán. ***"Etwas"*** ya lo hemos visto en ***"etwas trinken gehen"*** (**'ir a tomarse algo'**). La novedad será ***"nichts"*** (**'nada'**), que en alemán no lleva ninguna negación.

Clave de pronunciación
Las dos palabras estrella de hoy se pronuncian **/étvvvas/**, con **"w"** vibrada, y **/ni(sh)ts/**, con el sonido suave **/(sh)/** seguido de las consonantes **/ts/** bien marcadas.

Las palabras del día: ***süß & salzig***
"Süß" significa **'dulce'** y ***"salzig"*** significa **'salado'**. Ambas palabras empiezan con una **'s'** vibrada: **/(s)üüs/**, **/(s)áltsssi(sh)/**.

LA MECÁNICA

'Algo' y **'nada'** en alemán corresponden a ***"etwas"*** y ***"nichts"***, respectivamente. Lo importante de ***"nichts"*** es que no va acompañado de ningún tipo de negación. ¡No decimos *"Ich brauche nicht nichts"*!

Ich brauche nichts.	**No** necesito **nada**.
Ich möchte nichts essen.	**No** quiero comer **nada**.

Cabe destacar varios puntos sobre ***"etwas"*** y ***"nichts"***:

- Cuando combinamos **'algo'**/**'nada'** con **'de beber'** o **'de comer'**, en alemán recurrimos a ***"zu trinken"*** o ***"zu essen"***: ***"Möchtest du etwas zu trinken?"***, ***"Ich möchte nichts zu essen"***, etc.
- **'Algo/nada para...'** normalmente no se expresa con ***"für"*** sino con ***"zum"***, y el verbo en infinitivo que le sigue se escribe en mayúscula: ***"Ich brauche etwas zum Sitzen"*** (**'Necesito algo para sentarme'**), ***"Ich habe nichts zum Anziehen"*** (**'No tengo nada para ponerme'**). En el *Tag 125* te hablaremos en más detalle cómo expresamos este **'para'**.
- Cuando ***"etwas"*** y ***"nichts"*** van acompañados de un adjetivo, este adjetivo tiene la terminación ***"-es"*** y se escribe en mayúscula debido a que tiene función de sustantivo: ***"etwas Schönes"*** (**'algo bonito'**), ***"etwas Wichtiges"*** (**'algo importante'**), ***"etwas Süßes"*** (**'algo dulce**), ***"etwas Salziges"*** (**'algo salado'**), ***"nichts Wichtiges"*** (**'nada importante'**), ***"nichts Besonderes"*** (**'nada especial'**), ***"nichts Neues"*** (**'nada nuevo'**), etc.

¡Un apunte!
Empleamos ***"etwas"*** a menudo como sinónimo de ***"ein bisschen"*** (**'un poco'**): ***"Ich brauche etwas Zeit"***.

¡Qué curioso!
En el lenguaje coloquial, ¡***"nichts"*** se convierte en ***"nix"***! La versión coloquial de ***"etwas"*** es ***"was"***. Decimos por ejemplo ***"Willst du was trinken gehen?"***.

TAG 95 ¡Ponte a prueba!

Tapa la columna de la derecha y traduce las siguientes frases:

Veamos primero un popurrí de frases con *"etwas"* y *"nichts"*.

– ¿Ves algo? – No, ¡no veo nada!	**– Siehst du etwas?** **– Nein, ich sehe nichts!**
¿Queréis algo de comer o de beber?	**Möchtet ihr etwas zu essen oder zu trinken?**
No me tienes que regalar nada.	**Du musst mir nichts schenken.**

Ya habíamos visto *"das Geschenk"* (**'el regalo'**); aquí nos encontramos con su verbo correspondiente *"schenken"*.

Céntrate ahora en *"etwas"* seguido de un adjetivo en mayúscula acabado en *"-es"*.

Esto es algo especial.	**Das ist etwas Besonderes.**
– ¿Quieres algo dulce o algo salado? – Quiero algo salado.	**– Möchtest du etwas Süßes oder etwas Salziges?** **– Ich möchte etwas Salziges.**
Tengo que decirte algo importante.	**Ich muss dir etwas Wichtiges sagen.**

¡La primera **"s"** de *"Besonderes"* suena igual de vibrada que la de *"Süßes"* y de *"Salziges"*!

Ahora toca lo mismo pero con *"nichts"*.

No hay nada nuevo.	**Es gibt nichts Neues.**
No quiero comer nada dulce.	**Ich möchte nichts Süßes essen.**
– ¿Es algo importante? – No, no es nada importante.	**– Ist es etwas Wichtiges?** **– Nein, es ist nichts Wichtiges.**

Por cierto, ¿te acuerdas de como se dice **'todo'**? En alemán es *"alles"*, pronunciado **/áles/**.

TAG 96 *Überall & nirgendwo*

¡Olvídate de las preposiciones a la hora de traducir **'por todas partes'** o **'por ninguna parte'**! Usamos las palabras ***"überall"*** y ***"nirgendwo"***, respectivamente.

Clave de pronunciación
"Überall" no se pronuncia /übejall/ sino como si fueran dos palabras: **/üüba al/**. ***"Nirgendwo"*** se dice **/níaguentvvvo/**, con una **/t/** seguida de una ***"w"*** que suena como una **'v'** vibrada.

¡Qué curioso!
Un sinónimo de ***"nirgendwo"*** es ***"nirgends"***, que se pronuncia **/níaguents/**. ***"Nirgends"*** y ***"nirgendwo"*** se usan indistintamente, ¡así que puedes elegir entre estas dos palabras a tu gusto!

LA MECÁNICA

"Überall" significa **'en cualquier parte'** o **'por todas partes'**.

Das gibt es überall.	Hay (de eso) en cualquier parte.
Ich werde es überall suchen.	Lo buscaré por todas partes.

Lo mismo ocurre con **'en ninguna parte'** y **'por ninguna parte'**, ya que nosotros no empleamos ninguna preposición y decimos simplemente una palabra: ***"nirgendwo"***. Como ya vimos con ***"nichts"***, en alemán no hacemos la doble negación. Fíjate en que decimos literalmente 'Eso lo hay por ninguna parte' y 'Se puede caminar por ninguna parte':

Das gibt es nirgendwo.	No hay (de eso) en ninguna parte.
Man kann hier nirgendwo parken.	No se puede aparcar por ninguna parte.

Ten en cuenta que cuando hablas de que **'hay'** algo por todas partes o en ninguna parte, en alemán colocamos primero ***"überall"***/***"nirgendwo"*** y después el sustantivo: ***"Es gibt hier überall schöne Cafés"*** (**'Aquí hay cafeterías bonitas por todas partes'**), ***"Es gibt hier nirgendwo Restaurants"*** (**'Aquí no hay restaurantes por ninguna parte'**).

¡Un apunte!
Cuando no conseguimos encontrar o ver algo, en alemán lo más natural es emplear ***"können"*** junto con ***"sehen"*** y ***"finden"***: ***"Ich kann es nirgends sehen/finden"*** (**'No lo veo/encuentro por ninguna parte'**).

TAG 96 ¡Ponte a prueba!

Tapa la columna de la derecha y traduce las siguientes frases:

Empezamos con *"überall"*, que se dice como si estuviera compuesto de dos palabras, /üüba al/. En las últimas dos frases fíjate en las distintas maneras de traducir 'hay' que te explicamos en el *Tag* 79.

Veo niños por todas partes.	**Ich sehe überall Kinder.**
Hay gente por todas partes.	**Da sind überall Leute.**
Aquí hay playas bonitas por todas partes.	**Hier gibt es überall schöne Strände.**

'La playa' en singular es ***"der Strand"***, pronunciado **/shhhtjant/**.

Le toca el turno al contrario de *"überall"*, que es *"nirgendwo"*.

Aquí no hay parques bonitos por ninguna parte.	**Es gibt hier nirgendwo schöne Parks.**
No veo a los niños por ninguna parte.	**Ich kann die Kinder nirgendwo sehen.**
No la encuentro por ninguna parte.	**Ich kann sie nirgendwo finden.**

"Parks" se dice **/paaks/**, dado que la ***"r"*** alarga el sonido de la ***"a"***.

¡Terminamos con /daskánmannn/! Así suena *"Das kann man..."* ('Eso se puede...').

Eso se puede encontrar por todas partes.	**Das kann man überall finden.**
Eso no se puede comprar en ninguna parte.	**Das kann man nirgendwo kaufen.**
Eso se puede usar en todas partes.	**Das kann man überall benutzen.**

Repite todas las frases con ***"nirgendwo"***, sustituyéndolo por su hermano gemelo ***"nirgends"***: ***"Es gibt hier nirgends..."***, ¡sigue tú!

TAG 97 *Jemand & niemand*

Después de ver las parejas ***"etwas"*/*"nichts"*** y ***"überall"*/*"nirgendwo"***, centramos nuestra atención en ***"jemand"*** (**'alguien'**) y ***"niemand"*** (**'nadie'**). Lo que tiene en común ***"niemand"*** con ***"nichts"*** y ***"nirgendwo"*** es que representa la única negación de la frase: **'No hay nadie'** se dice ***"Da ist niemand"***, ¡sin ***"nicht"***!

Clave de pronunciación

¡Insistimos en que la ***"d"*** final en alemán suena como una **'t'** muy fuerte! Pronuncia ***"jemand"*** y ***"niemand"*** con una **'t'** supermarcada, ¡escupiendo si hace falta!: **/iémant/**, **/nímant/**.

LA MECÁNICA

"Jemand" significa **'alguien'** y ***"niemand"***, **'nadie'**. Mientras que en castellano a menudo se emplea una doble negación (**'no... nadie'**), en alemán nos basta con ***"niemand"***.

Jemand wird dir antworten.	Alguien te contestará.
Niemand wird kommen.	No vendrá nadie.

La peculiaridad de ***"jemand"*** y ***"niemand"*** es que gramaticalmente se comportan como el artículo masculino ***"ein"***. ¿Qué significa eso? Pues que en acusativo, a ***"jemand"*** y ***"niemand"*** se le añade la terminación ***"-en"***, y en dativo la terminación ***"-em"***. Compruébalo en estos ejemplos:

– Siehst du jemanden? **– Nein, ich sehe niemanden.**	– ¿Ves a alguien? – No, no veo a nadie.
Ich werde mit jemandem sprechen.	Hablaré con alguien.
Sprich mit niemandem über das Thema.	No hables con nadie sobre el tema.

¡Recuerda!

En términos generales empleamos el caso acusativo con el objeto directo y el dativo con el objeto indirecto. Pero como vimos en el *Tag 82*, hay algunos verbos que rigen el dativo, como por ejemplo ***"helfen"*** (**'ayudar'**) y ***"glauben"*** (**'creer'**). En la página 429 puedes encontrar una lista de los verbos más importantes.

¡Qué curioso!

Un sinónimo de ***"niemand"*** es ***"keiner"***, cuya terminación ***"-er"*** cambia a ***"-en"*** en acusativo y a ***"-em"*** en dativo: ***"Da ist keiner"***, ***"Ich sehe keinen"***, ***"Sprich mit keinem über das Thema"***.

TAG 97 ¡Ponte a prueba!

Tapa la columna de la derecha y traduce las siguientes frases:

Empezamos diciendo /iémant/, ¡con una 't' final explosiva!

¿Hola? ¿Hay alguien?	**Hallo? Ist da jemand?**
Alguien te está llamando.	**Jemand ruft dich gerade an.**
Ya verás, alguien te ayudará.	**Du wirst sehen, jemand wird dir helfen.**

'Ya verás' en alemán se dice *"Du wirst sehen"* o *"Du wirst schon sehen"*.

Ahora sigue con *"niemand"*. Y no caigas en la trampa de decir *"es gibt..."* en el último ejemplo:

Nadie me puede ayudar.	**Niemand kann mir helfen.**
Nadie me conoce aquí.	**Niemand kennt mich hier.**
No hay nadie en la calle.	**Da ist niemand auf der Straße.**

Había dos trampas más: esperemos que te hayas acordado de que *"helfen"* rige el dativo (por eso es *"mir"* y no *"mich"*) y que **'en la calle'** no es ***"in der Straße"*** en este contexto.

Para terminar, mezclamos *"jemand"* y *"niemand"*, y tendrás que adaptarlos según el caso:

– ¿Conoces a alguien aquí? – No, no conozco a nadie.	**– Kennst du hier jemanden?** **– Nein, ich kenne hier niemanden.**
Tienes que decírselo a alguien.	**Du musst es jemandem sagen.**
Usted no puede (no tiene permiso de) enseñarle los documentos a nadie.	**Sie dürfen niemandem die Dokumente zeigen.**

Ya sabes lo que te vamos a decir, ¿verdad? Vuelve a decir todas las frases de esta página en las que aparezca *"niemand(en/em)"*, ¡pero esta vez con *"keiner/keinen/keinem"*!

TAG 98 *Alle, jeder & ganz*

Ya nos hemos encontrado antes con ***"alles"***, que significa **'todo'**. ¿Pero cómo se dice **'todo el mundo'**, **'toda la casa'** o **'todos los días'**? En alemán echamos mano de ***"alle"*** (**'todos'**), ***"jeder"*** (**'cada'**) o ***"ganz"*** (**'entero'**), según el contexto.

Error común
'Todas las casas' no se dice *"alle die Häuser"* sino ***"alle Häuser"***, ¡sin *"die"*! Cuando hay un posesivo, en cambio, sí se expresa igual que en castellano, como en ***"alle meine Freunde"*** (**'todos mis amigos'**).

LA MECÁNICA

Vamos a ver cómo se usan ***"alle"***, ***"jeder"*** y ***"ganz"***:

- ***"Alle"*** significa **'todos'**, como en ***"alle wissen es"*** (**'todos lo saben'**). Para decir **'todos los...'** o **'todas las...'** empleamos ***"alle"*** seguido de un sustantivo sin artículo: ***"alle Leute"***, ***"alle Kinder"***, ***"alle Städte"***, ***"alle Fotos"***, etc.
- ***"Jede"*** significa **'cada'** y cambia según el género: ***"jeder Mann"***, ***"jede Frau"***, ***"jedes Kind"***. Cobra el significado de **'todos los/todas las...'** cuando hablamos de algo que ocurre periódicamente ¡y entonces casi siempre va en acusativo! Se dice ***"jeden Tag"*** (**'todos los días'**), ***"jede Woche"*** (**'todas las semanas'**), ***"jedes Jahr"*** (**'todos los años'**), etc.

  Además, ***"jeder"*** se puede traducir como **'cualquiera'**, **'cada uno'** o **'todo el mundo'**: ***"Jeder weiß, wie schwierig es ist"*** (**'Cualquiera/todo el mundo sabe lo difícil que es'**), ***"Sie kommen jeden Moment"*** (**'Vienen en cualquier momento'**).
- ***"Ganz"*** significa **'entero'** y lo usamos también para decir **'toda la...'** y **'todo el...'**, es decir, cuando se trata de sustantivos en singular: ***"die ganze Zeit"*** (**'todo el tiempo'**), ***"das ganze Haus"*** (**'toda la casa'**), ***"die ganze Welt"*** (**'todo el mundo'**), etc. Pero ojo, **'todo el mundo'** en el sentido de **'todos'** se dice ***"alle"***. No dirías por ejemplo, *"Die ganze Welt ist hier"*, sino ***"Alle sind hier"***.

¡Un apunte!
'Cada X tiempo' se puede expresar con ***"alle"*** o con ***"jede"***, aunque es más común usar ***"alle"***: ***"alle fünf Minuten"***, ***"alle zwei Stunden"***, ***"alle zehn Jahre"***, etc.

¡Qué curioso!
En alemán tenemos la expresión ***"Das weiß doch jedes Kind!"***, que equivale a **'¡Eso lo sabe hasta un niño!'**.

TAG 98 ¡Ponte a prueba!

Tapa la columna de la derecha y traduce las siguientes frases:

Empezamos con *"alle"*. Ojo, ¡en dativo se convierte en *"allen"*!

Todos lo saben.	**Alle wissen es.**
Todos los niños tienen que ir al colegio.	**Alle Kinder müssen in die Schule.**
Se lo diré a todos mis amigos.	**Ich werde es allen meinen Freunden sagen.**

Como ya te hemos comentado, **'tener que ir a...'** en alemán se suele expresar sin *"gehen"*: *"Ich muss zum Arzt"*, *"Ich muss in die Schule"*.

Ahora vamos a ver *"jeden Tag"*, *"jeden Freitag"* y *"jedes Jahr"*, ya que hablaremos de algo que ocurre periódicamente.

Leo el periódico todos los días.	**Ich lese jeden Tag die Zeitung.**
Todos los viernes nos vamos a tomar algo.	**Wir gehen jeden Freitag etwas trinken.**
Todos los años en Navidades vamos a casa de mis padres.	**Jedes Jahr an Weihnachten fahren wir zu meinen Eltern.**

¿Te acordabas de que **'en Navidades'** se dice *"an Weihnachten"*?

Terminamos con el adjetivo *"ganz"*, que se pronuncia /gantsss/.

Él se queja todo el tiempo.	**Er beschwert sich die ganze Zeit.**
Tengo todo el día libre.	**Ich habe den ganzen Tag frei.**
Mañana comemos con toda la familia.	**Morgen essen wir mit der ganzen Familie.**

En acusativo, *"ganz"* se convierte en *"ganzen"* delante de un sustantivo masculino. Y en dativo, ¡siempre es *"ganzen"*!

TAG 99 *Beide*

Ha llegado el momento de presentarte ***"beide"***, que signfica **'ambos'** o **'los dos'**. No siempre es fácil emplearlo correctamente, ya que según el caso tienes que decir ***"beide"*** o ***"beiden"***. ¡Veamos cómo funciona!

LA MECÁNICA

"Beide" es nuestra palabra para **'ambos'**, como en ***"Beide Autos sind teuer"*** (**'Ambos coches son caros'**). También se puede decir ***"Die zwei Autos sind teuer"***, pero es más común usar ***"beide"***.

A diferencia de **'ambos'** en castellano, ***"beide"*** puede ir precedido del artículo, pero ¡ojo! Entonces se convierte en ***"beiden"***: ***"Die beiden Autos sind teuer"***. Entre ***"beide"*** y ***"die beiden"*** apenas hay diferencia de significado; lo único es que ***"die beiden"*** se parece a ***"diese beiden"*** porque tiene más bien el matiz de **'estos dos'**. Tanto ***"beide"*** como ***"die beiden"*** pueden o no ir seguidos de un sustantivo:

Beide (Kleider) sind schön.	Los dos (vestidos) son bonitos.
Die beiden (Mädchen) sind nett.	Las dos (niñas) son majas.

"Beide" se comporta como un adjetivo, por lo que termina en ***"-en"*** detrás de ***"die"*** y también en dativo:

Ich werde mit beiden sprechen.	Hablaré con los dos.
Ich werde mit den beiden sprechen.	

Si combinamos ***"beide"*** con ***"wir"*** o ***"ihr"***, obtenemos ***"wir beide"*** e ***"ihr beide"*** por lo que podemos hacer frases como ***"Wir beide können kommen"*** o ***"Kommt ihr beide?"***.

Por último, ten en cuenta que existe la palabra ***"beides"***, que significa **'ambas cosas'** o **'las dos cosas'** y que se expresa **en singular**: ***"Beides gefällt mir"*** (**'Ambas cosas me gustan'**).

¡Qué curioso!
En alemán tenemos la expresión ***"bis über beide Ohren verliebt sein"***, literalmente 'estar enamorado hasta ambas orejas'. Como te puedes imaginar, es el equivalente a **'estar perdidamente enamorado'**.

TAG 99 ¡Ponte a prueba!

Tapa la columna de la derecha y traduce las siguientes frases:

Vamos con *"beide"*, que se pronuncia /báide/.

Ambas bicicletas son mías.	**Beide Fahrräder gehören mir.**
Tengo dos hijos (varones). Los dos estudian medicina.	**Ich habe zwei Söhne. Beide studieren Medizin.**
Los dos vamos a Frankfurt mañana.	**Wir beide fahren morgen nach Frankfurt.**

¡Vuelve a repetir la primera frase con ***"die beiden"***! ¡Y en voz alta! Y por cierto, también sería correcto decir ***"...sind meine"*** en lugar de ***"...gehören mir"***.

Ahora *"beide"* está en dativo, por lo que se convierte en *"beiden"*. ¿Y por qué va en dativo? Por la presencia de *"mit"* y *"von"*, y porque 'qué tal' está alguien se expresa con *"gehen"* + dativo (como vimos en el *Tag 51*).

Me voy de vacaciones con los dos niños.	**Ich fahre mit beiden Kindern in den Urlaub.**
El regalo es de mis dos hermanos.	**Das Geschenk ist von meinen beiden Brüdern.**
– ¿Qué tal estáis los dos? – Estamos muy bien los dos.	**– Wie geht's euch beiden?** **– Uns beiden geht's sehr gut.**

En la primera frase tenemos que colocar ***"in den Urlaub fahren"*** detrás de ***"mit..."***.

Por último, practica con *"beides"*, que se expresa en singular a pesar de que se refiere a 'ambas cosas'.

Ambas cosas son importantes.	**Beides ist wichtig.**
Quiero tener las dos cosas.	**Ich möchte beides haben.**
Nos encargaremos de ambas cosas.	**Wir werden uns um beides kümmern.**

¿Te acuerdas de ***"sich kümmern um"***? ¡Lo viste en el *Tag 85*!

TAG 100 Repaso de las clases 91-99

¡Ahora vamos a comprobar lo que has aprendido en las nueve últimas clases! El gran avance han sido las frases subordinadas introducidas por ***"dass"***, ***"ob"***, ***"was"***, ***"wer"***, ***"wann"***, etc. También has descubierto ***"etwas"***, ***"überall"*** y ***"jemand"*** así como sus respectivos opuestos ***"nichts"***, ***"nirgendwo"*** y ***"niemand"***. Y en los últimos dos *Tage*, te has familiarizado con ***"alle"***, ***"jeder"***, ***"ganz"*** y ***"beide"***. ¡Esto es un no parar!

Escribe las siguientes frases en alemán en la columna de la derecha. ¡Pero no te limites a eso! Una vez que lo hayas hecho repítelas en voz alta hasta que te salgan a la perfección y, si tienes dudas, repásalas antes de seguir avanzando en el *Tag* correspondiente. *Los geht's!* ¡Vamos!

¡No te olvides de las comas!

Ella quiere decir algo importante.	....
Pregúntele (a él) qué hay que hacer.	....
Llámame si tienes alguna pregunta.	....

En la segunda frase no puede faltar "es".

No se puede aparcar aquí por ninguna parte.	....
No sé cuándo empieza.	....
– ¿Hay alguien? – No, no hay nadie.	....

'Ocupado' suena así: /beshhhéftikt/. ¡Que se oigan bien todas las consonantes!

Ambas chaquetas me gustan.	....
Dígales que estamos ocupados ahora mismo.	....
Mi madre me llama todos los días.	....

TAG 100 Repaso de las clases 91-99

Cuando una frase empieza con *"wenn"*, invertimos el orden del sujeto y el verbo en la frase principal. *"Wenn..., können wir..."*.

Cuando estén listas las cosas podemos irnos a casa. ....

¿Sabes cuánto vale esto? ....

Hay perros por todas partes. ....

***"Jemand"* se convierte en *"jemandem"* en dativo.**

Eso se lo deberías enseñar a alguien. ....

Pregúntale a tu novia si también quiere venir. ....

La película no es nada especial. ....

Cuidado, 'pregúntale a ella' es *"frag sie"*, pero 'dile e ella', *"sag ihr"*.

Dile (a ella) que apague la música. ....

En Navidades viene toda la familia. ....

Quiero ayudarlos a los dos. ....

Comprueba las respuestas en la página 380.

TAG 101 *Keiner*

En el *Tag 97* ya vimos que ***"keiner"*** es un sinónimo de ***"niemand"*** (**'nadie'**). Hoy veremos que, si juntamos ***"keiner"*** o sus variantes ***"keine"*** y ***"keins"*** con ***"von"***, significan **'ninguno/ninguna de'**.

La palabra del día: ***verheiratet***
"Verheiratet" significa **'casado'** y se pronuncia **/feahhháijatet/**. El verbo **'casarse'** es ***"heiraten"*** (no *"sich heiraten"*), por ejemplo: ***"Sie werden bald heiraten"***.

LA MECÁNICA

'Ninguno de los dos' en alemán se dice ***"keiner von beiden"*** o ***"keins von beiden"***, dependiendo de si hablamos de un sustantivo masculino o neutro. ¿Y cómo será **'ninguna de las dos'** en femenino? Eso es, ***"keine von beiden"***.

Keiner von beiden ist verheiratet.	Ninguno de los dos está casado.
Keine von beiden hat einen Freund.	Ninguna de las dos tiene novio.
Keins von beiden ist schön.	Ninguno de los dos es bonito.

Dado que ***"von"*** rige el dativo, te podrás imaginar que **'ninguno de nosotros/vosotros/ellos'** equivale a ***"keiner von uns/euch/ihnen"***, como por ejemplo ***"Keiner von ihnen spricht Spanisch"***. Lógicamente, ***"keiner von"*** se convierte en ***"keine von"*** si hablamos en femenino.

Junto con sustantivos, para decir **'ninguno de los ordenadores'** o **'ninguna de las casas'**, empleamos el caso genitivo y decimos ***"keiner der Computer"***, ***"keins der Häuser"***, etc. El genitivo lo veremos más adelante (*Tage 148/149*), de momento sólo quédate con este uso de ***"der"***:

Keins der Handys ist kaputt.	Ninguno de los móviles está roto.

¡Recuerda!
"Kein-" se ve afectado por el caso que empleamos. **'No hablaré con ninguno de los dos'**, por ejemplo, se diría ***"Ich werde mit keinem von beiden sprechen"***.

TAG 101 ¡Ponte a prueba!

Tapa la columna de la derecha y traduce las siguientes frases:

Arrancamos con *"keiner/keine/keins von beiden"*.

Tengo dos hijos. Ninguno de los dos tiene novia.	**Ich habe zwei Söhne. Keiner von beiden hat eine Freundin.**
Tengo dos hijas. Ninguna de las dos habla español.	**Ich habe zwei Töchter. Keine von beiden spricht Spanisch.**
Tenemos dos coches. Ninguno de los dos es nuevo.	**Wir haben zwei Autos. Keins von beiden ist neu.**

¡Vuelve a decir las frases con ***"keiner der beiden"***!

Seguimos con *"...von uns"*, *"...von euch"* y *"...von ihnen"*.

Ninguno de nosotros lo sabe.	**Keiner von uns weiß es.**
Ninguno de vosotros conoce a mi novio.	**Keiner von euch kennt meinen Freund.**
Ésas son mis tres hermanas. Ninguna de ellas está casada.	**Das sind meine drei Schwestern. Keine von ihnen ist verheiratet.**

"Keiner von Ihnen", escrito con inicial mayúscula, significa **'ninguno de ustedes'**.

Ahora empleamos *"keiner/keine/keins"* junto con sustantivos, por lo que irán seguidos de *"der"*.

Ninguno de los candidatos habla bien inglés.	**Keiner der Kandidaten spricht gut Englisch.**
Ninguna de las hijas está casada.	**Keine der Töchter ist verheiratet.**
Ninguno de los niños tiene hambre.	**Keins der Kinder hat Hunger.**

"Töchter" se pronuncia con el sonido suave **/(sh)/**, **/tö(sh)ta/**.

TAG 102 La comparación

Eres **más rápido que** yo. Tu piso es **más grande que** el mío. Esto es **más importante que** eso. ¿Cómo se dicen este tipo de frases en alemán? ¡Vamos a ver cómo se forma ***"der Komparativ"***!

LA MECÁNICA

En alemán añadimos la terminación ***"-er"*** al adjetivo para expresar la idea de **'más...'**. Por ejemplo, ***"klein"*** (**'pequeño'**) se convierte en ***"kleiner"*** (**'más pequeño'**). Aquí tienes más adjetivos regulares que siguen esta regla:

reich (rico) → **reicher**	**billig** (barato) → **billiger**	**langsam** (lento) → **langsamer**
schnell (rápido) → **schneller**	**schön** (bonito) → **schöner**	**wichtig** (importante) → **wichtiger**

Ten en cuenta que los adjetivos que terminan en ***"-er"*** o ***"-el"***, como ***"teuer"*** y ***"dunkel"***, pierden la última ***"e"*** al formar el comparativo: decimos ***"teurer"*** y ***"dunkler"***.

Hay algunos adjetivos que, además de recibir la terminación ***"-er"***, convierten su vocal en *Umlaut* al formar el comparativo. Por ejemplo, el comparativo de ***"groß"*** no es *"großer"* sino ***"größer"*** (**'más grande/alto'**). Aquí tienes más comparativos irregulares:

kalt (frío) → **kälter**	**alt** (viejo) → **älter**	**lang** (largo) → **länger**
warm (cálido) → **wärmer**	**jung** (joven) → **jünger**	**kurz** (corto) → **kürzer**

Por último, ¡necesitas saber que el **'que'** comparativo en alemán es ***"als"***! Decimos por ejemplo, ***"Ich bin schneller als du"***, ***"Sein Haus ist älter als meins"***, etc.

Las palabras del día:
der Rhein & die Elbe
Se trata de dos grandes ríos en Alemania, el Rin y el Elba. ¡Fíjate que ***"die Elbe"*** es femenino en alemán! ***"Rhein"***, escrito con ***"h"***, se pronuncia **/jáin/**, y ***"Elbe"*** suena tal cual se escribe.

¡Un apunte!
Cuando un comparativo acompaña a un sustantivo, ¡éste se comporta como un adjetivo! Decimos ***"Ich habe ein großes Auto"*** y ***"Ich brauche ein größeres Auto"*** (**'Necesito un coche más grande'**).

TAG 102 ¡Ponte a prueba!

Tapa la columna de la derecha y traduce las siguientes frases:

¡Empezamos con adjetivos regulares!

Mi móvil es más pequeño que el tuyo.	**Mein Handy ist kleiner als deins.**
¿Eres más rápido o más lento que él?	**Bist du schneller oder langsamer als er?**
¿La chaqueta roja es más barata o más cara que la azul?	**Ist die rote Jacke billiger oder teurer als die blaue?**

"Langsamer" se pronuncia **/lán(g)(s)aama/**, con una ***"g"*** que se fusiona con la ***"n"***, y una ***"s"*** vibrada.

Veamos ahora algunos adjetivos cuya vocal se convierte en *Umlaut*.

Mi hermana es más alta que yo.	**Meine Schwester ist größer als ich.**
¿Tu padre es mayor o más joven que tu madre?	**Ist dein Vater älter oder jünger als deine Mutter?**
¿El Rin es más largo o más corto que el Elba?	**Ist der Rhein länger oder kürzer als die Elbe?**

Al igual que ocurría con *"langsamer"*, ten cuidado a la hora de pronunciar las letras ***"ng"*** de *"jünger"* y *"länger"*.

Terminamos con unas frases en negativo, en las que *"nicht"* se coloca detrás del verbo.

Mi hermana no es más baja que yo. Es más alta.	**Meine Schwester ist nicht kleiner als ich. Sie ist größer.**
Este móvil no es más caro que el mío. Es más barato.	**Dieses Handy ist nicht teurer als meins. Es ist billiger.**
El Elba no es más largo que el Rin. Es un poco más corto.	**Die Elbe ist nicht länger als der Rhein. Sie ist ein bisschen kürzer.**

¡No hay que olvidar que las segundas frases de todos estos ejemplos empiezan con el sujeto!

TAG 103 La comparación con *besser & schlechter*

Los dos protagonistas de la clase de hoy son ***"besser"*** (**'mejor'**) y ***"schlechter"*** (**'peor'**). Como puedes ver, ***"besser"*** es un comparativo irregular (viene de ***"gut"***), mientras que ***"schlechter"*** es regular. Viene de ***"schlecht"*** (**'malo'**), como ya vimos en ***"Es ist schlechtes Wetter"*** (**'Hace mal tiempo'**).

Clave de pronunciación
Marca bien la diferencia entre el sonido fuerte de mandar callar **/shhh/** y el sonido suave **/(sh)/** que se produce entre los dientes. ***"Schlechter"*** se pronuncia **/shhhlé(sh)ta/**.

La palabra del día: ***Irland***
No hace falta ni que te digamos qué significa, pero sí cómo se pronuncia: **/ialant/**. Cuidado con la nacionalidad, no es *"Irländer/in"* (como ***"Engländer/in"***) sino ***"der Ire"*** y ***"die Irin"***.

LA MECÁNICA

"Besser" y ***"schlechter"*** significan **'mejor'** y **'peor'**, respectivamente:

Dein Computer ist besser als meiner.	Tu ordenador es mejor que el mío.
Mein Computer ist schlechter als deiner.	Mi ordenador es peor que el tuyo.

Detrás del verbo ***"sein"***, recuerda que los adjetivos (y también los comparativos) no cambian según el número:

Meine Noten sind besser als deine.	Mis notas son **mejores** que las tuyas.
Diese Stühle sind schlechter als die blauen.	Estas sillas son **peores** que las azules.

También veremos que **'mucho mejor'** y **'mucho peor'** en alemán se dice ***"viel besser"*** y ***"viel schlechter"***:

Dieser Computer ist viel besser als der da.	Este ordenador es mucho mejor que ése.
In Irland ist das Wetter viel schlechter.	En Irlanda hace mucho peor tiempo.

¡Un apunte!
Recuerda que cuando los comparativos acompañan a un sustantivo, sufren los mismos cambios como cualquier adjetivo: ***"Er hat einen besseren Computer als ich"***.

¡Qué curioso!
Empleamos ***"gut sein"*** y ***"schlecht sein"*** para expresar que algo **'se nos da bien o mal'**, por ejemplo ***"Ich bin besser in Mathe als du"***, (**'Se me dan mejor las mates que a ti'**).

TAG 103 ¡Ponte a prueba!

Tapa la columna de la derecha y traduce las siguientes frases:

Empezamos con *"besser"*, que se pronuncia /bésa/.

El móvil nuevo es mejor que el antiguo.	**Das neue Handy ist besser als das alte.**
En España hace mejor tiempo que en Alemania.	**In Spanien ist das Wetter besser als in Deutschland.**
Duermo mejor aquí que en el sofá.	**Ich schlafe hier besser als auf dem Sofa.**

No digas *"im Sofa"*, ¡ya que significa **'dentro del sofá'**!

Hablemos de las cosas que son o que hacemos *"schlechter"*.

Estos zapatos son peores que los nuevos.	**Diese Schuhe sind schlechter als die neuen.**
En Inglaterra hace peor tiempo que en Italia.	**In England ist das Wetter schlechter als in Italien.**
Cocino peor que mi abuela.	**Ich koche schlechter als meine Großmutter.**

Asegúrate de pronunciar correctamente la ***"w"*** de *"Wetter"*, decimos /vvvéta/.

Acabemos con *"viel schlechter"* y *"viel besser"*:

Tu ordenador es mucho mejor que el mío.	**Dein Computer ist viel besser als meiner.**
En Irlanda hace mucho peor tiempo que en España.	**In Irland ist das Wetter viel schlechter als in Spanien.**
Mi madre toca el piano mucho mejor que yo.	**Meine Mutter spielt viel besser Klavier als ich.**

La ***"v"*** de ***"viel"*** se pronuncia como una **'f'**, pero la de *"Klavier"* se pronuncia como una **'v'** vibrada: /fiil/, /klavvvía/.

TAG 104 La comparación con *mehr* & *weniger*

Hoy descubrirás que usando ***"mehr"*** y ***"weniger"*** podrás hacer comparaciones con sustantivos y verbos, por ejemplo, ***"Ich habe weniger Geld als du"*** (**'Tengo menos dinero que tú'**) o ***"Er raucht mehr als ich"*** (**'Él fuma más que yo'**).

Clave de pronunciación
"Mehr" se pronuncia igual que ***"das Meer"*** (**'el mar'**), **/méea/**. ***"Weniger"*** se dice con una **'v'** vibrada y una **"e"** larga: **/vvvéeniga/**.

Error común
No digas *"mehr klein"* ni *"mehr kleiner"*; ¡¡***"mehr"*** NUNCA va seguido de un adjetivo!!

LA MECÁNICA

"Mehr" y ***"weniger"*** significan **'más'** y **'menos'**, respectivamente. Los colocamos delante de sustantivos, al igual que en castellano. Y, no te preocupes, ¡***"mehr"*** y ***"weniger"*** no cambian en función del género o del caso!

Ich habe mehr Bücher als mein Bruder.	Tengo más libros que mi hermano.
Wir haben weniger Arbeit als ihr.	Tenemos menos trabajo que vosotros.

Junto con los verbos, para decir que hacemos algo **'más'** o **'menos'**, colocamos ***"mehr"*** y ***"weniger"*** detrás del verbo conjugado:

Sie arbeitet mehr als ihr Chef.	Ella trabaja más que su jefe.
Du solltest weniger rauchen.	Deberías fumar menos.

La palabra del día: ***früher***
"Früher" es el comparativo de ***"früh"*** (**'temprano'**, **'pronto'**), por lo que ***"früher"*** significa **'antes'** (en el sentido de **'antiguamente'**). Pronúncialo **/fjüüa/**, con **"ü"** larga.

¡Un apunte!
'Más o menos' en alemán también es ***"mehr oder weniger"***, pero ten en cuenta que sobre todo con las cifras tendemos a usar más ***"ungefähr"*** (**'aproximadamente'**): ***"Er ist ungefähr 40 Jahre alt"***.

TAG 104 ¡Ponte a prueba!

Tapa la columna de la derecha y traduce las siguientes frases:

Empezamos con /méea... als/.

Mi hermana tiene más zapatos que yo.	**Meine Schwester hat mehr Schuhe als ich.**
Hay más playas en España que en Alemania.	**Es gibt mehr Strände in Spanien als in Deutschland.**
Mi tío fuma más que mi tía.	**Mein Onkel raucht mehr als meine Tante.**

¿Has pronunciado bien el sonido **/shhh/** en *"Schwester"*, *"Schuhe"*, *"Strände"* y *"Spanien"*?

¡Ahora toca el contrario! Escucha bien el audio y di /vvvéeniga... als/.

Tengo menos tiempo que antes.	**Ich habe weniger Zeit als früher.**
Mi marido hace menos deporte que yo.	**Mein Mann macht weniger Sport als ich.**
Mi abuelo trabaja menos que antes.	**Mein Großvater arbeitet weniger als früher.**

'El deporte' en alemán es *"der Sport"*, que pronunciamos **/shhhpóat/**.

Para terminar, añadimos *"viel"* a la ecuación, con lo que obtenemos 'mucho más/menos':

Berlín tiene muchos más habitantes que Heidelberg.	**Berlin hat viel mehr Einwohner als Heidelberg.**
Mis padres tienen mucho más tiempo libre que yo.	**Meine Eltern haben viel mehr Freizeit als ich.**
Fumamos mucho menos que antes.	**Wir rauchen viel weniger als früher.**

'Tiempo libre' nunca se dice ***"freie Zeit"***. Es *"die Freizeit"*, que contiene dos veces el sonido **/ai/**: **/fjáitsssait/**.

TAG 105 La comparación con *genauso... wie* & *nicht so... wie*

Mediante ***"genauso... wie"*** y ***"nicht so... wie"***, vas a aprender hoy cómo decimos en alemán **'tan... como'** y **'no tan... como'**. Por ejemplo, ***"Mein Bruder ist genauso groß wie ich, aber er ist nicht so groß wie mein Vater"***. También verás que junto con ***"viel"***/***"viele"*** podemos expresar **'tanto/a'** y **'tantos/as'**: ***"Er hat nicht so viel Geld wie früher"***.

Clave de pronunciación
La **"s"** de ***"genauso"*** se pronuncia de forma vibrada, como el zumbido de una mosca. Escucha bien el audio: se dice **/guenáu(s)o/**.

Error común
No confundas ***"genauso"*** con ***"genau so"***, escrito en dos palabras. ***"Genau so"*** significa **'exactamente así'** o **'exactamente de esta manera'**, como por ejemplo, ***"Das muss man genau so machen:..."*** (**'Hay que hacerlo exactamente así:...'**).

LA MECÁNICA

Empleamos la construcción ***"genauso... wie"*** para decir **'tan... como'** o **'igual de... que'**. Si colocamos ***"viel"*** o ***"viele"*** detrás de ***"genauso"***, obtenemos ***"genauso viel... wie"*** (**'tanto/a... como'**) y ***"genauso viele"*** (**'tantos/as... como'**). Puedes usar esta construcción junto con verbos o con sustantivos.

Stuttgart ist genauso groß wie Düsseldorf.	Stuttgart es tan grande como Düsseldorf.
Sie hat genauso viel Geduld wie er.	Ella tiene tanta paciencia como él.
Er arbeitet genauso viel wie früher.	Él trabaja tanto como antes.
Es gibt genauso viele Probleme wie früher.	Hay tantos problemas como antes.

En negativo, sustituimos simplemente ***"genauso"*** por ***"nicht so"***, como puedes ver en estos ejemplos:

England ist nicht so groß wie Frankreich.	Inglaterra no es tan grande como Francia.
Sie hat nicht so viel Geduld wie er.	Ella no tiene tanta paciencia como él.
Er arbeitet nicht so viel wie früher.	Él no trabaja tanto como antes.
Es gibt nicht so viele Probleme wie früher.	No hay tantos problemas como antes.

¡Un apunte!
'Tan... que' en alemán no se dice *"genauso... dass"* sino ***"so... dass"***: ***"Es ist so teuer, dass ich es mir nicht kaufen kann"*** (**'Es tan caro que no me lo puedo comprar'**). Se añade ***"viel(e)"*** para obtener **'tanto(s)... que'**, como en ***"Er hat so viel Geld, dass er es sich kaufen kann"*** (**'Tiene tanto dinero que se lo puede comprar'**).

TAG 105 ¡Ponte a prueba!

Tapa la columna de la derecha y traduce las siguientes frases:

¡Vamos con /guenáu(s)o... vvvi/!

Estoy tan cansado como tú.	**Ich bin genauso müde wie du.**
Francia es tan bonita como Italia.	**Frankreich ist genauso schön wie Italien.**
El coche rojo es tan caro como el negro.	**Das rote Auto ist genauso teuer wie das schwarze.**

"Frankreich" se pronuncia **/fjánkjai(sh)/**, con dos ***"r"*** guturales. Hablando de Francia, ¡los alemanes y los franceses pronunciamos la ***"r"*** de forma muy parecida!

Vamos ahora con el negativo, *"nicht so... wie"*.

Stuttgart no es tan grande como Múnich. Es más pequeño.	**Stuttgart ist nicht so groß wie München. Es ist kleiner.**
Tu jardín no es tan pequeño como el mío. Es más grande.	**Dein Garten ist nicht so klein wie meiner. Er ist größer.**
El Rin no es tan largo como el Danubio. Es más corto.	**Der Rhein ist nicht so lang wie die Donau. Er ist kürzer.**

Al igual que *"die Elbe"*, el río *"die Donau"* es femenino en alemán. **'El río'**, por cierto, es *"der Fluss"*.

Practica ahora con *"genauso viel... wie"* y *"genauso viele... wie"*.

Tengo tanta paciencia como tú.	**Ich habe genauso viel Geduld wie du.**
Mi tío fuma tanto como antes.	**Mein Onkel raucht genauso viel wie früher.**
Mi hermana tiene tantos zapatos como yo.	**Meine Schwester hat genauso so viele Schuhe wie ich.**

Repite las frases en negativo, ¡empleando *"nicht so viel"* o *"nicht so viele"*! *"Ich habe nicht so viel Geduld wie du"*, *"Mein Onkel raucht..."*. ¡Sigue tú!

TAG 106 El superlativo

Eso es **lo más importante**. Soy **la más alta** de la clase. Mi ciudad es **la más bonita**. ¡Hoy veremos cómo se construye *der Superlativ*!

LA MECÁNICA

Si queremos decir que algo o alguien es **'el más pequeño'**, **'la más cara'** o **'el más bonito'**, lo único que tenemos que hacer es añadir ***"-ste"*** al final del adjetivo en cuestión: ***"der kleinste..."***, ***"die teuerste..."***, ***"das schönste..."***. ¡El adjetivo se tiene que colocar delante del sustantivo!

der kleinste Stuhl	**die schönste Stadt**	**das teuerste Hotel**
la silla más pequeña	la ciudad más bonita	el hotel más caro

Los mismos adjetivos cuya vocal se convierte en *Umlaut* en la forma comparativa (***"lang"*** → ***"länger"***), mantienen este *Umlaut* en el superlativo.

der längste Fluss	**die jüngste Schülerin**	**das ärmste Land**
el río más largo	la alumna más joven	el país más pobre

A los adjetivos que terminan en ***"s"***, ***"ß"***, ***"z"***, ***"t"***, ***"d"*** o ***"sch"*** se les añade ***"-este"*** para facilitar la pronunciación. Por ejemplo, ***"heißeste"***, ***"netteste"***, ***"kürzeste"***, ***"kälteste"***, ***"älteste"***. La excepción a esta regla es el superlativo de ***"groß"***, que no es *"größeste"* sino ***"größte"***.

Dado que los superlativos se modifican como cualquier otro adjetivo, detrás del artículo plural ***"die"***, terminan en ***"-en"***: ***"die schönsten Städte"***, ***"die teuersten Hotels"***, ***"die kleinsten Probleme"***, etc. Y claro, como buenos adjetivos que son, ¡también tienen que modificarse según el caso! En acusativo decimos por ejemplo, ***"Ich habe den schönsten Hund"***.

Cuidado...

...a la hora de traducir **'de'** en el contexto del superlativo. **'Del mundo'** no se dice ***"von der Welt"*** sino ***"der Welt"*** (en el caso genitivo, que vemos más adelante). **'De todos'** es ***"von allen"***, y **'de'** + país o nombre propio (como ***"Europa"***) se suele expresar con el genitivo sajón (***"Europas"***). Y cuando se trata de un grupo de gente utilizamos ***"in"***, como en ***"in meiner Familie"*** o ***"in meiner Klasse"***.

¡Un apunte!

El pronombre **'lo'** en **'lo más bonito'** y **'lo más importante'** equivale al artículo ***"das"***. Además, el adjetivo tiene que ir en inicial mayúscula porque tiene función de sustantivo: ***"das Schönste"***, ***"das Wichtigste"***.

TAG 106 ¡Ponte a prueba!

Tapa la columna de la derecha y traduce las siguientes frases:

Practica primero con los superlativos regulares. En el segundo ejemplo, fíjate en que *"Kleinste"* se escribe con mayúscula inicial porque tiene función de sustantivo.

Ése es el camino más rápido.	**Das ist der schnellste Weg.**
Soy la más baja de mi clase.	**Ich bin die Kleinste in meiner Klasse.**
Noruega es el país más rico de Europa.	**Norwegen ist das reichste Land Europas.**

"Norwegen" se pronuncia **/nóavvveeguennn/**, con una **'v'** vibrada seguida de una **"e"** larga.

Sigamos con unos superlativos que tienen alguna que otra peculiaridad.

Ése es el reloj más antiguo de todos.	**Das ist die älteste Uhr von allen.**
Rusia es el país más grande del mundo.	**Russland ist das größte Land der Welt.**
¿El Amazonas es el río más largo o el más corto del mundo?	**Ist der Amazonas der längste oder der kürzeste Fluss der Welt?**

¿Qué contestarías a esta pregunta? *"Der Amazonas ist der längste Fluss der Welt!"*, *sehr gut!*

Terminamos con los sustantivos en plural.

Ésos son los clientes más importantes.	**Das sind die wichtigsten Kunden.**
Esos vecinos son los más majos de todos.	**Diese Nachbarn sind die nettesten von allen.**
¿Las ciudades más bonitas también son las más caras?	**Sind die schönsten Städte auch die teuersten?**

A la última pregunta podrías contestar *"Nein, die schönsten Städte sind nicht immer die teuersten"*.

TAG 107 El superlativo con *beste & schlechteste*

Ya estarás deseando poder decir en alemán ***"Das ist das beste Buch der Welt"***, ¿verdad? Después de esta clase sobre los superlativos de ***"gut"*** y ***"schlecht"***, serás capaz de decir eso y mucho más.

Clave de pronunciación
Para poder pronunciar ***"schlechteste"*** sin atragantarte, intenta partirlo primero en dos palabras: ***"schlech-"***, **/shhhle(sh)/**, y después ***"-teste"***, **/teste/**. Ahora todo junto, marcando bien la diferencia entre **/shhh/** y **/(sh)/**: **/shhhlé(sh)teste/**.

LA MECÁNICA

Si ***"besser"*** (**'mejor'**) y ***"schlechter"*** (**'peor'**) son las formas comparativas de ***"gut"*** y ***"schlecht"***, el superlativo es ***"beste"*** y ***"schlechteste"***:

der/die/das beste...	**der/die/das schlechteste...**
el/la mejor...	el/la peor...

No hay que olvidar que ***"beste"*** y ***"schlechteste"*** se comportan como adjetivos y por tanto hay que modificarlos según es necesario. **'Mi mejor amigo'** es ***"mein bester Freund"*** y **'Hablaré con mi mejor amigo'** se dice ***"Ich werde mit meinem besten Freund reden"***.

¿Y en plural? ¿Cómo dirías **'los mejores bares'** o **'los peores hoteles'**? ***"Die besten Bars"*** y ***"die schlechtesten Hotels"***, ¡así es!

¡Un apunte!
Al igual que **'lo más importante'** es ***"das Wichtigste"***, escrito en mayúscula, **'lo mejor'** es ***"das Beste"***. En cuanto a **'lo peor'**, ten en cuenta que normalmente no se dice ***"das Schlechteste"*** sino ***"das Schlimmste"***, ya que el adjetivo ***"schlimm"*** significa **'malo'** en un sentido más grave que ***"schlecht"***. ***"Schlecht"*** suele hacer referencia a algo de mala calidad o a alguien que no desempeña bien su función.

¡Qué curioso!
'Hacerlo lo mejor que se pueda' en alemán se dice literalmente 'dar su mejor': ***"sein Bestes geben"***, con el posesivo. Por ejemplo, ***"Ich werde mein Bestes geben"*** (**'Lo haré lo mejor que pueda'**).

TAG 107 ¡Ponte a prueba!

Tapa la columna de la derecha y traduce las siguientes frases:

¡Dale caña a *"beste"*!

Tengo la mejor nota.	**Ich habe die beste Note.**
Thomas es el mejor alumno de mi clase.	**Thomas ist der beste Schüler in meiner Klasse.**
– No se lo diré a nadie. – Eso será lo mejor.	**– Ich werde es niemandem sagen. – Das wird das Beste sein.**

¿Te has acordado de cambiar ***"niemand"*** a ***"niemandem"*** en dativo?

Veamos ahora *"der/die/das schlechteste..."*.

Él es el peor alumno de la clase.	**Er ist der schlechteste Schüler in der Klasse.**
Ella tiene la peor nota.	**Sie hat die schlechteste Note.**
Ése es el peor móvil de todos.	**Das ist das schlechteste Handy von allen.**

No olvides que **'de todos'** no se dice *"von alle"* sino ***"von allen"***, **/fonnn álennn/**.

Por último, veamos 'los/las mejores' y 'los/las peores' en plural: *"die besten"* y *"die schlechtesten"*.

Los mejores restaurantes están en el centro.	**Die besten Restaurants sind in der Innenstadt.**
Ésos son los peores ordenadores de todos.	**Das sind die schlechtesten Computer von allen.**
¿Éstos son los mejores o los peores candidatos?	**Sind das die besten oder die schlechtesten Kandidaten?**

"Restaurants" se pronuncia un poco a la francesa sin que se oiga la **"t"** del final, **/jestojó(n)s/**.

TAG 108 El superlativo con *am*

Hoy veremos cómo funciona el superlativo cuando no acompaña directamente a un sustantivo. Este superlativo se construye con ***"am"*** y el adjetivo terminado en ***"-sten"***: ***"am schnellsten"***, ***"am schönsten"***, ***"am billigsten"***, etc. Por ejemplo, ***"Er schreibt am schönsten"*** (**'Es el que mejor (más bonito) escribe'**).

¡Un apunte!
La palabra *"am"* propia del superlativo no tiene nada que ver con la contracción de *"an"* + *"dem"* que conoces de *"am Mittwoch"* (**'el miércoles'**).

La palabra del día: *Flüge*
"Flüge" es el plural de *"der Flug"*, **'el vuelo'**. Hemos visto *"der Flug"* en *"Flughafen"* (**'aeropuerto'**) y se pronuncia **/fluuk/**, con **/k/**. *"Flüge"*, en cambio, se dice **/flüügue/**, con **"ü"** larga, una **"g"** y una **"e"** corta al final.

LA MECÁNICA

El superlativo con ***"am"*** puede resultar algo complicado de traducir, ya que muchas veces en castellano se usa una estructura adverbial o verbal muy diferente a la del alemán. Fíjate en estos dos ejemplos para que veas la diferencia respecto al superlativo con ***"der/die/das..."***:

Sie hat das schnellste Auto. Ella tiene el coche más rápido.	**Sie rennt am schnellsten.** Ella es la que más rápido corre.

Cuando queremos expresar que alguien hace algo de la manera más rápida, más bonita, más fácil, etc., es decir, cuando el superlativo indica **cómo se realiza una acción**, entonces recurrimos a la forma ***"am"*** + superlativo terminado en ***"-sten"***. Veamos algunos ejemplos más, porque es cómo lo vas a entender *am einfachsten*:

So versteht man es am einfachsten.	Así es como más fácilmente se entiende.
Im Juli sind die Flüge am teuersten.	En julio es cuando los vuelos son más caros.
Im Winter ist es am kältesten.	En invierno es cuando más frío hace.
In diesem Zimmer ist es am hellsten.	En esta habitación es donde más luz hay.

Ten en cuenta que, como el superlativo con ***"am"*** no describe solamente **cómo se hace** algo sino también **cómo es** algo, hay ocasiones en las que es intercambiable con el superlativo de ***"der/die/das ...ste"***. Por ejemplo, además de ***"Dieser Weg ist der kürzeste"*** (**'Este camino es el más corto'**), también se puede decir ***"Dieser Weg ist am kürzesten"***, que equivaldría a **'Este camino es el que es más corto'**.

TAG 108 ¡Ponte a prueba!

Tapa la columna de la derecha y traduce las siguientes frases:

Empezamos con las formas regulares *"am schnellsten"*, *"am schönsten"* **y** *"am einfachsten"*:

Él es el que más rápido sabe escribir.	**Er kann am schnellsten schreiben.**
Mi madre es la que mejor canta de todos.	**Meine Mutter singt von allen am schönsten.**
¿Cuál es la manera más fácil de hacerlo?	**Wie macht man das am einfachsten?**

"Von allen" también se puede colocar al final de la frase.

Aprovechamos estos ejemplos para ver las estaciones: *"im Frühling"*, *"im Sommer"*, *"im Herbst"* **e** *"im Winter"*.

En verano es cuando más calor hace.	**Im Sommer ist es am heißesten.**
En otoño y en primavera es cuando los vuelos son más baratos.	**Im Herbst und im Frühling sind die Flüge am billigsten.**
En invierno es cuando los días son más cortos y en verano, cuando son más largos.	**Im Winter sind die Tage am kürzesten und im Sommer sind sie am längsten.**

Vuelve a decir las frases con las formas de comparación *"heißer"*, *"billiger"*, *"kürzer"* y *"länger"*.

Terminamos con preguntas:

¿Quién es el que más rápido puede correr?	**Wer kann am schnellsten rennen?**
¿Cuándo están más caros los vuelos?	**Wann sind die Flüge am teuersten?**
¿Cómo se llega de la manera más fácil al aeropuerto?	**Wie kommt man am einfachsten zum Flughafen?**

Fíjate en que **'¿Cómo se llega...?'** en alemán se expresa con el verbo *"kommen"*.

TAG 109 El superlativo con *am besten & am schlechtesten*

Después de familiarizarte con el superlativo de ***"am"***, como en ***"am schnellsten"***, ***"am kürzesten"*** y ***"am teuersten"***, vamos a centrarnos ahora en los superlativos ***"am besten"*** y ***"am schlechtesten"***.

La palabra del día: ***Die Touristeninformation***
Parece una palabra intratable, pero simplemente está compuesta por ***"die Touristen"*** y ***"die Information"***, ¡dos palabras que no hace falta traducir! Pronuncia nuestra palabra para **'oficina de turismo'** así: **/tujísteninfoamatsssioonnn/**.

LA MECÁNICA

Empleamos ***"am besten"*** y ***"am schlechtesten"*** para expresar qué es lo que uno sabe hacer **'mejor'** o **'peor'**. Al igual que ocurría con las frases de la clase anterior, la traducción del castellano dista bastante de cómo se dicen en alemán:

Meine Mutter kennt mich am besten.	Mi madre es la que mejor me conoce.
Von hier sieht man die Stadt am besten.	Desde aquí es desde donde mejor se ve la ciudad.
Sie spricht am schlechtesten Spanisch.	Ella es la que peor habla español.

"Am besten" también se usa muy frecuentemente para pedir o dar recomendaciones. En preguntas se puede traducir por **'la mejor manera'**, como en ***"Wie mache ich das am besten?"***, ***"Wie komme ich am besten zum Flughafen?"***. En la respuesta, junto con un imperativo, ***"am besten"*** cobra el significado de **'lo mejor sería que hicieras X'**: ***"Frag am besten deine Mutter"***, ***"Kaufen Sie es am besten in diesem Laden"***, ***"Mach es am besten genauso wie ich"***.

En cuanto a ***"am schlechtesten"***, no olvides que también usamos ***"am schlimmsten"*** para hablar de lo **'peor'** cuando se trata de un asunto más grave. Por ejemplo, decimos ***"Ich singe am schlechtesten von allen"*** (**'Soy el/la que peor canta de todos'**) pero ***"Sie hat oft starke Kopfschmerzen. Am Abend ist es am schlimmsten"*** (**'A menudo tiene fuertes dolores de cabeza. Por la noche es cuando es peor'**).

¡Un apunte!
Para hablar de lo que más te gusta, puedes usar ***"am besten"***: ***"Dieses Kleid gefällt mir am besten"*** (**'Este vestido es el que más me gusta'**).

TAG 109 ¡Ponte a prueba!

Tapa la columna de la derecha y traduce las siguientes frases:

Empezamos con *"am besten"*, pronunciado /ammm béstennn/. ¡Que se oigan muy bien la *"m"* y la *"n"* final!

Así es como mejor se hace.	**So macht man es am besten.**
¿Quién de vosotros sabe cantar mejor?	**Wer von euch kann am besten singen?**
¿Cuál es la mejor manera de llegar a la estación?	**Wie kommt man am besten zum Bahnhof?**

En la primera frase se invierte el orden del sujeto y el verbo porque la empezamos con *"so"*.

Ahora utilizaremos *"am besten"* en el contexto de recomendarle a alguien que haga algo.

Lo mejor es que vayas a la oficina de turismo.	**Geh am besten zur Touristeninformation.**
Lo mejor es que llame mañana.	**Rufen Sie am besten morgen an.**
– ¿A quién le pregunto mejor? – Lo mejor es que preguntes a Bea, ella lo sabe.	**– Wen frage ich am besten?** **– Frag am besten Bea, sie weiß das.**

"Wer" cambia a *"wen"* porque *"fragen"* requiere el acusativo.

Acabemos con *"am schlechtesten"* y *"am schlimmsten"*:

Desde aquí es desde donde peor se ve.	**Von hier sieht man am schlechtesten.**
Mi hermano es el que peor habla francés.	**Mein Bruder spricht am schlechtesten Französisch.**
Aquí hace mucho calor. En verano es cuando es peor.	**Hier ist es sehr heiß. Im Sommer ist es am schlimmsten.**

¿Pronuncias bien el sonido fuerte **/shhh/** en *"spricht"*, *"schlechtesten"* y *"schlimmsten"*?

TAG 110 Repaso de las clases 101-109

Los dos grandes pilares en las últimas nueve clases han sido *der Komparativ* y *der Superlativ*. Has aprendido que los adjetivos en el grado comparativo terminan en ***"-er"***, como en ***"kleiner als"***; sabes manejar ***"besser"***, ***"schlechter"***, ***"mehr"***, ***"weniger"*** y la comparación con ***"genauso... wie"***/***"nicht so... wie"***. El superlativo tampoco tiene ya casi ningún secreto para ti: has trabajado los adjetivos superlativos delante de sustantivos (***"die schönste Stadt"***) y te has familiarizado con la forma superlativa de ***"am..."***, que se usa con verbos. ¿Y te acuerdas del *Tag 101*? Eso es, vimos también cómo usar ***"keiner/keine/keins"***.
¡Ya sabes lo que debes hacer! Consolida tus conocimientos mediante la traducción de las siguientes frases, tanto en voz alta como por escrito. No dudes en echarle un ojo a algún *Tag* si hace falta. Ánimo, ¡vas por el buen camino!

Cuidado, ¡*"alt"* y *"jung"* tienen *Umlaut* en su forma comparativa!

Trabajamos más que antes.	....
Eso es lo más importante.	....
¿Eres mayor que tu hermano o más joven?	....

La traducción de 'funciona' suena así: /funksssioníat/.

Esta habitación es la más oscura (donde está más oscuro).	....
Tengo dos móviles y ninguno de los dos funciona.	....
Irlanda no es tan grande como Alemania.	....

'El Danubio' en alemán es *"die Donau"*.

¿Noruega es el país más rico o el más pobre de Europa?	....
El Danubio es más largo que el Rin.	....
Yo soy el/la que peor canta de todos.	....

TAG 110 Repaso de las clases 101-109

La primera pregunta literalmente se traduce por '¿Cómo llega uno...?'.

¿Cuál es la manera más rápida de llegar al hotel? ....

Frankfurt tiene menos habitantes que Múnich. ....

Cantas mucho mejor que yo. ....

'Casado' o 'casada' se dice *"verheiratet"*, con *"h"* aspirada: /feahhháijatet/.

Tengo tres hijos. Ninguno de ellos está casado. ....

Ella tiene tanto dinero como él. ....

¿Tienes la mejor o la peor nota? ....

¡Ya queda poco! 'El puesto de trabajo' en alemán es *"die Arbeitsstelle"*, /áabaits_shhhtele/.

¿Cuál de ellos es el que mejor sabe cocinar? ....

¿Es el nuevo puesto de trabajo mejor que el antiguo o peor? ....

Él es el mejor candidato de todos. ....

Comprueba las respuestas en la página 381.

TAG 111 El superlativo con *am meisten & am wenigsten*

¡Todavía nos queda un último capítulo sobre el superlativo! Después de hablar de lo que se nos da **'mejor'** y **'peor'** con ***"am besten"*** y ***"am schlechtesten"***, ahora queremos que aprendas a manejar ***"am meisten"*** y ***"am wenigsten"***, es decir, las formas de ***"mehr"*** y ***"weniger"*** en superlativo.

Clave de pronunciación
La ***"g"*** de ***"wenigsten"*** suena como una **'k'**; decimos **/ammm vvvéenikstennn/**.

La palabra del día: ***verbrauchen***
Ya sabes que ***"brauchen"*** significa **'necesitar'**, pues ***"verbrauchen"*** es nuestro verbo para decir **'consumir'** o **'gastar'**. Se usa cuando hablamos de la energía (***"die Energie"***), la electricidad (***"der Strom"***) o la gasolina (***"das Benzin"***), pero cuando se trata de un producto o de comida recurrimos a ***"konsumieren"***.

LA MECÁNICA

Usamos ***"am meisten"*** y ***"am wenigsten"*** junto con verbos para expresar **'el/la que más...'**, **'el/la que menos...'**, **'donde más/menos...'**, **'cuando más/menos...'**:

Er arbeitet am meisten.	Él es el que más trabaja.
Sie redet am wenigsten.	Ella es la que menos habla.
Im Süden regnet es am wenigsten.	En el sur es donde menos llueve.
Am Wochenende lerne ich am meisten.	El fin de semana es cuando más estudio.

"Am meisten" y ***"am wenigsten"*** no se usan exclusivamente con verbos; también pueden acompañar a sustantivos:

Am Wochenende mache ich am meisten Sport.	El fin de semana es cuando más deporte hago.
Welches Auto verbraucht am wenigsten Benzin?	¿Cuál de los coches es el que menos gasolina consume?

¡Un apunte!
La palabra ***"meistens"***, pronunciada **/máistens/**, se parece a ***"normalerweise"*** (**'normalmente'**) y la usamos para hablar de lo que solemos hacer: ***"Ich stehe meistens um acht Uhr auf"***, ***"Am Wochenende gehe ich meistens zu meinem Freund"***.

TAG 111 ¡Ponte a prueba!

Tapa la columna de la derecha y traduce las siguientes frases:

Vamos a ver *"am meisten"* junto con *"arbeiten"*, *"wissen"* y *"Benzin verbrauchen"*.

¿Quién es el que más trabaja?	**Wer arbeitet am meisten?**
Lo mejor es que le preguntes a Lena, ella es la que más sabe sobre el tema.	**Frag am besten Lena, sie weiß am meisten über das Thema.**
Este coche es el que más gasolina consume.	**Dieses Auto verbraucht am meisten Benzin.**

"Das Benzin" es neutro, al igual que *"das Auto"*. Pronúncialo **/bentsssíinnn/**.

Pon en práctica *"am wenigsten"*, junto con *"arbeiten"*, *"rauchen"* y *"Sport machen"*.

En verano es cuando menos trabajamos.	**Im Sommer arbeiten wir am wenigsten.**
Ella es la que menos fuma de nosotros.	**Sie raucht am wenigsten von uns.**
En invierno es cuando menos deporte hago.	**Im Winter mache ich am wenigsten Sport.**

No te habrás olvidado de invertir el orden del sujeto y el verbo detrás de *"im Sommer"* e *"im Winter"*, ¿verdad?

Vamos a terminar con el verbo *"gefallen"* para expresar lo que más nos gusta o lo que menos nos gusta.

Esta chaqueta es la que más me gusta.	**Diese Jacke gefällt mir am meisten.**
¿Qué película es la que más le gusta?	**Welcher Film gefällt Ihnen am meisten?**
Estos zapatos son los que menos me gustan.	**Diese Schuhe gefallen mir am wenigsten.**

Cuando se trata de *"gefallen"*, puedes usar también *"am besten"* en lugar de *"am meisten"*.

TAG 112 El superlativo con *meiste & die meisten*

Aunque **'la mayoría'** y **'la mayor parte'** se dicen ***"die Mehrheit"*** y ***"der Großteil"***, respectivamente, veremos hoy que en la mayoría de las ocasiones empleamos ***"der/die/das meiste"*** en singular y ***"die meisten"*** en plural.

Error común
¡Cuando ***"meiste"*** va seguido de un sustantivo, no emplees ***"von"***! Decimos ***"die meisten Leute"*** y ***"das meiste Geld"***, ¡no *"die meisten von Leute"* ni *"das meiste von Geld"*!

La expresión del día: ***Geld ausgeben für***
Así decimos **'gastar dinero en'**. ¡El verbo ***"ausgeben"*** es separable! **'Gasto mucho dinero en zapatos'**, por ejemplo, se dice ***"Ich gebe viel Geld für Schuhe aus"***.

LA MECÁNICA

Para hablar de **'la mayor parte'** de algo, en alemán empleamos el superlativo de ***"viel"***, que es ***"meiste"***. Cuando ***"meiste"*** tiene función de pronombre y significa **'la mayor parte'** a secas, va precedido por ***"das"*** y se escribe en mayúscula:

der meiste Strom	**die meiste Zeit**	**das meiste Geld**	**das Meiste**
la mayor parte de la electricidad	la mayor parte del tiempo	la mayor parte del dinero	la mayor parte

En plural, decimos ***"die meisten"***, cuya traducción más natural sería **'la mayoría de'**. Existe ***"die Mehrheit von"*** y ***"die Mehrzahl von"***, ¡pero usamos mucho más ***"die meisten"***! Por ejemplo, ***"die meisten Leute"***, ***"die meisten Kinder"***, ***"die meisten Länder"***, ***"die meisten Städte"***, etc.

No te olvides de declinar ***"der/die/das"*** + ***"meiste"*** correctamente según lo requiera la preposición, el caso, etc. Por ejemplo, **'en la mayoría de...'** se dice ***"in den meisten..."*** (en dativo):

die meisten Länder la mayoría de los países	**in den meisten Ländern** en la mayoría de los países
die meisten Fälle* la mayoría de los casos	**in den meisten Fällen** en la mayoría de los casos

* El singular de ***"Fälle"*** es ***"der Fall"***, sin *Umlaut*. Usamos ***"der Fall"*** también para designar ***"der Kasus"***, es decir, **'el caso'** gramatical: ***"die Fälle im Deutschen"*** (**'los casos del alemán'**).

TAG 112 ¡Ponte a prueba!

Tapa la columna de la derecha y traduce las siguientes frases:

Vamos con /máiste/ en singular.

La mayor parte del tiempo trabajo desde casa.	**Die meiste Zeit arbeite ich von zuhause.**
Gasto la mayor parte del dinero en comida.	**Ich gebe das meiste Geld für Essen aus.**
La mayor parte está terminada.	**Das Meiste ist fertig.**

"Das Essen" (**'la comida'**) coincide con el verbo *"essen"* (**'comer'**). ¡Y también hay una ciudad cerca de *"Köln"* que se llama *"Essen"*!

Céntrate ahora en *"die meisten"* + sustantivo en plural y *"die meisten von ihnen"*.

La mayoría de la gente sabe leer y escribir.	**Die meisten Leute können lesen und schreiben.**
La mayoría de los países tienen presidente.	**Die meisten Länder haben einen Präsidenten.**
A la mayoría de ellos les gustan las chuches.	**Die meisten von ihnen mögen Süßigkeiten.**

El singular de *"Länder"*, **/lénda/**, es *"das Land"*, que además de **'el país'** significa **'el campo'**, como vimos en *"Ich wohne auf dem Land"*.

Practica un poco más con *"die meisten"*, ahora en dativo.

En la mayoría de los casos no se puede hacer nada.	**In den meisten Fällen kann man nichts machen.**
En la mayoría de los restaurantes no se puede fumar.	**In den meisten Restaurants darf man nicht rauchen.**
Eso le gusta a la mayoría de la gente.	**Das gefällt den meisten Leuten.**

A *"Restaurants"* no se le añade una ***"n"*** en dativo porque termina en ***"t"***.

TAG 113 *Andere*

Hoy nos centramos en cómo decimos **'otro'** en el sentido de **'otro distinto'**. En alemán echamos mano del adjetivo ***"andere"***. Al ser un adjetivo, tiene que concordar con el sustantivo en género y número, según el caso.

¡Un apunte!
Usamos la palabra *"anders"* a secas, sin que acompañe a un sustantivo, para expresar que algo es **'distinto'** o que se hace algo **'de otra manera'**: *"Er ist anders"* (**'Él es distinto'**), *"Ich mache es anders"* (**'Lo hago de otra manera'**).

LA MECÁNICA

Vamos a ver ***"andere"*** primero acompañado de los artículos definidos. Como era de esperar, siempre termina en ***"-e"***, salvo en plural, que termina en ***"-en"***.

der andere	**die andere**	**das andere**	**die anderen**
el otro	la otra	el otro	los otros/las otras los/las demás

Cuando vosotros decís **'Es otro coche'**, en alemán decimos literalmente 'Es un otro coche' (***"Es ist ein anderes Auto"***), ya que delante de sustantivos en singular **tenemos que añadir** ***"ein"*** o ***"eine"***. Las terminaciones son las mismas que viste en los *Tage* 5 y 6:

ein anderer	**eine andere**	**ein anderes**	**andere**
otro	otra	otro	otros/otras

Por otra parte, ten en cuenta que **'otra cosa'** no se suele decir *"eine andere Sache"* sino ***"etwas Anderes"*** (**'algo distinto'**).

Error común
¡No uses *"andere"* para referirte a **'otro más'**! **'Otro'** con el significado **'otro más'** en alemán es *"noch ein"*; lo veremos en el *Tag* 135. **'Quiero otro (más)'** se dice *"Ich möchte noch einen"*, mientras que **'Quiero otro (distinto)'** equivale a *"Ich möchte einen anderen"*.

¡Qué curioso!
'Otro día' en frases como **'Continuamos otro día'**, en alemán se expresa con *"ein anderes Mal"* (lit. 'una otra vez'). Sobre todo en el lenguaje hablado solemos acortar ***"ein anderes Mal"*** y decimos *"ein andermal"*: *"Wir machen ein andermal weiter"*.

TAG 113 ¡Ponte a prueba!

Tapa la columna de la derecha y traduce las siguientes frases:

Pon en práctica *"der/die/das andere"*. ¡Consolidamos de paso el comparativo!

Este anillo es más bonito que el otro.	**Dieser Ring ist schöner als der andere.**
El otro reloj es más caro.	**Die andere Uhr ist teurer.**
Quiero comprar el otro móvil.	**Ich möchte das andere Handy kaufen.**

¿Cómo queda la última frase si empleamos *"Computer"*? *"Ich möchte den anderen Computer kaufen"*, *sehr gut!*

Veamos ahora *"andere"* precedido del artículo indefinido, que no puede faltar.

Busco otro trabajo.	**Ich suche eine andere Arbeit.**
Esto es otro modelo.	**Das ist ein anderes Modell.**
Quiero otro portátil. Éste es muy grande.	**Ich möchte einen anderen Laptop. Dieser ist sehr groß.**

Como puedes ver por la terminación ***"-es"*** de *"anderes"*, *"Modell"* es neutro. ¿Y qué género tiene *"Laptop"*? Solamente puede ser masculino si en acusativo decimos *"einen anderen"*.

Terminamos con 'otros' en plural.

Los otros me gustan más.	**Die anderen gefallen mir besser.**
Busco otros zapatos. Éstos son muy caros.	**Ich suche andere Schuhe. Diese sind sehr teuer.**
Díselo a los demás.	**Sag es den anderen.**

"Den anderen" en la última frase está en dativo plural; no lo confundas con *"Ich möchte den anderen"* (**'Quiero el otro'**), que es acusativo masculino singular.

TAG 114 *Der gleiche & derselbe*

Ya sabes cómo funcionan ***"der andere"*** (**'el otro'**), ***"ein anderer"*** (**'otro'**), ***"die anderen"*** (**'los otros'**), etc., ¿pero cómo se dice **'el mismo'**, **'la misma'** o **'lo mismo'**? Hoy descubrirás que en alemán hay dos formas de decirlo.

LA MECÁNICA

Una manera de decir **'mismo(s)/misma(s)'** es con ***"gleiche(n)"***, que se usa cuando se trata de cosas que son casi iguales porque se parecen muchísimo, como en ***"Ich habe die gleichen Schuhe wie du"*** (**'Tengo los mismos zapatos que tú'**).

der gleiche	die gleiche	das gleiche*	die gleichen	→	objetos iguales
el mismo	la misma	el mismo	los mismos/las mismas		(del mismo tipo)

Otra forma de expresarlo es con ***"...selbe(n)"***, que se usa cuando hacemos referencia al mismo objeto o a la misma persona pero en un contexto diferente, como en ***"Ich habe dieselben Schuhe an wie das letzte Mal"*** (**'Llevo puestos los mismos zapatos que la última vez'**).

derselbe	dieselbe	dasselbe*	dieselben	→	exactamente la
el mismo	la misma	el mismo	los mismos/las mismas		**misma** cosa

Por tanto, **'Llevas puesto los mismos zapatos que yo'** no se dice *"Du hast dieselben Schuhe an wie ich"* sino ***"Du hast die gleichen Schuhe an wie ich"***, dado que es imposible que dos personas lleven el mismo par de zapatos al mismo tiempo. Fíjate también en este ejemplo:

Ich gehe immer in dasselbe Restaurant und bestelle das gleiche Getränk.	Siempre voy al mismo restaurante y pido la misma bebida.

* **'Lo mismo'** en alemán es ***"das Gleiche"*** o ***"Dasselbe"***, escrito con inicial mayúscula.

¡Un apunte!
Incluso a los nativos nos cuesta diferenciar entre ***"...selbe"*** y ***"gleiche"***. Muchas veces se usan indistintamente, sobre todo en contextos abstractos como en ***"Ich denke Dasselbe wie du"/"Ich denke das Gleiche wie du"*** (**'Pienso lo mismo que tú'**).

¡Qué curioso!
"Gleich" significa **'igual (de)'**, como por ejemplo ***"Beide sind gleich groß"*** (**'Los dos son igual de grandes/tienen el mismo tamaño'**). Pero no olvides que ***"gleich"*** también significa **'ahora mismo'**, como en ***"Ich komme gleich!"***.

TAG 114 ¡Ponte a prueba!

Tapa la columna de la derecha y traduce las siguientes frases:

Empezamos con *"den gleichen"*, *"das gleiche"* y el sustantivo *"das Gleiche"*.

Tengo el mismo ordenador que ella.	**Ich habe den gleichen Computer wie sie.**
Tenemos el mismo problema.	**Wir haben das gleiche Problem.**
Él come todos los días lo mismo.	**Er isst jeden Tag das Gleiche.**

Recuerda que es *"ich esse"* pero *"du isst"* y *"er/sie isst"*.

Seguimos con *"gleich"*, y ahora lo combinamos con *"andere"*. Verás que *"die Farbe"* ('el color') es femenino en alemán, por lo que 'en otro color' se dice *"in einer anderen Farbe"*.

¿Quieres la misma chaqueta u otra?	**Möchtest du die gleiche Jacke oder eine andere?**
¿Tiene usted el mismo modelo en otro color?	**Haben Sie das gleiche Modell in einer anderen Farbe?**
¿Tiene usted otros modelos en el mismo color?	**Haben Sie andere Modelle in der gleichen Farbe?**

"Farbe" se pronuncia **/fáabe/** y en plural decimos *"die Farben"*.

Ahora hablamos de una cosa o una persona en concreto. ¡Hay que hacer que *"der-/die-/das-"* y *"-selbe"* concuerden con el sustantivo y el caso!

Tenemos la misma jefa.	**Wir haben dieselbe Chefin.**
No estamos en el mismo bar de la última vez. Estamos en otro.	**Wir sind nicht in derselben Bar wie das letzte Mal. Wir sind in einer anderen.**
Éste no es el mismo camarero de la última vez. Es otro.	**Das ist nicht derselbe Kellner wie das letzte Mal. Das ist ein anderer.**

Esperemos que no hayas caído en la trampa de decir *"Das ist anderer"* o *"Wir sind in anderen"*... ¡suena fatal!

TAG 115 *Zu & zu viel(e)*

Hoy aprenderás a decir **'demasiado'**, **'demasiada'**, **'demasiados'** y **'demasiadas'** en alemán. Dependiendo de si nos referimos a un adjetivo, a un verbo o a un sustantivo echamos mano de ***"zu"***, ***"zu viel"*** o ***"zu viele"***. ¡Veámoslos de cerca!

Clave de pronunciación
¡Insistimos en que la **"z"** del alemán no tiene nada que ver con la del castellano! Se trata de una **'t'** explosiva seguida de una **'s'**, **/tsss/**. Practica varias veces en voz alta: **/tsssu/**, **/tsssu/**, **/tsssu/**, **"zu"**, ¡ahora sí!

Error común
¡Prohibido decir *"zu viel teuer"*! Justo detrás de ***"zu viel"*** no puede ir un adjetivo, a no ser que éste acompañe a un sustantivo como en ***"zu viel harte Arbeit"***.

LA MECÁNICA

Para decir **'demasiado tarde/pronto/viejo/pequeño...'**, en alemán empleamos la palabrita ***"zu"*** junto con el adjetivo o el adverbio en cuestión: ***"zu spät"***, ***"zu früh"***, ***"zu alt"***, ***"zu klein"***. Sin embargo, a la hora de hablar de que hacemos algo **'demasiado'**, no decimos *"Ich arbeite zu"*, sino ***"Ich arbeite zu viel"***. Resumiendo:

zu + adjetivo	= demasiado	**zu viel** + verbo	= demasiado
→ zu **teuer**	demasiado caro	→ zu viel **arbeiten**	trabajar demasiado

"Zu viel" no solamente se emplea junto con verbos, sino también con sustantivos en singular. En este caso, ***"zu viel"*** se traduce por **'demasiado'** o **'demasiada'**. ¿Y para los plurales? Ya lo vas viendo, ¿verdad? **'Demasiados'** y **'demasiadas'** corresponde a ***"zu viele"***:

zu viel + sustantivo	= demasiado/a	**zu viele** + sustantivo	= demasiados/as
→ zu viel **Geld**	demasiad**o** dinero	→ zu viele **Probleme**	demasiad**os** problemas
→ zu viel **Geduld**	demasiad**a** paciencia	→ zu viele **Sachen**	demasiad**as** cosas

La palabra del día: ***der Unfall***
"Der Unfall" es **'el accidente'** y su forma en plural coincide con la de ***"der Fall"*** (**'el caso'**). **'Los casos'** son ***"die Fälle"*** y **'los accidentes'**, ***"die Unfälle"***.

¡Qué curioso!
Decimos a menudo ***"Das ist mir zu..."*** para hacer hincapié en que, en nuestra opinión, algo es demasiado caro, pequeño, grande, etc. Este ***"mir"*** se traduciría por **'para mí'**: ***"Das ist mir zu teuer"*** (**'Es demasiado caro para mí'**).

TAG 115 ¡Ponte a prueba!

Tapa la columna de la derecha y traduce las siguientes frases:

¡Vamos con /tsssu/!

La sopa está demasiado caliente.	**Die Suppe ist zu heiß.**
La cama es demasiado grande para esta habitación.	**Das Bett ist zu groß für dieses Zimmer.**
Hablas demasiado rápido. Por favor habla más despacio.	**Du redest zu schnell. Bitte rede langsamer.**

'Lento', **'lentamente'** y **'despacio'** se dicen de la misma manera en alemán: *"langsam"*.

Céntrate ahora en *"zu viel"*, que tiene dos usos: con sustantivos en singular y con verbos.

Tengo demasiado trabajo.	**Ich habe zu viel Arbeit.**
Él fuma demasiado. Debería fumar menos.	**Er raucht zu viel. Er sollte weniger rauchen.**
Siempre estás cansado. Creo que trabajas demasiado.	**Du bist immer müde. Ich glaube, du arbeitest zu viel.**

Después de *"Ich glaube"* solemos omitir *"dass"* como puedes ver en la última frase.

Para terminar, trabajamos con *"zu viele"* que va seguido de un sustantivo en plural, ¡como *"die Leute"*!

Hay demasiados accidentes.	**Es gibt zu viele Unfälle.**
¡Tienes demasiados zapatos!	**Du hast zu viele Schuhe!**
Aquí hay demasiada gente. Vámonos a casa.	**Hier sind zu viele Leute. Lass uns nach Hause gehen.**

Para repasar el capítulo sobre *"Lass uns..."*, echa un vistazo al *Tag 66*.

TAG 116 *Genug*

La gran protagonista de hoy es la palabra ***"genug"***, que significa **'(lo) suficiente'** o **'(lo) suficientemente'**. La veremos junto con adjetivos (***"Wir sind schnell genug"***), con verbos (***"Ich trinke genug"***) y con sustantivos (***"Wir haben genug Geld"***).

Clave de pronunciación
¿Qué tienen en común las palabras *"Tag"*, *"frag"*, *"mag"*, *"sag"* y *"genug"*? Efectivamente, ¡que terminan en ***"g"*** y que esa ***"g"*** se pronuncia como una **'k'**! *"Genug"* se dice **/guenúuk/**.

La palabra del día: *der Platz*
"Der Platz" no solamente es **'la plaza'**, (como *"der Alexanderplatz"* de Berlín), sino también **'el espacio'**. Por ejemplo, *"Hast du genug Platz?"* (**'¿Tienes suficiente espacio?'**).

LA MECÁNICA

"Genug" en su significado de **'lo suficientemente...'** se coloca **detrás del adjetivo o del adverbio**. Cuando acompaña a verbos y sustantivos, va detrás del verbo conjugado:

Er arbeitet schnell genug.	Él trabaja lo suficientemente rápido.
Ich schlafe genug.	Duermo lo suficiente.
Wir haben genug Zeit.	Tenemos tiempo suficiente.

En negativo, ***"nicht"*** va detrás del verbo conjugado:

Er arbeitet nicht schnell genug.	Él no trabaja lo suficientemente rápido.
Ich schlafe nicht genug.	No duermo lo suficiente.
Wir haben nicht genug Zeit.	No tenemos tiempo suficiente.

Por cierto, ¿sabes que podemos expresar estas tres últimas frases con ***"zu"***? Otra forma de decir lo mismo sería ***"Er arbeitet zu langsam"***, ***"Ich schlafe zu wenig"*** y ***"Wir haben zu wenig Zeit"***.

¡Un apunte!
"Genügend" es un sinónimo de *"genug"*, salvo que *"genügend"* no puede ir seguido de un adjetivo. Podemos decir *"Ich schlafe genügend"* y *"Wir haben genügend Zeit"*, pero no *"Er arbeitet schnell genügend"*. *"Genügend"* se pronuncia **/guenüüguent/**, con ***"ü"*** larga y con **/t/** al final.

¡Qué curioso!
"Ich habe genug!" y *"Genug ist genug!"* quieren decir lo mismo que *"Jetzt reicht's!"* (**'¡Basta ya!'**).

TAG 116 ¡Ponte a prueba!

Tapa la columna de la derecha y traduce las siguientes frases:

Empezamos con adjetivos + *"genug"*.

El vestido es lo suficientemente largo.	**Das Kleid ist lang genug.**
– ¿Este hotel es lo suficientemente bueno? – No, no es lo suficientemente bueno.	**– Ist dieses Hotel gut genug?** **– Nein, es ist nicht gut genug.**
– ¿El armario es lo suficientemente grande? – No, no es lo suficientemente grande.	**– Ist der Schrank groß genug?** **– Nein, er ist nicht groß genug.**

No se te habrá escapado decir *"genug groß"* o *"genug gut"*, ¿verdad?

Ahora empleamos *"genug"* junto con los verbos *"trinken"*, *"schlafen"* y *"essen"*.

– ¿Bebes lo suficiente? – Sí, bebo lo suficiente.	**– Trinkst du genug?** **– Ja, ich trinke genug.**
No duermes lo suficiente.	**Du schläfst nicht genug.**
Él no come lo suficiente. ¿Está enfermo?	**Er isst nicht genug. Ist er krank?**

Fíjate en la diferencia entre ***"isst"*** de ***"essen"*** y ***"ist"*** de ***"sein"***.

Terminamos con *"genug"* + sustantivos.

Hay suficiente trabajo.	**Es gibt genug Arbeit.**
Tenemos suficientes sillas.	**Wir haben genug Stühle.**
– ¿Tenéis suficiente espacio en el coche? – No, no tenemos suficiente espacio.	**– Habt ihr genug Platz im Auto?** **– Nein, wir haben nicht genug Platz.**

¡Vuelve a decir las frases con ***"genügend"***!

TAG 117 El pasado simple de *sein*

Te presentamos el *Präteritum* o pasado simple, un tiempo verbal que corresponde a vuestro pretérito imperfecto (**'estaba'**, **'era'**) o pretérito perfecto (**'estuvo'**, **'fue'**). Hoy nos centramos solamente en la conjugación del verbo ***"sein"***:

ich war	**du warst**	**er/sie/es war**	**wir waren**	**ihr wart**	**sie waren**

Clave de pronunciación

La ***"r"*** en ***"war"***, ***"warst"*** y ***"wart"*** alarga la ***"a"***, ya que decimos **/vvvaa/**, **/vvvaast/**, **/vvvaat/**. Asegúrate de vibrar bien esa **/vvv/**, ¡para evitar que digas ***"Bar"*** (**'bar'**) o ***"Bart"*** (**'barba'**)!

La palabra del día: *gestern*

"Gestern" significa **'ayer'** y se pronuncia **/guéstannn/**. No olvides que cuando empiezas una frase con ***"gestern"*** tienes que invertir el orden del sujeto y el verbo: ***"Gestern war ich..."***, ***"Gestern war er..."***.

LA MECÁNICA

El *Präteritum*, también llamado pasado simple, se usa para hablar de sucesos o acciones que ocurrieron el pasado. Dependiendo del contexto, en castellano se expresa con el pretérito imperfecto o el pretérito perfecto:

Ich war gestern müde. **Estaba** cansado ayer.	**Ich war gestern zuhause.** **Estuve** en casa ayer.

¡Veamos más ejemplos!

Wann warst du beim Arzt?	¿Cuándo estuviste en el médico?
Er war traurig.	Él estaba triste.
Sie war nicht hier.	Ella no estuvo aquí.
Es war nicht interessant.	No fue interesante.
Gestern waren wir im Park.	Ayer estuvimos en el parque.
Wart ihr letztes Mal hier?	¿Estuvisteis aquí la última vez?
Sie waren auf einer Hochzeit.	Estuvieron en una boda.
Wo waren Sie?	¿Dónde estaba usted?

¡Un apunte!

El pasado simple en alemán fundamentalmente se usa por escrito. Sólo hay un puñado de verbos, como ***"sein"*** y ***"haben"***, que se usan en este tiempo verbal en el lenguaje hablado. En los próximos *Tage*, irás descubriendo qué otros verbos se usan en *Präteritum*. Y en los *Tage 128* y *129* verás por fin el tiempo verbal que usamos casi siempre para hablar del pasado: ¡el pasado compuesto!

TAG 117 ¡Ponte a prueba!

Tapa la columna de la derecha y traduce las siguientes frases:

Empezamos con la primera y la tercera persona del singular: *"war"*.

Estuve en el médico ayer.	**Ich war gestern beim Arzt.**
La conferencia fue muy interesante.	**Die Konferenz war sehr interessant.**
– ¿Él estaba contento? – No, no estaba contento.	**– War er zufrieden?** **– Nein, er war nicht zufrieden.**

¿Estás diciendo **/konfejéntsss/** y **/tsssufjíidennn/** con el sonido **/tsss/**?

Nos centramos ahora en la segunda persona del singular y del plural: *"du warst"*, *"ihr wart"*.

¿Dónde estabas?	**Wo warst du?**
¿Estuvisteis en la boda?	**Wart ihr auf der Hochzeit?**
– ¿Ayer estuviste en la oficina? – No, estaba enferma.	**– Warst du gestern im Büro?** **– Nein, ich war krank.**

Fíjate en que decimos ***"auf der Hochzeit"*** porque ***"die Hochzeit"*** es un evento. ¡Y no olvides que **'la oficina'** es ***"das Büro"***!

Nos quedan la primera y la tercera persona del plural, *"wir waren"*, *"sie/Sie waren"*.

Estuvimos en casa ayer.	**Wir waren gestern zuhause.**
– ¿Estuvieron ustedes en la conferencia? – No, no estuvimos en la conferencia.	**– Waren Sie auf der Konferenz?** **– Nein, wir waren nicht auf der Konferenz.**
Los clientes estaban contentos.	**Die Kunden waren zufrieden.**

De nuevo, usamos ***"auf"*** porque ***"die Konferenz"*** es un evento. Y de nuevo, ¡***"die"*** se convierte en ***"der"*** porque es dativo!

TAG 118 El pasado simple de *haben*

Después de estrenar el verbo ***"sein"*** en pasado simple, toca ver ahora ***"haben"***, que se conjuga de la siguiente manera:

ich hatte	**du hattest**	**er/sie/es hatte**	**wir hatten**	**ihr hattet**	**sie hatten**

Clave de pronunciación
No olvides que la ***"h"*** del alemán se pronuncia de forma aspirada. La ***"t"*** suena fuerte, así que di **/hhháte/**, **/hhhátest/**, **/hhhátennn/**, etc.

La palabra del día: *das Glück*
"Das Glück" significa **'la suerte'** o **'la felicidad'**, como por ejemplo en ***"Du hattest Glück"*** (**'Tuviste suerte'**). ***"Das Unglück"*** es **'la desgracia'**, y usamos la expresión ***"Glück im Unglück haben"*** para decir **'tener suerte dentro de lo malo'**.

LA MECÁNICA

Te recordamos que el pasado simple en alemán puede traducirse por el pretérito perfecto o imperfecto en castellano:

Ich hatte gestern keine Zeit. Ayer no **tuve** tiempo.	**Ich hatte früher einen Hund.** Antes **tenía** un perro.

¡Veamos ejemplos con las demás personas gramaticales!

Hattest du Angst?	¿Tenías miedo?
Er hatte nicht viel Geduld.	Él no tuvo mucha paciencia.
Sie hatte viele Freunde.	Ella tenía muchos amigos.
Wir hatten Glück.	Tuvimos suerte.
Hattet ihr früher auch einen Hund?	¿Antes también teníais un perro?
Sie hatten heute keine Zeit.	Hoy no tenían tiempo.
Hatten Sie eine Frage?	¿Usted tenía una pregunta?

¡Recuerda!
El verbo ***"haben"*** rige el caso acusativo, por lo que no vendría mal que echaras un vistazo a los *Tage 33-35*, donde vimos cómo afecta a los artículos, posesivos, etc., y al *Tag 43*, donde explicamos cómo se modifican los adjetivos. Resumiéndolo de forma muy rápida, el caso acusativo hace que los elementos que acompañan a sustantivos masculinos terminen en ***"-en"***: ***"einen kleinen Hund"***, ***"meinen roten Kuli"***, etc.

TAG 118 ¡Ponte a prueba!

Tapa la columna de la derecha y traduce las siguientes frases:

¡Vamos con /hhháte/!

Ayer no tuve tiempo.	**Ich hatte gestern keine Zeit.**
Tuve un accidente, pero tuve suerte.	**Ich hatte einen Unfall, aber ich hatte Glück.**
– ¿Él tuvo una cita ayer? – No, no tuvo ninguna cita.	**– Hatte er gestern einen Termin?** **– Nein, er hatte keinen Termin.**

"Der Termin", pronunciado **/teamíinnn/**, significa **'cita'** pero no se usa para una cita romántica, que sería *"das Date"*, **/déit/**.

Sigamos con /hhhátest/ y /hhhátet/. ¡Que suenen bien las *"t"*!

¿Cuándo tuviste el accidente?	**Wann hattest du den Unfall?**
Tuvisteis suerte dentro de lo malo.	**Ihr hattet Glück im Unglück.**
– ¿Tuviste un problema? – No, no tuve ningún problema.	**– Hattest du ein Problem?** **– Nein, ich hatte kein Problem.**

¡Vuelve a repetir las frases con *"er hatte"*, *"ich hatte"* y *"sie hatte"*!

Rematamos el capítulo con *"wir/sie/Sie hatten"*. Cuidado con dónde colocas el verbo en la última frase...

Antes no teníamos dinero.	**Wir hatten früher kein Geld.**
Antes no tenían perro.	**Sie hatten früher keinen Hund.**
– ¿Por qué usted no tenía tiempo ayer? – Porque tuve una cita importante.	**– Warum hatten Sie gestern keine Zeit?** **– Weil ich einen wichtigen Termin hatte.**

Trabajamos *"warum"* y *"weil"* en el *Tag 89*. ¡*"Weil"* hace que el verbo vaya al final de la oración!

TAG 119 El pasado simple de otros verbos

Como ya te comentamos en el *Tag 117*, el *Präteritum* se usa sobre todo en textos escritos y no en el lenguaje oral. Pero hay un grupo de verbos que sí usamos en este tiempo verbal al hablar: ***"sein"*** y ***"haben"***, como acabas de ver, y también ***"brauchen"***, ***"wissen"***, ***"denken"***, ***"kennen"*** y ***"kommen"***, así como la expresión ***"es gibt"***.

LA MECÁNICA

Después de ver ***"sein"*** y ***"haben"***, ¡vamos a ampliar tu abanico de verbos que puedes usar en el pasado simple! Verás que salvo ***"brauchen"***, los siguientes verbos cambian la raíz:

	brauchen (necesitar)	**wissen** (saber)	**denken** (pensar)	**kennen** (conocer)	**kommen** (venir/llegar)	**es gibt** (hay)
ich	**brauchte**	**wusste**	**dachte**	**kannte**	**kam**	
du	**brauchtest**	**wusstest**	**dachtest**	**kanntest**	**kamst**	
er/sie/es	**brauchte**	**wusste**	**dachte**	**kannte**	**kam**	**es gab**
wir	**brauchten**	**wussten**	**dachten**	**kannten**	**kamen**	
ihr	**brauchtet**	**wusstet**	**dachtet**	**kanntet**	**kamt**	
sie	**brauchten**	**wussten**	**dachten**	**kannten**	**kamen**	

¿Qué significa ***"wir wussten"*** o ***"er kam"***, por ejemplo? Eso es: **'sabíamos'/'supimos'** y **'venía'/'vino'**, ya que en alemán no diferenciamos entre estos dos tiempos verbales.

Aquí tienes unos ejemplos para ir calentando motores:

Ich brauchte ein neues Handy.	Necesitaba un nuevo móvil.
Wusstest du es?	¿Lo sabías?
Ich dachte, dass sie später kommt.	Pensaba que ella venía más tarde.
Kanntet ihr sie?	¿La conocíais?
Er kam um acht Uhr nach Hause.	Él llegó a casa a las ocho.
Früher gab es keine Handys.	Antes no había móviles.

¡Un apunte!
Después de ***"ich denke"*** (y por tanto también ***"ich dachte"***), podemos omitir ***"dass"*** y decir ***"Ich dachte, sie kommt morgen"***. Lo mismo ocurre con ***"ich glaube"*** (**'creo'**) y ***"ich hoffe"*** (**'espero'**): ***"Ich glaube/hoffe, sie kommt morgen"***.

La expresión del día: *Es tut mir leid*
"Es tut mir leid" significa **'lo siento'**. La construcción en alemán equivale a 'ello me hace sufrir', y como puedes ver en ***"mir"***, ¡***"leid tun"*** (**'sentir'**) rige el dativo! Ten en cuenta que en el lenguaje hablado muchas veces omitimos ***"es"*** y decimos ***"Tut mir leid"***, a secas.

TAG 119 ¡Ponte a prueba!

Tapa la columna de la derecha y traduce las siguientes frases:

Empezamos con *"brauchen"* y *"kommen"*.

Yo necesitaba un piso y él necesitaba dinero.	**Ich brauchte eine Wohnung und er brauchte Geld.**
¿Cuándo llegasteis a casa?	**Wann kamt ihr nach Hause?**
– ¿Por qué llegaron tarde? – Porque necesitaban más tiempo.	**– Warum kamen sie zu spät?** **– Weil sie mehr Zeit brauchten.**

Fíjate en que **'llegar tarde'** en alemán no es *"spät kommen"* sino ***"zu spät kommen"***.

Practica ahora con *"wissen"* y *"denken"* junto a *"leid tun"*.

Lo siento. No lo sabía.	**(Es) tut mir leid. Ich wusste es nicht.**
Lo siento. Pensé que no lo necesitabas.	**(Es) tut mir leid. Ich dachte, du brauchst es nicht.**
Lo siento. Pensábamos que lo sabías.	**(Es) tut uns leid. Wir dachten, du wusstest es.**

"Dachte" se pronuncia **/dájte/**, con una **'j'** como la del castellano.

Terminamos con *"es gibt"* y *"kennen"*, cuya vocal cambia a *"a"* en pasado simple.

No hubo problemas.	**Es gab keine Probleme.**
¿Él conocía la ciudad?	**Kannte er die Stadt?**
Antes no había internet.	**Früher gab es kein Internet.**

"Es gab" se convierte en ***"gab es"*** cuando la frase empieza con ***"früher"***.

TAG 120 Repaso de las clases 111-119

¡A ver si eres capaz de aplicar los conocimientos de las últimas clases! Has visto las formas superlativas *"am meisten"*, *"am wenigsten"* y *"die meisten"*, has trabajado *"andere"* y la diferencia entre *"der gleiche"* y *"derselbe"*, has descubierto que *"zu (viel)"* significa **'demasiado'**, y ya sabes manejar *"genug"*. Quizás lo más emocionante ha sido... ¡el pasado simple! Hemos visto siete verbos conjugados en este tiempo verbal: *"sein"*, *"haben"* y *"wissen"*, entre otros.

¡Ponlo todo en práctica! Cuando te topes con una frase que te cueste más de la cuenta, ya sabes, estúdiate de nuevo el capítulo en cuestión y tira para adelante.

'El color' es femenino en alemán, por lo que no decimos *"in einem anderen Farbe"* sino *"in einer anderen Farbe"*.

El agua está demasiado fría.	....
La mayoría de la gente lo sabe.	....
¿Tiene usted los mismos zapatos en otro color?	....

***"Laptop"* se pronuncia a la inglesa: /léptop/.**

El agua no está lo suficientemente caliente.	....
El fin de semana es cuando menos trabajo.	....
Este portátil es mejor que el otro.	....

En el segundo ejemplo, no hace falta que traduzcas 'que'.

Ésta no es la misma película de la última vez.	....
Ella pensaba que todo estaba listo.	....
Teníamos demasiado trabajo.	....

TAG 120 Repaso de las clases 111-119

'Una cita' (no romántica) es *"ein Termin"*.

La última vez estuvimos en otro bar. ....

En vacaciones es cuando más leo. ....

Ayer ella tuvo una cita importante. ....

¡En alemán decimos 'llegar demasiado tarde'!

Él tiene suficiente espacio en el coche. ....

Ella llegó tarde. ....

Ayer no estuve en la oficina. ....

No olvides que decimos 'un otro', 'una otra', etc. Venga, ¡casi has terminado! *Du bist fast fertig!*

Éste no es mi anillo. Es otro. ....

No sabía que tuviste un accidente. ....

En la mayoría de los casos hubo problemas. ....

Comprueba las respuestas en la página 382.

TAG 121 El pasado simple de *wollen*, *müssen*, *können* & *dürfen*

En los *Tage 117-119* has aprendido a conjugar algunos verbos en pasado simple. Se trata de un grupo reducido de verbos que usamos en este tiempo verbal, ¡pero todavía no los hemos visto todos! Nos quedan por estudiar los verbos modales ***"wollen"***, ***"müssen"***, ***"können"*** y ***"dürfen"***, cuatro verbos que usamos muy habitualmente en *Präteritum*.

¡Un apunte!
Para recordar el uso de ***"dürfen"***, echa un vistazo al *Tag 62*. El significado es muy próximo al de ***"können"***, pero con el matiz de **'tener permiso'**.

LA MECÁNICA

"Wollen" se conjuga de forma regular en el pasado simple. ***"Müssen"***, ***"können"*** y ***"dürfen"*** pierden su *Umlaut*:

	wollen (querer)	**müssen** (tener que)	**können** (poder)	**dürfen** (poder/tener permiso)
ich	**wollte**	**musste**	**konnte**	**durfte**
du	**wolltest**	**musstest**	**konntest**	**durftest**
er/sie/es	**wollte**	**musste**	**konnte**	**durfte**
wir	**wollten**	**mussten**	**konnten**	**durften**
ihr	**wolltet**	**musstet**	**konntet**	**durftet**
sie	**wollten**	**mussten**	**konnten**	**durften**

¡Veamos unos ejemplos! Recuerda: el verbo en infinitivo tiene que ir al final de la frase.

Er wollte mitkommen.	Él quería venirse.
Ich musste letztes Wochenende arbeiten.	Tuve que trabajar el fin de semana pasado.
Ich konnte nichts machen.	No pude hacer nada.
Früher durfte man überall rauchen.	Antes se podía fumar en todas partes.

Clave de pronunciación
Para perfeccionar tu acento alemán, intenta imitar nuestra **"e"** corta al final de las palabras, como en ***"wollte"***, ***"durfte"***, etc. Esta **"e"** no se llega a pronunciar del todo; ¡es como si se quedara a medio camino! Hay que mantener la mandíbula completamente relajada.

Clave del método Vaughan
Forma frases tú mismo/a usando las formas verbales que aprendas hoy. Por ejemplo, piensa en todo lo que tuviste que hacer ayer y di por lo menos cinco frases con ***"Gestern musste ich..."***. ¡La práctica lo es todo para llegar a dominar un idioma!

TAG 121 ¡Ponte a prueba!

Tapa la columna de la derecha y traduce las siguientes frases:

Empezamos con la primera y la tercera persona del singular, cuya terminación es *"-te"*: *"wollte"*, *"musste"*, *"konnte"*, *"durfte"*.

Quería irme (con vosotros) pero tenía que estudiar.	**Ich wollte mitkommen, aber ich musste lernen.**
Él podía venirse (tenía permiso), pero no quería.	**Er durfte mitkommen, aber er wollte nicht.**
Tuve que quedarme en casa porque estaba enferma.	**Ich musste zuhause bleiben, weil ich krank war.**

Cuando se conjuga ***"mitkommen"***, ¡***"mit"*** se separa de ***"kommen"***! Decimos ***"Ich komme mit"***.

El foco de atención ahora está en las terminaciones *"-test"* y *"-tet"*:

¿No querías venirte?	**Wolltest du nicht mitkommen?**
¿Tuviste que trabajar o pudiste quedarte en casa?	**Musstest du arbeiten oder konntest du zuhause bleiben?**
¿Tuvisteis que quedaros allí o pudisteis (tuvisteis permiso) iros a casa?	**Musstet ihr dort bleiben oder durftet ihr nach Hause gehen?**

"Dort" es simplemente otra manera de decir ***"da"*** y se pronuncia **/dóat/**.

Veamos por último la primera y la tercera persona del plural: *"wollten"*, *"konnten"*, *"mussten"* y *"durften"*.

Queríamos ayudarte pero no pudimos hacer nada.	**Wir wollten dir helfen, aber wir konnten nichts machen.**
¿Pudo descansar usted o tuvo que trabajar?	**Konnten Sie sich erholen oder mussten Sie arbeiten?**
Ellos no podían jugar con el perro porque era peligroso (no tenían permiso).	**Sie durften nicht mit dem Hund spielen, weil er gefährlich war.**

"Aber" no altera el orden del sujeto y el verbo, ¡pero ***"weil"*** sí lo hace!

TAG 122 El infinitivo con *zu* (I)

Cuando combinamos un infinitivo con verbos 'normales', es decir, **no modales o auxiliares**, este infinitivo tiene que ir precedido de ***"zu"***, como en ***"Es ist wichtig, Sprachen zu lernen"*** (**'Es importante aprender idiomas'**). Hoy nos centramos únicamente en ***"sein"*** + ***"zu"*** + infinitivo.

La palabra del día: ***möglich***
"Möglich" significa **'posible'** y se pronuncia **/möökli(sh)/**, con una **"ö"** larga seguida de una **'k'**. El contrario de ***"möglich"*** es ***"unmöglich"***.

LA MECÁNICA

Como ya sabes muy bien, cuando hay un verbo modal o auxiliar como ***"können"*** o ***"werden"***, colocamos el infinitivo a secas al final de la frase: ***"Ich werde es machen"***, ***"Ich kann morgen kommen"***.

Sin embargo, para decir **'Es fácil encontrar...'** o **'Es difícil de entender'**, el infinitivo en alemán tiene que ir precedido de ***"zu"***, que en algunos casos corresponde a **'de'**:

Es ist schwierig, zu verstehen.	Es difícil de entender.
Es ist einfach, Arbeit zu finden.	Es fácil encontrar trabajo.

El infinitivo con ***"zu"*** forma una especie de mini frase subordinada en la que ***"zu"*** + infinitivo se coloca al final. En frases cortas como las dos de arriba no se nota mucho, pero fíjate en este ejemplo:

Es ist unmöglich, am Wochenende in der Innenstadt zu parken.	Es imposible aparcar en el centro el fin de semana.

Cuando hay un verbo separable, la partícula ***"zu"*** se entromete entre el prefijo y el verbo. Por ejemplo, **'Es difícil empezar'**, no se dice *"Es ist schwierig, zu anfangen"* sino ***"Es ist schwierig, anzufangen"***.

En cuanto al uso de la coma, puedes escribirla o no, ¡como tú prefieras!

¡Un apunte!
"Es ist einfach/schwierig für mich" se traduce como **'Me resulta fácil/difícil'**.

¡Otro apunte!
'Encantado de conocerle' se dice ***"Nett, Sie kennenzulernen"***, ya que usamos el verbo separable ***"kennenlernen"*** cuando conocemos a alguien por primera vez. ¡La partícula ***"zu"*** no puede faltar!

TAG 122 ¡Ponte a prueba!

Tapa la columna de la derecha y traduce las siguientes frases:

Vamos con *"Es ist..., zu..."*. Ten en cuenta que 'mantenerse sano' se dice *"gesund bleiben"*.

Es difícil aprender chino.	**Es ist schwierig, Chinesisch zu lernen.**
Es fácil de entender.	**Es ist einfach, zu verstehen.**
Es importante mantenerse sano.	**Es ist wichtig, gesund zu bleiben.**

La terminación ***"-ig"*** se puede pronunciar **/ik/** o **/i(sh)/**.

Ahora, ¡ *"zu"* se convierte en un intruso! Se mete dentro de los verbos separables:

Se puede (es posible) llamar.	**Es ist möglich, anzurufen.**
No es fácil cerrar esta ventana.	**Es ist nicht einfach, dieses Fenster zuzumachen.**
¿Es posible recoger la carta más tarde?	**Ist es möglich, den Brief später abzuholen?**

¡***"Zuzumachen"*** no es ningún error! A ***"zumachen"*** hay que añadirle nuestra partícula ***"zu"***.

Practica un poco más, ahora con *"...für mich/ihn/Spanier"* ('...para mí/él/los españoles'). ¡ *"Spanier"* va sin artículo porque se habla en general (como vimos en el *Tag 88*)!

Para mí es importante entenderlo todo.	**Es ist wichtig für mich, alles zu verstehen.**
A él le resulta difícil recoger a los niños todos los días.	**Für ihn ist es schwierig, jeden Tag die Kinder abzuholen.**
A los españoles les resulta fácil aprender portugués.	**Für Spanier ist es einfach, Portugiesisch zu lernen.**

"Portugiesisch" se pronuncia **/poatuguii(s)ishhh/**, con **'i'** larga seguida de una **'s'** vibrada.

TAG 123 El infinitivo con *zu* (II)

En el *Tag 122* acabas de estrenar el infinitivo con ***"zu"*** en frases donde el verbo principal era ***"sein"***, como ***"Es ist einfach, eine Arbeit zu finden"***. Ahora veremos tres verbos más que, al juntarlos con otros verbos en infinitivo, requieren el uso de ***"zu"***.

La palabra del día: ***vorhaben***
"Etwas/nichts vorhaben" significa **'tener/no tener planes'**, como por ejemplo ***"Hast du morgen etwas vor? Nein, ich habe nichts vor"***. ***"Vorhaben"*** es un verbo separable (¡como todos los verbos con el prefijo ***"vor-"***!) que además significa **'tener planeado'** o **'tener la intención'**.

LA MECÁNICA

En un principio, siempre que juntes un **verbo conjugado** con un **infinitivo** en alemán (por ejemplo, para traducir **'Me alegro de verte'**, **'Espero terminarlo pronto'**, **'Propongo mejorarlo'**, **'No te olvides de hacerlo'**, etc.), tiene que saltar una pequeña alarma que te diga: ¡hay que usar ***"zu"*** + infinitivo! Las dos grandes excepciones de esta regla son los verbos auxiliares (***"Ich werde es machen"***) y los verbos modales (***"Ich muss ihn abholen"***), como ya te comentamos en el *Tag* anterior.

En la página 431 del apéndice encontrarás más ejemplos de verbos que van acompañados de ***"zu"*** + infinitivo; hoy solamente nos queremos centrar en tres de ellos: ***"vergessen"*** (**'olvidar'**), ***"versuchen"*** (**'intentar'**) y el verbo separable ***"vorhaben"*** (**'tener planeado'**):

Vergiss nicht, deinen Freund zu fragen.	No te olvides de preguntarle a tu novio.
Ich versuche, Chinesisch zu lernen.	Intento aprender chino.
Ich habe vor, nach Hamburg zu fahren.	Tengo planeado irme a Hamburgo.

Cuando el infinitivo es un verbo separable, te recordamos que la partícula ***"zu"*** se mete entre las dos partes del verbo:

Vergiss nicht, das Licht auszumachen.	No olvides apagar la luz.

¡Un apunte!
'Que' + infinitivo también se expresa con ***"zu"***, por ejemplo ***"Ich habe viel zu tun"*** (**'Tengo mucho que hacer'**) o ***"Ich habe nichts zu sagen"*** (**'No tengo nada que decir'**).

Clave del método Vaughan
Ponte a estudiar cada día un cuarto de hora en lugar de hacer tres horas cada dos semanas. Así podrás asimilar las nuevas enseñanzas sin agobios y podrás avanzar con la seguridad de tener unas bases sólidas.

TAG 123 ¡Ponte a prueba!

Tapa la columna de la derecha y traduce las siguientes frases:

Veamos primero *"versuchen"* en la frase principal. Se pronuncia /fea(s)úujennn/.

Intento ayudarte.	**Ich versuche, dir zu helfen.**
Estoy intentando encontrar la calle.	**Ich versuche gerade, die Straße zu finden.**
Intentaré llamarla más tarde.	**Ich werde versuchen, sie später anzurufen.**

No olvides que ***"helfen"*** rige el dativo.

Hablando de 'no olvides...', ¡dilo ahora en alemán con *"vergiss nicht"*! Y *vergiss nicht* que 'traer' en alemán se dice con el verbo separable *"mitbringen"*.

No olvides comprar leche.	**Vergiss nicht, Milch zu kaufen.**
No olvide traer los documentos.	**Vergessen Sie nicht, die Dokumente mitzubringen.**
No te olvides de recoger tus cosas.	**Vergiss nicht, deine Sachen abzuholen.**

"Abholen" significa solamente **'ir a por algo/alguien'**; **'recoger'** en el sentido de **'ordenar'** es el verbo separable ***"aufräumen"***: ***"Vergiss nicht, deine Sachen aufzuräumen"***.

Pon en práctica *"vorhaben"*. ¡Ahora el verbo separable está en la frase principal!

Tengo la intención de decírselo.	**Ich habe vor, es ihm zu sagen.**
Tenemos planeado comprar una casa.	**Wir haben vor, ein Haus zu kaufen.**
Él tiene previsto ir a Italia el año que viene.	**Er hat vor, nächstes Jahr nach Italien zu fahren.**

Cuidado, ¡no digas *"das nächste Jahr"*!

TAG 124 *Lust haben*

Hoy vamos a ver cómo se usa la expresión ***"Lust haben"***, que significa **'tener ganas'** o **'apetecer'**. Junto con sustantivos va acompañada de la preposición ***"auf"***, y junto con verbos echamos mano del recién estrenado infinitivo con ***"zu"***.

La expresión del día: ***spazieren gehen***
"Spazieren gehen" significa **'irse a pasear'** o **'dar un paseo'** y al conjugar ***"gehen"***, ***"spazieren"*** tiene que ir al final: ***"Wir gehen später im Park spazieren"***. A la hora de emplear ***"zu"*** + infinitivo, ***"zu"*** se coloca entre los dos verbos: ***"Es ist schön, im Wald spazieren zu gehen"***.

LA MECÁNICA

'Tengo ganas' o **'Me apetece'** se dice ***"Ich habe Lust"***, con el sustantivo femenino en singular ***"die Lust"***. Para decir que nos apetece **'algo'**, empleamos la preposición ***"auf"*** seguida del acusativo:

Ich habe Lust auf Pizza.	Me apetece pizza.
Hast du Lust auf einen Kaffee?	¿Te apetece un café?

Cuando nos apetece **'hacer algo'**, no decimos *"Ich habe Lust ins Kino gehen"* ni *"Ich habe Lust auf Kino gehen"*; hay que utilizar nuestra mini frase subordinada con ***"zu"*** + infinitivo:

Ich habe Lust, ins Kino zu gehen.	Me apetece ir al cine.
Habt ihr Lust, mitzukommen?	¿Os apetece veniros?

En negativo, ¡simplemente coloca ***"keine"*** delante de ***"Lust"***!

Ich habe keine Lust auf Kuchen.	No me apetece tarta.
Wir haben heute keine Lust, zu kochen.	Hoy no tenemos canas de cocinar.

¡Un apunte!
"Zeit haben" (**'tener tiempo'**) y ***"Angst haben"*** (**'tener miedo'**) funcionan de forma parecida a ***"Lust haben"*** cuando empleamos un infinitivo: ***"Ich habe keine Zeit, mit dir zu reden"***, ***"Ich habe Angst, es ihm zu sagen"***.

¡Qué curioso!
Cuando hacemos algo ***"nach Lust und Laune"***, literalmente 'según ganas y (estado de) humor', lo hacemos **'como nos apetezca'** y a veces tiene la connotación de ser caprichoso: ***"Er telefoniert nach Lust und Laune"***.

TAG 124 ¡Ponte a prueba!

Tapa la columna de la derecha y traduce las siguientes frases:

Empezamos con *"Lust haben"* y *"Lust haben auf"*:

– ¿Tienes ganas? – No, no tengo ganas.	**– Hast du Lust?** **– Nein, ich habe keine Lust.**
Me apetece chocolate.	**Ich habe Lust auf Schokolade.**
– ¿Te apetece un trozo de pastel? – No, me apetece algo salado.	**– Hast du Lust auf ein Stück Kuchen?** **– Nein, ich habe Lust auf etwas Salziges.**

Como vimos en el *Tag 95*, no decimos *"etwas salzig"* sino ***"etwas Salziges"***.

Ahora hace falta emplear *"zu"* + infinitivo:

Tenemos ganas de jugar al fútbol.	**Wir haben Lust, Fußball zu spielen.**
Tengo ganas de dar un paseo.	**Ich habe Lust, spazieren zu gehen.**
¿Te apetece ir a tomar algo?	**Hast du Lust, etwas trinken zu gehen?**

"Spazieren" se pronuncia **/shhhpatsssiijennn/**, con el sonido **/shhh/** de mandar callar.

Para terminar, practica con *"keine Lust... zu"*:

No me apetece trabajar este fin de semana.	**Ich habe keine Lust, dieses Wochenende zu arbeiten.**
Él no tiene ganas de llamarla.	**Er hat keine Lust, sie anzurufen.**
No tienen ganas de dar un paseo.	**Sie haben keine Lust, spazieren zu gehen.**

No se te habrá pasado por la cabeza decir *"zu anrufen"*, ¿verdad?

TAG 125 *Um... zu & zum + infinitivo*

En esta clase vas a aprender dos formas de expresar **'para'** + infinitivo en alemán. Podemos usar ***"zum"*** + infinitivo (***"Die Suppe ist zu heiß zum Essen"***) o una frase subordinada con ***"um... zu"*** (***"Ich brauche Geld, um die Rechnung zu bezahlen"***).

Error común
¡Olvídate desde ya de decir cosas como *"für essen"* o *"für machen"*! **'Para'** + infinitivo NUNCA se dice con ***"für"***.

La palabra del día: ***nachdenken***
El verbo ***"nachdenken"*** es separable y significa **'pensar'** o **'pensárselo'**, ya que tiene el matiz de reflexionar sobre algo. Decimos por ejemplo ***"Ich muss über die Sache nachdenken"*** y no *"Ich muss über die Sache denken"*.

LA MECÁNICA

Antes de nada, fíjate en estos dos ejemplos:

Ich brauche Zeit zum Nachdenken.	Necesito tiempo para pensar.
Ich brauche Zeit, um nachzudenken.	

Como ves, hay dos maneras de decir **'para'** + infinitivo: usando ***"zum"*** seguido del infinitivo escrito en mayúscula o formando una frase subordinada con ***"um... zu"*** + infinitivo (y ya sabes, si es un verbo separable, ***"zu"*** se mete dentro). ***"Zum"*** no va precedido de una coma, ¡pero ***"um"***, sí!

Ten en cuenta que solamente podemos usar ***"zum"*** + infinitivo cuando se trata de un infinitivo A SECAS (***"zum Essen"***, ***"zum Trinken"***, ***"zum Kaufen"***, etc.). En cuanto haya un objeto directo o indirecto, o una negación, sólo se puede utilizar ***"um... zu"***. No podemos decir *"zum nicht..."*, *"zum es fertigmachen"*, *"zum es ihr sagen"*, ni nada por el estilo.

Ich bleibe draußen, um nicht zu stören.	Me quedo fuera para no molestar.
Ich brauche Hilfe, um es fertigzumachen.	Necesito ayuda para terminarlo.
Ich rufe sie an, um es ihr zu sagen.	La llamo para decírselo.

Clave de pronunciación
Cierra bien la boca al pronunciar la ***"m"***, ¡sobre todo al final de las palabras! ***"Um"*** y ***"zum"*** se pronuncian **/ummm/** y **/tsssummm/**.

¡Un apunte!
'Para llevar' y **'para comer aquí'** son dos expresiones fijas que en alemán se dicen ***"zum Mitnehmen"*** y ***"zum Hieressen"***.

TAG 125 ¡Ponte a prueba!

Tapa la columna de la derecha y traduce las siguientes frases:

En primer lugar, practica *"zum"* + verbo en mayúscula:

Se necesita mucho dinero para viajar.	**Man braucht viel Geld zum Reisen.**
Creo que ella necesita tiempo para pensar.	**Ich glaube, sie braucht Zeit zum Nachdenken.**
Aquí hay demasiado ruido para dormir.	**Es ist hier zu laut zum Schlafen.**

"Laut" significa **'ruidoso'** pero también **'alto'** de volumen (*"Die Musik ist zu laut!"*).

Practica ahora con las frases subordinadas de *"um... zu"*.

Es demasiado tarde para llamar.	**Es ist zu spät, um anzurufen.**
Estoy aquí para ayudarte.	**Ich bin hier, um dir zu helfen.**
Necesito tiempo para pensar sobre el asunto.	**Ich brauche Zeit, um über die Sache nachzudenken.**

En la primera frase también podríamos decir *"...zum Anrufen"*.

Para terminar, traduce 'para no...' usando *"um... zu"* junto con *"nicht"* o *"kein"*.

Me quedo aquí para no molestarla.	**Ich bleibe hier, um sie nicht zu stören.**
Tenemos que darnos prisa para no llegar tarde.	**Wir müssen uns beeilen, um nicht zu spät zu kommen.**
Me doy prisa para no perder tiempo.	**Ich beeile mich, um keine Zeit zu verlieren.**

"Verlieren" se pronuncia **/fealíijennn/**, con **"i"** larga.

TAG 126 *Damit* (como 'para que')

El capítulo de hoy lo dedicamos a ***"damit"***, una palabra que se traduce con dos al castellano: **'para que'**. ***"Damit"*** funciona como ***"dass"*** o ***"weil"***, ya que empuja el verbo conjugado hasta el final de la frase: ***"Ich mache es, damit du zufrieden bist"*** (**'Lo hago para que estés contento'**).

La expresión del día: ***sich Sorgen machen***
"Sich Sorgen machen", literalmente 'hacerse preocupaciones', significa **'preocuparse'** y se pronuncia **/(s)i(sh) (s)óaguennn májennn/**. Usamos los pronombres reflexivos en dativo, por lo que **'Me preocupo'** se dice ***"Ich mache mir Sorgen"***, no *"Ich mache mich Sorgen"*.

LA MECÁNICA

'Para que' en alemán se dice ***"damit"***; va precedido por una coma y forma una frase subordinada en la que el verbo va al final. Y, a diferencia del castellano, ¡no empleamos el subjuntivo!

Ruf ihn an, damit er nicht traurig ist.	Llámalo para que no esté triste.
Ruf ihn an, damit er den Termin nicht vergisst.	Llámalo para que no se olvide de la cita.

Cuando el sujeto en ambas partes de la frase es el mismo, se puede usar tanto ***"damit"*** como ***"um... zu"***, al igual que en castellano:

Beeil dich, um nicht zu spät zu kommen.	Date prisa **para** no llegar tarde.
Beeil dich, damit du nicht zu spät kommst.	Date prisa **para que** no llegues tarde.

¡Qué curioso!
"Damit" no solamente es una conjunción, también es un adverbio que significa **'con ello'** o **'con esto'**, como por ejemplo, ***"Ich fange damit an"*** (**'Empiezo con ello'**). En el *Tag 173* te explicamos en más detalle cómo funciona el prefijo ***"da-"***.

¡Un apunte!
No olvides que cuando empiezas la frase con ***"Damit..."***, entonces el sujeto y el verbo de la frase principal se invierten: ***"Damit wir nicht zu spät kommen, müssen wir uns beeilen"***.

TAG 126 ¡Ponte a prueba!

Tapa la columna de la derecha y traduce las siguientes frases:

Estrena *"damit"* junto con los verbos *"haben"*, *"vergessen"* y *"sich beschweren"*.

Trabajo menos para tener más tiempo libre.	**Ich arbeite weniger, damit ich mehr Freizeit habe.**
Llámala para que no se le olvide su cumpleaños (de él).	**Ruf sie an, damit sie seinen Geburtstag nicht vergisst.**
Baja la música para que no se quejen los vecinos.	**Mach die Musik leiser, damit sich die Nachbarn nicht beschweren.**

¿Cómo quedaría la primera frase con ***"um... zu"***? Eso es, ***"Ich arbeite weniger, um mehr Freizeit zu haben"***.

Ahora tocan frases del tipo 'para que pueda...'. *"Können"* conjugado se colocará detrás del infinitivo al final:

Llévate el móvil para que te pueda llamar.	**Nimm das Handy mit, damit ich dich anrufen kann.**
Cuido a la peque para que podáis ir al cine.	**Ich passe auf die Kleine auf, damit ihr ins Kino gehen könnt.**
Trabajo mucho para que mis hijos puedan estudiar.	**Ich arbeite viel, damit meine Kinder studieren können.**

"Aufpassen" significa **'tener cuidado'**, pero ***"aufpassen auf"*** quiere decir **'cuidar'**.

Sigue practicando más, ¡ahora con *"sich Sorgen machen"*!

Llámalo para que él no se preocupe.	**Ruf ihn an, damit er sich keine Sorgen macht.**
Por favor, llámame mañana para que no me preocupe.	**Bitte ruf mich morgen an, damit ich mir keine Sorgen mache.**
No te preocupes. Tendré cuidado para que no pase nada.	**Mach dir keine Sorgen. Ich passe auf, damit nichts passiert.**

La **"s"** de ***"sich"*** y ***"Sorgen"*** se pronuncia de manera vibrada.

TAG 127 *Brauchen* (como 'tardar')

En alemán no **'tardamos'** tiempo sino que lo **'necesitamos'**, ya que empleamos el verbo ***"brauchen"***, **/bjáujennn/**. Para decir que tardamos algún tiempo **'en'** hacer algo, usamos la construcción con ***"um... zu"***: ***"Ich brauche fünf Minuten, um es zu machen"***.

Error común
¡**'Tardar mucho'** no se dice *"viel brauchen"* ni tampoco *"viel Zeit brauchen"*! ***"Ich brauche viel (Zeit)"*** significa **'Necesito mucho (tiempo)'**. Más abajo descubrirás cómo se dice correctamente.

¡Qué curioso!
'Tardar una eternidad' en alemán se dice de manera parecida, ¡literalmente 'tardar eternidades'! Por ejemplo, ***"Man braucht Ewigkeiten"*** (**'Se tarda una eternidad'**). ***"Ewigkeiten"*** se pronuncia **/éevvvi(sh)káitennn/**.

LA MECÁNICA

En alemán, **'tardar en'** se expresa con el verbo ***"brauchen"*** junto con ***"um... zu"*** (que acabas de ver en el *Tag 125*). Te recordamos que ***"um"*** introduce una frase subordinada que termina en ***"zu"*** + infinitivo, o en el caso de un verbo separable, prefijo + ***"zu"*** + raíz del verbo:

Ich brauche fünfzehn Minuten, um zu meinen Eltern zu fahren.	Tardo quince minutos en ir a casa de mis padres.
Ich brauche zwei Stunden, um alles vorzubereiten.	Tardo dos horas en prepararlo todo.

Para decir simplemente que se tarda **'mucho'** o **'no mucho'** tiempo, en alemán recurrimos al adverbio ***"lange"***, por lo que la pregunta **'¿Cuánto (tiempo) tardas?'** no se dice *"Wie viel brauchst du?"* (que significa **'¿Cuánto necesitas?'**) sino ***"Wie lange brauchst du?"***:

Wie lange braucht man, um Deutsch zu lernen?	¿Cuánto tiempo se tarda en aprender alemán?
Ich brauche lange, um es fertigzumachen.	Tardo mucho tiempo en terminarlo.
Wir brauchen nicht lange, um es zu finden.	No tardamos mucho en encontrarlo.

¡Un apunte!
'Se tarda' no solamente se puede decir con ***"man braucht"***, también usamos a menudo ***"es dauert"***, literalmente 'ello dura': ***"Wie lange dauert es, um...?"*** (**'¿Cuánto se tarda en...?'**).

Clave de pronunciación
¡La ***"g"*** de ***"lange"*** apenas suena! Las letras ***"ng"*** producen un sonido nasal, que es parecido al de la palabra **'conga'** en castellano, aunque con la **'g'** todavía más suave. ¡Ponte el audio a tope e imítalo en voz alta!

TAG 127 ¡Ponte a prueba!

Tapa la columna de la derecha y traduce las siguientes frases:

Empezamos con *"brauchen"* junto con periodos de tiempo. Fíjate en que 'media hora' en alemán es *"eine halbe Stunde"*.

Tardo normalmente una hora.	**Ich brauche normalerweise eine Stunde.**
Él tarda media hora en llegar al trabajo.	**Er braucht eine halbe Stunde, um zur Arbeit zu kommen.**
Se tarda veinte minutos en ir (andando) desde aquí hasta la estación.	**Man braucht zwanzig Minuten, um von hier zum Bahnhof zu laufen.**

¡Vuelve a decir las frases sustituyendo ***"eine Stunde"***, ***"eine halbe Stunde"*** y ***"zwanzig Minuten"*** por ***"Ewigkeiten"***!

Sigamos ahora con *"lange brauchen"* y *"nicht lange brauchen"*.

Tardo mucho en escribir un artículo.	**Ich brauche lange, um einen Artikel zu schreiben.**
Ella no tarda mucho en vestirse.	**Sie braucht nicht lange, um sich anzuziehen.**
No se tarda mucho en ir al aeropuerto.	**Man braucht nicht lange, um zum Flughafen zu fahren.**

¿Te has acordado de colocar ***"zu"*** entre ***"an-"*** y ***"-ziehen"***?

¡Terminamos con preguntas! ¿Cuánto tiempo tardas en traducir las siguientes frases? *Wie lange brauchst du, um die folgenden Sätze zu übersetzen?*

¿Cuánto tiempo tarda usted en llegar al trabajo?	**Wie lange brauchen Sie, um zur Arbeit zu kommen?**
¿Cuánto tiempo tardas en vestirte?	**Wie lange brauchst du, um dich anzuziehen?**
¿Cuánto tiempo se tarda normalmente en encontrar un piso?	**Wie lange braucht man normalerweise, um eine Wohnung zu finden?**

¡**'El piso'** en alemán es femenino! ***"Die Wohnung"*** se pronuncia **/vvvóonun(g)/**.

TAG 128 El pasado compuesto con *haben*

El *Perfekt* o pasado compuesto es el tiempo verbal que más se usa en alemán cuando nos referimos a sucesos del pasado. Mientras que en castellano se diferencia entre **'dormí'**, **'dormía'** y **'he dormido'**, en alemán siempre es ***"ich habe geschlafen"*** en el lenguaje hablado. ¡Mira qué fácil!

LA MECÁNICA

El pasado compuesto de la mayoría de los verbos se forma con ***"haben"*** como verbo auxiliar más el participio del verbo principal, que va **al final de la frase**:

Ich habe mit meiner Mutter geredet.	He hablado con mi madre.

Los participios en alemán son bastante irregulares, por lo que conviene aprendérselos de memoria (encontrarás una lista en la página 433). Aun así, aquí tienes algunas reglas básicas que te pueden guiar:

- La formación de participios regulares consiste en añadir el prefijo ***"ge-"*** a la tercera persona del singular:

machen: gemacht	**sagen: gesagt**	**wohnen: gewohnt**	**arbeiten: gearbeitet**	**warten: gewartet**

- Hay muchos verbos cuyos participios equivalen a ***"ge-"*** + infinitivo:

geben: gegeben	**lesen: gelesen**	**sehen: gesehen**	**lassen: gelassen**

- En el caso de los verbos separables, ***"ge-"*** va entre el prefijo y la raíz del verbo:

anrufen: angerufen	**aufmachen: aufgemacht**	**zumachen: zugemacht**	**abholen: abgeholt**

- El participio de los verbos que empiezan con ***"be-"*** (como ***"berühren"***, **'tocar'**) y los que terminan en ***"-ieren"*** (como ***"studieren"***, **'estudiar'**) no llevan el prefijo ***"ge-"***, sino que coinciden con la tercera persona del singular: ***"Ich habe studiert/berührt"***.
- Entre los participios irregulares, están por ejemplo:

haben: gehabt	**sprechen: gesprochen**	**finden: gefunden**	**schreiben: geschrieben**

¡Un apunte!
"Haben" se usa más en pasado simple (***"ich hatte"***) que en pasado compuesto (***"ich habe gehabt"***). Lo mismo ocurre con los verbos modales que vimos en el *Tag 121*. En cambio, los verbos que vimos en pasado simple el *Tag 119* (***"wissen"*** → ***"ich wusste"***, ***"denken"*** → ***"ich dachte"***,etc.), se usan en ambos tiempos de forma casi intercambiable (***"Ich wusste es"*** = ***"Ich habe es gewusst"***, ***"Ich dachte"*** = ***"Ich habe gedacht"***, etc.).

TAG 128 ¡Ponte a prueba!

Tapa la columna de la derecha y traduce las siguientes frases:

¡Estrenamos el *Perfekt* en primera y segunda persona del singular!

He esperado tres horas.	**Ich habe drei Stunden gewartet.**
– ¿Lo viste ayer (a él)? – No, no lo vi.	**– Hast du ihn gestern gesehen?** **– Nein, ich habe ihn nicht gesehen.**
– ¿Has abierto la ventana? – No, la he cerrado.	**– Hast du das Fenster aufgemacht?** **– Nein, ich habe es zugemacht.**

¡No te olvides de colocar el participio al final de la frase!

Seguimos con *"er/sie hat..."* e *"ihr habt..."*:

Mi padre ha vivido y trabajado en Dresde.	**Mein Vater hat in Dresden gewohnt und gearbeitet.**
¿Habéis encontrado la llave?	**Habt ihr den Schlüssel gefunden?**
– ¿Ella te ha escrito un mensaje? – No, pero me ha llamado.	**– Hat sie dir eine Nachricht geschrieben?** **– Nein, aber sie hat mich angerufen.**

El participio de *"schreiben"* es *"geschr**ie**ben"*, no *"geschreiben"*.

Terminamos con *"wir haben..."* y *"Sie/sie haben"*.

Ayer hablamos con el cliente.	**Wir haben gestern mit dem Kunden gesprochen.**
Han esperado mucho.	**Sie haben lange gewartet.**
– ¿Usted ha dicho algo? – No, no he dicho nada.	**– Haben Sie etwas gesagt?** **– Nein, ich habe nichts gesagt.**

En la primera frase también podrías decir *"Wir haben gestern mit dem Kunden geredet"*.

TAG 129 El pasado compuesto con *sein*

¡No todos los verbos se construyen con ***"haben"*** en pasado compuesto! Hay algunos que se conjugan con ***"sein"***, como por ejemplo el propio verbo ***"sein"***. No decimos *"Ich habe gewesen"* sino ***"Ich bin gewesen"*** (**'He sido/estado'**). ¡Descubre ahora más verbos que tienen ***"sein"*** como auxiliar!

LA MECÁNICA

En las páginas 433-443 puedes consultar cuáles son los verbos que se construyen con ***"sein"*** en *Perfekt*. A grandes rasgos, hay dos grupos de verbos que requieren ***"sein"***:

- Los que expresan desplazamiento, como ***"gehen"***, ***"fahren"*** y ***"kommen"***. Por extensión, también forman parte de este grupo ***"rennen"*** (**'correr'**), ***"fliegen"*** (**'volar'**), ***"schwimmen"*** (**'nadar'**):

gehen: gegangen	**fahren:** gefahren	**kommen:** gekommen	**laufen:** gelaufen
rennen: gerannt	**fliegen:** geflogen	**schwimmen:** geschwommen	

- Los verbos que expresan un cambio de estado, como ***"gebären"*** (**'dar a luz'**, **'parir'**), que se usa para decir que **'hemos nacido'** (***"Ich bin geboren"***) y ***"sterben"*** (**'morir'**). De este grupo también forman parte ***"aufwachen"*** (**'despertarse'**) y ***"einschlafen"*** (**'dormirse'**), entre otros.

gebären: geboren	**sterben:** gestorben	**aufwachen:** aufgewacht	**einschlafen:** eingeschlafen

Hay tres excepciones importantes de verbos que ni expresan desplazamiento ni un cambio de estado pero que se conjugan con ***"sein"***: el propio verbo ***"sein"***, y luego también ***"bleiben"*** (**'quedarse'**) y ***"passieren"*** (**'pasar'**):

sein: gewesen*	**bleiben:** geblieben	**passieren:** passiert

* ***"Ich war"*** y ***"ich bin gewesen"*** se usan de forma casi intercambiable.

¡Un apunte!
Los verbos separables que tienen como raíz un verbo que se construye con ***"sein"*** también se construyen con ***"sein"***. Por ejemplo ***"mitkommen"***: ***"Er ist gekommen"*** → ***"Er ist mitgekommen"***.

¡Qué curioso!
Precisamente el verbo ***"bewegen"*** (**'mover'**) así como su forma reflexiva ***"sich bewegen"*** se conjugan con ***"haben"***, ¡no con ***"sein"***! Decimos ***"Ich habe es bewegt"*** o ***"Ich habe mich bewegt"***, por ejemplo.

TAG 129 ¡Ponte a prueba!

Tapa la columna de la derecha y traduce las siguientes frases:

Empecemos con /guevvvée(s)ennn/, /guebliibennn/ y /pasíat/:

He estado allí.	**Ich bin da gewesen.**
– ¿Estuviste en la oficina ayer? – No, me quedé en casa.	**– Bist du gestern im Büro gewesen?** **– Nein, ich bin zuhause geblieben.**
No ha pasado nada.	**Es ist nichts passiert.**

Cuidado, es *"gebl**ie**ben"*, ¡no *"gebleiben"*! Pasa lo mismo que con *"schreiben"*–*"geschrieben"*.

Trabajemos ahora con *"geboren"* y *"gestorben"*. Para ponerte al día con cómo se dicen los años en alemán, vete a la página 400. ¡Fíjate en que no van precedidos por ninguna preposición!

Nací en 1968 y mi hermana nació en 1973.	**Ich bin 1968 geboren und meine Schwester ist 1973 geboren.**
– ¿En qué año naciste? – Nací en 1982.	**– In welchem Jahr bist du geboren?** **– Ich bin 1982 geboren.**
Mi abuela murió el año pasado.	**Meine Großmutter ist letztes Jahr gestorben.**

En lugar de *"gestorben"*, puedes decir también *"verstorben"* (de *"versterben"*, **'fallecer'**).

Terminamos con verbos que expresan desplazamiento:

Ayer llegué tarde a casa.	**Ich bin gestern spät nach Hause gekommen.**
Hemos ido al cine y hemos visto una película.	**Wir sind ins Kino gegangen und haben einen Film gesehen.**
– ¿Ha ido usted a la estación (en medio de transporte)? – No, he ido andando.	**– Sind Sie zum Bahnhof gefahren?** **– Nein, ich bin gelaufen.**

En lugar de *"gelaufen"* también podrías decir *"zu Fuß gegangen"* (**'ido a pie'**).

TAG 130 Repaso de las clases 121-129

¡Una vez más ha llegado el momento de repasar! Has visto los verbos modales en pasado simple y has conocido el infinitivo con *"zu"* que se usa con *"sein"*, *"vergessen"* y *"Lust haben"*, por ejemplo. Ya sabes cómo expresar **'para'** + infinitivo (*"um... zu"*/*"zum"*) y **'para que'** (*"damit"*); sabes manejar *"brauchen"* en su acepción de **'tardar'** y por fin has aprendido a usar el tiempo verbal del pasado por excelencia: ¡el pasado compuesto!

¿Quieres comprobar qué has asimilado bien y si hace falta volver a estudiar algún capítulo? ¡Coge un lápiz y traduce las siguientes frases! Después, una vez que te hayas asegurado de que las frases son correctas, practica diciéndolas en voz alta. *Los geht's!*

***"Kommen"* se conjuga con *"sein"* en pasado compuesto.**

Me apetece algo dulce. ....

Hemos venido para ayudaros. ....

No es fácil encontrar un piso aquí. ....

El participio de *"gehen"* se pronuncia /guegán(g)ennn/, ¡sin que suene la tercera *"g"*!

Ella ha ido al centro. ....

Estoy intentando cerrarlo. ....

No tengo ganas de dar un paseo. ....

No olvides escribir con inicial mayúscula el verbo que va detrás de *"zum"*.

No pudimos ayudarle. ....

Quiero un café para llevar. ....

Él cogerá un taxi para no llegar tarde. ....

TAG 130 Repaso de las clases 121-129

¡Es 'una media hora' en alemán!

Tardamos normalmente media hora. ....

Es difícil entenderla. ....

He leído tu artículo. ....

En la última frase puedes usar *"sprechen"* o *"reden"*.

¿Se lo has dicho (a ellos)? ....

No olvides llamar a tu madre. ....

Ayer estuve en la oficina y hablé con ella. ....

En el contexto de 'tardar', 'cuánto' se traduce como *"wie lange"*, no *"wie viel"*.

¿Cuánto se tarda en ir al aeropuerto? ....

Él quería venirse, pero tuvo que quedarse en casa. ....
....

Date prisa para que no perdamos tiempo. ....

Comprueba las respuestas en la página 382.

TAG 131 El adverbio *gerade* + pasado compuesto

En el *Tag 29* vimos que se usa el adverbio ***"gerade"*** (**'ahora mismo'**) junto con el presente simple para expresar la idea de **'estar haciendo'** algo. En el capítulo de hoy vas a ver que, si lo combinamos con el pasado compuesto, podemos expresar la idea de **'acabar de'** hacer algo: ***"Er hat gerade angerufen"*** (**'Acaba de llamar'**).

LA MECÁNICA

Fíjate en los siguientes ejemplos para observar cómo afecta ***"gerade"*** al significado de una frase en presente simple frente a una en pasado compuesto:

"gerade" + presente simple = estar haciendo	*"gerade"* + pasado compuesto = acabar de hacer
Ich sehe gerade einen Film. Estoy viendo una película.	**Ich habe gerade einen Film gesehen.** Acabo de ver una película.
Es passiert gerade. Está sucediendo.	**Es ist gerade passiert.** Acaba de suceder.

Como ves, en alemán no usamos ninguna estructura en infinitivo para expresar **'acabar de'**, sino que colocamos ***"gerade"*** detrás del verbo auxiliar (***"haben"*** o ***"sein"***). Decimos literalmente 'He visto una película ahora mismo' o 'Ha sucedido ahora mismo'.

Ten en cuenta que los pronombres como ***"es"***, ***"mich"***, ***"dir"***, etc. se colocan delante de ***"gerade"***. En cambio, las menciones de lugar van detrás:

Ich habe es gerade meiner Mutter gegeben.	Acabo de dárselo a mi madre.
Ich habe ihn gerade gesehen.	Acabo de verlo (a él).
Er ist gerade nach Hause gekommen.	Él acaba de llegar a casa.
Sie haben sie gerade vom Flughafen abgeholt.	Acaban de recogerla del aeropuerto.

La palabra del día: *ankommen*

"Ankommen" es un verbo separable que significa **'llegar'** cuando alguien llega de un viaje o cuando se trata de un tren o autobús. No decimos *"Ich komme nach Hause an"* pero sí ***"Er kommt morgen um fünf an"*** o ***"Der Zug kommt um drei Uhr an"***. En pasado compuesto se construye con ***"sein"*** y su participio es ***"angekommen"***.

¡Un apunte!

Para enfatizar que **'justo ahora'** acabamos de hacer algo, podemos añadir ***"eben"*** detrás de ***"gerade"***: ***"Ich habe dich gerade eben angerufen"*** (**'Acabo de llamarte justo ahora'**).

TAG 131 ¡Ponte a prueba!

Tapa la columna de la derecha y traduce las siguientes frases:

Primero practica con algunos verbos que se construyen con *"haben"*. ¡No olvides colocar *"gerade"* detrás del verbo conjugado!

Acabo de hablar con ella.	**Ich habe gerade mit ihr gesprochen.**
Él acaba de comer algo.	**Er hat gerade etwas gegessen.**
Acabamos de empezar.	**Wir haben gerade angefangen.**

"Gesprochen" se pronuncia **/gueshhhpjójennn/**, con el sonido **/shhh/** de mandar callar.

Sigue ahora con algunos verbos que se construyen con *"sein"*:

Acabo de llegar a casa.	**Ich bin gerade nach Hause gekommen.**
Acaban de ir al aeropuerto.	**Sie sind gerade zum Flughafen gefahren.**
El tren acaba de llegar.	**Der Zug ist gerade angekommen.**

Recuerda que *"fahren"* es ir en un medio de transporte que no sea el avión ni el barco.

¡Vamos con /guejáade éebennn/! Y cuidado con el participio de *"telefonieren"*, ¡no empieza con *"ge-"*!

Justo ahora acabo de hablar con mi madre (por teléfono).	**Ich habe gerade eben mit meiner Mutter telefoniert.**
Justo acabamos de llegar.	**Wir sind gerade eben angekommen.**
¿Acabas de llamarme justo ahora?	**Hast du mich gerade eben angerufen?**

En la última frase, *"gerade"* le cede el paso a *"mich"*, ya que los pronombres directos e indirectos tienen preferencia.

TAG 132 *Schon*

La protagonista de este capítulo es la palabra ***"schon"***, que significa **'ya'** y que no colocamos al principio de una frase.

Error común
Es fácil confundir ***"schon"*** (**'ya'**) con ***"schön"*** (**'bonito'**). Esmérate en diferenciar bien la ***"ö"*** de ***"schön"***, que se consigue si dices una **'e'** pero con boca de **'o'**. La ***"o"*** de ***"schon"*** es como la **'o'** del castellano, pero larga: **/shhhoonnn/**.

La palabra del día: *weg*
La palabra ***"weg"***, que a diferencia de ***"Weg"*** (**'camino'**) se pronuncia con una ***"e"*** corta (**/vvvek/**), expresa la idea de marcharse. Decimos por ejemplo ***"Ich muss weg"*** (**'Tengo que irme'**). Lo empleamos a menudo junto con ***"sein"***, en cuyo caso se traduce como **'haberse ido'** a secas: ***"Ich bin weg"*** (**'Me he ido'**).

LA MECÁNICA

En general, ***"schon"*** se coloca detrás del verbo conjugado de la frase. Sigue la misma lógica que te contamos con ***"gerade"***; ***"schon"*** se desplaza hacia atrás si hay un pronombre como ***"mich"***, ***"dir"***, ***"ihn"***, etc.:

Meine Tochter geht schon in die Schule.	Mi hija ya va al cole.
Sie sind schon weg.	Ya se han ido.
Ich war schon beim Arzt.	Ya he estado en el médico.
Meine Eltern kommen schon morgen.	Mis padres vienen ya mañana.
Wir haben ihn schon gefragt.	Ya le hemos preguntado (a él).
Er hat es mir schon gesagt.	Él ya me lo ha dicho.
Sie ist schon zum Bahnhof gefahren.	Ella ya se ha ido a la estación.

¡Un apunte!
Utilizamos ***"schon mal"*** (la forma corta de ***"schon einmal"***) para decir que **'ya'** hemos hecho algo **'alguna vez'** o preguntarlo: ***"Warst du schon mal in New York?"***, ***"Hast du schon mal einen Delfin gesehen?"***, ***"Ich bin schon mal hier gewesen"***.

¡Qué curioso!
En frases como **'¡Hazlo ya!'** o **'¡Vente ya!'** no solemos emplear ***"schon"*** sino ***"sofort"***, que significa **'ahora mismo'** o **'en este mismo momento'**: ***"Mach es sofort!"***, ***"Komm sofort her!"***.

TAG 132 ¡Ponte a prueba!

Tapa la columna de la derecha y traduce las siguientes frases:

Empezamos con *"schon"* en ejemplos del presente simple.

Ya estoy listo.	**Ich bin schon fertig.**
¿Ya tienes hambre?	**Hast du schon Hunger?**
Mis padres ya se han ido.	**Meine Eltern sind schon weg.**

La ***"g"*** de ***"Hunger"*** no se pronuncia como tal, decimos **/hhhún(g)a/**.

Veamos *"schon"* en el pasado compuesto con *"haben"*.

Ya he empezado.	**Ich habe schon angefangen.**
Mi padre ya me ha dado mi regalo.	**Mein Vater hat mir schon mein Geschenk gegeben.**
– ¿Usted ya se lo ha dicho (a él)? – Sí, ya lo he llamado.	**– Haben Sie es ihm schon gesagt?** **– Ja, ich habe ihn schon angerufen.**

"Angefangen" tiene el mismo sonido **/n(g)/** que ***"Hunger"***. No digas /ánguefanguennn/, es **/ánguefán(g)ennn/**.

Seguimos con el pasado compuesto. Pero ojo, *"ankommen"*, *"fahren"* y *"aufwachen"* se construyen con *"sein"*.

Ya he llegado.	**Ich bin schon angekommen.**
– ¿Ya se han ido? – Sí, ya se han ido a casa (en medio de transporte).	**– Sind sie schon weg?** **– Ja, sie sind schon nach Hause gefahren.**
– ¿Él ya se ha despertado? – Sí, ya se ha vestido.	**– Ist er schon aufgewacht?** **– Ja, er hat sich schon angezogen.**

"Aufwachen" no es reflexivo en alemán. Decimos ***"ich bin aufgewacht"***, ***"er ist aufgewacht"***, ***"wir sind aufgewacht"***, etc.

TAG 133 *Noch* (I)

Después de hablar de las cosas que **'ya'** (***"schon"***) hemos hecho, nos centramos hoy en lo que **'todavía'** estamos haciendo, con ***"noch"***. También lo juntaremos con ***"nicht"*** y ***"kein"*** para que aprendas a expresar **'todavía no'**. ¡Vamos al lío!

!?

¡Qué curioso!
Como contrapartida a ***"schon mal"*** (**'ya... alguna vez'**), empleamos ***"noch nie"*** para decir que **'nunca'** jamás hemos hecho algo: ***"Warst du schon mal in Tokio? – Nein, noch nie"***. En este contexto no suena natural usar ***"nie"*** a secas.

LA MECÁNICA

Mientras que **'todavía'** en castellano se puede colocar al principio, al final o en medio de la frase, nuestra palabra ***"noch"*** (**'todavía'**) se suele colocar casi siempre detrás del verbo conjugado:

– Bist du schon zuhause?	– ¿Estás ya en casa?
– Nein, ich bin noch im Zug.	– No, estoy en el tren **todavía**/estoy **todavía** en el tren/**todavía** estoy en el tren.

"Noch" se coloca donde igual que otros adverbios como ***"schon"*** o ***"gerade"***; como buen adverbio que es, le cede el paso a un pronombre u objeto indirecto (***"Ich suche es noch"***).

En negativo, combinamos ***"noch"*** con ***"nicht"***, ***"kein"***, ***"niemand"*** o ***"nichts"***, según lo que quieras decir. ¡***"Noch nicht"***, ***"noch kein"***, ***"noch niemand"*** y ***"noch nichts"*** forman unidades inseparables! De paso, no olvides que ***"kein"*** y ***"niemand"*** se declinan:

Ich weiß es noch nicht.	No lo sé todavía.
Wir haben noch keine Kinder.	No tenemos hijos todavía.
Ich habe noch niemanden gesehen.	No he visto a nadie todavía.
Er hat mir noch nichts gesagt.	No me ha dicho nada todavía.

Ten en cuenta que también usamos ***"noch"*** para transmitir la idea de que nos queda algo por hacer, como en ***"Warte einen Moment, ich muss noch das Fester zumachen"***.

¡Un apunte!
Para intensificar el hecho de que **'todavía'** está sucediendo algo, empleamos ***"immer noch"***: ***"Bist du immer noch hier?!"***, ***"Er ist immer noch nicht fertig!"***.

¡Otro apunte!
En el *Tag 135* verás que usamos ***"noch ein"*** para referirnos a **'otro (más)'**: ***"Kann ich noch ein Stück haben?"***.

TAG 133 ¡Ponte a prueba!

Tapa la columna de la derecha y traduce las siguientes frases:

Estrena tus primeras frases con /noj/, ¡y en voz alta!

Estoy todavía en casa.	**Ich bin noch zuhause.**
– ¿Vives todavía en Dortmund? – Sí, todavía vivo en la misma casa.	**– Wohnst du noch in Dortmund?** **– Ja, ich wohne noch in demselben Haus.**
– ¿Él ya se ha despertado? – No, todavía está durmiendo.	**– Ist er schon aufgewacht?** **– Nein, er schläft noch.**

En la segunda frase, también se podría decir *"im selben Haus"*.

Practica ahora con la unidad *"noch nicht"*, que se sigue colocando detrás del verbo conjugado.

No estoy lista todavía.	**Ich bin noch nicht fertig.**
Él todavía no me ha llamado.	**Er hat mich noch nicht angerufen.**
– ¿Ya han llegado? – No, no han llegado todavía.	**– Sind sie schon angekommen?** **– Nein, sie sind noch nicht angekommen.**

No se te ha escapado decir *"Haben sie schon angekommen"*, ¿verdad? Repasa el *Tag 129* si te hace falta.

Por último, veamos *"noch kein"* seguido de sustantivos. *"Die Lösung"* se pronuncia /löö(s)un(g)/, con *"ö"* larga y con *"s"* vibrada.

No he comprado ningún regalo todavía.	**Ich habe noch kein Geschenk gekauft.**
No hemos encontrado una solución todavía.	**Wir haben noch keine Lösung gefunden.**
– ¿Habéis tenido problemas ya? – No, no hemos tenido problemas todavía.	**– Hattet ihr schon Probleme?** **– Nein, wir hatten noch keine Probleme.**

¡Vuelve a decir todos los ejemplos de la página sustituyendo *"noch"* por *"immer noch"*!

TAG 134 *Nicht mehr & kein... mehr*

En el capítulo de hoy descubrirás que **'ya no'** en alemán no es *"schon nicht"* sino que recurrimos a ***"nicht mehr"*** o ***"kein... mehr"***: ***"Ich studiere nicht mehr"***, ***"Ich habe keine Probleme mehr"***.

Clave de pronunciación
No olvides que la ***"h"*** alarga una vocal, así que di ***"mehr"*** así: **/méea/**. ***"Mehr"*** se pronuncia igual que ***"das Meer"*** (**'el mar'**).

LA MECÁNICA

Para decir que **'ya no'** haces algo, coloca la pareja ***"nicht mehr"*** detrás del verbo conjugado, a no ser que haya algún pronombre:

Ich gehe nicht mehr in die Schule.	Ya no voy al colegio.
Ich rufe ihn nicht mehr an.	Ya no lo llamo.

Cuando negamos algún sustantivo, empleamos ***"kein... mehr"***. ¡***"Mehr"*** tiene que ir detrás del sustantivo!

Ich habe keine Angst mehr.	Ya no tengo miedo.

También puedes emplear ***"mehr"*** con ***"nichts"*** o ***"niemand"***:

Ich kenne hier niemanden mehr.	Ya no conozco a nadie aquí.
Es gibt nichts mehr.	Ya no hay nada.

¡Un apunte!
Ten en cuenta que usamos también ***"nicht/kein mehr"*** para decir **'no... más'**: ***"Ich möchte nicht mehr essen"*** (**'No quiero comer más'**).

¡Qué curioso!
Es muy común emplear ***"noch wissen"*** y ***"nicht mehr wissen"*** como sinónimo de ***"sich erinnern"*** y ***"sich nicht erinnern"***: ***"–Weißt du noch? –Ja, ich weiß es noch/Nein, ich weiß es nicht mehr"*** (**'–¿Te acuerdas? –Sí, me acuerdo/No, no me acuerdo'**).

TAG 134 ¡Ponte a prueba!

Tapa la columna de la derecha y traduce las siguientes frases:

Empezamos con *"nicht mehr"* junto con verbos.

Ya no fumo.	**Ich rauche nicht mehr.**
Mis abuelos ya no trabajan.	**Meine Großeltern arbeiten nicht mehr.**
Él ya no te puede ayudar.	**Er kann dir nicht mehr helfen.**

No olvides que ***"helfen"*** rige el dativo, ¡por eso no es *"Er kann dich... helfen"*!

Con los sustantivos, hay que emplear *"kein... mehr"*:

Ya no me apetece.	**Ich habe keine Lust mehr.**
Ya no tenemos perro.	**Wir haben keinen Hund mehr.**
Aquí ya no hay árboles.	**Es gibt hier keine Bäume mehr.**

"Bäume", **/bóime/**, es el plural de ***"der Baum"*** (**'el árbol'**).

Para terminar, veamos unas preguntas con el recién estrenado *"noch"* ('todavía'), a las que responderemos con *"nicht mehr"* o *"kein... mehr"*.

– ¿Vives todavía en Kassel? – No, ya no vivo allí.	**– Wohnst du noch in Kassel?** **– Nein, ich wohne nicht mehr da.**
– ¿Usted trabaja todavía en Busch? – No, ya no trabajo allí.	**– Arbeiten Sie noch bei Busch?** **– Nein, ich arbeite nicht mehr da.**
– ¿Todavía tenéis ganas? – No, ya no nos apetece.	**– Habt ihr noch Lust?** **– Nein, wir haben keine Lust mehr.**

'Trabajar en' + el nombre de una empresa se dice ***"arbeiten bei..."***.

TAG 135 *Noch* (II)

En el *Tag 113* vimos que **'otro (distinto)'** en alemán se expresa con ***"andere"***, como en ***"Haben Sie das in einer anderen Farbe?"***. Hoy nos centramos en cómo traducir **'otro (más)'**, y para ello necesitarás ***"noch"***.

LA MECÁNICA

Para empezar, fíjate en estos dos ejemplos para ver la diferencia entre ***"noch"*** y ***"andere"***:

Ich möchte einen anderen Kuli. Quiero otro bolígrafo **(distinto)**.	**Ich möchte noch einen Kuli.** Quiero otro bolígrafo **(más)**.

Empleamos ***"noch"*** no solamente como equivalente de **'todavía'**, sino también para referirnos a **'otro'**, **'más'** u **'otro más'**, dependiendo del contexto. Te convendrá saber manejar los siguientes usos de ***"noch"***:

noch ein/e	**noch mehr**	**noch etwas**	**noch jemand**	**was noch**	**wer noch**
otro/a (más)	(todavía) más	algo más	alguien más	qué más	quién más

¡Veamos unos ejemplos! Ten en cuenta que, en las preguntas con ***"was/wer noch"***, ***"noch"*** se separa de ***"was"*** y ***"wer"***.

Möchtest du noch ein Stück?	¿Quieres otro trozo?
Möchten Sie noch mehr Zucker?	¿Quiere (todavía) más azúcar?
Ich werde noch etwas kaufen.	Compraré otra cosa más.
Kommt noch jemand?	¿Viene alguien más?
Was soll ich noch einkaufen?	¿Qué más quieres que compre?
Wer geht noch auf die Hochzeit?	¿Quién más va a la boda?

¡Un apunte!
"Darf es sonst noch etwas sein?" o su forma corta ***"Sonst noch etwas?"*** es la típica pregunta que oirás en un restaurante, una cafetería o una tienda, ya que significa **'¿Algo más?'**. ***"Sonst"*** aquí equivale a **'aparte de eso'**.

La palabra del día: *die Katze*
'El gato' por defecto es femenino en alemán: decimos ***"Ich habe eine Katze"***. El macho de ***"die Katze"*** es ***"der Kater"***, que curiosamente también se usa para hablar de **'la resaca'** en el lenguaje coloquial (***"Ich habe einen ganz schönen Kater von gestern..."***).

TAG 135 ¡Ponte a prueba!

Tapa la columna de la derecha y traduce las siguientes frases:

Trabajemos con *"noch ein"* y *"noch mehr"*:

Estoy muy cansado. ¡Necesito otro café!	**Ich bin sehr müde. Ich brauche noch einen Kaffee!**
- ¡(Pero si) ya tienes tres gatos! - ¿Y? Quiero otro.	**- Du hast (doch) schon drei Katzen!** **- Ja und? Ich will noch eine.**
- ¿Quieres (todavía) más pastel? - Sí, gracias, cojo otro trozo.	**- Möchtest du noch mehr Kuchen?** **- Ja danke, ich nehme noch ein Stück.**

"Doch" es una muletilla que usamos a menudo para enfatizar nuestra incomprensión.

¡Vamos con /noj étvvvas/ y /noj iéemant/!

Además del vino quiero regalarle (a ella) otra cosa más.	**Außer dem Wein will ich ihr noch etwas schenken.**
¿Alguien más tiene una pregunta?	**Hat noch jemand eine Frage?**
¿Alguien más quiere decir algo?	**Möchte noch jemand etwas sagen?**

Como vimos en el *Tag 73*, *"außer"* rige el dativo. Se puede traducir como **'excepto'**, **'además de'** y **aparte de'**.

Para terminar, ponte a prueba con *"Was... noch?"* y *"Wer... noch?"*.

¿Qué más falta aparte del vino?	**Was fehlt noch außer dem Wein?**
¿Quién más viene aparte de tu hermano?	**Wer kommt noch außer deinem Bruder?**
¿Qué más quieres (entonces)?	**Was willst du (denn) noch?**

"Denn" es otra muletilla muy usada en el lenguaje hablado y significa **'entonces'**.

TAG 136 *Noch mal & wieder*

Te presentamos a ***"noch mal"*** y ***"wieder"***, dos maneras de expresar **'de nuevo'**, **'otra vez'** o **'volver a'**. ***"Noch mal"*** y ***"wieder"*** muchas veces son intercambiables, pero tienen distintos matices.

Clave de pronunciación
Pronuncia ***"wieder"*** con esa **"w"** que suena como una **'v'** vibrada, seguida de una **'i'** larga: **/vvviida/**. Si la pronuncias de manera corta, podemos entender ***"Widder"***, que es **'Aries'**, el signo del zodiaco.

¡Un apunte!
Tanto ***"noch mal"*** como ***"wieder"*** se colocan detrás del verbo conjugado, pero cediendo el paso a un pronombre o a ***"nicht"***.

LA MECÁNICA

"Noch mal", que es la forma corta de ***"noch einmal"***, significa literalmente **'una vez más'** y hace hincapié en que uno repite una acción solamente una vez:

Frag ihn noch mal.	Pregúntale otra vez.
Ich mache es nicht noch mal.	No lo vuelvo a hacer.
Hast du noch mal mit ihm gesprochen?	¿Has vuelto a hablar con él?

"Wieder" es muy parecido a ***"noch mal"***. Indica simplemente que una acción vuelve tener lugar, pero no especifica cuántas veces podrá tener lugar en el futuro:

Es regnet wieder.	Llueve otra vez.
Er geht morgen wieder arbeiten.	Mañana él vuelve a ir a trabajar.
Sie ist wieder zu spät gekommen.	Ella ha vuelto a llegar tarde.

Hay algunos verbos separables que se forman con el prefijo ***"wieder-"***, como ***"wiedersehen"*** (**'volver a ver'**, de ahí la despedida ***"Auf Wiedersehen"***) y ***"wiederkommen"*** (**'volver'** a venir):

Wir sehen uns bald wieder.	Pronto nos volveremos a ver.
Komm bald wieder!	¡Vuelve pronto!

¡Qué curioso!
Para enfatizar ***"wieder"*** usamos ***"schon"*** delante: ***"Es regnet schon wieder!"***, ***"Er kommt schon wieder zu spät!"***. Y para animar a alguien a que haga algo **'algún día'** o **'alguna vez'**, decimos ***"mal wieder"***, como en ***"Lass uns mal wieder ins Kino gehen!"***.

TAG 136 ¡Ponte a prueba!

Tapa la columna de la derecha y traduce las siguientes frases:

Veamos primero ejemplos con *"noch mal"*:

Por favor, vuelve a llamar más tarde.	**Bitte ruf später noch mal an.**
Mañana nos enseñan la casa otra vez.	**Morgen zeigen sie uns noch mal das Haus.**
Tengo que empezar de nuevo.	**Ich muss noch mal anfangen.**

¡Vuelve decir las frases con *"noch einmal"*! Ten en cuenta que la primera y última frase se podrían expresar perfectamente con *"wieder"*.

Practica ahora con *"wieder"*, el hermano mellizo de *"noch mal"*.

Eso no puede volver a pasar. (No lo podemos permitir)	**Das darf nicht wieder passieren.**
Él llegó tarde otra vez.	**Er ist wieder zu spät gekommen.**
He vuelto a olvidar mi llave.	**Ich habe wieder meinen Schlüssel vergessen.**

El primer ejemplo también podrías decirlo con *"noch mal"*; en las otras dos queda mejor *"wieder"*.

Terminamos con los verbos separables *"wiedersehen"* y *"wiederkommen"*. ¡Cuidado con el verbo auxiliar en pasado compuesto!

¿Cuándo volvéis?	**Wann kommt ihr wieder?**
Lo volví a ver ayer.	**Ich habe ihn gestern wiedergesehen.**
Él volvió ayer.	**Er ist gestern wiedergekommen.**

Se podría usar *"noch mal"* en estas frases, pero el matiz sería distinto. Usando *"noch mal"* se hace hincapié en que volvemos/volveremos a ver a alguien **'una vez más'** en concreto.

TAG 137 *Selbst*

Hoy podrás comprobar que **'yo mismo'**, **'tú mismo'**, **'el mismo'**, **'ella misma'**, **'nosotros mismos'**, etc., en alemán se expresa con una sola palabra que es invariable: ***"selbst"***.

Clave de pronunciación
¡La ***"s"*** de ***"selbst"*** es el famoso zumbido de una abeja. Y la ***"b"*** suena como una **'p'**: decimos **/(s)elpst/**, marcando bien las tres consonantes del final.

La expresión del día: ***selbst gemacht***
"Selbst gemacht" significa **'hecho por uno mismo'**, pero también lo usamos como adjetivo para decir **'hecho a mano'** o **'casero'**, como en ***"eine selbst gemachte Tasche"*** o ***"selbst gemachtes Eis"***.

LA MECÁNICA

"Selbst", que te sonará a ***"der-/die-/dasselbe"*** (**'el mismo / la misma'**) del *Tag 114*, se emplea para enfatizar que hacemos algo **'nosotros mismos'**. ***"Selbst"*** tiene multitud de traducciones, ya que según el sujeto y el verbo de la frase, puede traducirse como **'yo mismo/a'**, **'a mí mismo/a'**, **'tú mismo/a'**, **'ella misma'**, etc. Solemos colocar ***"selbst"*** hacia el final de la frase, delante de un verbo en infinitivo o un participio:

Ich möchte ihn selbst fragen.	Quiero preguntarle yo mismo/a.
Er hat es mir selbst gesagt.	Él mismo me lo ha dicho.
Sie werden es selbst finden.	Ellos mismos/ellas mismas lo encontrarán.
Die Frau redet mit sich selbst.	La mujer habla consigo misma.
Sie wird sich das Auto selbst kaufen.	Ella misma se comprará el coche.

Ten en cuenta que en el lenguaje hablado, usamos indistintamente ***"selbst"*** y ***"selber"***. ***"Selber"*** se pronuncia como **'selva'** pero con **'s'** vibrada.

¡Un apunte!
"Selbst" también puede significar **'incluso'**, como en ***"Selbst wenn er kommt..."*** (**'Incluso si viene...'**) ***"Selbst ich weiß das"*** (**'Incluso yo lo sé'**).

¡Qué curioso!
La expresión **'¡Eso no te lo crees ni tú!'** en alemán se dice ***"Das glaubst du doch selbst/selber nicht!"***.

TAG 137 ¡Ponte a prueba!

Tapa la columna de la derecha y traduce las siguientes frases:

Vamos con /(s)elpst/. ¡Practica diciendo /(s)elpst/ varias veces en voz alta!

Él solamente piensa en sí mismo.	**Er denkt nur an sich selbst.**
¿Eso lo hace usted mismo?	**Machen Sie das selbst?**
Se lo quiero decir (a él) yo misma.	**Ich möchte es ihm selbst sagen.**

No olvides que **'pensar en'** se dice *"denken an"*. ¡Ahora vuelve a decir las frases con *"selber"*!

Practiquemos *"selbst"* con frases en pasado compuesto. 'Hacer un pastel' en alemán se dice con nuestro equivalente al verbo 'hornear' (*"einen Kuchen backen"*) y decimos 'cortarse *los pelos*' en plural (*"sich die Haare schneiden"*). Los participios de *"backen"* y *"schneiden"* son *"gebacken"* y *"geschnitten"*.

Lo hemos visto nosotros mismos.	**Wir haben es selbst gesehen.**
¿Ha hecho el pastel él mismo?	**Hat er den Kuchen selbst gebacken?**
Me he cortado el pelo yo misma.	**Ich habe mir die Haare selbst geschnitten.**

Ojo, es *"Ich schneide mir die Haare"*, ¡no *"...mich die Haare"*! Lo explicamos en el *Tag 84*.

Para terminar, practica con *"selbst gemacht"*, que indica que hemos hecho algo nosotros mismos en nuestra casa.

¿El regalo está hecho a mano?	**Ist das Geschenk selbst gemacht?**
Los pendientes están hechos a mano.	**Die Ohrringe sind selbst gemacht.**
Es mermelada casera.	**Das ist selbst gemachte Marmelade.**

'Hecho a mano' también se puede decir *"von Hand gemacht"*, y en un restaurante puedes preguntar si un postre está *"hausgemacht"*.

TAG 138 Los verbos *anfangen* & *aufhören*

En el capítulo de hoy nos centramos en cómo se dice **'empezar a'** y **'dejar de'**, por lo que nuestros protagonistas son los dos verbos separables ***"anfangen"*** y ***"aufhören"***.

Error común
Para decir **'¡Déjalo!'** o **'¡Para (de hacer eso)!'**, di simplemente ***"Hör auf!"*** o ***"Hör auf damit!"***, ¡pero en ningún caso *"Hör es auf"*!

Clave de pronunciación
La ***"r"*** de la terminación ***"-ör"*** o ***"-ört"*** se pronuncia como una **'a'**, por lo que ***"hör auf"*** y ***"aufgehört"*** se pronuncian **/höa áuf/** y **/áufguehöat/**, respectivamente.

LA MECÁNICA

Para decir que **'empezamos a'** o **'dejamos de'** hacer algo, en alemán tenemos que formar una frase con ***"zu"*** + infinitivo, una estructura que te presentamos en el *Tag 122*. Dado que ***"anfangen"*** y ***"aufhören"*** son verbos separables, no olvides que en presente simple y en imperativo, se separa el prefijo de la raíz:

Ich fange an, es zu verstehen.	Empiezo a entenderlo.
Hör auf, mich zu kritisieren.	Deja de criticarme.

El infinitivo con ***"zu"*** no es la única manera que tenemos de expresar el verbo que va detrás de ***"anfangen"*** y ***"aufhören"***; para decir **'empezar a'** o **'dejar de'** + infinitivo A SECAS, también recurrimos a la estructura ***"mit dem"*** + infinitivo con inicial mayúscula. Es como si dijéramos 'He terminado con el fumar'. De paso, ¡fíjate en que los participios de nuestros dos verbos son ***"angefangen"*** y ***"aufgehört"***!

Es hat mit dem Regnen angefangen. **(= Es hat angefangen, zu regnen.)**	Ha empezado a llover.
Ich habe mit dem Rauchen aufgehört. **(= Ich habe aufgehört, zu rauchen.)**	He dejado de fumar.

¡Un apunte!
Además de **'dejar (de)'**, ***"aufhören"*** puede significar **'cesar'** (***"Der Lärm hat aufgehört"***, **'El ruido ha cesado'**).

¡Otro apunte!
Para decir que **'terminamos'** o **'acabamos'** algo, no usamos ***"aufhören"*** sino el prefijo ***"fertig-"*** junto con el verbo en cuestión. Para refrescarte la memoria, echa un vistazo al *Tag 37*.

TAG 138 ¡Ponte a prueba!

Tapa la columna de la derecha y traduce las siguientes frases:

¡Empecemos con *"anfangen"*! *Lass uns mit "anfangen" anfangen!* Y ya sabes, *"zu"* + infinitivo va al final de la frase.

Empiezo a entenderos.	**Ich fange an, euch zu verstehen.**
Él empieza a estudiar para el examen.	**Er fängt an, für die Prüfung zu lernen.**
Hemos empezado a prepararlo todo.	**Wir haben angefangen, alles vorzubereiten.**

"Anfangen" tiene *Umlaut* en la primera y la segunda persona del singular en presente, decimos: ***"ich fange an"*** pero ***"du fängst an"*** y ***"er/sie/es fängt an"***.

Trabaja ahora con nuestra manera de decir 'dejar de':

Deja de quejarte.	**Hör auf, dich zu beschweren.**
Debería dejar de tomar café.	**Ich sollte aufhören, Kaffee zu trinken.**
Ha dejado de llover.	**Es hat aufgehört, zu regnen.**

La última frase también se podría expresar con ***"mit dem Regnen"***.

¡Terminemos con *"mit dem"* + infinitivo! No olvides usar el sujeto impersonal *"es"* con *"regnen"*.

He empezado a hacer *footing*.	**Ich habe mit dem Joggen angefangen.**
Quiero dejar de fumar.	**Ich will mit dem Rauchen aufhören.**
Deja de llover.	**Es hört mit dem Regnen auf.**

La **"j"** de ***"joggen"*** se pronuncia a la inglesa, decimos **/dshóguennn/**.

TAG 139 *Seit* (I) & *seitdem*

Hoy nos centramos en la palabra ***"seit"***, que a la vez puede ser una preposición (**'desde'**) y una conjunción (**'desde que'**). También conocerás el adverbio ***"seitdem"***, que significa **'desde entonces'**.

Clave de pronunciación

"Seit" se pronuncia igual que *"seid"* (de *"ihr seid"*), con *"s"* vibrada y una *"t"* marcada. En *"seitdem"*, ten en cuenta que la *"t"* se fusiona con la *"d"* y decimos **/(s)áiteemm/**.

LA MECÁNICA

Como ya te comentamos en el *Tag 73*, la preposición ***"seit"*** rige el dativo, por lo que decimos ***"seit letzter Woche"*** (**'desde la semana pasada'**), ***"seit letztem Monat"*** (**'desde el mes pasado'**) y ***"seit letztem Jahr"*** (**'desde el año pasado'**). Fíjate en que ***"letzt-"*** adopta la terminación del artículo (***"dem"/"der"***) debido a la ausencia de artículo. Pero cuidado, si quisieras decir **'desde la última vez'**, entonces no sería *"seit **dem** letzt**em** Mal"* sino ***"seit dem letzten Mal"***. ¿Y cómo dirías **'desde ayer'** y **'desde marzo'**? Fácil: ***"seit gestern"*** y ***"seit März"***.

"Seit" también nos permite decir **'desde que'**, aunque con este uso a menudo decimos ***"seitdem"***. ***"Seit"*** o ***"seitdem"*** en este contexto hacen que el verbo vaya al final de la frase:

Ich arbeite weniger, seit/seitdem ich ein Kind habe.	Trabajo menos desde que tengo un hijo.

Cuando utilizamos ***"seitdem"*** sí o sí es cuando queremos expresar **'desde entonces'**. No olvides que si lo colocas al principio de la frase, a ***"seitdem"*** le sigue el verbo y después el sujeto:

Ich hatte ein Kind. Seitdem arbeite ich weniger.	Tuve un hijo. Desde entonces trabajo menos.

Ten en cuenta que en las preguntas, juntamos simplemente ***"seit"*** y ***"wann"***, y obtenemos ***"Seit wann...?"***, que en castellano se traduce como **'¿Desde cuándo...?'** o **'¿Cuánto tiempo llevas...?'**.

¡Qué curioso!

'Desde que era pequeño' en alemán se dice ***"seit ich klein bin"*** o ***"seitdem ich klein bin"***, ¡con el verbo en presente!

TAG 139 ¡Ponte a prueba!

Tapa la columna de la derecha y traduce las siguientes frases:

Empieza practicando con *"Seit wann...?"* y *"seit"*:

– ¿Desde cuándo están casados ustedes? – Estamos casados desde 1997.	**– Seit wann sind Sie verheiratet?** **– Wir sind seit 1997 verheiratet.**
– ¿Desde cuándo estás esperando la carta? – Desde el mes pasado.	**– Seit wann wartest du auf den Brief?** **– Seit letztem Monat.**
– ¿Desde cuándo está enfermo (él)? – Desde ayer.	**– Seit wann ist er krank?** **– Seit gestern.**

¡Ahora repite las respuestas con *"schon seit"* (**'ya... desde'**)!

Sigue ahora con unas frases subordinadas, en las que el verbo tiene que ir al final:

Duermo menos desde que tenemos hijos.	**Ich schlafe weniger, seit(dem) wir Kinder haben.**
Vivimos aquí desde que era pequeño.	**Wir wohnen hier, seit(dem) ich klein bin.**
– ¿Desde cuándo os conocéis? – Desde que éramos pequeños.	**– Seit wann kennt ihr euch?** **– Seit(dem) wir klein sind.**

No te olvides de que la **"w"** de *"weniger"*, *"wir"*, *"wohnen"* y *"wann"* suena como una **'v'** vibrada.

Por último, trabaja con *"seitdem"* en el sentido de 'desde entonces'.

Tuvimos un hijo. Desde entonces ya no trabajo.	**Wir hatten ein Kind. Seitdem arbeite ich nicht mehr.**
Hubo un problema. Desde entonces está roto el televisor.	**Es gab ein Problem. Seitdem ist der Fernseher kaputt.**
Tuve un accidente. Desde entonces tengo más cuidado.	**Ich hatte einen Unfall. Seitdem bin ich vorsichtiger.**

Para decir **'desde aquel entonces'** recurrimos a *"seit damals"*.

TAG 140 Repaso de las clases 131-139

Una vez más ha llegado el momento de repasar con nuestro popurrí de frases que recogen los puntos gramaticales y el vocabulario que hemos visto en las últimas nueve clases. A ver si eres capaz de usar correctamente ***"schon"***, ***"noch"***, ***"nicht mehr"***, ***"selbst"***, ***"seit/ seitdem"***, los mellizos ***"wieder"*** y ***"noch mal"***, y los verbos ***"anfangen"*** y ***"aufhören"***. ¿Y cuál fue la primera clase, el *Tag 131*? Eso es, ***"gerade"*** junto con el pasado compuesto, que se usa para decir **'acabar de'** hacer algo. ¡Pero basta ya de charlas! Ponte a traducir las frases, tanto por escrito como en voz alta, como siempre. ¡Ánimo!

Nada de *"Wer mehr fehlt?"*, ¡para saber por qué, vuelve a estudiar el *Tag 135*!

¿Quién más falta? ....

Ya he visto esta película. ....

Lo ha hecho él mismo. ....

El imperativo de 'tú' de *"aufhören"* es *"Hör auf"*.

– ¿Ya habéis empezado? ....
– Sí, acabamos de empezar. ....

Hablaré otra vez con ella. ....

Deja de criticarla. ....

No olvides que 'no... todavía' se dice con *"noch nicht"* (o *"noch kein"*) como unidad inseparable.

– ¿Ya lo sabéis? ....
– No, no lo sabemos todavía. ....

Se conocen desde que eran pequeños. ....

¿Cuándo nos volvemos a ver? ....

TAG 140 Repaso de las clases 131-139

'El ojo' en alemán es *"das Auge"*, y su plural es *"Augen"*, /áuguennn/.

Los demás ya están aquí. ....

- ¡(Pero si) ya tenéis dos perros! ....
- ¿Y? Queremos otro. ....

Estuve en la India. Desde entonces veo el mundo con otros ojos. ....
....

¿Te acuerdas de *"schneien"* (**'nevar'**)? Lo vimos en el *Tag 32* (*"Es schneit"*, **'Está nevando'**).

Ha dejado de nevar. ....

- ¿Estás todavía en el tren? ....
- No, acabo de llegar. ....

Ya no vivo en casa de mis padres. ....

'Desde el mes pasado' en alemán suena así: /(s)áit letsssstemmm móonat/.

- ¿Desde cuándo trabajas aquí? ....
- Desde el mes pasado. ....

No hay una solución todavía. ....

Deberías llamarlo tú mismo. ....

Comprueba las respuestas en la página 383.

TAG 141 *Seit* (II)

¿Otro *Tag* sobre ***"seit"***? Sí, ¡efectivamente! En esta lección trabajaremos ***"seit"*** con periodos de tiempo como ***"seit zwei Wochen"***. Aquí ***"seit"*** cobra el significado de **'desde hace'**.

LA MECÁNICA

En el *Tag 139* utilizamos ***"seit"*** para referirnos a un punto más o menos concreto en el tiempo, como ***"seit gestern"*** (**'desde ayer'**), ***"seit 1997"*** (**'desde 1997'**), ***"seit letztem Jahr"*** (**'desde el año pasado'**). Ahora, al ir acompañado de un periodo de tiempo como ***"drei Tage"*** o ***"zwei Jahre"***, ***"seit"*** pasa a traducirse como **'desde hace'**:

Ich weiß es seit drei Wochen.	Lo sé desde hace tres semanas.

"Seit" por supuesto no deja de regir el dativo, por lo que ***"ein"*** y ***"eine"*** se convierten en ***"einer"*** y ***"einem"*** (***"seit einer Stunde"***, ***"seit einer Woche"***, ***"seit einem Monat"***, ***"seit einem Jahr"***) y en plural tenemos que añadir una ***"-n"*** a ***"Tage"***, ***"Monate"*** y ***"Jahre"***: ***"seit drei Tagen"***, ***"seit zwei Monaten"***, ***"seit zehn Jahren"***. Los plurales de ***"Stunde"*** y ***"Woche"*** ya de por sí terminan en ***"-n"***, así que ***"Stunden"*** y ***"Wochen"*** se quedan igual.

Pero volvamos por un momento a la traducción de ***"seit"***. En castellano muchas veces suena más natural expresar ***"seit..."*** por **'llevar X tiempo haciendo'** algo. En alemán no tenemos esta opción, siempre usamos ***"seit"***:

Ich warte seit einer Stunde auf den Bus.	Llevo una hora esperando al autobús.
Er wohnt seit drei Jahren in Berlin.	Él lleva tres años viviendo en Berlín.
- Seit wann arbeitest du hier? **- Ich arbeite hier seit sechs Monaten.**	- ¿Cuánto tiempo llevas trabajando aquí? - Llevo seis meses trabajando aquí.

Error común

¡**'Desde hace mucho'** o **'poco'** no se dice con *"seit viel"* o *"seit wenig"*! **'Mucho'** y **'poco'** en relación con el tiempo se expresan con ***"lang(e)"*** y ***"kurz"***, por lo que decimos ***"seit langem"*** y ***"seit kurzem"***.

La expresión del día: *an etwas arbeiten*

'Trabajar en' una empresa se expresa con ***"arbeiten bei"***, pero si **'trabajas en'** algo, se emplea la preposición ***"an"*** + dativo: ***"Ich arbeite an einem Projekt"***, ***"Ich arbeite an einer Sache"***.

TAG 141 ¡Ponte a prueba!

Tapa la columna de la derecha y traduce las siguientes frases:

Ponte las pilas con *"seit"* y piensa que en alemán decimos 'Vivo desde hace seis meses en...' y 'Trabaja desde hace un año en...'.

Lo sabemos desde hace una semana.	**Wir wissen es seit einer Woche.**
Llevo viviendo seis meses en Stuttgart.	**Ich wohne seit sechs Monaten in Stuttgart.**
Él lleva trabajando un año en este proyecto.	**Er arbeitet seit einem Jahr an diesem Projekt.**

Las letras ***"chs"*** se pronuncian **/ks/**, por lo que ***"sechs"*** se pronuncia **/(s)eks/**.

Dale caña a la unidad *"schon seit"* ('ya... desde hace'):

Ya nos conocemos desde hace mucho.	**Wir kennen uns schon seit langem.**
Ya llevo esperándote una hora.	**Ich warte schon seit einer Stunde auf dich.**
Ya llevan media hora hablando por teléfono.	**Sie telefonieren schon seit einer halben Stunde.**

¿No habrás dicho *"seit halber Stunde"*? En alemán siempre hablamos de 'UNA media hora'.

Terminemos con algunas preguntas y respuestas:

– ¿Desde cuándo tenéis un perro? – Desde hace tres meses.	**– Seit wann habt ihr einen Hund?** **– Seit drei Monaten.**
– ¿Cuánto tiempo llevas esperando aquí? – Desde hace cinco minutos.	**– Seit wann wartest du hier?** **– Seit fünf Minuten.**
– ¿Cuánto tiempo lleva usted trabajando en el proyecto? – Desde hace un año.	**– Seit wann arbeiten Sie an dem Projekt?** **– Seit einem Jahr.**

"Projekt" se dice **/pjoiékt/**, con **'i'** latina.

TAG 142 *Vor* (como 'hace')

La preposición ***"vor"*** tiene muchos usos; ya la conoces como **'delante de'** y **'antes de'**. Hoy descubrirás que además nos vale para decir **'hace (x tiempo)'**: ***"Ich hatte vor drei Jahren einen Unfall"***.

Error común
¡No confundas ***"vor drei Jahren"*** con ***"seit drei Jahren"***! ***"Vor drei Jahren"*** significa **'hace tres años'**, mientras ***"seit drei Jahren"*** quiere decir **'desde hace tres años'** (como acabas de ver en el *Tag 141*).

La expresión del día: ***Geburtstag haben***
En alemán decimos que 'tenemos cumpleaños', no que **'el cumpleaños es...'**: ***"Wann hast du Geburtstag?"*** (**'¿Cuándo es tu cumpleaños?'**), ***"Ich hatte letzte Woche Geburtstag"*** (**'Mi cumpleaños fue la semana pasada'**).

LA MECÁNICA

Antes de nada, queremos aprovechar la ocasión para recordarte que ***"vor"*** es una de las ***"Wechselpräpositionen"*** (las preposiciones que rigen acusativo o dativo). Cuando ***"vor"*** significa **'delante de'**, rige el **acusativo** si expresa movimiento y el **dativo** si indica la posición (repásalo en los *Tage 77* y *78*):

Stell die Kisten vor die Tür.	Pon las cajas delante de la puerta.
Die Kisten stehen vor der Tür.	Las cajas están delante de la puerta.

En cambio, cuando ***"vor"*** tiene un uso temporal, **siempre rige el dativo***. Y en sentido temporal, ***"vor"*** puede tener dos significados: **'antes de'** y **'hace'**. **'Antes de la cena'** se dice ***"vorm Abendessen"*** y **'hace un año'**, ***"vor einem Jahr"***. Como hoy estamos profundizando en el significado de **'hace'**, veamos unos ejemplos en los que ***"vor..."*** está detrás del verbo o al principio de la frase (en cuyo caso se traduce como **'hace... que'**):

Ich war vor einer Woche krank.	Estuve enferma **hace** una semana.
Vor drei Tagen habe ich ihn das letzte Mal gesehen.	**Hace** tres días **que** lo vi por última vez.

* ***"In"*** en un sentido temporal también rige el dativo (*Tag 87*).

¡Un apunte!
'Hace poco' se dice ***"vor kurzem"***. **'Hace mucho'**, en cambio, no se suele decir ***"vor langem"*** sino más bien ***"vor langer Zeit"***.

¡Qué curioso!
La pregunta **'¿Hace cuánto que...?'** se expresa simplemente con ***"Wie lange...?"***, que a menudo se combina con ***"schon"***, como en ***"Wie lange kennt ihr euch schon?"*** (**'¿Hace cuánto que os conocéis?'**).

TAG 142 ¡Ponte a prueba!

Tapa la columna de la derecha y traduce las siguientes frases:

Veamos primero *"vor"* con frases en pasado simple. ¡Pronúncialo /fóa/!

Estuve en el médico hace un mes.	**Ich war vor einem Monat beim Arzt.**
Fue el cumpleaños de mi hermana hace una semana.	**Meine Schwester hatte vor einer Woche Geburtstag.**
Estuvimos en París hace dos años.	**Wir waren vor zwei Jahren in Paris.**

¿Qué tal te sale la pronunciación de *"Geburtstag"*? Decimos **/guebúatstaak/**.

¡Practica ahora con el pasado compuesto! No olvides que 'conocer' a alguien por primera vez en alemán se expresa con el verbo *"kennenlernen"*, cuyo participio es *"kennengelernt"*.

Él me llamó hace tres días.	**Er hat mich vor drei Tagen angerufen.**
Han llegado hace una hora.	**Sie sind vor einer Stunde angekommen.**
– ¿Cuándo lo conociste? – Hace tres meses.	**– Wann hast du ihn kennengelernt?** **– Vor drei Monaten.**

También se puede escribir *"kennen lernen"* y *"kennen gelernt"*.

Veamos ahora *"Vor..."* al principio de la frase; en este caso, se traduce como 'Hace... que'. Y ya sabes, ¡invierte el orden del sujeto y el verbo!

Hace un año que hubo un accidente aquí.	**Vor einem Jahr gab es hier einen Unfall.**
Hace una semana que fue mi cumpleaños.	**Vor einer Woche hatte ich Geburtstag.**
Hace tres años que nos conocimos.	**Vor drei Jahren haben wir uns kennengelernt.**

¡Vuelve a decir los ejemplos con *"vor einem Monat"*, *"vor vier Tagen"* y *"vor zwanzig Jahren"*!

TAG 143 *Als* (como 'cuando')

En el *Tag 102* viste que usamos ***"als"*** como traducción de **'que'** cuando hacemos comparaciones (***"Ich bin größer als du"***). ¡A partir de hoy conocerás otra función de ***"als"***! ***"Als"***, como conjunción, se utiliza para expresar **'cuando'**, como en ***"Als er klein war,..."*** (**'Cuando él era pequeño...'**).

Error común
No digas *"Als ich komme..."* o *"Wenn ich klein bin..."*. ¡***"Als"*** no es para nada intercambiable con ***"wenn"***! ***"Wenn"*** significa **'cuando'** en el sentido de **'siempre cuando'**. ***"Als"*** quiere decir **'cuando'** en el sentido de **'en aquel momento'** o **'en aquella temporada'**, por lo que ***"als"*** nunca puede ir seguido del presente.

La palabra del día: *überrascht*
"Überrascht" (**'sorprendido'**) es el participio de ***"überraschen"*** (**'sorprender'**) y se pronuncia **/üübajashhht/**. El sustantivo es ***"die Überraschung"***, **/üübajashhhun(g)/**.

LA MECÁNICA

La conjunción ***"als"*** significa **'cuando'** siempre que nos refiramos a una acción o un suceso que tuvo lugar en el pasado. Al igual que ***"dass"***, ***"ob"***, ***"weil"***, etc., ***"als"*** va precedido de una coma y manda al verbo conjugado al final de la frase:

Wir hatten einen Hund und zwei Katzen, als wir klein waren.	Teníamos un perro y dos gatos cuando éramos pequeños.
Er war nicht traurig, als ich es ihm gesagt habe.	Él no estaba triste cuando se lo dije.

Si quieres empezar la frase con **'Cuando...'**, entonces recuerda que se invierte el orden del sujeto y el verbo de la oración principal. Vimos lo mismo con ***"wenn"*** (**'si'**/**'cuando'**) en el *Tag 94*:

Als sie klein war, hatte sie viele Freunde.	Cuando ella era pequeña tenía muchos amigos.
Als ich nach Hause gekommen bin, habe ich meine Eltern angerufen.	Cuando llegué a casa llamé a mis padres.

¡Un apunte!
No olvides que en alemán es bastante fácil saber qué tiempo verbal del pasado debes usar, ya que la gran mayoría de los verbos van en pasado compuesto.

TAG 143 ¡Ponte a prueba!

Tapa la columna de la derecha y traduce las siguientes frases:

Empezamos empleando el pasado simple en la frase subordinada con *"als"*:

Yo tenía un gato cuando era pequeño.	**Ich hatte eine Katze, als ich klein war.**
Jugábamos a menudo al fútbol cuando éramos jóvenes.	**Wir haben oft Fußball gespielt, als wir jung waren.**
Ella estaba sorprendida cuando llegué a casa.	**Sie war überrascht, als ich nach Hause kam.**

¿Estás pronunciando *"gespielt"* con **/shhhp/** seguido de una ***"i"*** larga?

En los siguientes ejemplos empleamos el pasado compuesto en la frase subordinada con *"als"*:

Él estaba sorprendido cuando me vio.	**Er war überrascht, als er mich gesehen hat.**
Ella estaba nerviosa cuando le pregunté.	**Sie war nervös, als ich sie gefragt habe.**
Estaba lloviendo cuando me desperté.	**Es hat geregnet, als ich aufgewacht bin.**

"Aufwachen" se construye con *"sein"* en pasado compuesto.

Vamos a empezar con la frase con *"Als..."*, así que toca invertir el orden del sujeto y el verbo de la oración principal:

Cuando él llegó a casa me llamó.	**Als er nach Hause kam, hat er mich angerufen.**
Cuando yo era pequeña vivíamos en el campo.	**Als ich klein war, haben wir auf dem Land gewohnt.**
Cuando yo era más joven, tenía menos experiencia.	**Als ich jünger war, hatte ich weniger Erfahrung.**

"Erfahrung" se pronuncia **/eafáajun(g)/** y *"jünger"*, **/jün(g)a/**. ¡En las dos palabras apenas suena la **'g'**!

TAG 144 *Sowohl... als auch*

Hoy aprenderás a manejar la conjunción compuesta ***"sowohl... als auch"***, que es cómo decimos **'tanto... como'** en alemán.

LA MECÁNICA

Empleamos ***"sowohl... als auch"*** para enumerar dos cosas o personas que están al mismo nivel. Al igual que ocurre con **'tanto... como'** en castellano, ***"sowohl... als auch"*** puede tener diferentes funciones en la frase, la de sujeto, la de objeto directo/indirecto, la de adverbio de tiempo, etc.:

In Kanada spricht man sowohl Englisch als auch Französisch.	En Canadá se habla tanto inglés como francés.
Sowohl mein Bruder als auch mein Vater haben mich angerufen.	Tanto mi hermano como mi padre me han llamado.
Du kannst sowohl heute als auch morgen kommen.	Puedes venir tanto hoy como mañana.
Ich habe sowohl mit meinem Sohn als auch mit meiner Tochter geredet.	He hablado tanto con mi hijo como con mi hija.
Wir kaufen sowohl den roten als auch den blauen Stuhl.	Compramos tanto la silla roja como la azul.

Cabe destacar que también usamos ***"sowohl... als auch"*** con verbos y adjetivos. Observa que la traducción al castellano cambia en estos casos:

Der Berater ist sowohl freundlich als auch kompetent.	Además de amable, el asesor es competente.
Er kann sowohl singen als auch tanzen.	Además de cantar, sabe bailar.

Por último, recuerda que para decir **'tan(to)... que'**, recurrimos a ***"so (ein)... dass"***: ***"Spanien ist so schön, dass ich jedes Jahr wiederkomme"***, ***"Spanien ist so ein schönes Land, dass ich jedes Jahr wiederkomme"***.

Clave de pronunciación

*Sowohl das **"s"** als auch das **"w"** von* ***"sowohl"*** se pronuncian de forma vibrada. El golpe de voz cae en la segunda ***"o"***, así que di **/(s)ovvvóol/**.

¡Un apunte!

'Tanto el uno como el otro' en alemán se dice ***"sowohl der eine als auch der andere"***. Puedes sustituir ***"der"*** por ***"das"*** para expresar **'tanto lo uno como lo otro'**.

TAG 144 ¡Ponte a prueba!

Tapa la columna de la derecha y traduce las siguientes frases:

El conjunto *"sowohl... als auch..."* en estas frases tiene la función de sujeto:

Tanto esta mesa como la otra son caras.	**Sowohl dieser Tisch als auch der andere sind teuer.**
Tanto mi hermano como mi hermana estudian medicina.	**Sowohl mein Bruder als auch meine Schwester studieren Medizin.**
Tanto mi madre como yo sabemos tocar el piano.	**Sowohl meine Mutter als auch ich können Klavier spielen.**

Marca bien el sonido **/shhh/** en **/tishhh/**, **/shhhvvvésta/**, **/shhhtudiijennn/** y **/shhhpíilen/**.

Seguimos con /(s)ovvvóol als áuj/, pero ¡ahora no hace de sujeto!

Me gustan tanto los perros como los gatos.	**Ich mag sowohl Hunde als auch Katzen.**
La casa tiene tanto balcón como terraza.	**Das Haus hat sowohl einen Balkon als auch eine Terrasse.**
Tanto en Portugal como en Brasil se habla portugués.	**Sowohl in Portugal als auch in Brasilien spricht man Portugiesisch.**

No digas *"Ich mag sowohl die Hunde als auch die Katzen"*, ¡a no ser que hables de unos perros y gatos en particular!

Acabamos con unas frases en las que *"sowohl... als auch..."* se traduce por 'además de...':

Además de verlos, los he oído.	**Ich habe sie sowohl gesehen als auch gehört.**
Allí, además de alquilar coches, se pueden comprar.	**Man kann dort Autos sowohl mieten als auch kaufen.**
Además de bailar, han cantado.	**Sie haben sowohl getanzt als auch gesungen.**

Como ves, el participio de *"tanzen"* (**'bailar'**) es regular, mientras que el de *"singen"* (**'cantar'**) no lo es.

TAG 145 *Weder... noch*

Después de conocer ***"sowohl... als auch"***, ¡seguro que te mueres de ganas por saber decir lo contrario en alemán! Te presentamos ***"weder... noch"***, que significa **'ni... ni'**.

Clave de pronunciación
¡*"Weder"* no se pronuncia /beder/! Di **/vvvéeda/**, con una **"w"** que suena como una **'v'** vibradísima seguida de una ***"e"*** larga. Cuidado con no confundirlo con *"wieder"*, que se pronuncia con ***"i"*** larga.

La expresión del día: ***genau richtig***
Con ***"genau richtig"*** ('exactamente correcto'), describimos algo que está **'perfecto'** o **'como tiene que estar'**. Por ejemplo, ***"So ist das genau richtig"*** (**'Así es como tiene que estar'**/**'Así está perfecto'**).

LA MECÁNICA

La conjunción compuesta ***"weder... noch"*** (**'ni... ni'**) funciona igual que ***"sowohl... als auch"*** (**'tanto... como'**); puede representar al sujeto, a un verbo, a un adjetivo, a un objeto directo/indirecto, etc. La diferencia en cuanto al castellano es que ***"weder... noch"*** en sí ya es una negación, por lo que no va acompañado de ***"nicht"*** o de ***"kein"***. Literalmente, decimos 'Lo ha dicho ni a mi ni al jefe' o 'Tengo que trabajar ni hoy ni mañana'.

Weder diese Jacke noch die andere gefallen mir.	No me gusta ni esta chaqueta ni la otra.
Er hat es weder mir noch dem Chef gesagt.	Él no me lo ha dicho ni a mí ni al jefe.
Diese Wohnung kann man weder mieten noch kaufen.	Este piso no se puede ni alquilar ni comprar.
Ich muss weder am Samstag noch am Sonntag arbeiten.	No tengo que trabajar ni el sábado ni el domingo.
Der Kaffee ist genau richtig: weder zu stark noch zu schwach.	El café está perfecto: ni demasiado fuerte ni demasiado flojo.

¡Un apunte!
'Ni' en el sentido de **'ni siquiera'**, en alemán se dice con ***"nicht einmal"***. Por ejemplo, **'Ni me ha llamado'** es ***"Er hat mich nicht einmal angerufen"***. O **'Ni (siquiera) lo sabe el jefe'** es ***"Nicht einmal der Chef weiß es"***.

TAG 145 ¡Ponte a prueba!

Tapa la columna de la derecha y traduce las siguientes frases:

¡Vamos con /vvvéeda noj/! No olvides que el verbo se conjuga en tercera persona del plural:

Ni el hotel ni la comida nos han gustado.	**Weder das Hotel noch das Essen haben uns gefallen.**
Ni mi madre ni mi hermano lo saben.	**Weder meine Mutter noch mein Bruder wissen es.**
Ni mi hermano ni yo hemos estudiado medicina.	**Weder mein Bruder noch ich haben Medizin studiert.**

"Medizin" se pronuncia **/meditsssíinnn/**.

Sigamos con *"weder... noch"* cuando el conjunto no es el sujeto de la frase:

No sé ni cocinar ni hacer repostería.	**Ich kann weder kochen noch backen.**
Él no habla ni inglés ni francés.	**Er spricht weder Englisch noch Französisch.**
No tengo ni dinero ni tiempo para ocuparme del asunto.	**Ich habe weder das Geld noch die Zeit, um mich um die Sache zu kümmern.**

¿Te acuerdas de *"sich kümmern um"* (*Tag 85*) y la estructura *"um... zu"* (*Tag 125*)?

Dale un último empujón a *"weder... noch"*, ahora junto a *"zu"* ('demasiado'). De paso, puedes poner en práctica *"genau richtig"*:

El bolso es perfecto. No es ni demasiado pequeño ni demasiado grande.	**Die Tasche ist genau richtig. Sie ist weder zu klein noch zu groß.**
El vino está perfecto. No es ni demasiado dulce ni demasiado seco.	**Der Wein ist genau richtig. Er ist weder zu süß noch zu trocken.**
El agua está perfecta. No está ni demasiado fría ni demasiado caliente.	**Das Wasser ist genau richtig. Es ist weder zu kalt noch zu heiß.**

También podemos decir *"Sie ist nicht zu klein und nicht zu groß"*, *"Er ist nicht zu süß und nicht zu trocken"*, *"Es ist nicht zu kalt und nicht zu heiß"*.

TAG 146 *Entweder... oder*

En el capítulo de hoy podrás comprobar que **'o... o'** en alemán no se dice *"oder... oder"*, sino ***"entweder... oder"***, que se pronuncia **/éntvvveeda óoda/**.

La palabra del día: ***vorbeikommen***
El verbo separable ***"vorbeikommen"*** significa **'pasarse'** por casa de alguien, ¡y en alemán no es reflexivo! **'Me paso mañana'** no es *"Ich komme mich morgen vorbei"* sino ***"Ich komme morgen vorbei"***. ***"Vorbei"*** se pronuncia **/foabái/** y como adverbio significa que algo **'ha terminado'**: ***"Es ist vorbei"***.

LA MECÁNICA

"Entweder... oder" es mucho más largo que su equivalente en castellano, ¡pero se usa de la misma manera! Al igual que ***"sowohl... als auch"*** y ***"weder... noch"***, ***"entweder... oder"*** puede desempeñar distintas funciones en una frase:

Entweder meine Mutter oder mein Vater wird mich abholen.	O mi madre o mi padre me van a recoger.
Ich werde den Wein entweder meiner Mutter oder meinem Bruder schenken.	Le regalaré el vino o a mi madre o a mi hermano.
Er wohnt entweder in dieser Straße oder in der nächsten.	Él vive o en esta calle o en la siguiente.
Wir kommen entweder heute oder morgen vorbei.	Nos pasamos u hoy o mañana.

Cuando ***"entweder"*** y ***"oder"*** juntan dos frases principales, podemos invertir el orden del sujeto y el verbo detrás de ***"entweder"***, o no hacerlo:

Entweder du bleibst hier oder du kommst mit./ **Entweder bleibst du hier oder du kommst mit.**	O te quedas o te vienes.

¡Qué curioso!
Existe la expresión ***"Es gibt kein Entweder-Oder"***, donde ***"entweder... oder"*** se ha convertido en un sustantivo. La frase quiere decir que **'No hay alternativa'**.

TAG 146 ¡Ponte a prueba!

Tapa la columna de la derecha y traduce las siguientes frases:

Veamos primero *"entweder... oder"* cuando hace de objeto directo, por lo que emplearemos el acusativo:

Quiero tener o un perro o un gato.	**Ich will entweder einen Hund oder eine Katze haben.**
Vamos a coger o el autobús o el tren.	**Wir nehmen entweder den Bus oder den Zug.**
Voy a coger o el rojo o el negro.	**Ich nehme entweder den roten oder den schwarzen.**

¿Te acuerdas de cómo se dice el macho de *"Katze"*? No es *"der Katzer"* sino *"der Kater"*.

¡Practica un poco más con /éntvvveeda óoda/!

El pequeño está o cansado o enfermo.	**Der Kleine ist entweder müde oder krank.**
Los pisos son o demasiado pequeños o demasiado caros.	**Die Wohnungen sind entweder zu klein oder zu teuer.**
Me voy a pasar o mañana o el sábado.	**Ich komme entweder morgen oder am Samstag vorbei.**

No olvides colocar *"vorbei"* al final de la frase.

Para terminar, veamos como *"entweder"* y *"oder"* juntan dos frases principales:

U os venís u os pasáis más tarde.	**Entweder ihr kommt mit oder ihr kommt später vorbei.**
O nos compramos un coche o nos vamos de vacaciones.	**Entweder wir kaufen uns ein Auto oder wir fahren in den Urlaub.**
O estudias o trabajas.	**Entweder du studierst oder du gehst arbeiten.**

En la última frase suena más natural *"...du gehst arbeiten"* que *"...du arbeitest"*.

TAG 147 El pluscuamperfecto

¿Has estudiado bien los *Tage 116* y *117*? ¿Sabes conjugar ***"haben"*** y ***"sein"*** en pasado simple sin pestañear? Estupendo, porque todo esto te va a hacer falta hoy para formar el pluscuamperfecto, o como decimos en alemán, *das Plusquamperfekt*.

Las palabras del día: ***bevor & nachdem***

"Bevor" y *"nachdem"* significan **'antes de que'** y **'después de que'**, respectivamente. Ambas conjunciones nos obligan a colocar el verbo conjugado al final de la frase, como puedes ver más abajo, en los ejemplos.

LA MECÁNICA

El pluscuamperfecto se construye como el pasado compuesto, con la diferencia de que los verbos auxiliares ***"sein"*** y ***"haben"*** se conjugan en pasado simple. Para repasar cuáles son los verbos que requieren el auxiliar ***"sein"***, echa un vistazo al *Tag 129*.

Pasado compuesto	Pluscuamperfecto
ich habe gegessen (he comido)	**ich hatte gegessen** (había comido)
ich bin gekommen (he venido)	**ich war gekommen** (había venido)

Veamos unos ejemplos junto con la conjunción ***"als"***, que acabas de conocer en el *Tag 143*:

Ich hatte schon eine Stunde gewartet, als du kamst.	Yo ya había estado esperando una hora cuando viniste.
Ich war noch nicht nach Hause gekommen, als ihr gegessen habt.	Yo no había llegado a casa todavía cuando comisteis.

Aprovechamos el *Plusquamperfekt* para trabajar las conjunciones ***"bevor"*** (**'antes de que'**) y ***"nachdem"*** (**'después de que'**). Ten en cuenta que el verbo que les sigue va en indicativo, no en subjuntivo (**'enseñaras'**, **'hubiera visto'**) como ocurre en castellano:

Ich hatte das Kleid schon gesehen, bevor du es mir gezeigt hast.	Yo ya había visto el vestido antes de que me lo enseñaras.
Du hast mir das Kleid gezeigt, nachdem ich es schon gesehen hatte.	Me enseñaste el vestido después de que ya lo hubiera visto.

TAG 147 ¡Ponte a prueba!

Tapa la columna de la derecha y traduce las siguientes frases:

Veamos primero el pluscuamperfecto con el auxiliar *"haben"*:

Ya había leído el libro.	**Ich hatte das Buch schon gelesen.**
Ya habíamos comido cuando él llegó a casa.	**Wir hatten schon gegessen, als er nach Hause kam.**
Ella ya lo había terminado cuando hablé con ella.	**Sie hatte es schon fertiggemacht, als ich mit ihr gesprochen habe.**

¡No te olvides de colocar el participio al final de la frase principal!

Practica ahora con *"ankommen"*, *"wegfahren"* y *"aufwachen"*, tres verbos separables que se conjugan con *"sein"* como auxiliar:

Él ya había llegado cuando pasó.	**Er war schon angekommen, als es passiert ist.**
Ya nos habíamos marchado (en medio de transporte) cuando llamaste.	**Wir waren schon weggefahren, als du angerufen hast.**
Ya me había despertado cuando sonó el teléfono.	**Ich war schon aufgewacht, als das Telefon geklingelt hat.**

"Geklingelt", que viene de ***"klingeln"***, se pronuncia **/gueklín(g)elt/**, con una **"g"** casi muda.

Veamos por último el pluscuamperfecto en frases con *"bevor"*, /befóa/ y *"nachdem"*, /najdéemmm/.

La había llamado antes de que fuera a su casa (en medio de transporte).	**Ich hatte sie angerufen, bevor ich zu ihr gefahren bin.**
El paquete había llegado antes de que yo llegara a casa.	**Das Paket war angekommen, bevor ich nach Hause gekommen bin.**
El paquete llegó después de que yo llegara a casa.	**Das Paket ist angekommen, nachdem ich nach Hause gekommen war.**

Fíjate en que un paquete ***"kommt an"***, pero una persona ***"kommt"*** a casa.

TAG 148 El caso genitivo (I)

El alemán tiene cuatro casos. Ya conoces tres de ellos: **el nominativo** (el caso "normal", en el que está el sujeto de una frase, por ejemplo), **el acusativo** y **el dativo**. Hoy empezarás a familiarizarte con el cuarto y último caso: **el genitivo** (*"der Genitiv"*). De momento, nos centramos solamente en los sustantivos **masculinos** y **neutros**.

LA MECÁNICA

El genitivo expresa la posesión, la pertenencia o la relación, y se traduce por **'de...'** al castellano. Es el único caso que, aparte de afectar a los elementos que preceden los sustantivos, también modifica a los mismos sustantivos en singular. A los sustantivos masculinos y neutros se les añade una ***"-s"*** (o ***"-es"*** para facilitar la pronunciación):

der Vater	→ **des Vaters** (del padre)	**das Handy**	→ **des Handys** (del móvil)
der Tisch	→ **des Tisches** (de la mesa)	**das Buch**	→ **des Buches** (del libro)

Como ves, tanto ***"der"*** como ***"das"*** se convierten en ***"des"*** en genitivo. La terminación ***"-es"*** también se aplica a ***"ein"***, ***"mein"***, etc.:

eines Vaters (de un padre)	**eines Buches** (de un libro)
meines Vaters (de mi padre)	**meines Buches** (de mi libro)
keines Vaters (de ningún padre)	**keines Buches** (de ningún libro)
dieses Vaters (de este padre)	**dieses Buches** (de este libro)

Los adjetivos en genitivo siempre terminan en ***"-en"***: ***"des großen Mannes"***, ***"des roten Buches"***.

Hay algunas preposiciones que rigen el caso genitivo, como ***"während"*** (**'durante'**), ***"wegen"*** (**'por'**, **'a causa de'**), ***"statt"*** (**'en lugar de'**), ***"aufgrund"*** (**'a causa de'**) y ***"dank"*** (**'gracias a'**). También hay unos pocos verbos que rigen el genitivo, pero éstos suelen ser de registro muy formal, como por ejemplo ***"beschuldigen"*** (**'acusar de'**): ***"Man beschuldigt ihn des Betrugs"*** (**'Se le acusa de la estafa'**).

¡Un apunte!
Ten en cuenta que el uso del genitivo está muy limitado y que se utiliza cada vez menos. En el alemán hablado recurrimos sobre todo a ***"von"*** para hablar de la pertenencia o la posesión. La palabra interrogativa en genitivo es ***"Wessen...?"*** (**'¿De quién...?'**), pero es más común decir ***"Von wem...?"***.

La palabra del día: ***das Ende***
"Das Ende" es **'el final'**, y **'al final'** o **'a finales de'** es ***"am Ende"***, **/ammm énde/**.

TAG 148 ¡Ponte a prueba!

Tapa la columna de la derecha y traduce las siguientes frases:

Veamos primero algunos sustantivos masculinos en genitivo:

El amigo de mi padre es abogado.	**Der Freund meines Vaters ist Anwalt.**
Es la casa de un amigo.	**Das ist das Haus eines Freundes.**
La calidad de este ordenador es muy buena.	**Die Qualität dieses Computers ist sehr gut.**

Las letras ***"qu"*** en alemán se pronuncian **/kvvv/**; decimos **/kvvvalitéet/**.

Ahora observa cómo cambian *"das Jahr"*, *"der Monat"* y *"das Projekt"* en el caso genitivo:

Nos vamos de vacaciones a finales de año.	**Wir fahren am Ende des Jahres in den Urlaub.**
Llame de nuevo a finales de mes.	**Rufen Sie am Ende des Monats noch mal an.**
La duración del proyecto todavía no está clara.	**Die Dauer des Projekts ist noch unklar.**

El verbo asociado a *"die Dauer"* es *"dauern"*, **'durar'**.

Terminamos con tres preposiciones que rigen el genitivo y que se pronuncian /vvvéejent/, /dank/ y /aufgjúnt/.

Durante el partido comimos pizza.	**Während des Spiels haben wir Pizza gegessen.**
Gracias a tu padre, pudimos continuar.	**Dank deines Vaters konnten wir weitermachen.**
A causa de un problema técnico tuvimos que dejar(lo).	**Aufgrund eines technischen Problems mussten wir aufhören.**

La última frase también se podría haber traducido con *"Wegen eines technischen Problems"*.

TAG 149 El caso genitivo (II)

Después de presentarte el uso del caso genitivo y ver cómo se comportan los sustantivos masculinos y neutros, nos centramos hoy en los **sustantivos femeninos y plurales**.

LA MECÁNICA

A diferencia de los sustantivos masculinos y neutros, los femeninos y plurales solamente ven afectados los elementos que les preceden; ellos se mantienen igual. Tanto ***"die"*** en singular como ***"die"*** en plural se convierten en ***"der"*** en genitivo:

die Mutter → **der Mutter** (de la madre)	**die Kinder** → **der Kinder** (de los niños)

La terminación ***"-er"*** también se aplica a ***"eine"***, ***"meine"***, etc.:

einer Mutter (de una madre)	-
meiner Mutter (de mi madre)	**meiner Kinder** (de mis hijos)
keiner Mutter (de ninguna madre)	**keiner Kinder** (de ninguno de los niños)
dieser Mutter (de esta madre)	**dieser Kinder** (de estos niños)

Ten cuidado de no confundir estas terminaciones del genitivo con el dativo. Refresca tu memoria y vuelve un momento a los *Tage 47* y *48*... ¿Lo has hecho? Bien. Pues efectivamente, los sustantivos femeninos se comportan igual que en dativo, ¡pero los plurales no! Decimos ***"Ich sage es der Frau"*** pero ***"Ich sage es den Kindern"***. Además, a los sustantivos plurales en dativo se les añade una ***"-n"***, cosa que no ocurre en el genitivo.

¡Un apunte!

En cuanto a los adjetivos, sigue en pie lo que te contamos en el capítulo anterior; ¡siempre terminan en ***"-en"***, da igual el género o número! Se dice ***"des netten Mannes"***, ***"der netten Frau"***, ***"des netten Kindes"*** y ***"der netten Eltern"***. Esta terminación de los adjetivos la comparten el genitivo y el dativo (échale un vistazo al *Tag 81*).

Clave de pronunciación

¡No olvides que la terminación ***"-er"*** se pronuncia como una **'a'**! Decimos **/déa/**, **/máina/**, **/káina/**, **/díi(s)a/**, etc.

TAG 149 ¡Ponte a prueba!

Tapa la columna de la derecha y traduce las siguientes frases:

¿Cómo expresamos *"unsere Nachbarin"*, *"deine Freundin"* y *"die Woche"* en genitivo? Así:

Es el perro de nuestra vecina.	**Das ist der Hund unserer Nachbarin.**
¿Es el hermano de tu novia?	**Ist das der Bruder deiner Freundin?**
Me pasaré otra vez al final de la semana.	**Ich komme am Ende der Woche noch mal vorbei.**

La preposición *"am"* en *"am Ende der Woche"* se puede omitir.

Seguimos con la terminación *"-er"*, ahora con sustantivos en plural:

Es la casa de mis padres.	**Das ist das Haus meiner Eltern.**
La duración de los proyectos todavía no está clara.	**Die Dauer der Projekte ist noch unklar.**
La calidad de estos relojes no es buena.	**Die Qualität dieser Uhren ist nicht gut.**

Estás diciendo **/kvvvalitéet/**, ¿verdad?

Practica lo que acabas de aprender con las preposiciones que rigen el genitivo:

Gracias a tu ayuda he aprendido mucho.	**Dank deiner Hilfe habe ich viel gelernt.**
En lugar de un reloj me he comprado una chaqueta.	**Statt einer Uhr habe ich mir eine Jacke gekauft.**
A causa de estos problemas técnicos no podemos continuar.	**Aufgrund dieser technischen Probleme können wir nicht weitermachen.**

Recuerda que **'la ayuda'** no es *"die Helfe"*, sino *"die Hilfe"*. El verbo asociado es *"helfen"*, que en segunda y tercera persona del singular es irregular (*"ich helfe"*, *"du hilfst"*, *"er/sie/es hilft"*).

TAG 150 Repaso de las clases 141-149

Ha llegado el momento de repasar lo aprendido para averiguar si algún que otro capítulo necesita un poco más de estudio.

Acabas de familiarizarte con el caso genitivo, ¿y qué más vimos en las clases anteriores? Has trabajado ***"seit"*** en su acepción de **'desde hace'** (o **'llevar tiempo'** haciendo algo), luego aprendiste a manejar ***"vor"*** y ***"als"***; conociste las tres parejas de conjunciones ***"sowohl... als auch"***, ***"weder... noch"*** y ***"entweder... oder"***, y además añadiste un nuevo tiempo verbal a tus conocimientos: *das Plusquamperfekt*.

¿Todo listo para empezar? ¿Tienes el boli en la mano? ¡Ve a por todas!

'La carne' en alemán es *"das Fleisch"*, pronunciado /fláishhh/.

Él come tanto carne como pescado.	....
Yo estaba sorprendida cuando él me preguntó.	....
Lo habían olvidado.	....

La primera frase en alemán se dice con *"Geburtstag haben"*, y *"Geburtstag"* queda al final de la frase.

Su cumpleaños (de ella) es a finales de mes.	....
– ¿Cuánto tiempo lleva usted viviendo en Hamburgo? – Desde hace cinco años.	....
La vi hace una semana.	....

Lo contrario de *"bevor"* ('antes de que') es *"nachdem"*!

Los bolsos o son demasiado pequeños o demasiado grandes.	....
Ella habla tanto español como alemán.	....
Mis padres me llamaron después de que llegaran.	....

TAG 150 Repaso de las clases 141-149

No uses *"kennen"* sino *"kennenlernen"* en la primera frase. Y en la última, no olvides que 'en casa de' se expresa con *"bei"*.

– ¿Cuándo os habéis conocido? – Hace un año.	....
O se quedan en casa o se vienen.	....
Estoy en casa de unos amigos de mis padres.	....

El participio de *"verstehen"* suena así: /feashhhtánden/.

No hablo ni francés ni italiano.	....
Llevamos trabajando medio año en este proyecto.	....
Gracias a vuestra ayuda lo he entendido.	....

¡Casi lo tienes ya! ¿Te acordarás de que 'pasarse' se traduce con un verbo separable que empieza por *"v"*?

Cuando yo era pequeño teníamos dos gatos.	....
Ella no puede pasarse ni hoy ni mañana.	....
Él lleva ya media hora esperando.	....

Comprueba las respuestas en la página 384.

TAG 151 *Obwohl, trotz & trotzdem*

En esta clase hay tres protagonistas y los tres sirven para expresar **'a pesar de...'**: la conjunción ***"obwohl"*** (**'a pesar de que'**/**'aunque'**), la preposición ***"trotz"*** (**'a pesar de'**) y el adverbio ***"trotzdem"*** (**'a pesar de eso'**/**'aun así'**). ¡Veamos cómo se usan!

Clave de pronunciación
"Obwohl" se pronuncia **/opvvvóol/**, con la **/p/** seguida del sonido vibrado **/vvv/** y una ***"o"*** larga. La primera ***"o"*** es corta, al igual que la de ***"trotz"***, que se pronuncia **/tjotsss/**.

La palabra del día: *schaffen*
"Schaffen" significa **'conseguir'** hacer algo: *"Ich habe es geschafft"* (**'Lo he conseguido'**). **'Conseguir'** algo en el sentido de **'obtener'** se dice con ***"bekommen"*** (que a su vez tiene también el significado de **'recibir'**): *"Wie hast du die Karten bekommen?"* (**'¿Cómo has conseguido las entradas?'**).

LA MECÁNICA

En alemán no distinguimos entre **'aunque'** y **'a pesar de que'**; ambos se expresan con ***"obwohl"***. ***"Obwohl"*** va precedido de una coma y manda el verbo conjugado al final de la frase:

Ich mache weiter, obwohl ich müde bin.	Sigo aunque estoy cansado.
Ich habe ihm geholfen, obwohl ich keine Zeit hatte.	Le he ayudado a pesar de que no tenía tiempo.

'A pesar de' en alemán se dice en una sola palabra: ***"trotz"***. ***"Trotz"*** es una preposición que rige el genitivo:

trotz des Regens	**trotz der Krise**	**trotz des Problems**	**trotz der Probleme**
a pesar de la lluvia	a pesar de la crisis	a pesar del problema	a pesar de los problemas

"Trotz" + sustantivo se puede sustituir por ***"trotzdem"***, que se traduce como **'a pesar de ello'**, **'a pesar de eso'** o **'aun así'**:

Wir gehen trotz des Regens spazieren.	Damos un paseo a pesar de la lluvia.
Es regnet. Wir gehen trotzdem spazieren.	Está lloviendo. A pesar de eso damos un paseo.

¡Un apunte!
Para repasar el recién estrenado caso genitivo, vete a los *Tage 148* y *149*. Y en la página 421 encontrarás una lista de las preposiciones que rigen el genitivo.

TAG 151 ¡Ponte a prueba!

Tapa la columna de la derecha y traduce las siguientes frases:

Vamos con /opvvvóol/. ¡No olvides colocar el verbo al final de la frase subordinada!

Lo llamaré aunque ya es tarde.	**Ich werde ihn anrufen, obwohl es schon spät ist.**
Lo he conseguido aunque hubo muchos problemas.	**Ich habe es geschafft, obwohl es viele Probleme gab.**
Él lo hizo a pesar de que no tenía ganas.	**Er hat es gemacht, obwohl er keine Lust hatte.**

No se te ha olvidado el *"es"* en la primera frase, ¿verdad?

Practica ahora con *"trotz"*. Y recuerda, ¡no va seguido de *"von"*!

Lo hemos conseguido a pesar de los problemas.	**Wir haben es trotz der Probleme geschafft.**
A pesar del mal tiempo nos fuimos a dar un paseo.	**Trotz des schlechten Wetters sind wir spazieren gegangen.**
A pesar de la crisis nos va bien.	**Trotz der Krise geht es uns gut.**

Vuelve a decir las frases sustituyendo *"trotz..."* por *"trotz allem"* (**'a pesar de todo'**); *"Wir haben es trotz allem geschafft"*.

Para terminar, veamos *"trotzdem"*, que al igual que *"trotz"*, hace que se invierta el orden del sujeto y el verbo cuando se coloca al principio de la frase:

La situación es difícil. Aun así lo quiero intentar.	**Die Situation ist schwierig. Trotzdem möchte ich es versuchen.**
Fue difícil. Aun así lo conseguimos.	**Es war schwierig. Trotzdem haben wir es geschafft.**
Hace frío. A pesar de eso, él no se llevó el abrigo.	**Es ist kalt. Trotzdem hat er den Mantel nicht mitgenommen.**

Repite las frases, pero esta vez coloca *"trotzdem"* detrás de *"Ich möchte es..."*, *"Wir haben es..."* y *"Er hat..."*.

TAG 152 El *Konjunktiv II* con *werden*

¿Qué **harías** en mi lugar? Yo **iría** al médico. En su lugar no **diría** nada. ¿Cómo se expresan este tipo de frases en alemán? La respuesta es: de la mano del verbo auxiliar ***"werden"*** conjugado en *Konjunktiv II*, un modo que expresa vuestro condicional (y también el subjuntivo, como verás en el *Tag 154*). Por ejemplo, ***"Ich würde es machen"*** (**'Lo haría'**).

La expresión del día: ***an deiner Stelle***

"Die Stelle" es **'el lugar'**, por lo que ***"an deiner Stelle"*** quiere decir **'en tu lugar'**. Ojo, ¡no es *"in deine Stelle"*! Por extensión, **'en mi lugar'** y **'en su lugar'** equivaldrían a ***"an meiner Stelle"*** y ***"an seiner/ihrer/Ihrer Stelle"***.

LA MECÁNICA

Para empezar, apréndete de memoria cómo se conjuga ***"werden"*** en *Konjunktiv II*:

ich würde	**du würdest**	**er/sie/es würde**	**wir würden**	**ihr würdet**	**sie würden**

La gran mayoría de los verbos forman el *Konjunktiv II* (o *K-II*) con ***"werden"*** en *K-II* como auxiliar + el infinitivo del verbo principal. Eso es genial porque solamente tienes que aprenderte ***"werden"*** en *K-II*, ¡y no la forma Zu viel K-II de cada verbo! Y ya sabes dónde se coloca nuestro *Infinitiv*: al final de la frase, ¡eso es! Veamos unos ejemplos:

Ich würde dir helfen, aber ich kann nicht.	Te ayudaría pero no puedo.
Was würdest du an meiner Stelle machen?	¿Qué harías en mi lugar?
Er würde es mir nie sagen.	Él nunca me lo diría.
An eurer Stelle würden wir hier bleiben.	En vuestro lugar nos quedaríamos aquí.
Wo würdet ihr anfangen?	¿Dónde empezaríais?
Sie würden mich abholen, aber sie haben keine Zeit.	Me recogerían, pero no tienen tiempo.

Clave de pronunciación

Asegúrate de que la ***"w"*** suene como una **/vvv/** vibrada y de pronunciar la ***"r"*** de ***"würde"*** como una **'a'**; decimos **/vvvüade/**. ¡Pon el audio a tope!

¡Qué curioso!

Existe el sustantivo ***"die Würde"***, que es **'la dignidad'**. Hablamos por ejemplo de ***"die Menschenwürde"***, **'la dignidad humana'**.

TAG 152 ¡Ponte a prueba!

Tapa la columna de la derecha y traduce las siguientes frases:

¡Empecemos con *"ich/er/sie/es würde"*!

Yo se lo diría (a ellos).	**Ich würde es ihnen sagen.**
En tu lugar no lo haría.	**An deiner Stelle würde ich es nicht machen.**
Él nos ayudaría, pero no tiene dinero.	**Er würde uns helfen, aber er hat kein Geld.**

¿Has dicho **/annn dáina shhhtéle/**, con el sonido **/shhh/** de mandar callar?

Céntrate ahora en la segunda persona del singular y del plural, *"du würdest"*, *"ihr würdet"*.

¿Lo llamarías o le escribirías un mensaje?	**Würdest du ihn anrufen oder ihm eine Nachricht schreiben?**
– ¿Te comprarías un piso? – No, yo alquilaría uno.	**– Würdest du dir eine Wohnung kaufen?** **– Nein, ich würde eine mieten.**
¿Qué haríais en nuestro lugar?	**Was würdet ihr an unserer Stelle machen?**

Recuerda que *"die Wohnung"*, como todos los sustantivos terminados en *"-ung"*, es femenino.

Terminamos con *"wir/sie/Sie würden"*.

Nos iríamos (con vosotros), pero tenemos que estudiar.	**Wir würden mitkommen, aber wir müssen lernen.**
– ¿Ellos también lo harían así? – No, lo harían de otra manera.	**– Würden sie es auch so machen?** **– Nein, sie würden es anders machen.**
¿Qué diría usted en mi lugar?	**Was würden Sie an meiner Stelle sagen?**

Fíjate en que **'de otra manera'** en alemán se dice simplemente con *"anders"*, /ándas/.

TAG 153 El *Konkunktiv II* de *sein*, *haben*, etc.

En el *Tag* anterior has visto que el *K-II* de la mayoría de los verbos se construye con ***"werden"*** en *K-II* como auxiliar (***"Ich würde ihn fragen"***). Pero hay algunos verbos, como ***"sein"*** y ***"haben"***, que se usan en *K-II* sin auxiliar. ¡Veamos cuáles son y cómo se conjugan!

LA MECÁNICA

"Sein", ***"haben"***, ***"wissen"***, ***"geben"*** (en la expresión ***"es gibt"***), así como los verbos modales ***"müssen"***, ***"können"*** y ***"dürfen"*** son prácticamente los únicos verbos que se usan en *K-II* sin el auxiliar ***"werden"***. Así se conjugan:

	sein ser/estar	**haben** tener	**wissen** saber	**es gibt** hay	**müssen** tener que	**können** poder	**dürfen** poder
ich	wäre	hätte	wüsste		müsste	könnte	dürfte
du	wärst	hättest	wüsstest		müsstest	könntest	dürftest
e/s/e	wäre	hätte	wüsste	es gäbe	müsste	könnte	dürfte
wir	wären	hätten	wüssten		müssten	könnten	dürften
ihr	wärt	hättet	wüsstet		müsstet	könntet	dürftet
sie	wären	hätten	wüssten		müssten	könnten	dürften

Cabe destacar que ***"müssen"***, ***"können"*** y ***"dürfen"*** son regulares y que siguen la misma lógica que ya vimos en su día con ***"sollen"*** (*Tag 61*). En cuanto a las demás formas, fíjate en que se parecen muchísimo al pasado simple (*Tage 117-119*), sólo que la vocal se ha convertido en *Umlaut* y que se añade una ***"e"*** en ***"wäre"*** y ***"gäbe"***.

¿Cómo dirías entonces **'Tendrías que hacerlo'** o **'Yo podría ayudarte'**? Así es, en lugar de ***"Du würdest es machen müssen"*** o ***"Ich würde dir helfen können"*** decimos ***"Du müsstest es machen"*** y ***"Ich könnte dir helfen"***.

Clave de pronunciación

En la tabla de las conjugaciones salen los tres *Umlaute* alemanes, ***"ä"***, ***"ö"***, ***"ü"***. ¿Sabes diferenciarlos de sus primos hermanos ***"a"***, ***"o"*** y ***"u"***? La ***"ä"*** suena como una **'e'** abierta, la ***"ö"*** la consigues si dices una ***"o"*** con boca de **'e'**, y la ***"ü"*** se dice como una ***"u"*** pero con boca de **'i'**. ¡Practícalo delante del espejo!

La expresión del día:

in so einer Situation

"So ein..." significa **'un... así'**, por lo que ***"in so einer Situation"*** quiere decir **'en una situación así'**. Pronúncialo **/innn (s)o áina (s)ituatsssióonnn/**, con dos ***"s"*** vibradas y pronunciando la ***"t"*** de ***"-tion"*** como si fuera una ***"z"*** alemána, **/tsss/**.

TAG 153 ¡Ponte a prueba!

Tapa la columna de la derecha y traduce las siguientes frases:

Primero practica con *"sein"*, *"haben"* y *"wissen"* en *K-II*. Cuidado, ¡se ha colado un verbo que en *K-II* se expresa con *"werden"*!

En tu lugar tendría más cuidado.	**An deiner Stelle wäre ich vorsichtiger.**
En una situación así no tendría miedo.	**In so einer Situation hätte ich keine Angst.**
No sabría qué haría yo en su lugar (de él).	**Ich wüsste nicht, was ich an seiner Stelle machen würde.**

"Vorsichtiger" se pronuncia **/foa(s)i(sh)tiga/**, con **"s"** vibrada.

Sigue con *"müssen"*, *"dürfen"* y *"es gibt"*. Te toparás además con *"eigentlich"* que significa 'en realidad' y se pronuncia /áiguentli(sh)/.

En realidad tendría que estudiar más.	**Ich müsste eigentlich mehr lernen.**
En realidad los niños no podrían jugar aquí (no tendrían permiso).	**Die Kinder dürften eigentlich nicht hier spielen.**
En una situación así normalmente habría problemas.	**In so einer Situation gäbe es normalerweise Probleme.**

"Eigentlich" también puede ir al principio de la frase, pero entonces hay que invertir el sujeto y el verbo: ***"Eigentlich müsste ich..."***.

Ahora solamente nos centramos en *"können"*:

En realidad él podría ayudarte pero no quiere.	**Er könnte dir eigentlich helfen, aber er will nicht.**
¿Podrías pasarte mañana?	**Könntest du morgen vorbeikommen?**
¿Me puedes dar un vaso de agua?	**Könnte ich ein Glas Wasser haben?**

¿Te acuerdas de la estructura ***"Kann ich... haben?"***? La vimos en el *Tag* 57.

TAG 154 Frases hipotéticas irreales

Hoy vas a aprender cómo expresamos frases condicionales o hipotéticas del tipo **'Si pudiera... haría tal cosa'**, para hablar de una situación irreal. Comprobarás enseguida que en alemán no te tienes que liar con distintos tiempos verbales, ¡ya que siempre usamos el *K-II*!

LA MECÁNICA

En los últimos dos capítulos has visto el *K-II* como equivalente del condicional, como en ***"Ich müsste ihm helfen"*** (**'Le tendría que ayudar'**). Hoy verás que usamos el *K-II* para todo lo que sea irreal, ya sea condicional o subjuntivo en castellano. Fíjate en estas frases subordinadas con ***"wenn"***, donde el *K-II* corresponde al subjuntivo en castellano:

Wenn ich Millionär wäre,...	Si **fuera** millonario...
Wenn ich es machen müsste,...	Si **tuviera** que hacerlo...
Wenn ich hier wohnen würde,...	Si **viviera** aquí...

Bien, vamos a juntar una frase subordinada con ***"wenn"*** con una frase principal. ¡Observa que en alemán usamos el *K-II* en ambas! Te recordamos que ***"wenn"*** manda el verbo conjugado al final de la frase (en estos casos, ***"wäre"*** y ***"würdest"***) y que en la frase principal invertimos el orden del sujeto y el verbo*:

K-II	**subjuntivo** ***condicional***
Wenn ich reich wäre, wäre ich glücklich.	Si **fuera** rico, ***sería*** feliz.
Wenn du arbeiten würdest, würdest du Geld verdienen.	Si **trabajaras**, ***ganarías*** dinero.

* Si empezamos con la frase principal, entonces no hay inversión de sujeto y verbo, pero el orden en la frase con ***"wenn"*** sigue intacto: ***"Ich wäre glücklich, wenn ich reich wäre"***, ***"Du würdest Geld verdienen, wenn du arbeiten würdest"***.

¡Un apunte!

En el lenguaje hablado solemos acortar ***"wäre"*** a ***"wär"***, que se pronuncia ***/vvvéa/***. ¡Haz que la ***"w"*** suene como una **'v'** vibrada para que no suene a ***"Bär"*** (**'oso'**)!

¡Qué curioso!

En alemán tenemos el refrán ***"Wenn das Wörtchen "wenn" nicht wär', wär' mein Vater Millionär"*** (**'Si no fuera por la palabrita "si" mi padre sería millonario'**), que hace hincapié en la inutilidad de filosofar sobre una situación irreal.

TAG 154 ¡Ponte a prueba!

Tapa la columna de la derecha y traduce las siguientes frases:

Empecemos con verbos que tienen su propia forma en *K-II*, es decir, que no requieren el auxiliar *"werden"*:

Si estuviera enfermo, no estaría en la oficina.	**Wenn ich krank wäre, wäre ich nicht im Büro.**
Si él lo supiera, estaría triste.	**Wenn er es wüsste, wäre er traurig.**
Si tuviéramos una tele, podríamos ver el partido.	**Wenn wir einen Fernseher hätten, könnten wir das Spiel sehen.**

"Das Spiel" es **'el juego'** pero también **'el partido'**. Pero **'el partido'** político es *"die Partei"*, **/paatái/**.

Ahora mezclamos los verbos que requieren *"werden"* en *K-II* con los que no:

Si estuviera cansado me iría a la cama.	**Wenn ich müde wäre, würde ich ins Bett gehen.**
Si él tuviera un problema, te lo diría.	**Wenn er ein Problem hätte, würde er es dir sagen.**
Si ellos nos ayudaran, habría menos problemas.	**Wenn sie uns helfen würden, gäbe es weniger Probleme.**

No olvides que *"ins Bett"* es **'a la cama'** mientras que *"im Bett"* significa **'en la cama'**.

¡En las siguientes frases tendrás que emplear *"werden"* en *K-II* por partida doble!

Si lloviera, nos quedaríamos en casa.	**Wenn es regnen würde, würden wir zuhause bleiben.**
Si yo no lo entendiera, te preguntaría.	**Wenn ich es nicht verstehen würde, würde ich dich fragen.**
Si se lo dijéramos (a él), se lo contaría a los demás.	**Wenn wir es ihm sagen würden, würde er es den anderen erzählen.**

¿Quieres más fluidez? Vuelve a decir las nueve frases pero empezando por la frase principal: *"Ich wäre nicht..., wenn..."*, *"Er wäre..., wenn..."*,... ¡y acelera el ritmo!

TAG 155 El adverbio *gerne* + *Konjunktiv II*

Me **gustaría** irme de vacaciones. A él le **gustaría** tomarse un café. ¿Qué te **gustaría** hacer? ¿Te **gustaría** saber cómo decimos este **'gustaría'** en alemán? La receta es fácil: usamos el *K-II* junto con el adverbio ***"gerne"***, como en ***"Ich wüsste es gerne"*** (**'Me gustaría saberlo'**).

La expresión del día: ***eine Weltreise machen***
"Die Reise" es **'el viaje'** y ***"die Welt"***, **'el mundo'**, por lo que ***"eine Weltreise machen"*** quiere decir **'hacer un viaje por el mundo'** o **'dar la vuelta al mundo'**.

LA MECÁNICA

El adverbio ***"gerne"*** en presente simple nos permite expresar lo que nos **'gusta'** hacer (como vimos en el *Tag 31*). Por tanto, si lo empleamos en *K-II* podemos decir lo que nos **'gustaría'** hacer:

presente simple	*K-II*
Ich lese gerne. (Me **gusta** leer.)	**Ich würde gerne lesen.** (Me **gustaría** leer.)

"Gerne" junto con el *K-II* no solamente nos sirve para hablar de lo que nos gustaría hacer, ¡sino también para decir lo que nos gustaría ser o tener! Lo puedes usar con cualquier verbo con *K-II*, requiera o no ***"werden"*** como verbo auxiliar. Recuerda que ***"gerne"***, como adverbio que es, se coloca detrás del verbo conjugado, dejando paso a los pronombres directos o indirectos:

Ich wäre gerne Schauspieler.	Me gustaría ser actor.
Ich hätte gerne ein größeres Auto.	Me gustaría tener un coche más grande.
Ich wüsste gerne, ob das wahr ist.	Me gustaría saber si eso es verdad.
Ich würde gerne Architektur studieren.	Me gustaría estudiar arquitectura.
Ich würde es ihm gerne selbst sagen.	Me gustaría decírselo yo misma.

¡Un apunte!
Como ya te comentamos en el *Tag 56* sobre ***"möchten"***, una de las maneras más comunes de pedir algo en un restaurante es con ***"Ich hätte gerne"***, literalmente 'Me gustaría tener': ***"Ich hätte gerne einen Kaffee"***.

Clave del método Vaughan
Puestos a imaginar, ¡dale rienda suelta a tu imaginación y di en voz alta todo lo que te gustaría ser, tener o hacer!
Würdest du gerne eine Weltreise machen?
Hättest du gerne eine Villa in Miami?
Wärst du jetzt gerne am Strand?

TAG 155 ¡Ponte a prueba!

Tapa la columna de la derecha y traduce las siguientes frases:

Primero utiliza *"gerne"* junto con algunos de los verbos que usamos en *K-II* sin auxiliar:

A él le gustaría estar aquí.	**Er wäre gerne hier.**
Nos gustaría tener un perro.	**Wir hätten gerne einen Hund.**
Me gustaría saber cómo funciona.	**Ich wüsste gerne, wie es funktioniert.**

La **"t"** del medio de ***"funktioniert"*** se pronuncia **/tsss/**, decimos **/funktsssioníat/**.

Sigue ahora con unos verbos que van acompañados de *"würde"*:

Me gustaría dar la vuelta al mundo.	**Ich würde gerne eine Weltreise machen.**
– ¿Qué te gustaría hacer? – Me gustaría dar un paseo.	**– Was würdest du gerne machen?** **– Ich würde gerne spazieren gehen.**
– ¿Os gustaría veniros? – No, nos gustaría quedarnos aquí.	**– Würdet ihr gerne mitkommen?** **– Nein, wir würden gerne hier bleiben.**

¡Cuidado con no decir *"...gehen spazieren"*!

Terminamos con *"hätte gerne"*, la fórmula por excelencia para pedir algo. Se puede traducir como 'quiero', 'quisiera' o 'querría':

Quiero un vaso de agua.	**Ich hätte gerne ein Glas Wasser.**
– ¿Qué querría? – Querría una cerveza.	**– Was hätten Sie gerne?** **– Ich hätte gerne ein Bier.**
– ¿Qué querrían? – Querríamos una botella de vino tinto.	**– Was hätten Sie gerne?** **– Wir hätten gerne eine Flasche Rotwein.**

Recuerda que no usamos *"von"* en expresiones como ***"ein Glas Wasser"*** o ***"eine Flasche Wein"***.

TAG 156 El *Konjunktiv II* pluscuamperfecto

¿Qué **habrías hecho**? En tu lugar se lo **habría dicho**. No nos **habríamos ido**. ¿Sabes cómo decir estas frases en alemán? ¡Hoy vas a aprenderlo de la mano del *K-II* pluscuamperfecto! ¿Del qué? No te preocupes por el nombre, ya verás que funciona igual que el pasado compuesto, pero conjugando el verbo auxiliar en *K-II*: ***"Er hätte es gemacht"***, ***"Er wäre gekommen"***.

¡Un consejo!
En las páginas 433-443 encontrarás una lista con los participios de los verbos más importantes en alemán. ¡Apréndetela de memoria poco a poco!

LA MECÁNICA

El *K-II* pluscuamperfecto se construye con el verbo auxiliar ***"sein"*** o ***"haben"*** + el participio (para repasar cuáles son los verbos que se forman con ***"sein"***, vete al *Tag 129*). A continuación lo comparamos con el pasado compuesto, ya que en lo único que se diferencia es en que **el verbo auxiliar no se conjuga en presente simple sino en *K-II***:

Pasado compuesto	*K-II* pluscuamperfecto
ich habe geschlafen (he dormido)	**ich hätte geschlafen** (habría dormido)
ich bin gegangen (he ido)	**ich wäre gegangen** (habría ido)

Ya está, ¡no era para tanto! Veamos unos ejemplos, y observa de nuevo que cuando no empezamos la frase con el sujeto, éste pasa a colocarse detrás del verbo:

Ich hätte es anders gemacht.	Yo lo habría hecho de otra manera.
Ich wäre zum Arzt gegangen.	Yo habría ido al médico.
An eurer Stelle wäre ich dort geblieben.	En vuestro lugar me habría quedado allí.
Wer hätte das gedacht?	¿Quién lo habría pensado?
Hättest du es ihnen gesagt?	¿Se lo habrías dicho (a ellos)?

¡Un apunte!
Puedes usar ***"gerne"*** junto con el *K-II* pluscuamperfecto para hacer frases del tipo **'Me habría gustado...'**: ***"Ich wäre gerne mitgekommen"***, ***"Ich hätte dich gerne gesehen"***, ***"Wir hätten es gerne gemacht"***.

La expresión del día: ***in dem Fall***
'En ese caso' en alemán se dice ***"in diesem Fall"***, pero suena más natural ***"in dem Fall"***. A menudo empleamos el artículo definido para decir **'este/ese'**, **'esta/esa'**. ¡*In dem Fall* no contraemos ***"in"*** y ***"dem"***!

TAG 156 ¡Ponte a prueba!

Tapa la columna de la derecha y traduce las siguientes frases:

Pon en práctica el *K-II* pluscuamperfecto con verbos que se construyen con *"haben"*:

– ¿Qué habrías hecho? – Habría llamado a mi abogado.	**– Was hättest du gemacht?** **– Ich hätte meinen Anwalt angerufen.**
No lo habría conseguido sin tu ayuda.	**Ich hätte es ohne deine Hilfe nicht geschafft.**
En ese caso habría hablado con alguien.	**In dem Fall hätte ich mit jemandem gesprochen.**

"Ohne deine Hilfe" también se podría colocar detrás de *"nicht"*.

Vamos ahora con los verbos que requieren *"sein"* como auxiliar:

Yo habría ido (con vosotros) pero no pude.	**Ich wäre mitgegangen, aber ich konnte nicht.**
En su lugar (de ella/ellos) me habría quedado en casa.	**An ihrer Stelle wäre ich zuhause geblieben.**
En ese caso habríamos ido a la policía.	**In dem Fall wären wir zur Polizei gegangen.**

Pronuncia *"zur Polizei"* marcando bien las **"z"**: **/tsssúa politsssái/**.

Para terminar añadimos el ingrediente extra *"gerne"*:

Me habría gustado ayudarte.	**Ich hätte dir gerne geholfen.**
No les habría gustado hacerlo.	**Sie hätten es nicht gerne gemacht.**
A ella le habría gustado venirse pero tenía que trabajar.	**Sie wäre gerne mitgekommen, aber sie musste arbeiten.**

Ojo, el participio de *"helfen"* es *"geholfen"*, ¡con ***"o"***!

TAG 157 Frases hipotéticas irreales en el pasado

Con este título tan largo nos referimos a frases del tipo **'Si hubiera ocurrido tal cosa, habría hecho tal cosa'**. Esperemos que te hayas puesto las pilas en el anterior capítulo sobre el *K-II* pluscuamperfecto, ¡porque emplearás este tiempo verbal por partida doble en nuestras frases hipotéticas!

LA MECÁNICA

En el *Tag 154* descubriste que el *K-II* (por ejemplo, ***"ich würde es machen"***) no solamente corresponde a vuestro condicional (**'lo haría'**) sino también al subjuntivo (**'lo hiciera'**). Ocurre lo mismo con el *K-II* pluscuamperfecto. En el *Tag* anterior lo traducimos con el condicional perfecto (***"ich hätte es gemacht"***, **'lo habría hecho'**), pero también equivale a **'hubiera...'**:

Wenn ich es gewusst hätte,...	Si lo **hubiera sabido**...
Wenn ich zum Arzt gegangen wäre,...	Si **hubiera ido** al médico...

Bien, pues si juntamos una frase subordinada de las que empiezan con ***"wenn"*** + *K-II* pluscuamperfecto con una frase principal del tipo de las que trabajaste ayer (también en *K-II* pluscuamperfecto), obtenemos una preciosa frase hipotética irreal en el pasado:

K-II **pluscuamperfecto**	**subjuntivo pluscuamperfecto** ***condicional perfecto***
Wenn er mich gefragt hätte, hätte ich es ihm gesagt.	Si me **hubiera preguntado** se lo ***habría dicho***.
Wenn etwas passiert wäre, wäre ich zur Polizei gegangen.	Si **hubiera pasado** algo ***habría ido*** a la policía.
Wenn er mitgekommen wäre, hätte ich mich gefreut.	Si él se **hubiera venido**, me ***habría alegrado***.

La palabra del día: ***sicher***

"Sicher", pronunciado con **"s"** vibrada, ***/(s)i(sh)a/***, significa **'seguro'**, como en ***"Das ist ein sicheres Auto"*** o ***"Bist du sicher?"***. En su función de adverbio lo usamos también para expresar **'seguro que...'** y lo colocamos detrás del verbo: ***"Er kommt sicher mit"*** (**'Seguro que él se viene'**).

Clave del método Vaughan

Replantéate cómo hubiera sido tu vida si hubieras ganado la lotería... ¡pero en alemán! *Was hättest du gemacht, wenn du im Lotto gewonnen hättest?* Practica haciendo tus propias frases hipotéticas en el pasado en voz alta.

TAG 157 ¡Ponte a prueba!

Tapa la columna de la derecha y traduce las siguientes frases:

Empezamos con unas frases hipotéticas, en las que todos los verbos se construyen con *"hätte"*:

Si yo hubiera tenido más tiempo te habría llamado.	**Wenn ich mehr Zeit gehabt hätte, hätte ich dich angerufen.**
Si no hubieras dicho nada no habría habido problemas.	**Wenn du nichts gesagt hättest, hätte es keine Probleme gegeben.**
¿Qué habría hecho usted si lo hubiera sabido?	**Was hätten Sie gemacht, wenn Sie es gewusst hätten?**

Recuerda que *"geben"* no solamente significa **'dar'** sino también **'haber'**.

Ahora hay que tener cuidado, ¡a veces toca usar *"wäre"* y otras *"hätte"*!

Si hubiéramos cogido un taxi no habríamos llegado tarde.	**Wenn wir ein Taxi genommen hätten, wären wir nicht zu spät gekommen.**
Si yo hubiera estado enfermo no habría ido a la boda.	**Wenn ich krank gewesen wäre, wäre ich nicht auf die Hochzeit gegangen.**
¿Qué habría pasado si ella no te hubiera ayudado?	**Was wäre passiert, wenn sie dir nicht geholfen hätte?**

No olvides que *"passieren"* requiere el auxiliar *"sein"* en los tiempos compuestos.

Por último, vamos a emplear *"sicher"* ('seguro que...') en la frase principal.

Si hubiera llovido, seguro que nos habríamos quedado en casa.	**Wenn es geregnet hätte, wären wir sicher zuhause geblieben.**
Si hubieras tenido cuidado, seguro que no habría pasado nada.	**Wenn du aufgepasst hättest, wäre sicher nichts passiert.**
Si hubiera habido un problema, seguro que él nos habría llamado.	**Wenn es ein Problem gegeben hätte, hätte er uns sicher angerufen.**

En lugar de *"aufpassen"* también puedes usar *"vorsichtig sein"*: *"Wenn du vorsichtig gewesen wärst,..."*.

TAG 158 El *K-II* pluscuamperfecto de *können, müssen & sollen*

Podría haberte ayudado con tu proyecto. **Tendría que haber ido** al médico. **Debería haber dicho** algo. Para construir este tipo de frases en alemán necesitas saber cómo se forma el *K-II* pluscuamperfecto de los verbos modales, ¡que es lo que descubriremos en el capítulo de hoy! Nos centramos en los verbos ***"können"***, ***"müssen"*** y ***"sollen"***, que son los que más se usan en este modo.

Clave de pronunciación
Vas a trabajar un montón de infinitivos en la clase de hoy, ¡así que te damos un consejo para pronunciarlos como un auténtico germanoparlante! La ***"e"*** de la terminación ***"-en"*** es una ***"e"*** muy corta y apagada, al igual que la ***"e"*** final de palabras como ***"diese"***, ***"rote"*** o ***"hätte"***.

Clave del método Vaughan
La estructura de hoy no es nada intuitiva, de ahí que requiera más esfuerzo que otras. Ponte a repetir y repetir y repetir las frases y además haz las tuyas propias. La receta te la damos nosotros, ¡pero es la práctica lo que te hace avanzar!

LA MECÁNICA

Para empezar, ten en cuenta que el *K-II* pluscuamperfecto de todos los verbos modales se construye con ***"haben"***, nunca con ***"sein"***. Por lo tanto, las frases empezarán con ***"ich hätte…"***, ***"du hätte…"***, ***"wir hätten…"***, etc. Hasta aquí todo controlado. Lo que ocurre con el verbo modal es que **va en infinitivo y se coloca al final de la frase**, precedido por el infinitivo del verbo principal. Por eso, las frases terminan en una pareja de infinitivos:

Ich hätte dir helfen können.	Podría haberte ayudado.
Ich hätte es gestern machen müssen.	Tendría que haberlo hecho ayer.
Ich hätte es dir sagen sollen.	Debería habértelo dicho.

En cuanto a ***"müssen"*** y ***"sollen"***, fíjate en que el significado es muy parecido en nuestra estructura ***"Ich hätte… müssen/sollen"***. La diferencia entre los dos verbos es que ***"müssen"*** implica una imposición o necesidad, mientras que ***"sollen"*** expresa el deber.

Error común
Recuerda que el infinitivo del verbo modal cierra siempre la frase, ¡así que no digas *"Ich hätte dir können helfen"* o *"Ich könnte dir geholfen"* ni nada por el estilo!

¡Un apunte!
El mismo esquema se aplica al verbo ***"dürfen"*** (***"Ich hätte es machen dürfen"***), pero ten en cuenta que si lo utilizamos en negativo (***"Ich hätte es nicht machen dürfen"***), entonces se traduce por **'No debería…'**.

TAG 158 ¡Ponte a prueba!

Tapa la columna de la derecha y traduce las siguientes frases:

Nos metemos de lleno en el *K-II* pluscuamperfecto de los modales, comenzando con *"können"*:

Podrías haberme preguntado.	**Du hättest mich fragen können.**
Yo no podría haberlo hecho mejor.	**Ich hätte es nicht besser machen können.**
Si me hubieras preguntado, te lo podría haber dicho.	**Wenn du mich gefragt hättest, hätte ich es dir sagen können.**

En la última frase había que cambiar *"ich hätte"* a *"hätte ich"* porque empezamos con *"Wenn...,"*.

Vamos a decir ahora todo lo que 'tendríamos que haber hecho' con *"...hätte... müssen"*:

Yo tendría que haberlo sabido.	**Ich hätte es wissen müssen.**
Tendríais que habérmelo dicho.	**Ihr hättet es mir sagen müssen.**
¿A quién se lo tendría que haber dado?	**Wem hätte ich es geben müssen?**

¡No olvides que *"wer"* cambia a *"wem"* en dativo!

Queda por ver *"sollen"*, ¡que se pronuncia con *"s"* vibrada!

Deberías habérmelo dicho antes.	**Du hättest es mir früher sagen sollen.**
Deberíamos haber preguntado por el camino.	**Wir hätten nach dem Weg fragen sollen.**
– ¿Qué debería haber hecho? – Usted me debería haber llamado.	**– Was hätte ich machen sollen?** **– Sie hätten mich anrufen sollen.**

Como vimos brevemente en el *Tag 85*, **'preguntar por'** en alemán se dice *"fragen nach"*, y *"nach"* siempre rige el dativo.

TAG 159 El adverbio *lieber* (I)

Hoy vamos a ver que usamos el adverbio ***"lieber"*** junto con otros verbos para expresar **'preferir'**. Existen los verbos ***"bevorzugen"*** y ***"vorziehen"*** (***"Ich ziehe diese Jacke vor"***/***"Ich bevorzuge diese Jacke"***, **'Prefiero esta chaqueta'**), pero en el lenguaje hablado apenas se usan.

LA MECÁNICA

Hay varias maneras de expresar **'preferir'**, dependiendo de si preferimos **algo** o si preferimos **hacer** algo.

Las dos maneras más comunes de decir **'preferir'** algo son con ***"lieber mögen"*** o ***"lieber haben"***:

– Magst du Katzen?	– ¿Te gustan los gatos?
– Ja, aber ich mag Hunde lieber. / Ja, aber ich habe Hunde lieber.	– Sí, pero prefiero los perros.

Cuando hablamos de **'preferir'** hacer algo, combinamos ***"lieber"*** de la misma manera que lo haríamos con ***"gerne"***:

– Spielst du gerne Tennis?	– ¿Te gusta jugar al tenis?
– Ja, aber ich spiele lieber Basketball.	– Sí, pero prefiero jugar al baloncesto.

Para hablar de lo que **'preferiríamos'**, podemos emplear ***"lieber möchten"***, tanto con sustantivos como con verbos. Pero hay una alternativa que también se dice mucho: ***"hätte lieber"*** + sustantivo y ***"würde lieber"*** + verbo:

Ich möchte/hätte lieber diese Schuhe.	Preferiría estos zapatos.
Ich möchte/würde es lieber morgen machen.	Preferiría hacerlo mañana.

Clave de pronunciación
"Lieber" se pronuncia **/líiba/**, con **'a'**. No lo confundas con *"Liebe"* (**'amor'**), que se pronuncia **/líibe/**, con una **'e'** corta.

¡Qué curioso!
'Querer' o **'amar'** a una persona se dice con *"lieben"* si se trata de la pareja. ¡Pero no diríamos *"Ich liebe dich"* a nuestra madre o a un amigo! Cuando no es un amor pasional usamos *"lieb haben"*: *"Ich hab dich lieb, Mama!"* (**'¡Te quiero, mamá!'**).

TAG 159 ¡Ponte a prueba!

Tapa la columna de la derecha y traduce las siguientes frases:

Hablemos primero de las cosas que preferimos, empleando *"lieber mögen"*:

– ¿Te gustan las películas de acción? – Sí, pero prefiero las películas de terror.	**– Magst du Actionfilme?** **– Ja, aber ich mag Horrorfilme lieber.**
– ¿Esta chaqueta no es bonita? – Sí, pero prefiero la otra.	**– Ist diese Jacke nicht schön?** **– Ja, aber ich mag die andere lieber.**
– ¿Os gusta el café? – Sí, pero preferimos el té.	**– Mögt ihr Kaffee?** **– Ja, aber wir mögen Tee lieber.**

Vuelve a decir las respuestas, ¡pero usando *"ich habe..."*, *"er hat..."* y *"wir haben..."*!

Ahora combina *"lieber"* con otros verbos para hablar de lo que 'prefieres hacer':

– ¿Te gusta trabajar en la oficina? – No. Prefiero trabajar desde casa.	**– Arbeitest du gerne im Büro?** **– Nein. Ich arbeite lieber von zuhause.**
– ¿Te gusta tocar el piano? – Sí, pero prefiero tocar la guitarra.	**– Spielst du gerne Klavier?** **– Ja, aber ich spiele lieber Gitarre.**
– ¿Le gusta leer revistas? – Sí, pero prefiero leer el periódico.	**– Lesen Sie gerne Zeitschriften?** **– Ja, aber ich lese lieber die Zeitung.**

Recuerda que decimos *"Klavier spielen"* y *"Gitarre spielen"* sin artículo.

Emplea ahora la forma más cortés *"lieber möchten"* para decir lo que 'preferirías' (hacer):

– ¿Quieres un café? – No, preferiría un té.	**– Möchtest du einen Kaffee?** **– Nein, ich möchte lieber einen Tee.**
– ¿Quieres quedarte aquí? – Preferiría irme.	**– Willst du hier bleiben?** **– Ich möchte lieber gehen.**
– ¿Nos vamos al cine? – Preferiría quedarme en casa.	**– Wollen wir ins Kino gehen?** **– Ich möchte lieber zuhause bleiben.**

En la primera frase podrías decir también *"ich hätte lieber"*, y en las otras dos, *"Ich würde lieber..."*.

TAG 160 Repaso de las clases 151-159

Esta etapa de clases ha sido una de las más intensas, ¡enhorabuena por haber llegado hasta aquí! Iniciamos la última tanda de nueve capítulos enseñándote ***"obwohl"***, ***"trotz"*** y ***"trotzdem"*** y la clausuramos con ***"lieber"***. Las clases de en medio las dedicamos a conocer a fondo el *Konjunktiv II*, un tiempo verbal que en castellano se expresa con el condicional o el subjuntivo. Por tanto, ¡ya eres capaz de formular frases hipotéticas irreales de todo tipo!

Como siempre, escribe las siguientes frases en alemán en la columna de la derecha. Cuando hayas comprobado que todas son correctas, ¡repásalas en voz alta hasta que te salgan bien!

Recuerda que en alemán decimos literalmente 'en así una situación':

¿Podrías venir un momento?	....
Si yo tuviera hijos trabajaría menos.	....
En una situación así no sabría qué debería hacer.	....

'Viaje por el mundo' se dice en una sola palabra: *"Weltreise"*.

Nos gustaría hacer un viaje por el mundo.	....
A pesar del buen tiempo preferiría quedarme en casa.	....
En tu lugar buscaría un nuevo trabajo.	....

La doble *"l"* en *"Millionär"* suena como una sola. Decimos /milionéa/.

No lo habría hecho así.	....
¿Te gustaría venirte?	....
Me gustaría ser millonario.	....

TAG 160 Repaso de las clases 151-159

¡Nada de *"Sicher, dass..."*! 'Seguro que' se traduce con el adverbio *"sicher"* colocado después del verbo conjugado.

Seguro que nos ayudarían. ....

Seguro que él te habría ayudado. ....

Ella no lo ha hecho aunque yo se lo dije. ....

Al traducir la primera frase, recuerda que hay dos infinitivos al final... Ánimo, ¡que queda poco!

Él debería habérmelo dicho. Ahora ya no podemos hacer nada. ....

Yo no podría haber hecho nada. ....

Si lo hubiera sabido no me habría ido (con vosotros). ....

***"Schaffen"* ('conseguir') es un verbo regular cuyo participio es *"geschafft"*, /gueshhháft/.**

La situación es difícil. Aun así lo conseguiremos. ....

Lo habríamos conseguido si hubiéramos tenido más tiempo. ....

Si yo fuera tú, diría algo. ....

Comprueba las respuestas en la página 385.

TAG 161 El adverbio *lieber* (II)

En el capítulo de hoy nos centramos en cómo decir **'preferir que'**. Curiosamente en alemán recurrimos a las estructuras ***"Es ist mir lieber, wenn..."/"Ich habe es lieber, wenn..."*** (**'Prefiero que...'**), y no *"Ich habe/mag es lieber, dass..."*.

LA MECÁNICA

Para expresar **'Prefiero que...'** en alemán, tenemos dos formas que se usan casi indistintamente: ***"Es ist mir lieber, wenn..."*** y ***"Ich habe es lieber, wenn..."***. Fíjate en que nosotros usamos el presente simple mientras que en castellano se emplea el subjuntivo:

Es ist mir lieber, **Ich habe es lieber,**	**wenn du nicht rauchst.**	Prefiero que no fumes.

A la hora de expresar lo mismo pero con un tono más formal, conjugamos ***"sein"*** o ***"haben"*** así como el verbo de la frase con ***"wenn"*** en *K-II*:

Es wäre mir lieber, **Ich hätte es lieber,**	**wenn du nicht rauchen würdest.**	Preferiría que no fumaras.

Para aplicar estas estructuras a otras personas, tienes que usar el dativo en ***"Es ist/wäre... lieber"*** o conjugar ***"haben"*** en otra persona:

Es ist ihm lieber, wenn...	**Er hat es lieber, wenn...**	Él prefiere que...
Es ist ihr lieber, wenn...	**Sie hat es lieber, wenn...**	Ella prefiere que...
Es ist uns lieber, wenn...	**Wir haben es lieber, wenn...**	Preferimos que...

¡Un apunte!
"Wenn" en nuestra estructura ***"Es ist mir lieber/Ich habe es lieber, wenn"*** también puede traducirse como **'cuando'**: ***"Ich habe es lieber, wenn es schneit"*** (**'Me gusta más cuando nieva'**), ***"Es ist mir lieber, wenn du da bist"*** (**'Me gusta más cuando estás tú'**).

La expresión del día: *ehrlich gesagt*
"Ehrlich gesagt" ('sinceramente dicho') equivale a **'la verdad es que'** en castellano; por ejemplo, ***"Ehrlich gesagt weiß ich es nicht"*** (**'La verdad es que no lo sé'**). Pronúncialo **/éali(sh) gue(s)aakttt/** y recuerda que, si lo ponemos al principio de la frase, ¡hay que invertir el orden del sujeto y el verbo!

TAG 161 ¡Ponte a prueba!

Tapa la columna de la derecha y traduce las siguientes frases:

Empecemos con *"Es ist... lieber, wenn..."*:

Prefiero que no lo hagas.	**Es ist mir lieber, wenn du das nicht machst.**
Él prefiere que nos quitemos los zapatos.	**Es ist ihm lieber, wenn wir uns die Schuhe ausziehen.**
La verdad es que prefiero que eso lo hagáis vosotros.	**Ehrlich gesagt ist es mir lieber, wenn ihr das macht.**

Recuerda que *"ausziehen"* es un verbo separable: *"Ich ziehe mir die Schuhe aus"*.

Sustituimos *"ist"* por *"wäre"* para hablar de qué es lo que 'preferiríamos':

Preferiría que no se lo dijeras a nadie.	**Es wäre mir lieber, wenn du es niemandem sagen würdest.**
Preferiríamos que empezáramos mañana.	**Es wäre uns lieber, wenn wir morgen anfangen würden.**
La verdad es que preferiría que vinieras más tarde.	**Ehrlich gesagt wäre es mir lieber, wenn du später kommen würdest.**

"Niemand" cambia a *"niemandem"* en dativo.

Veamos ahora la otra estructura que significa lo mismo, *"Ich habe/hätte es lieber, wenn..."*:

Prefiero que los niños no estén solos.	**Ich habe es lieber, wenn die Kinder nicht allein sind.**
Él preferiría que lo llamaras tú misma.	**Er hätte es lieber, wenn du ihn selbst anrufen würdest.**
La verdad es que preferiríamos que os quitarais los zapatos.	**Ehrlich gesagt hätten wir es lieber, wenn ihr euch die Schuhe ausziehen würdet.**

Estás pronunciando **/éali(sh) gue(s)aakttt/**, ¿verdad?

TAG 162 El adverbio *lieber* (III)

En nuestro tercer apartado sobre ***"lieber"*** vamos a ver que empleamos este adverbio para decirle a alguien que **'mejor (que)'** haga algo.

Error común
No empieces una frase con ***"lieber"***, a no ser que quieras decir ***"Lieber Peter,..."*** (**'Querido Peter,...'**). ***"Lieber"*** se coloca detrás del verbo conjugado: ***"Komm lieber morgen"*** (**'Mejor vente mañana'**).

LA MECÁNICA

"Lieber" en frases imperativas se traduce por **'mejor'** o **'mejor que...'**. Aquí no solemos emplear ***"besser"***.

Komm lieber später vorbei.	Pásate mejor más tarde.
Geht lieber nach Hause.	Mejor que os vayáis a casa.
Mach das lieber nicht.	Mejor no lo hagas.
Sagen Sie lieber nichts.	Mejor no diga nada.

Observa que junto con preguntas ***"Soll ich...?"*** (**'¿Quieres que...?'**/**'¿Hago...?'**), ***"lieber"*** nos permite decir **'¿Prefieres que...?'** o **'¿Mejor hago...?'**:

Soll ich lieber später vorbeikommen?	¿Prefieres que me pase más tarde?
Soll ich lieber nichts sagen?	¿Mejor no digo nada?

¡Un apunte!
A menudo empleamos ***"lieber"*** junto con ***"sollte"*** (**'debería'**), lo que en castellano se traduce como **'Sería mejor que...'**: ***"Wir sollten lieber gehen"*** (**'Sería mejor que nos fuésemos'**), ***"Du solltest das lieber nicht sagen"*** (**'Sería mejor que eso no lo dijeras'**).

La palabra del día: *sonst*
"Sonst" significa **'(o) si no'**, como en ***"Zieh dir lieber einen Mantel an, sonst erkältetest du dich"*** (**'Mejor ponte un abrigo, o si no te resfriarás'**). A ***"sonst"*** le sigue el verbo y después el sujeto, y además ten en cuenta que lo más natural es emplear ***"noch"***, que transmite la idea de **'...acabarás resfriándote'**: ***"...sonst erkältest du dich noch"***.

TAG 162 ¡Ponte a prueba!

Tapa la columna de la derecha y traduce las siguientes frases:

Empieza practicando con *"lieber"* dentro de frases en imperativo, incluyendo *"Lass uns..."*:

Mejor date prisa.	**Beeil dich lieber.**
Mejor no preguntes.	**Frag lieber nicht.**
Mejor nos vamos.	**Lass uns lieber gehen.**

"Beeil dich" se pronuncia **/beáil di(sh)/**.

Añadimos ahora una segunda oración con *"sonst"*, pronunciado /(s)onst/. Fíjate en que la segunda parte se expresa en presente simple.

Mejor date prisa, o si no perderemos el tren.	**Beeil dich lieber, sonst verpassen wir (noch) den Zug.**
Mejor llama a tu madre, o si no se va a preocupar.	**Ruf lieber deine Mutter an, sonst macht sie sich (noch) Sorgen.**
Mejor no digas nada, o si no habrá problemas.	**Sag lieber nichts, sonst gibt es (noch) Probleme.**

'Perder un tren' no se dice con *"einen Zug verlieren"* sino ***"einen Zug verpassen"***.

¡Terminamos con *"Soll ich lieber...?"*!

¿Vuelvo mejor más tarde?	**Soll ich lieber später wiederkommen?**
- ¿Espero mejor fuera? - Sí, sería mejor.	**- Soll ich lieber draußen warten?** **- Ja, das wäre besser.**
- ¿Me voy mejor a casa? - Sí, sería mejor.	**- Soll ich lieber nach Hause gehen?** **- Ja, das wäre besser.**

No emplearíamos ***"lieber"*** en la respuesta ***"das wäre besser"***.

TAG 163 *Am liebsten*

Hoy aprenderás a usar ***"am liebsten"***, que es la forma superlativa de ***"gerne"*** y con la que podemos hablar de lo que **'más nos gusta'** (hacer) o de lo que **'nos encantaría'** (hacer).

Clave de pronunciación
La ***"b"*** de *"liebsten"* se pronuncia como una **'p'**, decimos **/ammm líipstennn/**.
¡Asegúrate además de marcar bien la diferencia entre la ***"m"*** y la ***"n"***!

LA MECÁNICA

Al igual que ***"gerne"*** y ***"lieber"***, ***"am liebsten"*** se coloca detrás del verbo conjugado cuando se trata de una actividad que nos encanta hacer. En el caso de ***"mögen"***, tanto ***"lieber"*** como ***"am liebsten"*** van detrás de aquello que te gusta:

	actividades	cosas
☺	**Ich gehe gerne ins Kino.** Me gusta ir al cine.	**Ich mag Katzen.** Me gustan los gatos.
☺☺	**Ich gehe lieber ins Theater.** Me gusta más / Prefiero ir al teatro.	**Ich mag Hunde lieber.** Me gustan más / Prefiero los perros.
☺☺☺	**Ich gehe am liebsten in die Oper.** Lo que más me gusta es ir a la ópera. / Me encanta ir a la ópera.	**Ich mag Pferde am liebsten.** Los animales que más me gustan son los caballos. / Me encantan los caballos.

Como puedes observar, la estructura en castellano que hemos usado para traducir las frases con ***"am liebsten"*** dista bastante de su forma en alemán. Aunque en castellano **'lo que más me gustaría'** te puede sonar un poco forzado, en alemán usamos ***"am liebsten"*** con mucha frecuencia, sobre todo también en *K-II* para expresar lo que **'más nos gustaría'** o **'nos encantaría'**:

Ich wäre am liebsten eine Schauspielerin.	Me encantaría ser actriz.
Ich hätte am liebsten mein eigenes Pferd.	Me encantaría tener mi propio caballo.
Ich würde am liebsten in New York wohnen.	Me encantaría vivir en Nueva York.

¡Un apunte!
Puedes usar *"am liebsten"* en las estructuras que te presentamos ayer y decir, por ejemplo *"Ich hätte es **am liebsten**, wenn das nicht noch mal passieren würde"* (**'Me encantaría que eso no volviera a pasar'**).

TAG 163 ¡Ponte a prueba!

Tapa la columna de la derecha y traduce las siguientes frases:

Estrena *"am liebsten"* con los verbos *"baden"*, *"joggen gehen"* y *"lesen"*.

En el mar es donde más me gusta bañarme.	**Ich bade am liebsten im Meer.**
Cuando más le gusta hacer footing (a él) es por las mañanas.	**Er geht am liebsten morgens joggen.**
Me encanta leer el periódico mientras desayuno.	**Ich lese am liebsten die Zeitung, während ich frühstücke.**

'Por las mañanas' se dice con una palabra solamente: ***"morgens"***. Lo mismo ocurre con ***"abends"*** (**'por las noches'**), ***"montags"*** (**'los lunes'**), ***"dienstags"*** (**'los martes'**), etc.

Sigue con *"am liebsten"*, ahora con verbos en *K-II*:

Me encantaría estar contigo ahora.	**Ich wäre jetzt am liebsten bei dir.**
Me encantaría quedarme en la cama todo el día.	**Ich würde am liebsten den ganzen Tag im Bett bleiben.**
Me encantaría hacerlo yo mismo.	**Ich würde es am liebsten selbst machen.**

'Estar contigo' no es *"mit dir sein"* sino ***"bei dir sein"***.

Veamos por último *"am liebsten haben"*:

Este té es el que más me gusta.	**Ich habe diesen Tee am liebsten.**
Me encantaría tener mi propia empresa.	**Ich hätte am liebsten meine eigene Firma.**
– ¿Te gustaría tener un perro o preferirías un gato? – Me encantaría tener un hámster.	**– Hättest du gerne einen Hund oder lieber eine Katze?** **– Ich hätte am liebsten einen Hamster.**

El adjetivo ***"eigen"*** se pronuncia **/áiguennn/**. ¡Y fíjate en que ***"Firma"*** no significa **'firma'**!

TAG 164 Cómo expresar suposiciones con *müssen* & *werden*

Debe de ser divertido. Ese hombre **debe de** ser su padre. Laura no ha venido; **habrá tenido** un inconveniente. Hoy vas a aprender cómo expresamos este tipo de suposiciones en alemán, y lo haremos de la mano de los verbos ***"müssen"*** y ***"werden"***.

La palabra del día: ***der Grund***
"Der Grund", en masculino, es **'la razón'** y se pronuncia **/gjunt/**. Su plural es *"Gründe"*, como en *"Ich habe meine Gründe"*. Pero ojo, **'tener razón'** se dice con *"recht haben"*: *"Ich habe recht"*.

LA MECÁNICA

En alemán recurrimos al verbo ***"müssen"*** para expresar **'deber de'** en el sentido de **'Estoy casi seguro de que eso es así'**, es decir, para hacer una suposición. Al igual que en castellano, también tenemos la posiblidad de hacerlo a través del futuro (con ***"werden"***). En este caso, a menudo empleamos ***"wohl"***, que refuerza el hecho de que no estamos del todo seguros:

– Es hat geklingelt.	– Han llamado a la puerta.
– Das muss der Briefträger sein. *(muy seguro)* **Das wird (wohl) der Briefträger sein.** *(seguro)*	– Debe de ser el cartero. Será el cartero.

La estructura es la misma que ya has visto en los *Tage 58* y *64*: ***"müssen"*** y ***"werden"*** se conjugan y mandan el infinitivo al final de la frase.

Para expresar una presunción en el pasado, se complica un poco la cosa, ya que el verbo auxiliar (***"haben"*** o ***"sein"***) en infinitivo se coloca al final, precedido del participio en cuestión:

Sie muss es gewusst haben.	Debe de haberlo sabido.
Sie wird es (wohl) gewusst haben.	Lo habrá sabido.

¡Un apunte!
En lugar de *"Er muss krank sein"* también podemos decir *"Er soll krank sein"*, pero entonces no significaría exactamente lo mismo. Como ya te comentamos en el *Tag 59*, *"sollen"* aquí tendría el matiz de **'Dicen que...'** o **'La gente dice que está enfermo'**.

¡Qué curioso!
El verbo **'suponer'** en alemán es *"vermuten"*, así que puedes decir *"Ich vermute, dass er es vergessen hat"* (**'Supongo que se le ha olvidado'**), por ejemplo. En el lenguaje hablado es muy común usar también *"Ich denke mal"*, como en *"Ich denke mal, dass er es vergessen hat"*.

TAG 164 ¡Ponte a prueba!

Tapa la columna de la derecha y traduce las siguientes frases:

Primero vamos a hacer suposiciones en el presente:

Ella debe de estar enferma, si no, habría venido hoy.	**Sie muss krank sein, sonst wäre sie heute gekommen.**
– ¿Por qué él no quiere venirse? – Tendrá sus razones.	**– Warum möchte er nicht mitkommen?** **– Er wird seine Gründe haben.**
– Tu móvil está sonando. – Tiene que ser el taxi.	**– Dein Handy klingelt.** **– Das muss das Taxi sein.**

En la primera frase hemos colado el *K-II*, al que dedicamos el *Tag 156*.

Supongamos ahora sobre qué 'habrá' o 'debe de haber' pasado:

Habrán tenido sus razones.	**Sie werden ihre Gründe gehabt haben.**
El vuelo debe de haber salido con retraso, si no, ella ya me habría llamado.	**Der Flug muss Verspätung gehabt haben, sonst hätte sie mich schon angerufen.**
– ¿Por qué él no está aquí? – Debe de haberse olvidado de la cita.	**– Warum ist er nicht hier?** **– Er muss den Termin vergessen haben.**

'Salir con retraso' en alemán es ***"Verspätung haben"***.

Seguimos en el pasado, pero ahora los verbos requieren el auxiliar *"sein"*:

¡Esta experiencia ha debido de ser horrible!	**Diese Erfahrung muss furchtbar gewesen sein!**
No habrá pasado nada, si no, me habrían llamado.	**Es wird (wohl) nichts passiert sein, sonst hätten sie mich angerufen.**
Ya no hay nadie. Se habrán ido a casa.	**Da ist niemand mehr. Sie werden (wohl) nach Hause gegangen sein.**

"Furchtbar", un sinónimo de ***"schrecklich"***, se pronuncia **/fúa(sh)tbaa/**.

TAG 165 La voz pasiva

Este capítulo está dedicado a ***"das Passiv"***. Para formarlo, usamos ***"werden"*** como auxiliar junto con un participio, como en ***"Der Präsident wurde gewählt"*** (**'El presidente fue elegido'**).

LA MECÁNICA

La voz pasiva se construye con el verbo auxiliar ***"werden"*** + participio al final de la frase. Ten en cuenta que en alemán usamos la voz pasiva mucho más que en castellano. Decimos literalmente 'La casa es vendida' o 'Soy operada la semana que viene':

Das Haus wird verkauft.	La casa se vende.
Ich werde nächste Woche operiert.	Me van a operar la semana que viene.

En pasado simple, ***"werden"*** se conjuga igual que en *K-II* pero sin *Umlaut*: ***"ich wurde"***, ***"du wurdest"***, ***"er/sie/es wurde"***, ***"wir wurden"***, ***"ihr wurdet"***, ***"sie wurden"***.

Ich wurde letzte Woche operiert.	Me operaron la semana pasada.

Para formar el pasado compuesto, echamos mano del auxiliar ***"sein"*** y el participio de ***"werden"***, que es ***"worden"***. ***"Worden"*** se coloca al final de la frase, precedido por el participio del verbo principal.

Ich bin letzte Woche operiert worden.	Me operaron la semana pasada.

Observa que, al igual que ocurre con ***"ich war"*** e ***"ich bin gewesen"***, realmente no existe una diferencia de significado entre la voz pasiva en pasado simple y en pasado compuesto.

Para terminar, te damos unos verbos que usamos a menudo en la voz pasiva junto con sus participios:

unterschreiben (firmar):	**unterschrieben**	**operieren** (operar):	**operiert**
bearbeiten (tramitar):	**bearbeitet**	**verschicken** (mandar):	**verschickt**

Error común

Para traducir **'Me han robado el monedero'**, no digas ***"Sie haben mir den Geldbeutel gestohlen"***, a no ser que hables de un grupo de personas en concreto. El **'Me han...'** impersonal del castellano se dice con la voz pasiva en alemán: ***"Mir wurde der Geldbeutel gestohlen"***.

TAG 165 ¡Ponte a prueba!

Tapa la columna de la derecha y traduce las siguientes frases:

Veamos primero la voz pasiva en presente. Fíjate una vez más en que el presente simple en alemán a veces se traduce por el presente continuo o el futuro próximo:

La empresa se vende.	**Die Firma wird verkauft.**
Me van a operar el viernes.	**Ich werde am Freitag operiert.**
El caso está siendo tramitado por las autoridades.	**Der Fall wird von den Behörden bearbeitet.**

'La autoridad' es *"die Autorität"*, pero **'las autoridades'** como conjunto de instituciones son *"die Behörden"*, **/behhhöadennn/**.

Veamos ahora *"wurde..."* en pasado simple; ¡no lo confundas con *"würde"* en *K-II*!

El contrato fue firmado por un abogado.	**Der Vertrag wurde von einem Anwalt unterschrieben.**
– ¿Te operaron de la nariz? – No, me operaron del ojo.	**– Wurdest du an der Nase operiert?** **– Nein, ich wurde am Auge operiert.**
– ¿Cuándo se envía el paquete? – Ya se envió ayer.	**– Wann wird das Paket verschickt?** **– Es wurde schon gestern verschickt.**

Operar a alguien **'de'** algo, en alemán se dice con la preposición *"an"* + dativo.

Nos falta por ver el pasado compuesto, con los dos participios (*"...worden"*) al final:

Ya se ha enviado su paquete (de usted).	**Ihr Paket ist schon verschickt worden.**
A mi padre le operaron la semana pasada.	**Mein Vater ist letzte Woche operiert worden.**
Los contratos fueron firmados por la abogada.	**Die Verträge sind von der Anwältin unterschrieben worden.**

"Vertrag" en singular se pronuncia **/featjáak/**, con **/k/**, pero *"Vertäge"* se dice **/featjéegue/**.

TAG 166 *(Sich) etwas machen lassen*

En alemán 'nos dejamos cortar el pelo', 'nos dejamos hacer el pasaporte' y 'dejamos reparar el coche'. Hoy descubrirás la expresión ***"sich etwas machen lassen"***, que se usa cuando una tercera persona nos proporciona un servicio.

Las palabras del día: *die Haare & die Brille*
En alemán hablamos casi siempre de *"die Haare"* (**'los pelos'**) en plural (aunque curiosamente la expresión **'por los pelos'** se expresa en singular: *"um ein Haar"*). Por el contrario, *"die Brille"* (**'las gafas'**) es un sustantivo singular. Conclusión: decimos *"Meine Haare **sind** schwarz"* y *"Meine Brille **ist** schwarz"*.

LA MECÁNICA

'Me corto el pelo' en alemán no se suele expresar con ***"Ich schneide mir die Haare"*** (aunque es correcto), ya que cuando otra persona nos hace algo y no especificamos quién es esta persona, recurrimos a ***"sich lassen"*** + infinitivo:

Ich lasse mir die Haare schneiden.	Me corto el pelo.

Esta estructura no se limita a ***"schneiden"***, también puedes usarla con ***"machen"*** o ***"reparieren"***, por ejemplo. En el caso de ***"reparieren"***, prescindimos del pronombre reflexivo:

Ich lasse mir eine neue Brille machen.	Me hacen unas nuevas gafas.
Ich lasse das Auto reparieren.	Me arreglan el coche.

Para expresar ***"(sich) etwas machen lassen"*** con un verbo modal o en un tiempo compuesto, conjugamos el verbo modal o auxiliar y dejamos ***"lassen"*** en infinitivo al final, por lo que la frase termina con una pareja de infinitivos:

Ich werde mir die Haare schneiden lassen.	Me cortaré el pelo.
Ich muss mir die Haare schneiden lassen.	Tengo que cortarme el pelo.
Ich habe mir die Haare schneiden lassen.	Me he cortado el pelo.

¡Un apunte!
Si tienes dudas sobre por qué usamos *"mir"* y no *"mich"* en *"Ich lasse mir die Haare schneiden"*, echa un vistazo al *Tag 84*.

TAG 166 ¡Ponte a prueba!

Tapa la columna de la derecha y traduce las siguientes frases:

Pon en práctica *"müssen"* junto con *"... lassen"*:

Tienes que cortarte el pelo.	**Du musst dir die Haare schneiden lassen.**
Me tienen que hacer unas gafas nuevas. Las mías están rotas.	**Ich muss mir eine neue Brille machen lassen. Meine ist kaputt.**
Él tuvo un pequeño accidente. Ahora le tienen que arreglar el coche.	**Er hatte einen kleinen Unfall. Jetzt muss er das Auto reparieren lassen.**

No lo olvides, ¡decimos *"die Haare"* en plural pero *"die Brille"* en singular!

Veamos ahora el pasado compuesto. ¡Lo único que cambia es el verbo conjugado!

Me he cortado el pelo hace poco.	**Ich habe mir vor kurzem die Haare schneiden lassen.**
Mi hijo se ha hecho un nuevo pasaporte.	**Mein Sohn hat sich einen neuen Pass machen lassen.**
Nos arreglaron nuestro ordenador.	**Wir haben unseren Computer reparieren lassen.**

"Reparieren" dicho rápido suena así: **/jepajían/**. Lo mismo pasa con los demás verbos que terminan en **"-ren"**: *"fahren"*, **/faan/**, *"operieren"*, **/opejían/**,...

Para terminar, ¡haz preguntas!

¿Te has cortado el pelo?	**Hast du dir die Haare schneiden lassen?**
¿Dónde te han arreglado el coche?	**Wo hast du das Auto reparieren lassen?**
¿Dónde le han hecho a usted sus gafas?	**Wo haben Sie sich Ihre Brille machen lassen?**

Tanto *"Sie"* como *"Ihre"* tienen que ir en inicial mayúscula cuando son fórmulas de cortesía.

TAG 167 *Werden* como verbo principal

En este capítulo, el verbo ***"werden"*** es la gran estrella. Anteriormente lo hemos visto como verbo auxiliar en el *Futur I* (***"Ich werde kommen"***), en *K-II* (***"Ich würde kommen"***) y en la voz pasiva (***"Ich wurde operiert"***), pero hoy descubrirás que ***"werden"*** también es un verbo principal con su propio significado: el de **cambio de estado**.

LA MECÁNICA

"Werden" es un verbo polifacético, ya que cuando se junta con adjetivos tiene múltiples traducciones al castellano: **'volverse'**, **'convertirse'**, **'ponerse'**, **'llegar a ser'** y **'hacerse'**, entre otras. Decimos por ejemplo ***"Ich werde rot"*** (**'Me pongo rojo'**) o ***"Es wird dunkel"*** (**'Se hace de noche'**). Veamos una lista de expresiones frecuentes que se construyen con ***"werden"***:

verrückt werden	volverse loco	**rot werden**	ponerse rojo
schwanger werden	quedarse embarazada	**dunkel werden**	oscurecer /hacerse de noche
berühmt werden	hacerse famoso	**schlechter werden**	empeorar
müde werden	cansarse	**besser werden**	mejorar
alt werden	hacerse mayor	**traurig werden**	ponerse triste
reich werden	hacerse rico	**nass werden**	mojarse

También usamos ***"werden"*** junto con sustantivos en el sentido de **'llegar a ser'**. Entonces se suele traducir con **'ser'**: ***"Ich will Pilot werden"*** (**'Quiero ser piloto'**), ***"Er will Vater werden"*** (**'Quiere ser padre'**).

A la hora de usar ***"werden"*** como verbo principal en pasado compuesto, se construye con ***"sein"***. ¡Ojo! Su participio NO es ***"worden"*** (como vimos en la voz pasiva) sino ***"geworden"***:

Ich bin nass geworden.	Me he mojado.
Es ist besser geworden.	Ha mejorado.
Er ist Vater geworden.	Ha sido padre.

¡Un apunte!
"Werden zu" significa **'convertirse en'**: ***"Wasser wird zu Eis, wenn es gefriert"*** (**'El agua se convierte en hielo cuando se congela'**), ***"Es ist zu einem Problem geworden"*** (**'Se ha convertido en un problema'**).

¡Qué curioso!
Para expresar ***"werden"*** en futuro, solemos omitir el propio ***"werden"***, como en ***"Die Feier wird sicher toll (werden)!"*** (**'¡Seguro que la fiesta resultará estupenda!'**) o ***"Alles wird gut (werden)!"*** (**'Todo saldrá bien'**).

TAG 167 ¡Ponte a prueba!

Tapa la columna de la derecha y traduce las siguientes frases:

Primero vamos a conjugar *"werden"* en presente:

Me pongo triste cuando pienso en él.	**Ich werde traurig, wenn ich an ihn denke.**
Mi abuela se cansa enseguida.	**Meine Großmutter wird schnell müde.**
¡Me voy a volver loco!	**Ich werde (noch) verrückt!**

¿Te has acordado de que **'pensar en'** se dice *"denken an"*?

Ahora, veamos frases con *"wollen"*; en ellas *"werden"* quedará al final de la frase:

Quiero llegar a ser rico y famoso.	**Ich will reich und berühmt werden.**
– ¿Qué quieres ser cuando seas mayor? – Quiero ser policía.	**– Was willst du werden, wenn du groß bist?** **– Ich will Polizist werden.**
– ¿Quieres quedarte embarazada? – Sí, quiero ser madre.	**– Willst du schwanger werden?** **– Ja, ich will Mutter werden.**

'Cuando sea mayor' en alemán se dice *"wenn ich groß bin"*.

Terminamos con *"sein"* como auxiliar + el participio *"geworden"*. ¡Haz que la *"w"* de *"geworden"* suene como una 'v' vvvvibrada! Decimos /guevvvóadennn/.

Me quedé embarazada a los 22.	**Ich bin mit 22 schwanger geworden.**
Se puso rojo cuando lo pregunté.	**Er ist rot geworden, als ich ihn gefragt habe.**
Venga, vamos a casa. Ya se ha hecho de noche.	**Lass uns nach Hause gehen. Es ist schon dunkel geworden.**

Fíjate en que **'a los 22 (años)'** se expresa con *"mit"*, sin el artículo.

TAG 168 *Immer* + forma comparativa

Hoy te enseñaremos que **'cada vez más/menos...'** en alemán se expresa con ***"immer"*** seguido de ***"mehr/weniger"*** o la forma comparativa de un adjetivo. Para repasar el *Komparativ*, ¡te vendrá bien refrescarte la memoria leyendo los *Tage 102-104*!

Error común
¡Nadie te entenderá si dices *"jedes Mal mehr"*, *"jedes Mal kleiner"* o *"jedes Mal besser"*! También es incorrecto decir *"immer mehr kleiner"*; recuerda que nunca usamos ***"mehr"*** con adjetivos.

La palabra del día: *der Mensch*
"Der Mensch" es **'el ser humano'**, pero también lo empleamos para hablar de las personas y la gente en general, como un sinónimo más formal de *"Leute"*. El plural es *"Menschen"*. Y por cierto, nuestro equivalente de **'¡Hombre!'** es *"Mensch!"*.

LA MECÁNICA

'Cada vez' en la estructura **'cada vez más...'**, en alemán corresponde a ***"immer"***, que también significa **'siempre'**. Usamos ***"immer"*** seguido de la forma comparativa de los adjetivos o adverbios:

immer kleiner cada vez más pequeño	**immer größer** cada vez más grande	**immer schneller** cada vez más rápido	**immer näher** cada vez más cerca
immer öfter cada vez más a menudo	**immer besser** cada vez mejor	**immer schlechter** cada vez peor	**immer schlimmer** cada vez más grave

Añadimos ***"mehr"*** (**'más'**) o ***"weniger"*** (**'menos'**) detrás de ***"immer"*** cuando se trata de sustantivos:

immer mehr cada vez más	**immer mehr Leute** cada vez más gente	**immer mehr Möglichkeiten** cada vez más posibilidades
immer weniger cada vez menos	**immer weniger Autos** cada vez menos coches	**immer weniger Probleme** cada vez menos problemas

Clave de pronunciación
"Immer" se pronuncia **/ima/**, con una ***"i"*** muy muy corta. No es la misma ***"i"*** que en *"ihm"* o *"ihnen"*. La doble ***"m"*** hace que suene de manera apagada, como ocurre también en *"Zimmer"* (**'habitación'**) o *"Himmel"* (**'cielo'**).

¡Un apunte!
Mientras que en castellano, **'cada vez...'** suele ir al principio de la frase, en alemán mantenemos el orden "normal" de los elementos: sujeto + verbo +..., como en *"Es schneit immer weniger"* (**'Cada vez nieva menos'**).

TAG 168 ¡Ponte a prueba!

Tapa la columna de la derecha y traduce las siguientes frases:

Empecemos con *"immer"* en combinación con *"öfter"*, *"schneller"* y *"besser"*.

Cada vez ocurre más a menudo.	**Es passiert immer öfter.**
Cuidado, vas cada vez más rápido.	**Pass auf, du fährst immer schneller.**
- ¿Él ya está mejor? - Sí, está cada vez mejor.	**- Geht's ihm schon besser? - Ja, es geht ihm immer besser.**

Fíjate en que **'más a menudo'** es una sola palabra: ***"öfter"***. Y no es *"ofter"*, ¡eso no existe!

Sigue ahora con *"immer mehr/weniger"* + sustantivos:

Cada vez menos gente compra libros.	**Immer weniger Leute kaufen Bücher.**
Cada vez hay más gente (seres humanos) en el mundo.	**Es gibt immer mehr Menschen auf der Welt.**
Hago cada vez menos deporte desde que tengo más trabajo.	**Ich mache immer weniger Sport, seitdem ich mehr Arbeit habe.**

'En el mundo' en alemán se suele expresar con ***"auf der Welt"***, no *"in der Welt"*.

Por último, practica *"immer..."* junto con *"werden"* como verbo principal. Fíjate en que en la segunda frase decimos literalmente 'Seres humanos se hacen cada vez más mayores'.

La situación está cada vez mejor.	**Die Situation wird immer besser.**
Las personas son cada vez más longevas.	**Menschen werden immer älter.**
Los ricos se hacen cada vez más ricos y los pobres cada vez más pobres.	**Die Reichen werden immer reicher und die Armen immer ärmer.**

"Ärmer", el comparativo de ***"arm"***, se pronuncia **/éama/**.

TAG 169 *Je... desto*

Después de las conjunciones compuestas ***"sowohl... als auch"***, ***"weder... noch"*** y ***"entweder... oder"*** que vimos en los *Tage 144-146*, puedes añadir una cuarta a tu lista: ***"je... desto"***. La usamos en frases como ***"je größer, desto besser"*** (**'Cuanto más grande, mejor'**).

La palabra del día: *üben*
El verbo ***"üben"*** significa **'practicar'** y es regular: ***"ich übe"***, ***"du übst"***, ***"er/sie übt"***, ***"wir üben"***, ***"ihr übt"***, ***"sie üben"***. ***"Übst"*** y ***"übt"*** se pronuncian **/üpst/** y **/üpt/**, con **/p/**.

Error común
"Desto" no tiene traducción al castellano, ¡pero no por eso se puede omitir! Es incorrecto decir *"Je größer, besser"*.

LA MECÁNICA

"Je... desto", pronunciado **/iée... désto/**, es una conjunción compuesta que corresponde a **'cuanto más... más...'**. ***"Je"*** y ***"desto"*** van seguidos de una forma comparativa:

Je kleiner, desto billiger.	Cuanto más pequeño, más barato.
Je mehr, desto besser.	Cuanto más, mejor.

En estas frases sencillas no se aprecia lo siguiente: en realidad, ***"je"*** introduce una frase subordinada, por lo que el verbo, si lo hay, va al final:

Je früher wir mit dem Projekt anfangen, desto besser.	Cuanto antes empecemos con el proyecto, mejor.

"Desto" entonces representa la frase principal, en la que invertimos el orden del sujeto y el verbo, debido a que la frase entera en sí no empieza con el sujeto:

Je früher du anfängst, desto schneller bist du fertig.	Cuanto antes empieces, más rápido terminas.

¡Un apunte!
En lugar de ***"je..."*** también usamos ***"umso..."*** que se pronuncia **/úm(s)o/**, con **"s"** vibrada: ***"Umso größer, desto besser"***.

¡Qué curioso!
¡La palabra ***"je"*** tiene múltiples usos! Junto con ***"nach"*** se traduce como **'según'** (***"je nach Bedarf"***, **'según la necesidad'**) y la expresión ***"je nachdem"*** significa **'dependiendo de'**, como en ***"Je nachdem, wann es anfängt..."*** (**'Dependiendo de cuándo empiece...'**).

TAG 169 ¡Ponte a prueba!

Tapa la columna de la derecha y traduce las siguientes frases:

Estrena /iee... désto/ en frases muy sencillas:

Cuanto más barato, mejor.	**Je billiger, desto besser.**
Cuanto más pequeño, más fácil.	**Je kleiner, desto einfacher.**
Cuanto más grande el problema, más difícil la solución.	**Je größer das Problem, desto schwieriger die Lösung.**

"Schwieriger" se pronuncia **/shhhvvvíijiga/**, con el sonido fuerte **/shhh/** seguido de una **'v'** vibrada y una **"i"** larga.

Veamos ahora *"je..."* con sujeto y verbo:

Cuanto más practiques, mejor.	**Je mehr du übst, desto besser.**
Cuanto menos sepan sobre el asunto, mejor.	**Je weniger sie über die Sache wissen, desto besser.**
Cuanto más rápido se conduzca, más peligroso.	**Je schneller man fährt, desto gefährlicher.**

El sustantivo asociado a *"gefährlich"* es *"die Gefahr"* (**'el peligro'**), en femenino y sin *Umlaut*.

Practiquemos ahora con un sujeto y un verbo en ambas partes de la frase.

Cuanto más tiempo esperes, más difícil será.	**Je länger du wartest, desto schwieriger wird es.**
Cuanto más se practica, mejor se aprende un idioma.	**Je mehr man übt, desto besser lernt man eine Sprache.**
Cuanta más gente ayude, más rápido terminamos.	**Je mehr Leute helfen, desto schneller sind wir fertig.**

Siguiendo el lema del segundo ejemplo, ¡vuelve a decir todas las frases de esta página sustituyendo *"je"* por *"umso"*!

TAG 170 Repaso de las clases 161-169

¡Nos estamos acercando al final! En este penúltimo repaso, podrás averiguar, entre muchas otras cosas, si ya manejas ***"lieber"***, ***"am liebsten"***, los verbos ***"müssen"*** y ***"werden"*** al hacer suposiciones, la voz pasiva, la estructura pasiva ***"sich etwas machen lassen"***, el significado de ***"werden"*** como verbo principal y las estructuras ***"immer…"***/***"je… desto"*** + comparativo.

Coge un boli y traduce las frases de abajo. Luego compáralas con las respuestas y sigue practicando en voz alta. ¡Preparados, listos, ya! O como decimos en alemán: *Auf die Plätze, fertig, los!*.

¡Prohibido usar "*verlieren*" en la última frase!

(Supongo que) Ella ya estará en casa.	....
Esta casa no se vende (no está en venta).	....
Mejor daos prisa, si no vais a perder el autobús.	....

Recuerda que decimos '¿Dónde te dejas cortar los pelos?'.

¿Dónde te cortas el pelo?	....
Preferiría que continuáramos mañana.	....
Cuanto más trabajo, menos tiempo libre tengo.	....

La segunda frase se traduce con "zu" + infinitivo (lo vimos en el *Tag 122*).

Él tiene que hacerse unas gafas nuevas.	....
No es fácil hacerse mayor.	....
Me encantaría leer todo el día.	....

TAG 170 Repaso de las clases 161-169

'Ir a correr' se dice *"joggen gehen"*. Al conjugar *"gehen"*, *"joggen"* va al final de la frase.

Nos vemos cada vez más a menudo desde que vivimos en la misma ciudad.	....
La playa es donde más me gusta ir a correr.	....
Cuantas más flores, mejor.	....

Cuidado con el participio de *"werden"*... ¿será *"worden"* o *"geworden"* en la última frase?

Preferimos que los niños jueguen en el jardín.	....
Deben de haberlo olvidado.	....
¿Cuándo se quedó embarazada usted?	....

'Posibilidades' en alemán suena así: /möökli(sh)káitennn/.

Cada vez hay más posibilidades.	....
La operaron hace una semana.	....
Mejor pregunto otra vez.	....

Comprueba las respuestas en la página 385.

TAG 171 El prefijo *irgend-*

En el capítulo de hoy nos centramos en el prefijo ***"irgend-"***, que junto con otros elementos como ***"-etwas"*** o ***"-ein"***, nos permite hablar de algo indefinido.

Clave de pronunciación
"Irgend-" se pronuncia **/íaguent/**, con **'a'** y con dos consonantes marcadas al final. La ***"e"*** de en medio, como no va acentuada, es muy corta y en el lenguaje hablado apenas se oye.

La palabra del día: *stimmen*
El verbo ***"stimmen"*** se usa muy a menudo y tiene varios significados. ***"Es stimmt"*** a secas significa **'Cierto/Es verdad'**. ***"Es stimmt nicht"*** en negativo significa **'No es cierto'** pero junto con ***"etwas"*** quiere decir que **'algo no está bien'**: ***"Etwas stimmt nicht"***.

LA MECÁNICA

Antes de nada, aquí tienes una tabla con palabras que construimos con ***"irgend-"***:

irgendein	**irgendwelche**	**irgendetwas**	**irgendjemand**
algún/cualquier	algunos/cualesquiera	algo/cualquier cosa	alguien/cualquiera

irgendwie	**irgendwo**	**irgendwann**
de alguna/cualquier manera	en alguna/cualquier parte	en algún/cualquier momento

Usamos ***"irgend-"*** para hablar de algo o alguien sin especificar qué o quién; bien porque no nos interesa, bien porque no sabemos de qué o quién se trata:

Mach es irgendwie.	Hazlo de cualquier manera.
Stell die Sachen irgendwo hin.	Pon las cosas en cualquier parte.
Frag irgendjemanden.	Pregúntale a alguien (a quien sea).
Er hat es irgendwie geschafft.	Lo consiguió de alguna manera.
Irgendwo habe ich ihn schon mal gesehen.	Ya lo he visto en alguna parte.

A veces no se puede traducir ***"irgend-"***, como en ***"Irgendetwas stimmt nicht"*** (**'Algo no está bien'**) o ***"Irgendjemand hat es ihr erzählt"*** (**'Alguien se lo ha contado'**). En estos casos, ***"irgend-"*** en realidad es prescindible, pero nos sirve para acentuar el hecho de que no queremos o no podemos concretar más.

¡Un apunte!
Para hacer preguntas del tipo **'¿Hay algún... por aquí?'**, solemos decir ***"Gibt es hier irgendwo ein...?"*** (literalmente: '¿Hay aquí por alguna parte un...?'). Por ejemplo, ***"Gibt es hier irgendwo eine Bank?"***.

TAG 171 ¡Ponte a prueba!

Tapa la columna de la derecha y traduce las siguientes frases:

Primero practica con *"irgendein"* y *"irgendwelche"*:

– ¿Qué boli quieres? – Dame uno cualquiera.	**– Welchen Kuli möchtest du?** **– Gib mir irgendeinen.**
Encontraremos alguna solución.	**Wir werden irgendeine Lösung finden.**
¿Me puedes prestar algunos zapatos?	**Kannst du mir irgendwelche Schuhe ausleihen?**

El verbo ***"ausleihen"*** se pronuncia **/áuslaiennn/** y es separable: *"Ich **leihe** dir etwas **aus**"*.

Seguimos con *"irgendetwas"* e *"irgendjemand"*:

Cuéntales a tus padres alguna cosa (lo que sea).	**Erzähl deinen Eltern irgendetwas.**
Creo que algo aquí no está bien.	**Ich glaube, irgendetwas stimmt hier nicht.**
Alguien (una persona cualquiera) sabrá cómo funciona eso.	**Irgendjemand wird wissen, wie das funktioniert.**

En el lenguaje hablado solemos decir ***"irgendwas"***.

Por último, combina *"irgend-"* con *"-wo"*, *"-wann"* y *"-wie"*.

¿Has visto mi móvil en alguna parte?	**Hast du irgendwo mein Handy gesehen?**
En algún momento se lo tienes que decir.	**Du musst es ihm irgendwann sagen.**
– ¿Algo no está bien? – No sé, me siento como raro.	**– Stimmt irgendetwas nicht?** **– Ich weiß nicht, ich fühle mich irgendwie komisch.**

"Komisch" también puede ser un sinónimo de ***"lustig"*** (**'gracioso'**).

TAG 172 *Was auch immer*

Pase lo que pase, cuenta conmigo. **Sea cuando sea**, estaremos preparados. **Sea como sea**, tenemos que conseguirlo. Hoy descubrirás que la manera de expresar estas frases en alemán es muy distinta a la del castellano, ya que combinamos las palabras interrogativas (***"was"***, ***"wer"***, ***"wo"***, ***"wann"***, ***"wie"***, ***"warum"***) con ***"auch immer"***, como en ***"Was auch immer du tust,..."*** (**'Hagas lo que hagas...'**).

Error común

En alemán no usamos el verbo por partida doble; si dices *"Passiert was passiert"* o *"Es ist wann es ist"*, ¡no te vamos a entender!

La expresión del día: ***auf jemanden zählen***

"Zählen" significa **'contar'** (como en ***"Ich zähle von 1 bis 10"***) y se pronuncia **/tssséelennn/**. **'Contar con alguien'** se expresa con la preposición ***"auf"*** + acusativo: ***"Du kannst auf mich zählen!"***.

LA MECÁNICA

"Was auch immer", a secas, significa **'lo que sea'**, y si sustituimos ***"was"*** por otras palabras interrogativas obtenemos ***"wer auch immer"*** (**'quien sea'**), ***"wie auch immer"*** (**'como sea'**), ***"wann auch immer"*** (**'cuando sea'**), ***"wo auch immer"*** (**'donde sea'**) y ***"warum auch immer"*** (**'por lo que sea'**). Al usar estas expresiones como inicio de una frase subordinada, la traducción cambia en función del verbo con el que se use:

Was auch immer passiert, ich bleibe hier.	Pase lo que pase, me quedo aquí.
Wer auch immer fragt, sag nichts.	Pregunte quien pregunte, no digas nada.

Ten en cuenta que la frase con ***"...auch immer"*** es una frase subordinada, ¡por lo que el verbo conjugado tiene que ir al final!

Wann auch immer du nach Hause kommst, ich warte auf dich.	Sea cuando sea que llegues a casa, te espero.
Warum auch immer es passiert ist, jetzt können wir nichts mehr machen.	Sea cual sea la razón por la que ha ocurrido, ahora ya no podemos hacer nada.

¡Un apunte!

"Wie auch immer" a secas se usa como muletilla para cambiar de un tema a otro, como en ***"Wie auch immer, ich muss jetzt gehen"*** (**'Bueno / De todas formas, me tengo que ir ahora'**).

¡Qué curioso!

En alemán tenemos la expresión ***"wie auch immer man es dreht und wendet"*** (literalmente 'sea como sea que uno lo gira y da la vuelta'), que equivale a **'lo mires por donde lo mires'**.

TAG 172 ¡Ponte a prueba!

Tapa la columna de la derecha y traduce las siguientes frases:

Empecemos con *"was/wer/wie auch immer"*. Ten en cuenta que 'decidirse' en alemán es *"sich entscheiden"*.

Diga lo que diga (él), no le creo.	**Was auch immer er sagt, ich glaube ihm nicht.**
Sea quien sea el que llame, no quiero que me molesten.	**Wer auch immer anruft, ich will nicht gestört werden.**
Decidas lo que decidas, puedes contar conmigo.	**Wie auch immer du dich entscheidest, du kannst auf mich zählen.**

En la última frase, también podrías decir *"Was auch immer deine Entscheidung ist"* (**'Sea cual sea tu decisión'**).

Vamos con *"wann/wo/warum auch immer"*:

Vengas cuando vengas, te esperaré.	**Wann auch immer du kommst, ich werde auf dich warten.**
Estéis donde estéis, espero que os vaya bien.	**Wo auch immer ihr seid, ich hoffe, es geht euch gut.**
Ella no quiere venirse, por lo que sea.	**Sie will nicht mitkommen, warum auch immer.**

¡No olvides de que es *"auf jemanden warten"*!

Terminamos con *"...auch immer"* seguido del pasado compuesto.

Sea lo que sea lo que haya pasado, podéis contar con nosotros.	**Was auch immer passiert ist, ihr könnt auf uns zählen.**
Sea quien sea el que te ha contado eso, no ha dicho la verdad.	**Wer auch immer dir das erzählt hat, hat nicht die Wahrheit gesagt.**
Sea cual sea la razón por la que lo has hecho, respeto tu decisión.	**Warum auch immer du es gemacht hast, ich respektiere deine Entscheidung.**

"Wahrheit" y *"Entscheidung"* se pronuncian **/vvváahhhait/** y **/entshhháidun(g)/**.

TAG 173 El prefijo *da(r)-*

'Con él' en alemán es ***"mit ihm"***, pero **'con eso'** se dice ***"damit"***: ***"Ich fange damit an"*** (**'Empiezo con ello'**). Usamos el prefijo ***"da-"***, que a veces se convierte en ***"dar-"***, junto con preposiciones para expresar **'eso'** o **'ello'**.

Error común

Es incorrectísimo decir *"mit das"*, *"mit es"*, *"für es"*, *"über das"*, etc. En general, ¡las preposiciones en alemán NO pueden ir seguidas de ***"es"*** o ***"das"*** a secas!

La expresión del día:

dafür/dagegen sein

Usamos ***"dafür"*** y ***"dagegen"*** junto con ***"sein"*** para decir que **'estamos en contra'** o **'a favor'** de algo: ***"Ich bin dagegen und er ist dafür"***.

LA MECÁNICA

Las preposiciones en alemán pueden ir seguidas de un pronombre personal, como en ***"Ich denke oft an sie"*** (**'Pienso a menudo en ella'**).

Pero cuando se trata de algo **inanimado** (**'eso'** o **'ello'**), recurrimos a ***"da-"*** + preposición. Para facilitar la pronunciación, se le añade una ***"r"*** a ***"da-"*** si la preposición empieza por vocal:

Ich denke oft daran.	Pienso a menudo en el trabajo/en ello.

Aquí tienes una tabla con más adverbios formados con ***"da-"*** o ***"dar-"***. Ten en cuenta que las traducciones son aproximadas, ya que sin contexto son difíciles o imposible de traducir:

dafür (para eso)	**damit** (con eso)	**darüber** (sobre eso)
darum	**daraus** (de eso)	**darauf** (encima eso)
dazu	**dabei**	**davon** (de eso)
dagegen (contra eso)	**danach** (después de eso)	**davor** (delante/antes de eso)
darunter (debajo de eso)	**dahinter** (detrás de eso)	**daneben** (al lado de eso)

A veces **'...eso'** no se traduce al castellano, mientras que en alemán es obligatorio usar el adverbio con ***"da(r)-"***. Por ejemplo, ***"Wir gehen danach ins Kino"*** (**'Después [de eso] vamos al cine'**).

¡Un apunte!

"Ohne" no forma su adverbio con ***"dar-"***; **'sin eso'** es simplemente ***"ohne das"***. Otra excepción es **'por eso'**, ya que no se dice con *"dawegen"* sino ***"deswegen"*** o ***"deshalb"***.

¡Qué curioso!

La **"a"** de ***"dar-"*** muchas veces se omite en el lenguaje hablado. Decimos por ejemplo ***"Ich habe keine Lust drauf"*** (**'Eso no me apetece'**).

TAG 173 ¡Ponte a prueba!

Tapa la columna de la derecha y traduce las siguientes frases:

Veamos primero frases en las que nuestros adverbios tienen una traducción clara:

No tengo tiempo para eso.	**Ich habe dafür keine Zeit.**
Hemos hablado con él sobre ello.	**Wir haben mit ihm darüber geredet.**
Él no quiere saber nada de eso.	**Er will davon nichts wissen.**

No olvides que *"nichts"* en sí ya es suficiente como negación. No es *"Er will nicht davon nichts wissen"*.

Hay que elegir el adverbio adecuado según el verbo. Como vimos anteriormente, 'dejar de', 'ocuparse de' y 'ayudar en/con' es *"aufhören mit"*, *"sich kümmern um"* y *"helfen bei"*.

¡Déjalo! Quiero dormir.	**Hör auf damit! Ich will schlafen.**
No te preocupes, yo me encargo de eso.	**Keine Sorge, ich kümmere mich darum.**
¿Me puedes ayudar con eso?	**Kannst du mir dabei helfen?**

En lugar de *"Keine Sorge"*, también se puede decir *"Mach dir keine Sorgen"*.

Veamos por último frases en las que *"da(r)-"* no se traduce.

¿Te pasas antes o después?	**Kommst du davor oder danach vorbei?**
– Mi libro está cerca de la cama. – Sí, ¿pero dónde? ¿Delante, detrás, debajo o al lado?	**– Mein Buch ist beim Bett.** **– Ja, aber wo? Davor, dahinter, darunter oder daneben?**
¿Estás a favor o en contra?	**Bist du dafür oder dagegen?**

"Bei", además de **'en casa de'**, también significa **'cerca de'** o **'al lado de'**.

TAG 174 El prefijo *wo(r)-*

¿**En qué** estás pensando? ¿**De qué** estáis hablando? ¿**Para qué** se hace eso? Si quieres formular este tipo de preguntas en alemán, la clave es el prefijo ***"wo-"*** o ***"wor-"***, que se añade a la preposición adecuada.

LA MECÁNICA

El equivalente de ***"da-"*** en las preguntas es el prefijo ***"wo-"***. Fíjate en esta frase:

– **Ich will damit anfangen.**	– Quiero empezar **con ello**.
– **¿Womit willst du anfangen?**	– ¿**Con qué** quieres empezar?

Al igual que a ***"da-"***, a ***"wo-"*** se le añade una ***"r"*** cuando la preposición empieza por una vocal:

wofür (para qué)	**wovon** (de qué)	**worüber** (sobre qué)
woran (en qué)	**worum**	**worauf** (en qué)
wobei	**wovor**	**wonach**

Recuerda que ***"wo(r)-"*** corresponde a **'qué'**, es decir, una cosa inanimada o un concepto abstracto. Cuando preguntamos por una persona, usamos ***"wer"*** en acusativo (***"wen"***) o dativo (***"wem"***) precedido de la preposición: ***"Für wen...?"***, ***"Mit wem...?"***, ***"Von wem...?"***, ***"Auf wen...?"***.

Las palabras interrogativas también pueden introducir una frase subordinada y, en ese caso, ***"wo(r)-"*** va precedido de una coma y empuja el verbo conjugado hasta el final de la frase:

Wofür ist dieses Gerät?	¿Para qué es este aparato?
Ich weiß nicht, wofür dieses Gerät ist.	No sé para qué es este aparato.

¡Un apunte!
A diferencia de ***"danach"*** y ***"davor"***, ***"wonach"*** y ***"wovor"*** **no** se suelen usar en el sentido temporal. Nos sirven para expresar la preposición requerida por un verbo o una expresión, como es el caso de ***"Angst haben vor"*** (**'tener miedo a'**) o ***"riechen nach"*** (**'oler a'**): ***"Wovor hast du Angst?"***, ***"Wonach riecht das hier?"***.

¡Qué curioso!
Preguntar *"Für was...?"*, *"Auf was...?"*, *"Vor was...?"*, *"Mit was...?"*, *"Nach was...?"*, etc., no es del todo correcto, pero se dice en el lenguaje coloquial.

TAG 174 ¡Ponte a prueba!

Tapa la columna de la derecha y traduce las siguientes frases:

Primero veamos unos ejemplos donde *"wo(r)..."* corresponde a su traducción exacta:

¿Sobre qué has escrito el artículo?	**Worüber hast du den Artikel geschrieben?**
– ¿Para qué necesitas eso? – Para el trabajo.	**– Wofür brauchst du das?** **– Für die Arbeit.**
– ¿De qué habéis hablado? – Del trabajo.	**– Wovon habt ihr geredet?** **– Von der Arbeit.**

Recuerda que *"für"* rige el acusativo, mientras que *"von"* rige el dativo.

Seguimos con *"sich kümmern um"*, *"warten auf"* y *"denken an"*:

¿De qué me encargo yo?	**Worum soll ich mich kümmern?**
– ¿A qué esperas? – Al momento perfecto.	**– Worauf wartest du?** **– Auf den richtigen Moment.**
– ¿En qué estás pensando? – En nuestras vacaciones.	**– Woran denkst du gerade?** **– An unseren Urlaub.**

Fíjate en que empleamos *"richtig"* (**'correcto'**) en *"der richtige Moment"*.

Ahora nuestras palabras con *"wo(r)..."* introducen una frase subordinada. ¡No olvides que decimos *"Lust haben auf"* y *"arbeiten an"*!

No sé qué me apetece.	**Ich weiß nicht, worauf ich Lust habe.**
No sé en qué está trabajando (él).	**Ich weiß nicht, woran er gerade arbeitet.**
¿Sabes sobre qué han hablado?	**Weißt du, worüber sie gesprochen haben?**

No se te habrá pasado colocar el verbo al final de la frase, ¿verdad? *Prima!*

TAG 175 Los verbos *warten, erwarten & hoffen*

En alemán tenemos tres maneras de decir **'esperar'**: ***"warten"***, ***"erwarten"*** y ***"hoffen"***. No son para nada intercambiables, ¡así que veamos en qué se diferencian!

Clave del Método Vaughan
Con el fin de mejorar tu fluidez, entonación y pronunciación, te aconsejamos que leas en voz alta un poco cada día. ¡Los resultados son asombrosos si se tiene constancia!

LA MECÁNICA

Los distintos verbos para expresar **'esperar'** son:

- ***"Warten"***: el verbo ***"warten"*** significa **'esperar'** en el sentido de **'estar a la espera'**, es decir, se refiere a la acción de estar esperando un autobús, por ejemplo. ***"Warten"*** va acompañado de la preposición ***"auf"***, tanto si se trata de esperar algo como a alguien:

Ich warte auf meinen Bruder.	Estoy esperando a mi hermano.
Ich warte auf den Anruf.	Estoy esperando la llamada.

- ***"Erwarten"***: empleamos ***"erwarten"*** cuando **'tenemos expectativas'**, así que expresa que exigimos algo (de alguien). Puede o no ir acompañado de ***"von"***:

Ich erwarte, dass morgen alles fertig ist.	Espero que mañana esté todo listo.
Ich erwarte mehr von dir.	Espero más de ti.

- ***"Hoffen"***: con ***"hoffen"*** expresamos nuestras esperanzas:

Ich hoffe, dass du kommen kannst.	Espero que puedas venir.
Ich hoffe, alles wird gut.	Espero que todo salga bien.

Como vimos previamente, podemos prescindir de ***"dass"*** después de ***"hoffen"***.

¡Un apunte!
Los sustantivos asociados a ***"erwarten"*** y ***"hoffen"*** son ***"die Erwartung"*** (**'la expectativa'**) y ***"die Hoffnung"*** (**'la esperanza'**). **'La espera'** corresponde al verbo sustantivado ***"das Warten"***.

¡Recuerda!
No olvides que **'¿A quién esperas?'** es ***"Auf wen wartest du?"*** y **'¿A qué esperas?'**, ***"Worauf wartest du?"***.

TAG 175 ¡Ponte a prueba!

Tapa la columna de la derecha y traduce las siguientes frases:

Empezamos con *"warten"*, que, como bien sabes, va acompañado de *"auf"* + acusativo:

Estoy esperando el autobús.	**Ich warte gerade auf den Bus.**
Date prisa. Los demás esperan fuera.	**Beeil dich. Die anderen warten draußen.**
Tuve que esperar dos horas al tren.	**Ich musste zwei Stunden auf den Zug warten.**

'Los demás' y **'los otros'** se expresan igual en alemán: ***"die anderen"***.

Estrena ahora el verbo *"erwarten"*, /eavvváatennn/.

Espero que respetes mi decisión.	**Ich erwarte von dir, dass du meine Entscheidung respektierst.**
Mi hermana está esperando un hijo.	**Meine Schwester erwartet ein Kind.**
¿Qué espera usted de mí?	**Was erwarten Sie von mir?**

¿Estás marcando bien todas las consonantes en ***"respektierst"***, **/jespektíast/**?

Para terminar, cuéntanos qué esperanzas tienes con el verbo *"hoffen"*, /hhhófennn/:

Espero que el tren no vaya con retraso.	**Ich hoffe, der Zug hat keine Verspätung.**
Espero que no le haya pasado nada.	**Ich hoffe, es ist ihm nichts passiert.**
Esperamos un hijo y esperamos que sea una niña.	**Wir erwarten ein Kind und hoffen, dass es ein Mädchen wird.**

Fíjate en que usamos ***"werden"*** y no ***"sein"*** en la última frase.

TAG 176 Los pronombres relativos

Tengo un amigo **que** habla japonés. ¿Cómo dirías este **'que'** en alemán? ¡Desde ya ten muy claro que NO es *"dass"*! Nosotros recurrimos a los pronombres relativos ***"der"***, ***"die"*** y ***"das"*** dependiendo del género y del número.

LA MECÁNICA

Si tenemos dos frases como estas...

Ich habe einen Freund. Er kommt aus Italien.	Tengo un amigo. Es de Italia.

...y queremos hacer una sola, entonces formamos una oración relativa:

Ich habe einen Freund, der aus Italien kommt.	Tengo un amigo que es de Italia.

Como ***"Freund"*** es un sustantivo masculino, el pronombre relativo en alemán tiene que ser ***"der"***, que además manda el verbo al final de la frase. ¡Es incorrecto decir *"..., der kommt aus Italien"*!

¿Cuáles crees que son los pronombres relativos que se refieren a un sustantivo femenino, neutro o plural? Usamos ***"die"***, ***"das"*** y ***"die"***, ya que los pronombres relativos coinciden con los artículos definidos.

Ich habe eine Freundin, die in New York wohnt.	Tengo una amiga que vive en Nueva York.
Sie kommt aus einem Dorf, das hier in der Nähe ist.	Es de un pueblo que está por aquí cerca.
Ich habe Freunde, die in Köln wohnen.	Tengo amigos que viven en Colonia.

Una frase relativa puede ir en medio de una frase principal. En este caso, usamos dos comas para separarla: ***"Der Junge, der dort wohnt, heißt Andreas"*** (**'El chico que vive allí se llama Andreas'**).

¡Un apunte!
Cuando **'que'** se refiere a **'alguien'** o a **'nadie'**, usamos por defecto el pronombre relativo masculino ***"der"***: ***"Ich kenne jemanden, der..."*** (**'Conozco a alguien que...'**), ***"Ich kenne niemanden, der..."*** (**'No conozco a nadie que...'**).

La palabra del día: ***die Schweiz***
'Suiza' es uno de los pocos países en alemán que tienen género. Decimos ***"die Schweiz"***, por lo que **'a Suiza'** se dice ***"in die Schweiz"*** (acusativo, movimiento) pero **'en Suiza'** es ***"in der Schweiz"*** (dativo).

TAG 176 ¡Ponte a prueba!

Tapa la columna de la derecha y traduce las siguientes frases:

Empecemos con el pronombre relativo masculino *"der"*. No olvides que usamos *"schon mal"* para decir 'alguna vez':

Tengo un amigo que vive en París.	**Ich habe einen Freund, der in Paris wohnt.**
¿Conoce usted a alguien que hable japonés con fluidez?	**Kennen Sie jemanden, der fließend Japanisch spricht?**
No conozco a nadie que haya estado en Japón.	**Ich kenne niemanden, der schon mal in Japan war.**

"Fließend" viene del verbo *"fließen"*, **'fluir'**, y se pronuncia **/flüisent/**.

Practica ahora con *"die"*, que hace referencia a femeninos y plurales:

Tengo una amiga que es de Suiza.	**Ich habe eine Freundin, die aus der Schweiz kommt.**
Hay mucha gente que no sabe eso.	**Es gibt viele Leute, die das nicht wissen.**
Hay cada vez más personas que tienen diabetes.	**Es gibt immer mehr Menschen, die Diabetes haben.**

No olvides que *"die Schweiz"* cambia a *"der Schweiz"* detrás de *"aus"*.

Terminamos con el pronombre relativo *"das"*, que hace referencia a sustantivos neutros como *"das Restaurant"*, *"das Auto"* y *"das Dorf"*:

Conozco un restaurante japonés que está por aquí cerca.	**Ich kenne ein japanisches Restaurant, das hier in der Nähe ist.**
Es un coche que cuesta más de un millón de euros.	**Das ist ein Auto, das über eine Million Euro kostet.**
Mi padre es de un pueblo de Suiza que tiene 500 habitantes.	**Mein Vater kommt aus einem Dorf in der Schweiz, das 500 Einwohner hat.**

Recuerda que **'cerca'** en alemán se dice en tres palabras: *"in der Nähe"*.

TAG 177 Los pronombres relativos en acusativo

El pronombre relativo **'que'** de la frase **'Tengo un amigo que toca el violín'** no se traduce al alemán de la misma manera que en **'Tengo un amigo que conoces'**, ya que decimos ***"Ich habe einen Freund, der Geige spielt"*** pero ***"Ich habe einen Freund, den du kennst"***. ¿Por qué? Porque los pronombres relativos que acabas de conocer en el *Tag 175* tienen que amoldarse al caso que rige el verbo de la segunda frase (en este ejemplo, ***"kennen"***).

LA MECÁNICA

Cuando los pronombres relativos representan el objeto directo de una frase, éstos tienen que ir en acusativo, es decir ***"der"*** se convierte en ***"den"***. Al igual que ocurre con los artículos definidos, ***"die"*** (femenino + plural) y ***"das"*** permanecen igual. Y recuerda, ¡el verbo conjugado de la frase relativa tiene que ir al final!

Ich habe einen Hund.	**→ Der Hund, den ich habe...**	El perro que tengo...
Ich will eine Uhr kaufen.	**→ Die Uhr, die ich kaufen will...**	El reloj que quiero comprar...
Ich brauche ein Buch.	**→ Das Buch, das ich brauche...**	El libro que necesito...
Ich suche Bücher.	**→ Die Bücher, die ich suche...**	Los libros que busco...

Podemos usar estos pronombres junto con preposiciones, como ***"für"***, ***"auf"***, ***"in"***, ***"über"***, etc. Mientras que en castellano se añade el artículo (**'para el que'**, **'de las que'**, etc.), en alemán solamente usamos la preposición seguida del pronombre relativo:

Der Artikel, über den wir gerade reden...	El artículo sobre el que estamos hablando...
Die Firma, für die ich arbeite...	La empresa para la que trabajo...
Das Geschenk, an das ich denke...	El regalo en el que pienso...
Die Sachen, um die ich mich kümmere...	Las cosas de las que me encargo...

¡Un apunte!
Para repasar qué preposiciones requieren el acusativo, vete a los *Tage 72* y *77* o echa un vistazo al capítulo 19 (pág. 420) del apéndice.

La palabra del día: *meinen*
"Meinen" significa **'referirse a'** o **'querer decir'**. Es muy común usarlo en alemán para traducir frases del tipo **'al / a la que me refiero'** o **'al /a la que digo'**. No va seguido de una preposición pero rige el acusativo: ***"–Welchen Film meinst du? –Ich meine den Film mit Christoph Waltz"***.

TAG 177 ¡Ponte a prueba!

Tapa la columna de la derecha y traduce las siguientes frases:

Céntrate primero en *"der"*, el único pronombre relativo que en acusativo sufre un cambio:

Ése es el ordenador que quería comprar.	**Das ist der Computer, den ich kaufen wollte.**
El portátil que tengo funciona muy bien.	**Der Laptop, den ich habe, funktioniert sehr gut.**
– ¿Es ésa la tienda? – Sí, justo. Ésa es la tienda que digo.	**– Ist das der Laden?** **– Ja genau. Das ist der Laden, den ich meine.**

"Computer" y *"Laptop"* se pronuncian al estilo inglés pero con acento alemán: **/kompiúuta/**, **/léptop/**.

Seguimos con pronombres relativos que se refieren a un sustantivo femenino, neutro o plural:

El bar que digo está aquí, a la vuelta de la esquina.	**Die Bar, die ich meine, ist hier um die Ecke.**
El móvil que tengo no fue caro.	**Das Handy, das ich habe, war nicht teuer.**
Ésos son los niños que vi ayer.	**Das sind die Kinder, die ich gestern gesehen habe.**

¡No olvides colocar el verbo conjugado al final de la oración relativa!

Terminemos con preposiciones que rigen el acusativo. *"Auf"* y *"über"* pueden ir seguidas del dativo, pero en *"warten auf"* y *"wissen über"* no es así (como vimos en el *Tag 86*).

Ése es el momento que hemos esperado.	**Das ist der Moment, auf den wir gewartet haben.**
Mi padre es el único para el que no tengo ningún regalo todavía.	**Mein Vater ist der einzige, für den ich noch kein Geschenk habe.**
Es un tema sobre el que sé poco.	**Das ist ein Thema, über das ich wenig weiß.**

"Einzige" se pronuncia **/áintsssigue/**.

TAG 178 Los pronombres relativos en dativo

Ya tienes claro por qué decimos ***"Ich kenne jemanden,* der *Chinesisch spricht"*** pero ***"Das ist der Film,* den *ich suche"***, ¿verdad? Bien, veamos ahora cómo usar los pronombres relativos en dativo ***"dem"***, ***"der"*** y ***"denen"***.

¡Un apunte!
No olvides que hay unos pocos verbos cuyo objeto directo va en dativo, como **"helfen"**, **"passieren"** o **"vertrauen"**. Vimos algunos en el *Tag 82* y encontrarás una lista en las páginas 429-430 del apéndice.

La palabra del día: ***die Unterlagen***
"Die Unterlage" en su primer significado se refiere a una especie de mantel o base sobre la que uno trabaja. En plural, empleamos **"die Unterlagen"** para hablar de documentos o de **'la documentación'** en su conjunto.

LA MECÁNICA

Cuando los pronombres relativos representan al **objeto indirecto** o cuando se usan con verbos que rigen el dativo, ***"der"*** y ***"das"*** se convierten en ***"dem"***. El pronombre relativo femenino ***"die"*** se transforma en ***"der"***, pero ojo, ¡ ***"die"*** en plural no cambia a ***"den"*** (como el artículo, ***"Ich helfe den Kindern"***), ¡sino a ***"denen"***!

Ich gebe es einem Mann.	→ **Der Mann, dem ich es gebe...**	El hombre al que se lo doy...
Ich sage es einer Frau.	→ **Die Frau, der ich es sage...**	La mujer a la que se lo digo...
Es ist einem Kind passiert.	→ **Das Kind, dem es passiert ist...**	El niño al que le ha pasado...
Ich helfe den Kindern.	→ **Die Kinder, denen ich helfe...**	Los niños a los que ayudo...

A la hora de usar una preposición, ten presente lo que te comentamos en el capítulo anterior: la preposición no va seguida de un artículo. ¡Y ahora ocurre algo interesante! NO contraemos la preposición con el pronombre relativo, con lo cual, no puedes decir *"der Film, vom wir gerade reden..."*, *"die Zahnärztin, zur ich gehe"* o *"das Hotel, im wir sind"*:

Der Film, von dem wir gerade reden...	La película de la que estamos hablando...
Die Zahnärztin, zu der ich gehe...	La dentista a la que voy...
Das Hotel, in dem wir sind...	El hotel en el que estamos...
Die Leute, mit denen ich gesprochen habe...	La gente con la que he hablado...

TAG 178 ¡Ponte a prueba!

Tapa la columna de la derecha y traduce las siguientes frases:

Observa que *"der"* y *"das"* cambia a *"dem"*, /deemmm/.

Conozco a alguien al que le ha pasado eso.	**Ich kenne jemanden, dem das passiert ist.**
¿Cómo se llama el cliente al que le has mandado la documentación?	**Wie heißt der Kunde, dem du die Unterlagen geschickt hast?**
Ése es el hotel del que he hablado.	**Das ist das Hotel, von dem ich geredet habe.**

Sigues colocando el verbo conjugado al final de la frase subordinada, *oder? Sehr gut!*

Sigue ahora con sustantivos femeninos a los que sustituye el pronombre *"der"*:

Tengo una amiga que no está bien.	**Ich habe eine Freundin, der es nicht gut geht.**
Ésta es la clienta a la que le he dado la documentación.	**Das ist die Kundin, der ich die Unterlagen gegeben habe.**
¿Cómo se llama el bar en el que estáis?	**Wie heißt die Bar, in der ihr seid?**

La pregunta **'¿Cómo se llama el bar al que vais?'** sería ***"Wie heißt die Bar, in die ihr geht?"*** (en acusativo porque indica movimiento).

¡Estrena ahora el pronombre relativo *"denen"*! Y recuerda que *"vertrauen"* + dativo significa 'confiar en'.

No tengo muchos compañeros en los que confíe de verdad.	**Ich habe nicht viele Kollegen, denen ich wirklich vertraue.**
No hay mucha gente a la que le haya pasado eso alguna vez.	**Es gibt nicht viele Leute, denen das schon mal passiert ist.**
Ésos son los amigos con los que me fui de vacaciones.	**Das sind die Freunde, mit denen ich in den Urlaub gefahren bin.**

"Die Kollegen" se refiere solamente a los compañeros del trabajo.

TAG 179

Los pronombres relativos en genitivo

Este último apartado sobre los pronombres relativos lo dedicamos a los del caso genitivo ***"deren"*** y ***"dessen"*** que corresponden a **'cuyo(s)'** y **'cuya(s)'** en castellano.

LA MECÁNICA

El pronombre relativo para los sustantivos neutros es ***"dessen"***, y para los femeninos y plurales, ***"deren"***. ¡Pero ojo! El equivalente de **'cuyo'** en alemán NO se modifica en función del sustantivo que le sigue, como sí ocurre en castellano, sino en función del sustantivo que le precede:

Der Mann, dessen Bruder...	El hombre **cuyo** hermano...
Der Mann, dessen Frau...	El hombre **cuya** mujer...
Der Mann, dessen Kinder...	El hombre **cuyos** hijos...
Der Mann, dessen Schwestern...	El hombre **cuyas** hermanas...

Como ves, no importa lo que vaya detrás de ***"dessen"***; ***"dessen"*** sigue siendo ***"dessen"*** porque se refiere a ***"der Mann"***. Veamos unos ejemplos de frases completas:

Ich rede von dem *Mann*, dessen Bar um die Ecke ist.	Hablo del hombre cuyo bar está a la vuelta de la esquina.
Ich rede von der *Frau*, deren Kinder immer im Hof spielen.	Hablo de la mujer cuyos niños siempre juegan en el patio.
Ich rede von dem *Kind*, dessen Eltern ein Restaurant haben.	Hablo del niño cuyos padres tienen un restaurante.
Ich rede von den *Kindern*, deren Eltern einen Laden um die Ecke haben.	Hablo de los niños cuyos padres tienen una tienda a la vuelta de la esquina.

¡Un apunte!
Como te contamos en el *Tag 148*, las preposiciones ***"während"*** (**'mientras'**), ***"statt"*** (**'en lugar de'**) y ***"aufgrund"*** (**'a causa de'**) rigen el genitivo. Pues cuando las juntamos con ***"-dessen"***, obtenemos ***"währenddessen"*** (**'mientras tanto'**), ***"stattdessen"*** (**'en lugar de ello'**) y ***"aufgrunddessen"*** (**'a causa de ello'**).

La expresión del día:
zweisprachig aufwachsen
Significa **'criarse/crecer en un entorno bilingüe'** y se pronuncia **/tsssvvvái_shhhpjaaji(sh) auf_vvváxennn/**. En pasado compuesto se conjuga con ***"sein"***: ***"Ich bin zweisprachig aufgewachsen"***.

TAG 179 ¡Ponte a prueba!

Tapa la columna de la derecha y traduce las siguientes frases:

Empecemos con *"dessen"*, que se refiere a un sustantivo masculino o neutro. Ten en cuenta que *"aufwachsen"* en tercera persona del singular es *"wächst auf"*, /vvvext auf/.

Es un ordenador cuya calidad no es muy buena.	**Das ist ein Computer, dessen Qualität nicht sehr gut ist.**
Tengo un amigo cuyo hijo está creciendo en un entorno bilingüe.	**Ich habe einen Freund, dessen Sohn zweisprachig aufwächst.**
¿Conoces a la chica cuyos padres tienen el restaurante a la vuelta de la esquina?	**Kennst du das Mädchen, dessen Eltern das Restaurant um die Ecke haben?**

Los verbos separables no se separan en frases subordinadas, por eso es *"aufwächst"*.

Ahora seguimos con *"deren"* que va precedido de un sustantivo femenino plural:

Tengo una amiga cuyo problema no consigo (puedo) entender.	**Ich habe eine Freundin, deren Problem ich nicht verstehen kann.**
¿Cómo se llama tu amiga cuyos padres trabajan en la NASA?	**Wie heißt deine Freundin, deren Eltern bei der NASA arbeiten?**
Conozco a muchas personas cuyos hijos se han criado en un entorno bilingüe.	**Ich kenne viele Leute, deren Kinder zweisprachig aufgewachsen sind.**

¿Te acuerdas de que decimos *"arbeiten bei"* + el nombre de la empresa o institución?

Como colofón de este *Tag*, practica con *"währenddessen"*, *"stattdessen"* y *"aufgrunddessen"*:

Hemos cocinado. Mientras tanto, los demás prepararon el postre.	**Wir haben gekocht. Währenddessen haben die anderen das Dessert vorbereitet.**
Queríamos cocinar pero en lugar de eso pedimos pizza.	**Wir wollten kochen, aber stattdessen haben wir Pizza bestellt.**
Hubo un problema técnico. Por eso no pudimos terminarlo.	**Es gab ein technisches Problem. Aufgrunddessen konnten wir es nicht fertigmachen.**

En lugar de *"aufgrunddessen"*, también puedes decir *"deswegen"* y *"deshalb"*.

TAG 180 Repaso de las clases 171-179

Das war's! ¡Ya está! Has llegado al último repaso de este libro. *Herzlichen Glückwunsch!* ¡Enhorabuena! En las últimas clases has descubierto el significado de ***"irgend-"***, de ***"was/wer/wann... auch immer"***, los prefijos ***"da(r)-"*** y ***"wo(r)-"*** y la diferencia entre los verbos ***"warten"***, ***"erwarten"*** y ***"hoffen"***. El gran desafío sin duda han sido los pronombres relativos, que has trabajado en una multitud de ejemplos, con o sin preposición.

¡Así que lánzate a la piscina y dale caña! ¡El alemán ya no tiene secretos para ti!

Recuerda que colocamos el verbo al final de la frase subordinada, como si dijéramos '...que te ayudar podría'. ¡Hablamos como Yoda!

Conozco a alguien que te podría ayudar.	....
Venga cuando venga (él), le esperaremos.	....
¿Para qué necesitas eso?	....

'Referirse a' se expresa con *"meinen"* + acusativo, sin preposición alguna.

¿Cómo se llama la película a la que te refieres?	....
Para eso no tenemos dinero.	....
Él espera de mí que lo consiga yo sola.	....

Esperamos que tengas fresco el uso de *"stehen"* y *"liegen"*...

Dame por favor el libro que está encima de la mesa.	....
Lo entenderás algún día (en algún momento).	....
¿A qué esperas? En algún momento tienes que empezar con ello.	....

TAG 180 Repaso de las clases 171-179

'Contar con' alguien, en el sentido de tener su apoyo, en alemán es *"zählen auf"*.

¿De qué habéis hablado? ....

Pase lo que pase, puedes contar conmigo. ....

Tengo un amigo en el que confío de verdad. ....

¡Casi lo tienes! En la última frase, recuerda que usamos *"gehen auf"* porque se trata de un evento.

Me refiero al hombre cuyos hijos siempre juegan en la calle. ....

Tenemos que conseguirlo de alguna forma. ....

La boda a la que voy es de mi hermana. ....

En la segunda frase, ¡prohibido usar *"warten"*!

No conozco a nadie a quien le haya ayudado eso. ....

Ella está esperando un niño y espera que esté sano. ....

¿Sobre qué has escrito el artículo? ....

Comprueba las respuestas en la página 386.

ALEMÁN

RESPUESTAS

ANTWORTEN TAG 10

La silla es azul.	**Der Stuhl ist blau.**
¿Esto es un lápiz?	**Ist das ein Bleistift?**
La casa no es negra.	**Das Haus ist nicht schwarz.**
Estoy muy contento.	**Ich bin sehr zufrieden.**
¿Ella es alta?	**Ist sie groß?**
Los móviles son baratos y los ordenadores son caros.	**Die Handys sind billig und die Computer sind teuer.**
Eso es una mesa bonita.	**Das ist ein schöner Tisch.**
Las casas son rojas y los coches son verdes.	**Die Häuser sind rot und die Autos sind grün.**
Esto es un reloj barato y eso es un móvil caro.	**Das ist eine billige Uhr und das ist ein teures Handy.**
No es un problema, ¿no?	**Das ist kein Problem, oder?**
Son chicas muy majas.	**Das sind sehr nette Mädchen.**
Eso es un calendario verde, eso es una puerta verde y esto es un libro verde.	**Das ist ein grüner Kalender, das ist eine grüne Tür und das ist ein grünes Buch.**
¿No es una ciudad bonita?	**Ist das keine schöne Stadt?**
Los libros no son caros y los calendarios tampoco.	**Die Bücher sind nicht teuer und die Kalender auch nicht.**
Eso no es un libro caro y el bolígrafo tampoco.	**Das ist kein teures Buch und der Kugelschreiber auch nicht.**
Eso no son sillas rojas.	**Das sind keine roten Stühle.**
Eso no es una puerta azul, es una puerta negra.	**Das ist keine blaue Tür, das ist eine schwarze Tür.**
¿Es una pregunta?	**Ist das eine Frage?**

ANTWORTEN TAG 20

¿Es el móvil de Petra o el tuyo?	**Ist das Petras Handy oder deins?**
Hola, me llamo Michael. ¿Cómo te llamas?	**Hallo, ich heiße Michael. Wie heißt du?**
Mis padres tienen 49 años.	**Meine Eltern sind 49 Jahre alt.**
¿De dónde eres?	**Woher kommst du?**
Mi abrigo es negro, mi chaqueta es verde y mis zapatos son azules.	**Mein Mantel ist schwarz, meine Jacke ist grün und meine Schuhe sind blau.**
Tengo hambre, ¿y vosotros?	**Ich habe Hunger, und ihr?**
Su padre (de él) es de Inglaterra y su madre es de España.	**Sein Vater kommt aus England und seine Mutter kommt aus Spanien.**

– ¿Qué hora es? – Son las cinco.	**– Wie spät ist es? – Es ist fünf Uhr.**
Buenos días, me llamo Beatriz González.	**Guten Tag, mein Name ist Beatriz González.**
Él tiene mucho tiempo libre.	**Er hat viel Freizeit.**
Es Lisa. Su padre es de Alemania.	**Das ist Lisa. Ihr Vater kommt aus Deutschland.**
Es Pedro. Su madre se llama Carmen.	**Das ist Pedro. Seine Mutter heißt Carmen.**
– ¿Es el suyo (de él) o el suyo (de ella)? (El ordenador) – Es el suyo (de ella).	**– Ist das seiner oder ihrer? – Das ist ihrer.**
La suya (de él) es barata y la nuestra es cara.	**Seine ist billig und unsere ist teuer.**
– ¿Qué hora es? – Son las diez y cuarto.	**– Wie viel Uhr ist es? – Es ist Viertel nach zehn.**
El cumpleaños de Sebastian es el domingo.	**Sebastians Geburtstag ist am Sonntag.**
¿Cuántos años tiene tu padre?	**Wie alt ist dein Vater?**
– ¿Son sus hijos (de usted)? – Sí, son míos.	**– Sind das Ihre Kinder? – Ja, das sind meine.**

ANTWORTEN TAG 30

¿Por qué está roto este ordenador?	**Warum ist dieser Computer kaputt?**
¿Qué estáis haciendo?	**Was macht ihr gerade?**
Mi madre colecciona sellos.	**Meine Mutter sammelt Briefmarken.**
¿Cuál de las bicicletas es suya (de él), la nueva o la antigua?	**Welches Fahrrad ist seins, das neue oder das alte?**
Me quedo en casa este fin de semana.	**Ich bleibe dieses Wochenende zuhause.**
¿También vives en Zúrich?	**Wohnst du auch in Zürich?**
Mi padre está cocinando.	**Mein Vater kocht gerade.**
Voy a Viena mañana.	**Ich fahre morgen nach Wien.**
¿Cuándo vas a casa?	**Wann fährst du nach Hause?**
Leo mucho y mi padre también lee mucho.	**Ich lese viel und mein Vater liest auch viel.**
Él está sonriendo.	**Er lächelt gerade.**
¿Por qué duermes aquí?	**Warum schläfst du hier?**
¿Vais a casa este fin de semana?	**Fahrt ihr dieses Wochenende nach Hause?**
¿Cuáles de los sellos son tuyos, los azules o los rojos?	**Welche Briefmarken sind deine, die blauen oder die roten?**

Hablo español. ¿Ella también habla español?	**Ich spreche Spanisch. Spricht sie auch Spanisch?**
La silla blanca es nueva y la mesa negra también.	**Der weiße Stuhl ist neu und der schwarze Tisch auch.**
¿Cuándo vais a celebrar el cumpleaños de Thomas?	**Wann feiert ihr Thomas' Geburtstag?**
¿Qué haces hoy?	**Was machst du heute?**

ANTWORTEN TAG 40

A mi tío le gusta cocinar.	**Mein Onkel kocht gerne.**
Necesito estos libros.	**Ich brauche diese Bücher.**
Ella no nos entiende.	**Sie versteht uns nicht.**
¿Cierra usted la ventana por favor? Hace mucho frío fuera.	**Machen Sie bitte das Fenster zu? Es ist sehr kalt draußen.**
– ¿Qué tiempo hace? – Hace 3 grados y está nevando.	**– Wie ist das Wetter? – Es ist 3 Grad und es schneit.**
Me gusta tocar el piano.	**Ich spiele gerne Klavier.**
Ella vuelve (a venir) este fin de semana.	**Sie kommt dieses Wochenende zurück.**
¿Necesitas esta silla?	**Brauchst du diesen Stuhl?**
– ¿Conoces a mi tía? – Sí, la conozco.	**– Kennst du meine Tante? – Ja, ich kenne sie.**
No puedo venir mañana.	**Ich kann morgen nicht kommen.**
Luego seguimos hablando.	**Wir reden später weiter.**
– ¿Hace fresco fuera? – No, hace calor y hace sol.	**– Ist es kühl draußen? – Nein, es ist heiß und die Sonne scheint.**
– ¿Ves esta casa? – Sí, la veo.	**– Siehst du dieses Haus? – Ja, ich sehe es.**
¿Puede usted llamar más tarde?	**Können Sie später anrufen?**
Tengo un ordenador, un reloj y un móvil.	**Ich habe einen Computer, eine Uhr und ein Handy.**
Podemos terminar eso luego.	**Wir können das später fertigmachen.**
– ¿Él sabe tocar la guitarra? – No, pero sabe tocar el piano muy bien.	**– Kann er Gitarre spielen? – Nein, aber er kann sehr gut Klavier spielen.**
No me gusta levantarme a las seis.	**Ich stehe nicht gerne um sechs auf.**

ANTWORTEN TAG 50

Tengo mucha paciencia.	**Ich habe viel Geduld.**
Aquí tienes el libro. Dáselo a los niños.	**Hier ist das Buch. Gib es den Kindern.**
– ¿Hay un parque por aquí cerca? – Sí, hay un parque grande cerca.	**– Gibt es hier einen Park in der Nähe? – Ja, es gibt einen großen Park in der Nähe.**
¿Cuánto vale la casa?	**Wie viel kostet das Haus?**
Mañana te doy tu llave.	**Ich gebe dir morgen deinen Schlüssel.**
Mi profesor no tiene mucha paciencia.	**Mein Lehrer hat nicht viel Geduld.**
Tenéis poco tiempo.	**Ihr habt wenig Zeit.**
Esta ciudad tiene muchos habitantes.	**Diese Stadt hat viele Einwohner.**
Aquí hay pocos hoteles.	**Es gibt hier wenige Hotels.**
Aquí tienes las flores para Emma y Andreas. Dáselas, por favor.	**Hier sind die Blumen für Emma und Andreas. Gib sie ihnen, bitte.**
Tenemos un perro negro.	**Wir haben einen schwarzen Hund.**
¿Cuántos hermanos tenéis?	**Wie viele Geschwister habt ihr?**
Dele este expediente (a él), por favor.	**Geben Sie ihm diese Akte, bitte.**
Necesito un nuevo ordenador, un nuevo reloj y un nuevo móvil.	**Ich brauche einen neuen Computer, eine neue Uhr und ein neues Handy.**
Aquí tienes la carta. Dásela a tu madre, por favor.	**Hier ist der Brief. Gib ihn deiner Mutter, bitte.**
Enséñeselo a su asesora (de usted).	**Zeigen Sie es Ihrer Beraterin.**
Mañana se lo enseño a mis amigos.	**Ich zeige es morgen meinen Freunden.**
Allí está mi bolígrafo. Dámelo, por favor.	**Da ist mein Kugelschreiber. Gib ihn mir, bitte.**

ANTWORTEN TAG 60

Queremos comprar un nuevo ordenador.	**Wir wollen einen neuen Computer kaufen.**
¿Me puede traer una botella de vino?	**Kann ich eine Flasche Wein haben?**
– ¿Qué tal estás? – Estoy bastante bien.	**– Wie geht's dir? – Mir geht's ganz gut.**
Los niños tienen que quedarse en casa.	**Die Kinder müssen zuhause bleiben.**
– ¿Te caen bien los nuevos vecinos? – Sí, me caen bien.	**– Magst du die neuen Nachbarn? – Ja, ich mag sie.**
¿De quién son estos zapatos?	**Wem gehören diese Schuhe?**
Quisiera la cuenta, por favor.	**Ich möchte die Rechnung, bitte.**
¿Nos puede traer un vaso de agua del grifo por favor?	**Können wir ein Glas Leitungswasser haben?**
Las imágenes me gustan.	**Die Bilder gefallen mir.**

Tengo frío. ¿Puedes encender la calefacción?	**Mir ist kalt. Kannst du die Heizung anmachen?**
– ¿El perro es tuyo? – No, es de mi hermana.	**– Gehört der Hund dir? – Nein, er gehört meiner Schwester.**
No me gusta la cerveza, pero me gusta el vino.	**Ich mag kein Bier, aber ich mag Wein.**
– ¿Qué tal estáis? – Estamos bien.	**– Wie geht's euch? – Uns geht's gut.**
Tengo calor. ¿Usted no tiene calor?	**Mir ist heiß. Ist Ihnen nicht heiß?**
– Tengo un poco de frío. – ¿Enciendo la calefacción?	**– Mir ist ein bisschen kalt. – Soll ich die Heizung anmachen?**
No tengo que estudiar este fin de semana.	**Ich muss dieses Wochenende nicht lernen.**
Annika dice que recojas a los niños.	**Annika sagt, du sollst die Kinder abholen.**
– ¿Les gusta la ciudad? – Sí, nos gusta mucho.	**– Gefällt Ihnen die Stadt? – Ja, sie gefällt uns sehr gut.**

ANTWORTEN TAG 70

¿Se puede aparcar aquí?	**Darf man hier parken?**
Hablemos más tarde (por teléfono).	**Lass uns später telefonieren.**
Yo debería llamar a mis padres.	**Ich sollte meine Eltern anrufen.**
El miércoles vamos a continuar.	**Am Mittwoch werden wir weitermachen.**
No podéis ver esta película (no tenéis permiso).	**Ihr dürft diesen Film nicht sehen.**
¡No olvides tus cosas!	**Vergiss deine Sachen nicht!**
Hay que llamar.	**Man muss anrufen.**
Espere un momento, por favor.	**Warten Sie einen Moment, bitte.**
Mi hermana lo entenderá.	**Meine Schwester wird es verstehen.**
Él debería tener cuidado.	**Er sollte aufpassen./Er sollte vorsichtig sein.**
¡Tened cuidado!	**Seid vorsichtig!/Passt auf!**
Hoy estoy muy cansado.	**Heute bin ich sehr müde.**
Por favor apaga la luz. Quiero dormir.	**Bitte mach das Licht aus. Ich will schlafen.**
Le daré las flores (a ella).	**Ich werde ihr die Blumen geben.**
¡Cogeos un trozo!	**Nehmt euch ein Stück!**

Usted no puede fumar aquí (no tiene permiso).	**Sie dürfen hier nicht rauchen.**
¿Te apetece ir a tomar algo hoy?	**Wollen wir heute etwas trinken gehen?**
¡No le des chocolate al perro bajo ningún concepto!	**Gib dem Hund bloß keine Schokolade!**

ANTWORTEN TAG 80

La mesa está delante del sofá.	**Der Tisch steht vorm Sofa.**
Hay un libro en el suelo.	**Da liegt ein Buch auf dem Boden.**
¿Qué tipo de zapatos busca usted?	**Was für Schuhe suchen Sie?**
– ¿Para quién es esto? – Para mi hijo.	**– Für wen ist das? – Für meinen Sohn.**
Por favor ponga el lápiz en la mesa.	**Bitte legen Sie den Bleistift auf den Tisch.**
El dinero está en el cajón.	**Das Geld liegt in der Schublade.**
Vamos luego a casa de mi madre.	**Wir gehen später zu meiner Mutter.**
Por favor pon la botella al lado del vaso.	**Bitte stell die Flasche neben das Glas.**
Estoy hablando por teléfono con un amigo.	**Ich telefoniere gerade mit einem Freund.**
Vamos a menudo al cine.	**Wir gehen oft ins Kino.**
Hay mucha gente en el museo.	**Da sind viele Leute im Museum.**
Después de la boda vamos a una fiesta.	**Nach der Hochzeit gehen wir auf eine Feier.**
Estoy en la oficina.	**Ich bin im Büro.**
Mi hermana vive en la ciudad y yo vivo en el campo.	**Meine Schwester wohnt in der Stadt und ich wohne auf dem Land.**
Él nunca viaja sin su perro.	**Er verreist nie ohne seinen Hund.**
– ¿De quién es esto? – De un cliente.	**– Von wem ist das? – Von einem Kunden.**
¿Qué tipo de curso quieres hacer?	**Was für einen Kurs willst du machen?**
Voy al aeropuerto ahora mismo.	**Ich fahre gleich zum Flughafen.**

ANTWORTEN TAG 90

Me encanta el pescado.	**Ich liebe Fisch.**
Las revistas están encima de la silla verde.	**Die Zeitschriften liegen auf dem grünen Stuhl.**
Te llamo el viernes.	**Ich rufe dich am Freitag an.**
Los tigres son animales peligrosos.	**Tiger sind gefährliche Tiere.**
– ¿Por qué no vienes? – Porque no tengo tiempo.	**– Warum kommst du nicht? – Weil ich keine Zeit habe.**

Por favor, ayude a la señora.	**Bitte helfen Sie der Dame.**
No me siento bien.	**Ich fühle mich nicht gut.**
Ponte una chaqueta, hace fresco fuera.	**Zieh dir eine Jacke an, es ist kühl draußen.**
Confío en mi médico.	**Ich vertraue meinem Arzt.**
¿Te puedo pedir un favor?	**Kann ich dich um einen Gefallen bitten?**
Eso no depende de mí.	**Das hängt nicht von mir ab.**
Me cambio después del trabajo.	**Ich ziehe mich nach der Arbeit um.**
Lo esperaré.	**Ich werde auf ihn warten.**
Él piensa a menudo en su abuelo.	**Er denkt oft an seinen Großvater.**
Quiero comprarme un móvil nuevo.	**Ich will mir ein neues Handy kaufen.**
Tengo que darme prisa porque mis amigos me esperan.	**Ich muss mich beeilen, weil meine Freunde auf mich warten.**
La botella está al lado de la lámpara amarilla.	**Die Flasche steht neben der gelben Lampe.**
Nos vamos de vacaciones dentro de una semana.	**Wir fahren in einer Woche in den Urlaub.**

ANTWORTEN TAG 100

Ella quiere decir algo importante.	**Sie möchte etwas Wichtiges sagen.**
Pregúntele qué hay que hacer.	**Fragen Sie ihn, was man machen muss.**
Llámame si tienes una pregunta.	**Ruf mich an, wenn du eine Frage hast.**
No se puede aparcar aquí por ninguna parte.	**Man darf hier nirgendwo parken.**
No sé cuándo empieza.	**Ich weiß nicht, wann es anfängt.**
– ¿Hay alguien? – No, no hay nadie.	**– Ist da jemand? – Nein, da ist niemand.**
Ambas chaquetas me gustan.	**Beide Jacken gefallen mir.**
Dígales que estamos ocupados ahora mismo.	**Sagen Sie ihnen, das wir gerade beschäftigt sind.**
Mi madre me llama todos los días.	**Meine Mutter ruft mich jeden Tag an.**
Cuando estén listas las cosas podemos irnos a casa.	**Wenn die Sachen fertig sind, können wir nach Hause gehen.**
¿Sabes cuánto vale esto?	**Weißt du, wie viel das kostet?**
Hay perros por todas partes.	**Da sind überall Hunde.**
Eso se lo deberías enseñar a alguien.	**Das solltest du jemandem zeigen.**
Pregúntale a tu novia si también quiere venir.	**Frag deine Freundin, ob sie auch kommen möchte.**

La película no es nada especial.	**Der Film ist nichts Besonderes.**
Dile (a ella) que apague la música.	**Sag ihr, dass sie die Musik ausmachen soll.**
En Navidades viene toda la familia.	**An Weihnachten kommt die ganze Familie.**
Quiero ayudarles a los dos.	**Ich möchte beiden helfen.**

ANTWORTEN TAG 110

Trabajamos más que antes.	**Wir arbeiten mehr als früher.**
Eso es lo más importante.	**Das ist das Wichtigste.**
¿Eres mayor que tu hermano o más joven?	**Bist du älter oder jünger als dein Bruder?**
Esta habitación es la más oscura (donde está más oscuro).	**Dieses Zimmer ist das dunkelste./ In diesem Zimmer ist es am dunkelsten.**
Tengo dos móviles y ninguno de los dos funciona.	**Ich habe zwei Handys und keins von beiden funktioniert.**
Irlanda no es tan grande como Alemania.	**Irland ist nicht so groß wie Deutschland.**
¿Noruega es el país más rico o el más pobre de Europa?	**Ist Norwegen das reichste oder das ärmste Land Europas?**
El Danubio es más largo que el Rin.	**Die Donau ist länger als der Rhein.**
Yo soy el/la que peor canta de todos.	**Ich singe am schlechtesten von allen.**
¿Cuál es la manera más rápida de llegar al hotel?	**Wie kommt man am schnellsten zum Hotel?**
Frankfurt tiene menos habitantes que Múnich.	**Frankfurt hat weniger Einwohner als München.**
Cantas mucho mejor que yo.	**Du singst viel besser als ich.**
Tengo tres hijos. Ninguno de ellos está casado.	**Ich habe drei Söhne. Keiner von ihnen ist verheiratet.**
Ella tiene tanto dinero como él.	**Sie hat genauso viel Geld wie er.**
¿Tienes la mejor o la peor nota?	**Hast du die beste oder die schlechteste Note?**
¿Cuál de ellos es el que mejor sabe cocinar?	**Wer von ihnen kann am besten kochen?**
¿Es el nuevo puesto de trabajo mejor que el antiguo o peor?	**Ist die neue Arbeitsstelle besser oder schlechter als die alte?**
Él es el mejor candidato de todos.	**Er ist der beste Kandidat von allen.**

ANTWORTEN TAG 120

El agua está demasiado fría.	**Das Wasser ist zu kalt.**
La mayoría de la gente lo sabe.	**Die meisten Leute wissen es.**
¿Tiene usted los mismos zapatos en otro color?	**Haben Sie die gleichen Schuhe in einer anderen Farbe?**
El agua no está lo suficientemente caliente.	**Das Wasser ist nicht heiß genug.**
El fin de semana es cuando menos trabajo.	**Am Wochenende arbeite ich am wenigsten.**
Este portátil es mejor que el otro.	**Dieser Laptop ist besser als der andere.**
Ésta no es la misma película de la última vez.	**Das ist nicht derselbe Film wie das letzte Mal.**
Ella pensaba que todo estaba listo.	**Sie dachte, alles war fertig./Sie dachte, dass alles fertig war.**
Teníamos demasiado trabajo.	**Wir hatten zu viel Arbeit.**
La última vez estuvimos en otro bar.	**Das letzte Mal waren wir in einer anderen Bar.**
En vacaciones es cuando más leo.	**Im Urlaub lese ich am meisten.**
Ayer ella tuvo una cita importante.	**Sie hatte gestern einen wichtigen Termin.**
Él tiene suficiente espacio en el coche.	**Er hat genug Platz im Auto.**
Ella llegó tarde.	**Sie kam zu spät.**
Ayer no estuve en la oficina.	**Ich war gestern nicht im Büro.**
Éste no es mi anillo. Es otro.	**Das ist nicht mein Ring. Es ist ein anderer.**
No sabía que tuviste un accidente.	**Ich wusste nicht, dass du einen Unfall hattest.**
En la mayoría de los casos hubo problemas.	**In den meisten Fällen gab es Probleme.**

ANTWORTEN TAG 130

Me apetece algo dulce.	**Ich habe Lust auf etwas Süßes.**
Hemos venido para ayudaros.	**Wir sind gekommen, um euch zu helfen.**
No es fácil encontrar un piso aquí.	**Es ist nicht einfach, hier eine Wohnung zu finden.**
Ella ha ido al centro.	**Sie ist in die Innenstadt gegangen.**
Estoy intentando cerrarlo.	**Ich versuche gerade, es zuzumachen.**

No tengo ganas de dar un paseo.	**Ich habe keine Lust, spazieren zu gehen.**
No pudimos ayudarle.	**Wir konnten ihm nicht helfen.**
Quiero un café para llevar.	**Ich möchte einen Kaffee zum Mitnehmen.**
Él cogerá un taxi para no llegar tarde.	**Er wird ein Taxi nehmen, um nicht zu spät zu kommen.**
Tardamos normalmente media hora.	**Wir brauchen normalerweise eine halbe Stunde.**
Es difícil entenderla.	**Es ist schwierig, sie zu verstehen.**
He leído tu artículo.	**Ich habe deinen Artikel gelesen.**
¿Se lo has dicho (a ellos)?	**Hast du es ihnen gesagt?**
No olvides llamar a tu madre.	**Vergiss nicht, deine Mutter anzurufen.**
Ayer estuve en la oficina y hablé con ella.	**Ich bin gestern im Büro gewesen und habe mit ihr geredet/gesprochen.**
¿Cuánto se tarda en ir al aeropuerto?	**Wie lange braucht man, um zum Flughafen zu fahren?**
Él quería venirse, pero tuvo que quedarse en casa.	**Er wollte mitkommen, aber er musste zuhause bleiben.**
Date prisa para que no perdamos tiempo.	**Beeil dich, damit wir keine Zeit verlieren.**

ANTWORTEN TAG 140

¿Quién más falta?	**Wer fehlt noch?**
Ya he visto esta película.	**Ich habe diesen Film schon gesehen.**
Lo ha hecho él mismo.	**Er hat es selbst gemacht.**
– ¿Ya habéis empezado? – Sí, acabamos de empezar.	**– Habt ihr schon angefangen? – Ja, wir haben gerade angefangen.**
Hablaré otra vez con ella.	**Ich werde noch mal mit ihr reden.**
Deja de criticarla.	**Hör auf, sie zu kritisieren.**
– ¿Ya lo sabéis? – No, no lo sabemos todavía.	**– Wisst ihr es schon? – Nein, wir wissen es noch nicht.**
Se conocen desde que eran pequeños.	**Sie kennen sich, seit/seitdem sie klein sind.**
¿Cuándo nos volvemos a ver?	**Wann sehen wir uns wieder?**
Los demás ya están aquí.	**Die anderen sind schon hier.**
– ¡(Pero si) ya tenéis dos perros! – ¿Y? Queremos otro.	**– Ihr habt (doch) schon zwei Hunde! – Ja und? Wir wollen noch einen.**
Estuve en la India. Desde entonces veo el mundo con otros ojos.	**Ich war in Indien. Seitdem sehe ich die Welt mit anderen Augen.**

Ha dejado de nevar.	**Es hat aufgehört, zu schneien./ Es hat mit dem Schneien aufgehört.**
– ¿Estás todavía en el tren? – No, acabo de llegar.	**– Bist du noch im Zug? – Nein, ich bin gerade angekommen.**
Ya no vivo en casa de mis padres.	**Ich wohne nicht mehr bei meinen Eltern.**
– ¿Desde cuándo trabajas aquí? – Desde el mes pasado.	**– Seit wann arbeitest du hier? – Seit letztem Monat.**
No hay una solución todavía.	**Es gibt noch keine Lösung.**
Deberías llamarlo tú mismo.	**Du solltest ihn selbst anrufen.**

ANTWORTEN TAG 150

Él come tanto carne como pescado.	**Er isst sowohl Fleisch als auch Fisch.**
Yo estaba sorprendida cuando él me preguntó.	**Ich war überrascht, als er mich gefragt hat.**
Lo habían olvidado.	**Sie hatten es vergessen.**
Su cumpleaños (de ella) es a finales de mes.	**Sie hat (am) Ende des Monats Geburtstag.**
– ¿Cuánto tiempo lleva usted viviendo en Hamburgo? – Desde hace cinco años.	**– Seit wann wohnen Sie in Hamburg? – Seit fünf Jahren.**
La vi hace una semana.	**Ich habe sie vor einer Woche gesehen.**
Los bolsos o son demasiado pequeños o demasiado grandes.	**Die Taschen sind entweder zu klein oder zu groß.**
Ella habla tanto español como alemán.	**Sie spricht sowohl Spanisch als auch Deutsch.**
Mis padres me llamaron después de que llegaran.	**Meine Eltern haben mich angerufen, nachdem sie angekommen waren.**
– ¿Cuándo os habéis conocido? – Hace un año.	**– Wann habt ihr euch kennengelernt? – Vor einem Jahr.**
O se quedan en casa o se vienen.	**Entweder sie bleiben/bleiben sie zuhause oder sie kommen mit.**
Estoy en casa de unos amigos de mis padres.	**Ich bin bei Freunden meiner Eltern.**
No hablo ni francés ni italiano.	**Ich spreche weder Französisch noch Italienisch.**
Llevamos trabajando medio año en este proyecto.	**Wir arbeiten seit einem halben Jahr an diesem Projekt.**
Gracias a vuestra ayuda lo he entendido.	**Dank eurer Hilfe habe ich es verstanden.**

Cuando yo era pequeño teníamos dos gatos.	**Als ich klein war, hatten wir zwei Katzen.**
Ella no puede pasarse ni hoy ni mañana.	**Sie kann weder heute noch morgen vorbeikommen.**
Él ya lleva esperando media hora.	**Er wartet schon seit einer halben Stunde.**

ANTWORTEN TAG 160

¿Podrías venir un momento?	**Könntest du einen Moment kommen?**
Si yo tuviera hijos trabajaría menos.	**Wenn ich Kinder hätte, würde ich weniger arbeiten.**
En una situación así no sabría qué debería hacer.	**In so einer Situation wüsste ich nicht, was ich machen sollte.**
Nos gustaría hacer un viaje por el mundo.	**Wir würden gerne eine Weltreise machen.**
A pesar del buen tiempo preferiría quedarme en casa.	**Trotz des schönen Wetters möchte/ würde ich lieber zuhause bleiben.**
En tu lugar buscaría un nuevo trabajo.	**An deiner Stelle würde ich eine neue Arbeit suchen.**
No lo habría hecho así.	**Ich hätte es nicht so gemacht.**
¿Te gustaría venirte?	**Würdest du gerne mitkommen?**
Me gustaría ser millonario.	**Ich wäre gerne Millionär.**
Seguro que nos ayudarían.	**Sie würden uns sicher helfen.**
Seguro que él te habría ayudado.	**Er hätte dir sicher geholfen.**
Ella no lo ha hecho aunque yo se lo dije.	**Sie hat es nicht gemacht, obwohl ich es ihr gesagt habe.**
Él debería habérmelo dicho. Ahora ya no podemos hacer nada.	**Er hätte es mir sagen sollen. Jetzt können wir nichts mehr machen.**
Yo no podría haber hecho nada.	**Ich hätte nichts machen können.**
Si lo hubiera sabido no me habría ido (con vosotros).	**Wenn ich es gewusst hätte, wäre ich nicht mitgegangen.**
La situación es difícil. Aun así lo conseguiremos.	**Die Situation ist schwierig. Trotzdem werden wir es schaffen.**
Lo habríamos conseguido si hubiéramos tenido más tiempo.	**Wir hätten es geschafft, wenn wir mehr Zeit gehabt hätten.**
Si yo fuera tú, diría algo.	**Wenn ich du wäre, würde ich etwas sagen.**

ANTWORTEN TAG 170

(Supongo que) Ella ya estará en casa.	**Sie wird (wohl) schon zuhause sein.**
Esta casa no se vende.	**Dieses Haus wird nicht verkauft.**
Mejor daos prisa, si no vais a perder el autobús.	**Beeilt euch lieber, sonst verpasst ihr (noch) den Bus.**
¿Dónde te cortas el pelo?	**Wo lässt du dir die Haare schneiden?**
Preferiría que continuáramos mañana.	**Es wäre mir lieber/Ich hätte es lieber, wenn wir morgen weitermachen würden.**
Cuanto más trabajo, menos tiempo libre tengo.	**Je mehr ich arbeite, desto weniger Freizeit habe ich.**
Él tiene que hacerse unas gafas nuevas.	**Er muss sich eine neue Brille machen lassen.**
No es fácil hacerse mayor.	**Es ist nicht einfach, alt zu werden.**
Me encantaría leer todo el día.	**Ich würde am liebsten den ganzen Tag lesen.**
Nos vemos cada vez más a menudo desde que vivimos en la misma ciudad.	**Wir sehen uns immer öfter, seitdem wir in derselben Stadt wohnen.**
La playa es donde más me gusta ir a correr.	**Ich gehe am liebsten am Strand joggen.**
Cuantas más flores, mejor.	**Je mehr Blumen, desto besser.**
Preferimos que los niños jueguen en el jardín.	**Es ist uns lieber/Wir haben es lieber, wenn die Kinder im Garten spielen.**
Deben de haberlo olvidado.	**Sie müssen es vergessen haben.**
¿Cuándo se quedó embarazada usted?	**Wann sind Sie schwanger geworden? / Wann wurden Sie schwanger?**
Cada vez hay más posibilidades.	**Es gibt immer mehr Möglichkeiten.**
La operaron hace una semana.	**Sie wurde vor einer Woche operiert./Sie ist vor einer Woche operiert worden.**
Mejor pregunto otra vez.	**Ich frage lieber noch mal.**

ANTWORTEN TAG 180

Conozco a alguien que te podría ayudar.	**Ich kenne jemanden, der dir helfen könnte.**
Venga cuando venga, le esperaremos.	**Wann auch immer er kommt, wir werden auf ihn warten.**
¿Para qué necesitas eso?	**Wofür brauchst du das?**
¿Cómo se llama la película a la que te refieres?	**Wie heißt der Film, den du meinst?**

Para eso no tenemos dinero.	**Dafür haben wir kein Geld.**
Él espera de mí que lo consiga yo sola.	**Er erwartet von mir, dass ich es allein schaffe.**
Dame por favor el libro que está encima de la mesa.	**Gib mir bitte das Buch, das auf dem Tisch liegt.**
Lo entenderás algún día (en algún momento).	**Du wirst es irgendwann verstehen.**
¿A qué esperas? En algún momento tienes que empezar con ello.	**Worauf wartest du? Irgendwann musst du damit anfangen.**
¿De qué habéis hablado?	**Wovon habt ihr geredet/gesprochen?**
Pase lo que pase, puedes contar conmigo.	**Was auch immer passiert, du kannst auf mich zählen.**
Tengo un amigo en el que confío de verdad.	**Ich habe einen Freund, dem ich wirklich vertraue.**
Me refiero al hombre cuyos hijos siempre juegan en la calle.	**Ich meine den Mann, dessen Kinder immer auf der Straße spielen.**
Tenemos que conseguirlo de alguna forma.	**Wir müssen es irgendwie schaffen.**
La boda a la que voy es de mi hermana.	**Die Hochzeit, auf die ich gehe, ist von meiner Schwester.**
No conozco a nadie a quien le haya ayudado eso.	**Ich kenne niemanden, dem das geholfen hat.**
Ella está esperando un niño y espera que esté sano.	**Sie erwartet ein Kind und hofft, dass es gesund ist.**
¿Sobre qué has escrito el artículo?	**Worüber hast du den Artikel geschrieben?**

ALEMÁN

APÉNDICE

1. DIE DEUTSCHE AUSSPRACHE

(La pronunciación alemana)

A continuación te presentamos una guía de pronunciación que contiene todos los sonidos del alemán. Las explicaciones y reglas son generales, y representan un intento de aproximación a la fonética alemana. ¡Para llegar a dominarla del todo hace falta escuchar a los nativos y practicar!

Las vocales

¡No te asustes por esta lista tan larga de vocales! En alemán tenemos las mismas cinco vocales que en castellano (**/a/**, **/e/**, **/i/**, **/o/**, **/u/**), y además tres *Umlaute*: ***"ä"***, ***"ö"*** y ***"ü"***. La ***"ä"*** se pronuncia casi igual que la **'e'** del castellano, por lo que en realidad solamente tienes que aprender como nuevas vocales la ***"ö"*** y la ***"ü"***.

Donde se complica un poco la cosa es en el hecho de que cada una de las vocales se puede pronunciar de forma corta o larga. Es importante saber la diferencia, ya que se pueden confundir palabras como ***"stellen"*** (**'poner'**), **/shhhtélennn/**, y ***"stehlen"*** (**'robar'**), **/shhhtéelennn/**.

Sonido	¿Cómo pronunciarlo?	¿Dónde lo encontramos?	Ejemplo
/a/	Igual que la **'a'** del castellano.	**a** seguida de más de una consonante **-er** a final de palabra **r** o **rr** a final de palabra precedidas de un sonido vocálico **r** o **rr** precedidas de un sonido vocálico seguidas de consonante	**Ba ll, Sa ck, A sche** **Vater** **wir , für , vor , Rohr , Uhr , mehr , vier , Herr** **Tor te, Ker n, Wir t, Kur s, ver wirr t**
/aa/	Es una **'a'** alargada.	**a** acentuada o en monosílabos **aa** **ah** **ar** a final de palabra o seguidas de consonante	**Va ter, Ba d** **Haa re** **zah len** **wunderbar , schwar z**
/e/	Es muy parecida a la **'e'** del castellano.	**e** seguida de más de una consonante **e** no acentuada (suena aún más corta que la **'e'** del castellano) **ä** seguida de doble consonante (es un sonido un poco más abierto que la **'e'** del castellano)	**beste llen, Me tzger** **be stelle n** **lä cheln**

/ee/	Es una **'e'** alargada. La ***"ä"*** acentuada y las letras ***"äh"*** también corresponden a /ee/, pero es un sonido ligeramente más abierto.	**e** acentuada o en monosílabos **ee** **eh** **ä** acentuada **äh**	**beten, Steg** **Beet** **fehlen** **Schläger** **zählen**
/i/	Casi igual que la **'i'** del castellano, pero algo más corta.	**i** seguida de más de una consonante **j**	**immer, Fisch** **jung**
/ii/	Es una **'i'** alargada.	**i** acentuada o en monosílabos **ie** **ih**	**Musik, Stil** **spielen** **ihnen**
/o/	Igual que la **'o'** del castellano.	**o** seguida de más de una consonante	**sollen, Locke**
/oo/	Es una **'o'** alargada y más cerrada.	**o** acentuada o en monosílabos **oo** **oh**	**oder, rot** **Boot** **Sohle**
/u/	Igual que la **'u'** del castellano.	**u** seguida de más de una consonante	**Fluss, Zucker**
/uu/	Es una **'u'** alargada.	**u** acentuada o en monosílabos **uh**	**Lupe, Fuß** **Stuhl**
/ö/	Tienes que decir una **'e'** pero poniendo la boca como para decir una **'o'**, como si fueras a dar un beso.	**ö** seguida de más de una consonante	**Hölle, löschen**
/öö/	Es el sonido /ö/ pero alargado.	**ö** acentuada o en monosílabos **öh**	**hören, blöd** **Höhle**
/ü/	Di una **'i'** pero poniendo la boca como para decir una **'u'**.	**ü** seguida de más de una consonante **y** seguida de doble consonante	**Glück, Büsche** **Ypsilon**
/üü/	Es el sonido /ü/ pero alargado.	**ü** acentuada o en monosílabos **üh** **y** acentuada	**Füße** **Mühe** **physisch**

Los diptongos

Sonido	¿Cómo pronunciarlo?	¿Dónde lo encontramos?	Ejemplo
/ai/	Igual que **'hay'**.	**ei** **ai**	**klein** **Mai**
/oi/	Suena igual que las letras **'oi'** de **'oiga'**.	**eu** **äu**	**teuer** **Häuser**
/au/	Una **'a'** seguida de una **'u'**.	**au**	**auch**

Las consonantes

Las consonantes del alemán se parecen mucho a las del castellano. Hay una ligera diferencia en cuanto a la intensidad, sobre todo en el caso de la **/d/** y la **/t/**. ¡En alemán se pronuncian de manera casi explosiva!

Sonido	¿Cómo pronunciarlo?	¿Dónde lo encontramos?	Ejemplo
/b/	Igual que la **'b'** del castellano.	**b** **bb**	**Berg** **Ebbe**
/d/	Casi igual que la **'d'** del castellano.	**d** **dd**	**oder** **addieren**
/f/	Igual que la **'f'** del castellano.	**f** **ff** **ph** **v**	**fahren** **schaffen** **Philosoph** **Vater, Nerven**
/g/	Igual que la **'g'** de **'gato'**.	**g** **gg**	**gut** **Bagger**
/hhh/	Es una **'h'** aspirada que se parece al sonido de cuando echas vaho en tus gafas antes de limpiarlas.	**h** cuando no sirve para alargar una vocal	**Hallo, gehören**
/k/	Igual que la **'k'** del castellano.	**k** **kk** **ck** **c** **q** **g** a final de palabra o seguida de consonantes	**Küche** **Akkusativ** **Ecke** **Computer** **Aquarium** **Tag, du sagst**
/l/	Igual que la **'l'** del castellano.	**l** **ll**	**laut** **Fall**
/m/	Igual que la **'m'** del castellano.	**m** **mm**	**nehmen** **Himmel**

/n/	Igual que la **'n'** del castellano.	**n** **nn**	**Name** **rennen**
/n(g)/	Este sonido se aproxima a una vocal nasal, en la que no suena ninguna **'g'** como tal.	**ng**	**Wohnung, schwanger**
/p/	Igual que la **'p'** del castellano.	**p** **pp** **b** a final de palabra o seguida de consonantes	**putzen** **knapp** **ab, Krebs**
/s/	Igual que la **'s'** del castellano.	**s** entre consonantes o a final de palabra **ss** **ß**	**Kunst** **alles** **küssen** **Straße**
/(s)/	Esta **'s'** es una **'s'** suave y vibrada que se parece al zumbido de una abeja lejana.	**s** a principio de palabra o entre sonidos vocálicos	**sein, sauer, Esel, versehen**
/shhh/	Es el sonido que haces al mandar callar a alguien.	**sch** **s** seguida de **t** o **p** a principio de palabra (o precedida de un prefijo)	**Tisch** **stehen** **Spanien** **abstellen**
/(sh)/	Es un sonido muy suave que consigues al pronunciar **/shhh/** mientras sonríes y dejas pasar el aire entre los dientes.	**ch** precedida de **e**, **i**, **ä**, **ü**, **ö** **ch** precedida de consonante **g** en **–ig** a final de palabra	**echt, ich, Fächer, Bücher, Löcher** **furchtbar, Mädchen** **billig**
/j/	Igual o casi igual que la **'j'** del castellano. La ***"r"*** alemana se parece mucho a vuestra jota, pero es más suave. Recuerda que el sonido nace en la garganta, ¡y que la lengua se queda quieta!	**ch** precedida de **a**, **o**, **u** **r** precedida de consonante **r** a principio de palabra **r** o **rr** o entre sonidos vocálicos (entonces es más suave)	**Bach, Loch, Buch** **groß** **rot** **Uhren, verrückt**
/t/	Casi igual que la **'t'** del castellano.	**t** **tt** **th** **dt** **d** a final de palabras o seguida de consonante	**Meter** **Butter** **Methode** **Stadt** **und, abends**
/x/ o /ks/	Igual que la **'x'** del castellano, es decir, una **'k'** seguida de una **'s'**.	**x** **ks** **chs**	**Taxi** **Keks** **wechseln**

/vvv/	¡Este sonido no tiene nada que ver con la **'b'** del castellano! Los dientes superiores deben tocar el labio inferior mientras que dejas pasar el aire. ¡Es casi como una **'f'** vibrada!	**v** **w**	**nervös** **Wort**

Hay dos secuencias especiales de consonantes en alemán:

Sonido	¿Cómo pronunciarlo?	¿Dónde lo encontramos?	Ejemplo
/tsss/	Una ***"t"*** fuerte alemana seguida de una **'s'** como la del castellano.	**z** **tz**	**zurück** **sitzen**
/kvvv/	Una ***"k"*** seguida de una **'v'** vibrada.	**qu**	**bequem**

La pronunciación de palabras extranjeras

En alemán tomamos prestadas muchas palabras de otros idiomas, sobre todo del inglés y del francés. A la hora de pronunciar estas palabras extranjeras solemos imitar la pronunciación del idioma originario, por lo que no se aplican las reglas contempladas en las páginas anteriores. Por ejemplo, la palabra ***"Baby"*** no se pronuncia /babü/ sino **/béibi/** o **/béebi/**, imitando el inglés (pero con acento alemán, claro). Otro ejemplo es la palabra francesa ***"Restaurant"***, que no se dice /jestaujant/ sino **/jestojá(n)/**, con una **'o'** en medio y con sonido nasal sin pronunciar la **'t'** final.

Aquí tienes una selección de algunas de las palabras extranjeras más usadas en alemán:

das Baguette	**/baguét/**	baguete, barra de pan
beige	**/beesh/**	color crema
das Bonbon	**/bon(g)bon(g)/**	caramelo
der Cent	**/sent/**	céntimo
die Chance	**/shhhá(n)se/**	oportunidad
der Chauffeur	**/shhhoföa/**	chófer personal
der Chef	**/shhhef/**	jefe
die Chips	**/tshhhips/**	patatas fritas (de bolsa)
der Computer	**/kompiúuta/**	ordenador
der Cousin	**/ku(s)é(n)/**	primo

die Cousine	**/ku(s)íne/**	prima
das Déjà-Vu	**/desha vvvü/**	*déjà vu*
das Dessert	**/deséa/**	postre
das Dessous	**/desú/**	lencería
das Dossier	**/dosié/**	expediente
der Download	**/dáunloud/**	descarga (de internet)
die E-Mail	**/ímeil/**	correo electrónico
das Engagement	**/a(n)gashmá(n)/**	involucración, implicación, compromiso
fair	**/féa/**	justo
das Gelée	**/shelé/**	gelatina
das Genre	**/shá(n)je/**	género, tipo
das Handy	**/hhhéndi/**	móvil
die Jury	**/shüji/**	jurado
das Niveau	**/nivvvó/**	nivel
das Parterre	**/paatéa/**	planta baja
die Pommes Frites*	**/pom fjit/**	patatas fritas (no de bolsa)
der Service	**/söavvvis/**	servicio (al cliente)
die Toilette	**/toaléte/**	servicio (aseo/váter)

* También decimos ***"Pommes"***, **/pómes/**, a secas.

2. DIE KARDINALZAHLEN
(Los números cardinales)

0	**null**	**/nul/**
1	**eins**	**/áins/**
2	**zwei**	**/tsssvvvái/**
3	**drei**	**/djái/**
4	**vier**	**/fía/**
5	**fünf**	**/fünf/**
6	**sechs**	**/(s)eks/**
7	**sieben**	**/(s)íibennn/**
8	**acht**	**/ajt/**
9	**neun**	**/nóinnn/**
10	**zehn**	**/tssseennn/**

11	elf	/elf/
12	zwölf	/tsssvvvölf/
13	dreizehn	/djáitssseennn/
14	vierzehn	/fíatssseennn/
15	fünfzehn	/fünftssseennn/
16	sechzehn	/(s)e(sh)tssseennn/
17	siebzehn	/(s)íibtssseennn/
18	achtzehn	/ájtssseennn/
19	neunzehn	/nóintssseennn/
20	zwanzig	/tsssvvvántsssi(sh)/

A partir del número 21 se sigue siempre la misma lógica. En alemán es literalmente 'uno y veinte', 'dos y veinte', etc., pero escrito en una sola palabra. En cuanto a la pronunciación de las letras ***"-ig"*** al final de palabra: en algunas regiones se pronuncian **/ik/** pero quizás es más común pronunciarlas igual que ***"ich"***, es decir, **/i(sh)/**.

21	einundzwanzig	/aínuntsssvvvantsssi(sh)/
22	zweiundzwanzig	/tsssvvváiuntsssvvvantsssi(sh)/
23	dreiundzwanzig	/djáiuntsssvvvantsssi(sh)/
24	vierundzwanzig	/fíauntsssvvvantsssi(sh)/
25	fünfundzwanzig	/fünfuntsssvvvantsssi(sh)/
26	sechsundzwanzig	/(s)éksuntsssvvvantsssi(sh)/
27	siebenundzwanzig	/(s)íibenuntsssvvvantsssi(sh)/
28	achtundzwanzig	/ájtuntsssvvvantsssi(sh)/
29	neunundzwanzig	/nóinuntsssvvvantsssi(sh)/
30	dreißig	/djáisi(sh)/

40	vierzig	/fíatsssi(sh)/
50	fünfzig	/fünftsssi(sh)/
60	sechzig	/(s)e(sh)tsssi(sh)/
70	siebzig	/(s)íiptsssi(sh)/
80	achtzig	/ájtsssi(sh)/
90	neunzig	/nóintsssi(sh)/

100	(ein)hundert	/áinhhhundat/
200	zweihundert	/tsssvvváihhhundat/
300	dreihundert	/djáihhhundat/
...	...	
1000	(ein)tausend	/áintau(s)ent/
2000	zweitausend	/tsssvvváitau(s)ent/
3000	dreitausend	/djáitau(s)ent/
...	...	

100.000	**(ein)hunderttausend**	**/áinhhhundatau(s)ent/**
1.000.000	**eine Million**	**/áine milióonnn/**
2.000.000	**zwei Millionen**	**/tsssvvvái milióonennn/**
1.000.000.000	**eine Milliarde**	**/áine miliáade/**
2.000.000.000	**zwei Milliarden**	**/tsssvvvái miliáadennn/**

Aquí tienes unos números al azar para que veas algunos ejemplos:

47	**siebenundvierzig**
562	**fünfhundertzweiundsechzig**
2983	**zweitausendneunhundertdreiundachzig**
47120	**siebenundvierzigtausendeinhundertzwanzig**

3. DIE ORDINALZAHLEN
(Los números ordinales)

Los números ordinales se forman a partir del número cardinal añadiendo la terminación ***"-te"*** hasta el número 19 y la terminación ***"-ste"*** a partir del número 20. Las excepciones son ***"erste"***, ***"dritte"*** y ***"siebte"***, donde cambia la raíz. En la columna de la izquierda puedes ver cómo escribimos los números ordinales: simplemente colocamos un punto detrás del número, como por ejemplo, ***"Ich wohne im 4. Stock"*** (**'Vivo en la 4ª planta'**). En ningún caso, el número iría seguido de una letra como en castellano (4ª) o en inglés (4*th*).

Los números ordinales se declinan como adjetivos, por lo que ***"im 4. Stock"*** se dice ***"im vierten Stock"***, y no *"im vierte Stock"*.

Además, ten en cuenta que en alemán usamos los ordinales mucho más que en castellano. Decimos por ejemplo, ***"Herzlichen Glückwunsch zum 28. (achtundzwanzigsten) Geburtstag!"*** (**'¡Feliz 28 cumpleaños!'**). También usamos los ordinales para decir la fecha, como podrás ver en el capítulo 7 (página 401).

1.	**der/die/das erste**
2.	**der/die/das zweite**
3.	**der/die/das dritte**
4.	**der/die/das vierte**
5.	**der/die/das fünfte**

6.	**der/die/das sechste**
7.	**der/die/das siebte***
8.	**der/die/das achte**
9.	**der/die/das neunte**
10.	**der/die/das zehnte**
11.	**der/die/das elfte**
12.	**der/die/das zwölfte**
13.	**der/die/das dreizehnte**
14.	**der/die/das vierzehnte**
15.	**der/die/das fünfzehnte**
16.	**der/die/das sechszehnte**
17.	**der/die/das siebzehnte**
18.	**der/die/das achtzehnte**
19.	**der/die/das neunzehnte**
20.	**der/die/das zwanzigste**
21.	**der/die/das einundzwanzigste**
22.	**der/die/das zweiundzwanzigste**
23.	**der/die/das dreiundzwanzigste**
24.	**der/die/das vierundzwanzigste**
25.	**der/die/das fünfundzwanzigste**
26.	**der/die/das sechsundzwanzigste**
27.	**der/die/das siebenundzwanzigste**
28.	**der/die/das achtundzwanzigste**
29.	**der/die/das neunundzwanzigste**
30.	**der/die/das dreißigste**
31.	**der/die/das einunddreißigste**

40.	**der/die/das vierzigste**
50.	**der/die/das fünfzigste**
60.	**der/die/das sechzigste**
70.	**der/die/das siebzigste**
80.	**der/die/das achtzigste**
90.	**der/die/das neunzigste**
100.	**der/die/das hundertste**
1000.	**der/die/das tausendste**

* Hay regiones de Alemania donde se dice ***"siebente"***.

4. DIE WOCHENTAGE

(Los días de la semana)

lunes	**Montag**	**/móontaak/**
martes	**Dienstag**	**/díinstaak/**
miércoles	**Mittwoch**	**/mítvvvoj/**
jueves	**Donnerstag**	**/dónastaak/**
viernes	**Freitag**	**/fjáitaak/**
sábado	**Samstag**	**/(s)ámstaak/**
domingo	**Sonntag**	**/(s)óntaak/**

el fin de semana	**das Wochenende**	**/vvvvójenende/**

Cuando hablamos de los días de la semana como referencia de tiempo, no usamos ***"der"*** sino ***"am"***: ***"Wir sehen uns am Mittwoch"*** (**'Nos vemos el miércoles'**), ***"Ich muss am Wochenende arbeiten"*** (**'Tengo que trabajar el fin de semana'**).

Para hablar de **'los lunes'** o **'los martes'** en general, recurrimos a un adverbio que se forma a partir del día de la semana escrito en minúscula + ***"s"***: ***"montags"***, ***"dienstags"***, ***"mittwochs"***, etc., como en ***"Ich gehe samstags einkaufen"*** (**'Hago la compra los sábados'**). Sin embargo, **'los fines de semana'** no siguen esta regla; decimos ***"an Wochenenden"***.

5. DIE MONATE

(Los meses)

enero	**Januar**	**/iánuaa/**
febrero	**Februar**	**/féebjuaa/**
marzo	**März**	**/méatsss/**
abril	**April**	**/apjíl/**
mayo	**Mai**	**/mái/**
junio	**Juni**	**/iúuni/**
julio	**Juli**	**/iúuli/**
agosto	**August**	**/augúst/**
septiembre	**September**	**/(s)eptémba/**
octubre	**Oktober**	**/októoba/**
noviembre	**November**	**/novvvémba/**
diciembre	**Dezember**	**/detsssémba/**

'En' + mes en alemán se dice con ***"im"*** (**'en el'**): ***"im Januar"***, ***"im Februar"***, ***"im März"***, ***"im April"***, etc.

6. DIE JAHRESZAHLEN

(Los años)

Los siglos no siguen la misma regla que los números cardinales, ya que el año 1100 equivale literalmente a 'once cien', ***"elfhundert"***, escrito todo junto. Y así hasta llegar al año 2000, que se expresa como en castellano, **'dos mil'**: ***"zweitausend"***, escrito de nuevo todo junto.

1100	**elfhundert**
1200	**zwölfhundert**
1300	**dreizehnhundert**
1400	**vierzehnhundert**
1500	**fünfzehnhundert**
1576	**fünfzehnhundertsechsundsiebzig**
1600	**sechzehnhundert**
1653	**sechzehnhundertdreiundfünfzig**
1700	**siebzehnhundert**
1720	**siebzehnhundertzwanzig**
1800	**achtzehnhundert**
1863	**achtzehnhundertdreiundsechzig**
1900	**neunzehnhundert**
1993	**neunzehnhundertdreiundneunzig**
2000	**zweitausend**
2016	**zweitausendsechzehn**

La preposición **'en'** que acompaña a los años en castellano no se traduce; nosotros la omitimos y decimos ***"Er wurde 2004 zum Präsidenten gewählt"*** (**'Fue elegido como presidente en 2004'**) o ***"1492 wurde Amerika entdeckt"*** (**'En 1492 se descubrió América'**).
Por otra parte, **'El siglo'** en alemán es ***"das Jahrhundert"***, y para hablar del **'siglo XVI'** o **'siglo XX'**, usamos los números ordinales: ***"das sechzehnte Jahrhundert"***, ***"das zwanzigste Jahrhundert"***.

7. DAS DATUM

(La fecha)

La fecha en alemán se expresa con los números ordinales seguidos del mes sin preposición, lo que equivale a decir 'el primer enero', 'el octavo abril' o 'el vigésimo sexto octubre':

el uno de enero	**der erste Januar**
el ocho de abril	**der achte April**
el veintiséis de octubre	**der sechsundzwanzigste Oktober**

Es importante que tengas en cuenta que **'el...'** + fecha casi siempre se expresa con ***"am..."***, lo que hace que nuestro número ordinal termine en ***"-en"***: ***"am ersten Mai"***. También puedes sustituir el mes por un ordinal, como puedes ver en la columna de la derecha. ***"Am ersten fünften"*** equivaldría en castellano a 'el primero quinto'. Aunque te suene raro, ¡en alemán es común decirlo así!

01.05.	**am ersten Mai**	**am ersten fünften**
04.09.	**am vierten September**	**am vierten neunten**
31.07.	**am einunddreißigsten Juli**	**am einunddreißigsten siebten**
23.12.	**am dreiundzwanzigsten Dezember**	**am dreiundzwanzigsten zwölften**
16.03.	**am sechzehnten März**	**am sechzehnten dritten**

Para añadir el año, recuerda que va sin preposición:

06.11.1967	**am dritten November neunzehnhundertsiebenundsechzig**
19.02.2004	**am neunzehnten Februar zweitausendvier**
30.08.1843	**am dreißigsten August achtzehnhundertdreiundvierzig**

8. DIE BRUCHZAHLEN

(Las fracciones)

un medio	**ein Halb**	/áinnn hhhalp/
tres medios	**drei Halbe**	/djái hhhálbe/
un tercio	**ein Drittel**	/áinnn djítel/
dos tercios	**zwei Drittel**	/tsssvvvái djítel/
un cuarto	**ein Viertel**	/áinnn fíatel/
tres cuartos	**drei Viertel**	/djái fíatel/
un quinto	**ein Fünftel**	/áinnn fünftel/
dos quintos	**zwei Fünftel**	/tsssvvvái fünftel/
un sexto	**ein Sechstel**	/áinnn (s)ékstel/
cinco sextos	**fünf Sechstel**	/fünf (s)ékstel/
un séptimo	**ein Siebtel**	/áinnn (s)íiptel/
tres séptimos	**drei Siebtel**	/djái (s)íiptel/
un octavo	**ein Achtel**	/áinnn ájtel/
cinco octavos	**fünf Achtel**	/fünf ájtel/
un noveno	**ein Neuntel**	/áinnn nóintel/
cuatro novenos	**vier Neuntel**	/fía nóintel/
una décima	**ein Zehntel**	/áinnn tssséentel/
siete décimas	**sieben Zehntel**	/(s)íibennn tsssséntel/
una centésima	**ein Hundertstel**	/áinnn hhhúndeatstel/
una milésima	**ein Tausendstel**	/áinnn tau(s)endstel/

9. DIE PROZENTZAHLEN

(Los porcentajes)

0%	**null Prozent**	/nul pjotsssént/
1%	**ein Prozent**	/áinnn pjotsssént/
5%	**fünf Prozent**	/fünf pjotsssént/
10%	**zehn Prozent**	/tssseennn pjotsssént/
50%	**fünfzig Prozent**	/fünftsssi(sh) pjotsssént/
100%	**hundert Prozent**	/hhhúndat pjotsssént/

En alemán no ponemos ningún artículo delante de los porcentajes. Por ejemplo **'el 20% de la población'** se dice ***"20% der Bevölkerung"***, a secas.

10. DIE DEZIMALZAHLEN
(Los decimales)

'La coma' en alemán es ***"das Komma"***, por lo que ***"1,5"*** se dice ***"eins Komma fünf"***. Cuando hay más de una cifra detrás de la coma, estas cifras se dicen por separado.

10,6	**zehn Komma sechs**
0,75	**null Komma sieben fünf**
24,298	**vierundzwanzig Komma zwei neun acht**

11. DIE PREISE
(Los precios)

'El céntimo' es ***"der Cent"*** y **'el euro'**, ***"der Euro"***. Tanto ***"Cent"*** como ***"Euro"*** NO se expresan en plural:

1 céntimo	**ein Cent**	**/áinnn sent/**
10 céntimos	**zehn Cent**	**/tssseennn sent/**
1 euro	**ein Euro**	**/áinnn óijo/**
10 euros	**zehn Euro**	**/tssseennn óijo/**

Podemos expresar el precio de varias formas. La más corta es la de la primera columna, la segunda más corta está en la del medio y la más larga, en la tercera (que es la que menos se usa).

1,50 €	**eins fünfzig**	**ein Euro fünfzig**	**ein Euro und fünfzig Cent**
3,99 €	**drei neunundneunzig**	**drei Euro neunundneunzig**	**drei Euro und neunundneunzig Cent**
29,90 €	**neunundzwanzig neunzig**	**neunundzwanzig Euro neunzig**	**neunundzwanzig Euro und neunzig Cent**

12. DIE MAßEINHEITEN

(Las unidades de medida)

Las unidades de medida prácticamente **nunca se expresan en plural** en alemán.

Gewichts- und Masseneinheiten
(Medidas de peso y masa)

1 mg	**ein Milligramm**	**/áinnn míligjammm/**
10 mg	**zehn Milligramm**	**/tssseennn míligjammm/**
1 g	**ein Gramm**	**/áinnn gjammm/**
10 g	**zehn Gramm**	**/tssseennn gjammm/**
1 kg	**ein Kilo(gramm)**	**/áinnn kílogjammm/**
10 kg	**zehn Kilo(gramm)**	**/tssseennn kílogjammm/**
1 t	**eine Tonne**	**/áine tóne/**
10 t	**zehn Tonnen**	**/tssseennn tónennn/**

1 ml	**ein Milliliter**	**/áinnn mílilita/**
10 ml	**zehn Milliliter**	**/tssseennn mílilita/**
1 l	**ein Liter**	**/áinnn líta/**
10 l	**zehn Liter**	**/tssseennn líta/**

Cuando juntamos una medida con un sustantivo, da igual si es ***"ein Kilo"***, ***"ein Liter"***, ***"eine Tasse"*** o ***"eine Flasche"***, **¡no usamos ninguna preposición**! Decimos ***"ein Glas Wasser"*** (**'un vaso de agua'**), ***"eine Tasse Kaffee"*** (**'una taza de café'**), ***"eine Flasche Wein"*** (**'una botella de vino'**), ***"zwei Liter Milch"*** (**'dos litros de leche'**), ***"drei Kilo Kartoffeln"*** (**'tres kilos de patatas'**), etc.

Längen-, Flächen- und Volumeneinheiten
(Medidas de longitud, superficie y volumen)

1 mm	**ein Millimeter**	**/áinnn mílimeeta/**
10 mm	**zehn Millimeter**	**/tssseennn mílimeeta/**
1 cm	**ein Centimeter**	**/áinnn tssséntimeeta/**
10 cm	**zehn Centimeter**	**/tssseennn tssséntimeeta/**
1 m	**ein Meter**	**/áinnn méeta/**
10 m	**zehn Meter**	**/tssseennn méeta/**
1 km	**ein Kilometer**	**/áinnn kílomeeta/**
10 km	**zehn Kilometer**	**/tssseennn kílomeeta/**

1 m²	**ein Quadratmeter**	**/áinnn kvvvadjáatmeeta/**
10 m²	**zehn Meter**	**/tssseennn kvvvadjáatmeeta/**
1 m³	**ein Kubikmeter**	**/áinnn kubíkmeeta/**
10 m³	**zehn Kubikmeter**	**/tssseennn kubíkmeeta /**

13. DAS ALPHABET
(El alfabeto)

A	**/a/**	**N**	**/ennn/**
B	**/be/**	**O**	**/o/**
C	**/tssse/**	**P**	**/pe/**
D	**/de/**	**Q**	**/ku/**
E	**/e/**	**R**	**/éa/**
F	**/ef/**	**S**	**/es/**
G	**/gue/**	**T**	**/te/**
H	**/hhha/**	**U**	**/u/**
I	**/i/**	**V**	**/fáu/**
J	**/iót/**	**W**	**/vvve/**
K	**/ka/**	**X**	**/iks/**
L	**/el/**	**Y**	**/üpsilonnn/**
M	**/emmm/**	**Z**	**/tssset/**

Recuerda que **'la letra'** es ***"der Buchstabe"***, **/búujshhhtaabe/**, en masculino. Sin embargo, cada una de las letras se expresan con el artículo neutro; mientras que vosotros habláis de **'la A'** o **'la B'**, en alemán decimos ***"das A"***, ***"das B"***, ***"das C"***, etc.

Die Umlaute:

Ä	**/e/**	o: **A-Umlaut**	**/a úmlaut/**
Ö	**/ö/**	o: **O-Umlaut**	**/a úmlaut/**
Ü	**/ü/**	o: **U-Umlaut**	**/a úmlaut/**

Nuestra letra ***"ß"***, que no debes confundir con una ***"B"***, se dice ***"scharfes Es"***, **/shhháafes es/** o ***"Eszett"***, **/es tssset/**.

Observa que no conocemos la **'ll'** como letra, ya que se pronuncia como una sola **'l'**. Cuando hay dos letras iguales seguidas, decimos ***"Doppel..."*** (**'doble...'**), **/dópel/**. Por ejemplo, ***"Mein Name schreibt sich mit Doppel-L"***, (**'Mi nombre se escribe con doble ele'**).

Si quieres deletrear una palabra que contiene la ***"ñ"***, tienes que decir ***"'N' mit Tilde"***.

14. SATZZEICHEN UND SONDERZEICHEN

(Signos de puntuación y caracteres especiales)

Las letras entre paréntesis indican el género del sustantivo: **m**asculino, **f**emenino, **n**eutro.

.	punto	**Punkt (m)**	**/punkt/**
:	dos puntos	**Doppelpunkt (m)**	**/dópelpunkt/**
;	punto y coma	**Semikolon (n)**	**/(s)emikólonnn/**
`	apóstrofo	**Apostroph (n)**	**/apostjóof/**
?	signo de interrogación	**Fragezeichen (n)**	**/fjáaguetsssai(sh)ennn/**
!	signo de exclamación	**Ausrufezeichen (n)**	**/áusjufetsssai(sh)ennn/**
@	arroba	**at (n)**	**/et/**
-	guion	**Bindestrich (m)/ Minus (n)**	**/bíndeshhhtjí(sh)/ /mínus/**
_	guion bajo	**Unterstrich (m)**	**/úntashhhtjí(sh)/**
/	barra	**Schrägstrich(m)/ Slash (m)**	**/shhhjéekshhhtjí(sh)/ /sleshhh/**
\	barra inclinada a la izquierda	**Backslash (m)**	**/béksleshhh/**
(	paréntesis	**Klammer (f)**	**/kláma/**
*	asterisco	**Sternchen (n)**	**/shhhtéan(sh)ennn/**
#	almohadilla	**Rautezeichen (n)**	**/jáutetsssai(sh)ennn/**

15. LÄNDER UND NATIONALITÄTEN

(Países y nacionalidades)

En alemán solemos usar el sustantivo para hablar de la nacionalidad. Por ejemplo, ***"Ich bin Deutscher"***, ***"Ich bin Spanier"***, ***"Mein Mann ist Däne"***.

País/lugar/región	El habitante	La habitante	Los habitantes	Gentilicio*
Afrika	Afrikaner	Afrikanerin	Afrikaner	afrikanisch
Ägypten	Ägypter	Ägypterin	Ägypter	ägyptisch
Albanien	Albaner	Albenerin	Albaner	albanisch
Algerien	Algerier	Algerierin	Algerier	algerisch
Amerika/ die Vereinigten Staaten	Amerikaner	Amerikanerin	Amerikaner	amerikanisch
Argentinien	Argentinier	Argentinierin	Argentinier	argentinisch
Asien	Asiate	Asiatin	Asiaten	asiatisch
Australien	Australier	Australierin	Australier	australisch
Belgien	Belgier	Belgierin	Belgier	belgisch
Bolivien	Bolivianer	Bolivianerin	Bolivianer	bolivianisch
Bosnien	Bosnier	Bosnierin	Bosnier	bosnisch
Bulgarien	Bulgare	Bulgarin	Bulgaren	bulgarisch
Chile	Chilene	Chilenin	Chilenen	chilenisch
China	Chinese	Chinesin	Chinesen	chinesisch
Dänemark	Däne	Dänin	Dänen	dänisch
Deutschland	Deutscher**	Deutsche	Deutschen	deutsch
die Dominikanische Republik	Dominikaner	Dominikanerin	Dominikaner	dominikanisch
Ecuador	Ecuadorianer	Ecuadorianerin	Ecuadorianer	ecuadorianisch
England	Engländer	Engländerin	Engländer	englisch
Europa/ die Europäische Union	Europäer	Europäerin	Europäer	europäisch
Finnland	Finne	Finnin	Finnen	finnisch
Frankreich	Franzose	Französin	Franzosen	französisch
Griechenland	Grieche	Griechin	Griechen	griechisch
Großbritannien	Brite	Britin	Briten	britisch
Holland	Holländer	Holländerin	Holländer	holländisch

Honduras	Honduraner	Honduranerin	Honduraner	honduranisch
Indien	Inder	Inderin	Inder	indisch
der Irak	Iraker	Irakerin	Iraker	irakisch
der Iran	Iraner	Iranerin	Iraner	iranisch
Irland	Ire	Irin	Iren	irisch
Island	Isländer	Isländerin	Isländer	isländisch
Israel	Israeli	Israelin	Israeli	israelisch
Italien	Italiener	Italienerin	Italiener	italienisch
Japan	Japaner	Japanerin	Japaner	japanisch
Kanada	Kanadier	Kanadierin	Kanadier	kanadisch
Kenia	Kenianer	Kenianerin	Kenianer	kenianisch
Kolumbien	Kolumbianer	Kolumbianerin	Kolumbianer	kolumbianisch
Kroatien	Kroate	Kroatin	Kroaten	kroatisch
der Libanon	Libanese	Libanesin	Libanesen	libanesisch
Libyen	Libyer	Libyerin	Libyer	libysch
Litauen	Litauer	Litauerin	Litauer	litauisch
Luxemburg	Luxemburger	Luxemburgerin	Luxemburger	luxemburgisch
Malta	Malteser	Malteserin	Maltesen	maltesisch
Marokko	Marokkaner	Marokkanerin	Marokkaner	marokkanisch
Mazedonien	Mazedonier	Mazedonierin	Mazedonier	mazedonisch
Mexiko	Mexikaner	Mexikanerin	Mexikaner	mexikanisch
Moldawien	Moldauer	Moldauerin	Moldauer	moldawisch
Neuseeland	Neuseeländer	Neuseeländerin	Neuseeländer	neuseeländisch
die Niederlande	Niederländer	Niederländerin	Niederländer	niederländisch
Nordkorea	Nordkoreaner	Nordkoreanerin	Nordkoreaner	nordkoreanisch
Norwegen	Norweger	Norwegerin	Norweger	norwegisch
Österreich	Österreicher	Österreicherin	Österreicher	österreichisch
Pakistan	Pakistaner	Pakistanerin	Pakistaner	pakistanisch
Peru	Peruaner	Peruanerin	Peruaner	peruanisch
Polen	Pole	Polin	Polen	polnisch
Portugal	Portugiese	Portugiesin	Portugiesen	portugiesisch
Rumänien	Rumäne	Rumänin	Rumänen	rumänisch
Russland	Russe	Russin	Russen	russisch
Saudi-Arabien	Saudi-Araber	Saudi-Araberin	Saudi-Araber	saudi-arabisch
Schottland	Schotte	Schottin	Schotten	schottisch
Schweden	Schwede	Schwedin	Schweden	schwedisch

die Schweiz	Schweizer	Schweizerin	Schweizer	schweizerisch
Senegal	Senegalese	Senegalesin	Senegalesen	senegalesisch
Serbien	Serbe	Serbin	Serben	serbisch
die Slowakai	Slowake	Slowakin	Slowaken	slowakisch
Slowenien	Slowene	Slowenin	Slowenen	slowenisch
Spanien	Spanier	Spanierin	Spanier	spanisch
Südafrika	Südafrikaner	Südafrikanerin	Südafrikaner	südafrikanisch
Südamerika	Südamerikaner	Südamerikanerin	Südamerikaner	südamerikanisch
Südkorea	Südkoreaner	Südkoreanerin	Südkoreaner	südkoreanisch
Syrien	Syrer	Syrerin	Syrer	syrisch
Thailand	Thailänder	Thailänderin	Thailänder	thailändisch
Tschechien	Tscheche	Tschechin	Tschechen	tschechisch
die Türkei	Türke	Türkin	Türken	türkisch
die Ukraine	Ukrainer	Ukrainerin	Ukrainer	ukrainisch
Ungarn	Ungar	Ungarin	Ungarn	ungarisch
Vietnam	Vietnamese	Vietnamesin	Vietnamesen	vietnamesisch
Weißrussland	Weißrusse	Weißrussin	Weißrussen	weißrussisch

* Los idiomas coinciden con el gentilicio (al igual que en castellano) pero en alemán van en mayúscula. Escribimos ***"die deutsche Kultur"*** y ***"der spanische Wein"*** pero ***"Ich lerne Deutsch"*** y ***"Sprechen Sie Spanisch?"***.

La nacionalidad alemana masculina tiene una peculiaridad; decimos *"ein Deutscher"*** pero ***"der Deutsche"***.

16. DER SATZBAU IM DEUTSCHEN

(La construcción de la frase en alemán)

La estructura de una frase en alemán dista bastante de la del castellano. La clave es no traducir literalmente y empaparse lo máximo posible del alemán. Si practicas lo suficiente y te expones al alemán escrito o hablado a diario, ¡te resultará lo más natural del mundo antes de lo que crees!

Der Hauptsatz
(La frase principal)

- **El sujeto**

  Como regla general, el sujeto tiene que ir en primera posición.

Ich wohne in München.	Vivo en Múnich.

Hay algunas conjunciones que pueden ir antes del sujeto: ***"aber"*** (**'pero'**), ***"und"*** (**'y'**), ***"oder"*** (**'o'**), ***"denn"*** (**'porque'**), ***"sondern"*** (**'sino'**), como por ejemplo: ***"Aber ich bin müde"*** (**'Pero estoy cansada'**).

El sujeto va detrás del verbo cuando se trata de una pregunta, o cuando la oración empieza por algún complemento o una frase subordinada:

Gehst du zum Arzt?	¿Vas al médico?
Wann gehst du zum Arzt?	¿Cuándo vas al médico?
Morgen gehe ich zum Arzt.	Mañana voy al médico.
Wenn es möglich ist, gehe ich morgen zum Arzt.	Si es posible, voy al médico mañana.

- **El verbo**

  Como regla general, el verbo conjugado va detrás del sujeto; solamente va delante en preguntas o cuando la oración no empieza por el sujeto (como puedes ver en los ejemplos de arriba).

  El verbo también va al principio de la frase cuando se trata de un imperativo: ***"Komm her"***, ***"Gib mir das Buch"***.

  Cuando hay un verbo conjugado junto con otra forma verbal, ya sea un infinitivo o un participio, esta forma verbal se coloca al final de la frase:

Ich werden es ihm morgen geben.	Se lo daré mañana.
Kannst du mir bei den Hausaufgaben helfen?	¿Me puedes ayudar con los deberes?

Ich versuche, es nächstes Mal besser zu machen.	Intento hacerlo mejor la próxima vez.
Wir haben die anderen gefragt.	Hemos preguntado a los demás.
An deiner Stelle wäre ich zum Arzt gegangen.	En tu lugar habría ido al médico.

En el caso de los verbos separables, su prefijo se coloca al final de la frase cuando se conjugan en presente simple, en pasado simple (poco común) y en imperativo:

Er holt ihn am Bahnhof ab.	Él lo recoge en la estación.
Er holte ihn am Bahnhof ab.	Él lo recogió en la estación.
Hol ihn am Bahnhof ab.	Recógelo en la estación.

Cuando un verbo separable aparece en infinitivo, éste no se separa y se mantiene al final de la frase. El uso del infinitivo con ***"zu"*** hace que ***"zu"*** se entrometa entre el prefijo y la raíz del verbo.

Kannst du ihn am Bahnhof abholen?	¿Puedes recogerlo en la estación?
Ich habe vergessen, ihn abzuholen.	Se me ha olvidado recogerlo.

- **El objeto directo y el objeto indirecto**

Como te explicamos en el *Tag 49*, el orden de los objetos directos e indirectos es:

Cuando son dos sustantivos, va primero el objeto **indirecto**:

Ich zeige meinen Eltern die Stadt.	Les enseño la ciudad a mis padres.

Si cualquiera de los dos objetos está en forma de pronombre, **este pronombre va primero**:

Ich zeige sie meinen Eltern.	Se la enseño a mis padres.
Ich zeige ihnen die Stadt.	Les enseño la ciudad.

Si los dos objetos están en forma de pronombre, va primero el **directo**:

Ich zeige sie ihnen.	Se la enseño (a ellos).

- **Los complementos circunstanciales**

Los complementos circunstanciales (c. c.) son los elementos de la frase que pueden aportar todo tipo de información, como la hora o el lugar, por ejemplo. Hay cuatro tipos de c. c.: los c. c. **temporales**, **causales**, **modales** y **locales** (o **de lugar**). No todas las frases llevan todos estos complementos, lógicamente, pero es importante que sepas en qué orden van:

1 c. c. **te**mporal	2 c. c. **ca**usal	3 c. c. **mo**dal	4 c. c. **lo**cal*
jetzt, gleich, gestern, heute, morgen, dieses Jahr,...	**wegen dem Regen, aus Liebe, aus Langeweile,...**	**mit dem Bus, heimlich, langsam,...**	**zuhause, bei der Arbeit, im Taxi, nach Spanien,...**

TeCaMoLo

Para recordar este orden, te vendrá bien quedarte con la regla mnemotécnica **TeCaMoLo**, compuesta por las primeras letras de cada c. c.

Los **TeCaMoLo** van detrás del objeto indirecto (ya sea un sustantivo o un pronombre) o detrás del pronombre directo si lo hay. ¡Veamos unos ejemplos!

			Te	Ca	Mo	Lo		
Ich schreibe		**ihm**	**morgen**				**einen Brief.**	
Ich bin			**gestern**	**wegen dem Regen**	**langsam**	**nach Hause**		**gefahren.**
Ich werde	**es**	**ihr**	**nächste Woche**			**auf der Feier**		**sagen.**
Der Lehrer hat		**dem Schüler**		**wegen seines Verhaltens**			**eine schlechte Note**	**gegeben.**
Ich habe	**ihn**		**am Montag**			**in der Stadt**		**gesehen.**
Mach			**jetzt**		**schnell**		**das Fenster**	**auf.**
Er muss		**der Chefin**	**heute**	**aufgrund des Termins**			**eine Präsentation**	**vor-bereiten.**
Ich habe	**sie**	**ihr**	**gestern**		**heimlich**	**in die Tasche**		**gesteckt.**

Ten en cuenta que los c. c. **temporales** y **locales** son los que más se usan, ¡así que una regla mnemotécnica más sencilla es **TeLo**!
Por otra parte, recuerda que cualquiera de los complementos **TeCaMoLo** puede ir al principio de la frase (para enfatizar); entonces se invierte el orden del sujeto y el verbo como te explicamos en el primer apartado sobre el sujeto.

* ***"Hier"*** (**'aquí'**) y ***"da"***/***"dort"*** (**'allí'**) son dos c. c. locales que tienen bastante flexibilidad en una frase.

- ***"Nicht"***

  La partícula negativa ***"nicht"*** en general se coloca detrás del verbo conjugado, dejando paso a los pronombres de objeto directo e indirecto, y generalmente también al c. c. temporal:

Ich rauche nicht.	No fumo.
Ich habe es ihr nicht gesagt.	No se lo he dicho (a ella).
Ich kann morgen nicht kommen.	No puedo venir mañana.

Der Nebensatz und der Relativsatz
(La frase subordinada y la relativa)

En cuanto a la construcción, las frases subordinadas y las frases relativas se diferencian de las frases principales en un aspecto fundamental, el verbo conjugado va al final de la oración!

Ich weiß nicht, ob er morgen kommt.	No sé si él viene mañana.
Das ist der Schal, den ich meiner Mutter geschenkt habe.	Ésa es la bufanda que le regalé a mi madre.

Si es un verbo separable, éste no se separa:

Ich weiß nicht, wann der Film anfängt.	No sé cuándo empieza la película.
Das ist die Bar, die um sechs Uhr zumacht.	Ése es el bar que cierra a las séis.

17. DIE DEKLINATIONSTABELLEN
(Tablas de declinaciones)

Los pronombres personales

ich	yo
du	tú
er	él
sie	ella
es	ello
wir	nosotros/as
ihr	vosotros/as
sie/Sie	ellos/as, usted(es)

Los artículos definidos

	masculino	femenino	neutro	plural
Nominativo	der Vater	die Mutter	das Kind	die Kinder
Acusativo	den Vater	die Mutter	das Kind	die Kinder
Dativo	dem Vater	der Mutter	dem Kind	den Kindern
Genitivo	des Vaters	der Mutter	des Kindes	der Kinder

Los artículos indefinidos (y artículos negativos)

	masculino	femenino	neutro	plural
Nominativo	(k)ein Vater	(k)eine Mutter	(k)ein Kind	keine
Acusativo	(k)einen Vater	(k)eine Mutter	(k)ein Kind	keine
Dativo	(k)einem Vater	(k)einer Mutter	(k)einem Kind	keinen
Genitivo	(k)eines Vaters	(k)einer Mutter	(k)eines Kindes	keiner

Los adjetivos posesivos

mein-	mi
dein-	tu
sein-, ihr-, sein-	su (de él, de ella, de ello)
unser-	nuestro
euer-	vuestro
ihr-, Ihr-	su (de ellos, de usted(es))

Los adjetivos posesivos se declinan igual que los artículos indefinidos. Aquí te mostramos la declinación de ***"mein"*** y ***"euer"***, ya que ***"euer"*** es un caso especial, porque se transforma en ***"eure"*** cuando se declina.

	masculino	femenino	neutro	plural
Nominativo	mein Vater	meine Mutter	mein Kind	meine Kinder
	euer Vater	eure Mutter	euer Kind	eure Kinder
Acusativo	meinen Vater	meine Mutter	mein Kind	meine Kinder
	euren Vater	eure Mutter	euer Kind	eure Kinder
Dativo	meinem Vater	meiner Mutter	meinem Kind	meinen Kindern
	eurem Vater	eurer Mutter	eurem Kind	euren Kindern
Genitivo	meines Vaters	meiner Mutter	meines Kindes	meiner Kinder
	eures Vater	eurer Mutter	eures Kind	eurer Kinder

Los pronombres posesivos

	masculino	femenino	neutro	plural
Nominativo	meiner	meine	meins	meine
	eurer	eure	euers	eure
Acusativo	meinen	meine	meins	meine
	euren	eure	euers	eure
Dativo	meinem	meiner	meinem	meinen
	eurem	eurer	eurem	euren

Los pronombres reflexivos

	Acusativo	Dativo
ich	mich	mir
du	dich	dir
er, sie, es	sich	sich
wir	uns	uns
ihr	euch	euch
sie/Sie	sich	sich

La declinación de los adjetivos después del artículo definido

	masculino	femenino	neutro	plural
Nominativo	der gute Mann	die gute Frau	das gute Kind	die guten Kinder
Acusativo	den guten Mann	die gute Frau	das gute Kind	die guten Kinder
Dativo	dem guten Mann	der guten Frau	dem guten Kind	den guten Kindern
Genitivo	des guten Mannes	der guten Frau	des guten Kindes	der guten Kinder

La declinación de los adjetivos después del artículo indefinido (o artículo negativo)

	masculino	femenino	neutro	plural
Nominativo	(k)ein guter Mann	(k)eine gute Frau	(k)ein gutes Kind	keine guten Kinder
Acusativo	(k)einen guten Mann	(k)eine gute Frau	(k)ein gutes Kind	keine guten Kinder
Dativo	(k)einem guten Mann	(k)einer guten Frau	(k)einem guten Kind	keinen guten Kindern
Genitivo	(k)eines guten Mannes	(k)einer guten Frau	(k)eines guten Kindes	keiner guten Kinder

La declinación de los adjetivos cuando no van precedidos de un artículo

	masculino	femenino	neutro	plural
Nominativo	guter Mann	gute Frau	gutes Kind	gute Kinder
Acusativo	guten Mann	gute Frau	gutes Kind	gute Kinder
Dativo	gutem Mann	guter Frau	gutem Kind	guten Kindern
Genitivo	guten Mannes	guter Frau	guten Kindes	guter Kinder

18. SUBSTANTIVE MIT "N"-DEKLINATION

(Sustantivos con declinación en *"-n"*)

Hay algunos sustantivos singulares masculinos a los que en acusativo, dativo y genitivo se les añade una ***"-n"*** (o ***"-en"*** si termina en sonido de consonante). Con algunos de ellos, como ***"der Kunde"***, ***"der Nachbar"*** y ***"der Herr"***, ya te has topado a lo largo de las clases.

En resumidas cuentas, suelen ser sustantivos que representan seres vivos, sobre todo, profesiones y otras denominaciones que hacen referencia a una persona.

La declinación en ***"-n"*** se aplica a sustantivos masculinos que terminan en ***"-e"***:

Nominativo	Acusativo	Dativo	Genitivo
der Kollege (compañero)	**den Kollegen**	**dem Kollegen**	**des Kollegen**
der Kunde (cliente)	**den Kunden**	**dem Kunden**	**des Kunden**
der Junge (chico)	**den Jungen**	**dem Jungen**	**des Jungen**
der Neffe (sobrino)	**den Neffen**	**dem Neffen**	**des Neffen**
der Bote (mensajero)	**den Boten**	**dem Boten**	**des Boten**
der Zeuge (testigo)	**den Zeugen**	**dem Zeugen**	**des Zeugen**
der Sklave (esclavo)	**den Sklaven**	**dem Sklaven**	**des Sklaven**
der Biologe (biólogo)	**den Biologen**	**dem Biologen**	**des Biologen**

Todas las nacionalidades que terminan en ***"-e"***:

Nominativo	Acusativo	Dativo	Genitivo
der Deutsche (alemán)	**den Deutschen**	**dem Deutschen**	**des Deutschen**
der Franzose (francés)	**den Franzosen**	**dem Franzosen**	**des Franzosen**
der Ire (irlandés)	**den Iren**	**dem Iren**	**des Iren**
der Grieche (griego)	**den Griechen**	**dem Griechen**	**des Griechen**
der Russe (ruso)	**den Russen**	**dem Russen**	**des Russen**
der Türke (turco)	**den Türken**	**dem Türken**	**des Türken**

Puedes ver una lista bastante completa de las nacionalidades en las páginas 407-409.

Los animales que terminan en ***"-e"***:

Nominativo	Acusativo	Dativo	Genitivo
der Affe (mono)	**den Affen**	**dem Affen**	**des Affen**
der Löwe (león)	**den Löwen**	**dem Löwen**	**des Löwen**
der Hase (conejo)	**den Hasen**	**dem Hasen**	**des Hasen**

Sustantivos terminados en *"-at"*:

Nominativo	Acusativo	Dativo	Genitivo
der Soldat (soldado)	**den Soldaten**	**dem Soldaten**	**des Soldaten**
der Diplomat (diplomático)	**den Diplomaten**	**dem Diplomaten**	**des Diplomaten**
der Bürokrat (burócrata)	**den Bürokraten**	**dem Bürokraten**	**des Bürokraten**
der Demokrat (demócrata)	**den Demokraten**	**dem Demokraten**	**des Demokraten**
der Kandidat (candidato)	**den Kandidaten**	**dem Kandidaten**	**des Kandidaten**

Sustantivos terminados en *"-ant"*:

Nominativo	Acusativo	Dativo	Genitivo
der Diamant (diamante)	**den Diamanten**	**dem Diamanten**	**des Diamanten**
der Praktikant (becario)	**den Praktikanten**	**dem Praktikanten**	**des Praktikanten**
der Elefant (elefante)	**den Elefanten**	**dem Elefanten**	**des Elefanten**

Sustantivos terminados en *"-ent"*:

Nominativo	Acusativo	Dativo	Genitivo
der Student (estudiante)	**den Studenten**	**dem Studenten**	**des Studenten**
der Patient (paciente)	**den Patienten**	**dem Patienten**	**des Patienten**
der Präsident (presidente)	**den Präsidenten**	**dem Präsidenten**	**des Präsidenten**

Sustantivos terminados en *"-ist"*:

Nominativo	Acusativo	Dativo	Genitivo
der Tourist (turista)	**den Touristen**	**dem Touristen**	**des Touristen**
der Journalist (periodista)	**den Journalisten**	**dem Journalisten**	**des Journalisten**
der Polizist (policía)	**den Polizisten**	**dem Polizisten**	**des Polizisten**
der Pianist (pianista)	**den Pianisten**	**dem Pianisten**	**des Pianisten**

Las excepciones más importantes a esta regla son:

Nominativo	Acusativo	Dativo	Genitivo
der Mensch (ser humano)	**den Menschen**	**dem Menschen**	**des Menschen**
der Nachbar (vecino)	**den Nachbarn**	**dem Nachbarn**	**des Nachbarn**
der Held (héroe)	**den Helden**	**dem Helden**	**des Helden**
der Herr (señor)	**den Herrn**	**dem Herrn**	**des Herrn**
der Bauer (granjero)	**den Bauern**	**dem Bauern**	**des Bauern**
der Bär (oso)	**den Bären**	**dem Bären**	**des Bären**
der Prinz (príncipe)	**den Prinzen**	**dem Prinzen**	**des Prinzen**
der Architekt (arquitecto)	**den Architekten**	**dem Architekten**	**des Architekten**
der Experte (experto)	**den Experten**	**dem Experten**	**des Experten**

La forma declinada con ***"-(e)n"*** de todos los sustantivos mencionados arriba coincide con su forma plural: ***"die Kollegen"***, ***"die Franzosen"***, ***"die Zeugen"***, ***"die Studenten"***, ***"die Touristen"***, ***"die Diamanten"***, ***"die Experten"***, ***"die Menschen"***, etc. La excepción es ***"Herrn"***, ya que **'los señores'** son ***"die Herren"***.

Hay un puñado de sustantivos masculinos abstractos que terminan en ***"-e"*** a los que en genitivo se les añade además una ***"-s"***:

Nominativo	Acusativo	Dativo	Genitivo
der Name (nombre)	**den Namen**	**dem Namen**	**des Namens**
der Gedanke (pensamiento)	**den Gedanken**	**dem Gedanken**	**des Gedankens**
der Glaube (creencia)	**den Glauben**	**dem Glauben**	**des Glaubens**
der Wille (voluntad)	**den Willen**	**dem Willen**	**des Willens**

Y por último, te presentamos el bonito sustantivo ***"das Herz"***, el único sustantivo que tiene una declinación totalmente irregular:

Nominativo	Acusativo	Dativo	Genitivo
das Herz (corazón)	**das Herz**	**dem Herzen**	**des Herzens**

19. DIE PRÄPOSITIONEN
(Las preposiciones)

Las preposiciones en alemán rigen el caso acusativo, dativo o genitivo.

Las que rigen el caso **acusativo** son:

- ***bis*** (hasta)
  Bis nächstes Mal!
- ***durch*** (a través de)
  Wir laufen durch den Park.
- ***für*** (para)
  Das Geschenk ist für dich.
- ***gegen*** (contra)
  Er ist gegen die Wand gefahren.
- ***ohne*** (sin)
  Ohne einen Pass kann man nicht verreisen.
- ***um*** (entorno a)
  Er hat mir die Kette um den Hals gelegt.

Las preposiciones que rigen el caso **dativo** son:

- ***mit*** (con)
  Ich werde mit ihm reden.
- ***zu*** (a)
  Er wird zum Arzt gehen.
- ***von*** (de)
  Das ist nicht von mir.
- ***aus*** (de)
  Ich komme aus einem kleinen Dorf.
- ***außer*** (aparte de)
  Außer mir sind alle auf dem Foto.
- ***bei*** (en, junto a, en casa de)
  Ich bin gerade bei meiner Mutter.
- ***entgegen*** (frente a, contra)
  Entgegen unserer Erwartungen lief alles wie geplant.
- ***gegenüber*** (enfrente de)
  Er sitzt mir gegenüber.
- ***entsprechend*** (conforme, de acuerdo con)
  Es geht mir den Umständen entsprechend gut.

- ***gemäß*** (según, conforme a)
  Es wurde gemäß den Bestimmungen durchgeführt.
- ***laut*** (según)
  Laut seiner Aussage gab es keine Probleme.
- ***nach*** (a/después de)
  Nach dem Konzert fahren wir nach Hause.
- ***seit*** (desde/desde hace)
  Ich wohne seit einem Jahr in Deutschland.

Las preposiciones que rigen el **caso genitivo** son:

- ***während**** (mientras)
  Während des Unterrichts waren alle still.
- ***wegen**** (a causa de)
  Wegen des schlechten Wetters wurde die Feier verschoben.
- ***anstatt/statt*** (en lugar de)
  Statt der roten Jacke habe ich mir die blaue Jacke gekauft.
- ***trotz*** (a pesar de)
  Trotz der Schwierigkeiten haben wir es geschafft.
- ***außerhalb*** (fuera de)
  Der Koffer war außerhalb meiner Reichweite.
- ***innerhalb*** (dentro de)
  Wir müssen es innerhalb einer Stunde machen.
- ***oberhalb*** (por encima de)
  Man sollte das Medikament nicht oberhalb dieser Temperatur lagern.
- ***unterhalb*** (debajo de)
  Der Großteil der somalischen Bevölkerung lebt unterhalb der Armutsgrenze.
- ***jenseits*** (al otro lado de, fuera de, más allá de)
  Ihre Anforderungen befinden sich jenseits unserer Möglichkeiten.
- ***diesseits*** (a este lado de)
  Es wurden Kontrollen diesseits der Grenze errichtet.

* ***"Während"*** y ***"wegen"*** también se usan cada vez más con el dativo, sobre todo en el lenguaje hablado. Es común oír ***"während dem Unterricht"*** y ***"wegen dem schlechten Wetter"***, algo que no se considera incorrecto.

Las ***"Wechselpräpositionen"*** (las preposiciones que rigen **acusativo o dativo**) son:

- ***in*** (en)
  Ich fahre in die Stadt.
  Wir sind in der Stadt.
- ***an*** (en)
  Häng bitte das Bild an die Wand.
  Das Bild hängt an der Wand.
- ***auf*** (encima de)
  Stell die Sachen auf den Tisch.
  Die Sachen stehen auf dem Tisch.
- ***vor*** (delante de)
  Leg die Zeitung vor das Fenster.
  Die Zeitung liegt vorm Fenster.
- ***hinter*** (detrás de)
  Der Kuli ist hinter das Sofa gefallen.
  Der Kuli liegt hinterm Sofa.
- ***unter*** (debajo de)
  Stell die Kiste unter den Tisch.
  Die Kiste steht unter dem Tisch.
- ***über*** (sobre, encima de)
  Ich bin über die Straße gelaufen.
  Überm Regal hängt ein Bild.
- ***zwischen*** (entre)
  Leg die Uhr zwischen das Buch und die Zeitschrift.
  Die Uhr liegt zwischen dem Buch und der Zeitschrift.
- ***neben*** (al lado de)
  Er setzt sich neben sie.
  Er sitzt neben ihr.

20. VERBEN MIT PRÄPOSITIONEN

(Verbos con preposiciones)

Aquí tienes una lista de verbos que van acompañados de una preposición que rige el **acusativo**. Los que son verbos separables tienen su prefijo marcado en rojo.

• ***achten auf*** + *Akk* **Ich achte sehr auf die Rechtschreibung.**	fijarse en
• ***ankommen auf*** + *Akk* **– Gehen wir morgen an den Strand?** **– Es kommt auf das Wetter an.**	depender de, importar
• ***antworten auf*** + *Akk* **Er hat auf meinen Brief geantwortet.**	contestar a (algo)
• ***sich ärgern über*** + *Akk* **Sie ärgern sich über die Verspätung.** **Ich habe mich über ihn geärgert.**	enfadarse por (algo), enfadarse con (alguien)
• ***aufpassen auf*** + *Akk* **Ich muss auf die Kinder aufpassen.**	cuidar (de)
• ***ausgeben für*** + *Akk* **Wie viel Geld gibst du für Kleidung aus?**	gastar en
• ***basieren auf*** + *Akk* **Der Film basiert auf einer wahren Geschichte.**	basarse en
• ***sich bedanken für*** + *Akk* **Ich bedanke mich für die Blumen.**	agradecer (algo)
• ***beneiden um*** + *Akk* **Er beneidet mich um meine neue Arbeitsstelle.**	tener envidia (a alguien) por (algo)
• ***berichten über*** + *Akk* **Die Journalisten berichten über die Situation.**	informar sobre
• ***sich beschränken auf*** + *Akk* **Dieses Gesetz beschränkt sich auf Jugendliche unter 18 Jahren.**	limitarse a
• ***sich beschweren über*** + *Akk* **Der Kunde hat sich über den Service beschwert.**	quejarse de
• ***sich bewerben um*** + *Akk* **Ich habe mich um die Stelle beworben.**	presentarse (a un puesto)
• ***sich beziehen auf*** + *Akk* **Der Text bezieht sich auf die gestrigen Ereignisse.**	referirse a

• *bitten um* + *Akk* **Darf ich dich um einen Gefallen bitten?**	pedir
• *denken an* + *Akk* **Ich denke oft an unseren Urlaub.**	pensar en
• *diskutieren über* + *Akk* **Sie diskutieren immer über die gleichen Dinge.**	discutir sobre
• *sich drehen um* + *Akk* **Die Erde dreht sich um die Sonne.**	girar alrededor de
• *sich eignen für* + *Akk* **Der Tisch eignet sich nicht für diesen Zweck.**	servir para, prestarse a
• *sich entscheiden für* + *Akk* **Wir haben uns für die Wohnung in der Altstadt entschieden.**	decidirse por
• *sich entschuldigen für* + *Akk* **Ich entschuldige mich für mein Verhalten.**	disculparse por
• *sich erinnern an* + *Akk* **Kannst du dich an den Tag erinnern?**	acordarse de
• *sich freuen auf* + *Akk* **Wir freuen uns auf den Urlaub.**	tener ganas (de ver a alguien o de que pase algo)
• *sich freuen für* + *Akk* **Ich freue mich für dich.**	alegrarse por (una persona)
• *sich freuen über* + *Akk* **Er freut sich sicher über den Wein.**	alegrarse por (una cosa)
• *sich gewöhnen an* + *Akk* **Ich habe mich an das Wetter gewöhnt.**	acostumbrarse a
• *glauben an* + *Akk* **Glaubst du an übernatürliche Kräfte?**	creer en
• *hören auf* + *Akk* **Du solltest auf deine Mutter hören.**	escuchar
• *sich informieren über* + *Akk* **Wir werden uns über die Situation informieren.**	informarse sobre
• *sich interessieren für* + *Akk* **Ich interessiere mich sehr für spanische Literatur.**	interesarse por
• *investieren in* + *Akk* **Die Firma investiert in Immobilien.**	invertir en
• *kämpfen gegen* + *Akk* **Die Polizei kämpft gegen kriminelle Banden.**	luchar contra
• *kämpfen um/für* + *Akk* **Die Arbeiter kämpfen um gerechte Löhne.** **Die Soldaten kämpfen für ihr Land.**	luchar por

• *sich konzentrieren auf* + *Akk* **Ich muss mich auf das Studium konzentrieren.**	centrarse en, concentrarse en
• *sich kümmern um* + *Akk* **Meine Eltern werden sich um das Essen kümmern.**	encargarse, ocuparse de
• *lachen über* + *Akk* **Keiner lacht über seine Witze.**	reírse de
• *nachdenken über* + *Akk* **Ich muss über die Sache nachdenken.**	reflexionar sobre
• *reagieren auf* + *Akk* **Er hat nicht auf die Provokation reagiert.**	reaccionar ante
• *sich anpassen an* + *Akk* **Sie hat sich gut an die Gewohnheiten angepasst.**	adaptarse a
• *sich Sorgen machen um* + *Akk* **Ich mache mir um meine Mutter Sorgen.**	preocuparse por
• *sich spezialisieren auf* + *Akk* **Er spezialisiert sich auf schwierige Fälle.**	especializarse en
• *sich verlassen auf* + *Akk* **Du kannst dich auf mich verlassen.**	contar con, fiarse de
• *sich verlieben in* + *Akk* **Sie hat sich in ihren Kollegen verliebt.**	enamorarse de
• *verstoßen gegen* + *Akk* **Sie haben gegen die Regeln verstoßen.**	atentar contra, infringir (una ley)
• *verzichten auf* + *Akk* **Man sollte auf diese Lebensmittel verzichten.**	abstenerse de, prescindir de
• *sich vorbereiten auf* + *Akk* **Ich bereite mich auf die Prüfung vor.**	prepararse para
• *warten auf* + *Akk* **Wir warten schon seit einer Stunde auf den Anruf.**	esperar
• *sich wenden an* + *Akk* **Ich werde mich an die Polizei wenden.**	dirigirse a (alguien, una institución)
• *wissen über* + *Akk* **Er weiß viel über das Thema.**	saber sobre
• *sich wundern über* + *Akk* **Sie hat sich über seine Reaktion gewundert.**	extrañarse por

Aquí tienes una lista de verbos que van acompañados de una preposición que rige el **dativo**.

• ***abhängen von*** + *Dat* **Das hängt von der Uhrzeit ab.**	depender de
• ***abhalten von*** + *Dat* **Nichts kann mich von meinem Vorhaben abhalten.**	impedirle (algo a alguien)
• ***anfangen mit*** + *Dat* **Fang mit den Hausaufgaben an.**	empezar a, con
• ***Angst haben vor*** + *Dat* **Ich habe Angst vor großen Spinnen.**	tener miedo a
• ***arbeiten an*** + *Dat* **Er arbeitet gerade an seiner Doktorarbeit.**	trabajar en (una cosa)
• ***sich bedanken bei*** + *Dat* **Ich möchte mich bei Ihnen bedanken.**	darle las gracias a
• ***beginnen mit*** + *Dat* **Sie haben mit den Bauarbeiten begonnen.**	empezar con
• ***bestehen aus*** + *Dat* **Die Maschine besteht aus vielen kleinen Teilen.**	consistir en, componerse de
• ***einladen zu*** + *Dat* **Wen ladet ihr zu eurer Hochzeit ein?**	invitar a
• ***sich ekeln vor*** + *Dat* **Ekelst du dich vor kleinen Spinnen?**	darle asco (a alguien)
• ***sich entschuldigen bei*** + *Dat* **Sie hat sich bei mir entschuldigt.**	pedir disculpas a
• ***erfahren von*** + *Dat* **Von wem hast du es erfahren?**	enterarse de
• ***sich erholen von*** + *Dat* **Er hat sich nie von dem Unfall erholt.**	descansar de, recuperarse de
• ***erkennen an*** + *Dat* **Ich habe ihn an seiner Stimme erkannt.**	reconocer por
• ***sich erkundigen nach*** + *Dat* **Wir möchten uns nach den Öffnungszeiten erkundigen.**	informarse de
• ***erzählen von*** + *Dat* **Meine Eltern haben mir von meiner Oma erzählt.**	hablar de
• ***fliehen vor*** + *Dat* **Die Flüchtlinge fliehen vor dem Krieg.**	huir de
• ***fragen nach*** + *Dat* **Jemand hat nach dir gefragt.**	preguntar por
• ***führen zu*** + *Dat* **Diese Methode führt zu besseren Ergebnissen.**	llevar a

• ***sich fürchten vor*** **Kinder fürchten sich oft vor der Dunkelheit.**	temer
• ***gehören zu*** *+ Dat* **Gehört der Garten zum Haus?**	pertenecer a (algo)
• ***gratulieren zu*** *+ Dat* **Er hat mir zum Geburtstag gratuliert.**	felicitar
• ***halten von*** *+ Dat* **Was hältst du von der Idee?**	opinar de
• ***handeln mit*** *+ Dat* **Es gibt kriminelle Banden, die mit Waffen handeln.**	comerciar con
• ***handeln von*** *+ Dat* **Der Artikel handelt von der Wirtschaftskrise.**	ir de, girar en torno a
• ***helfen bei*** *+ Dat* **Kann ich dir bei den Hausaufgaben helfen?**	ayudar con
• ***hindern an*** *+ Dat* **Ich kann dich nicht daran hindern.**	impedir (a alguien) hacer algo
• ***hören von*** *+ Dat* **Hast du etwas von ihnen gehört?**	oír de
• ***leiden unter*** *+ Dat* **Meine Mutter leidet unter starken Kopfschmerzen.**	sufrir
• ***lernen von*** *+ Dat* **Ich habe viel von dir gelernt.**	aprender de
• ***liegen an*** *+ Dat* **Es liegt nicht an dir, es liegt an mir.**	deberse a
• ***mitmachen bei*** *+ Dat* **Ihr könnt bei dem Spiel mitmachen.**	participar en
• ***sich melden bei*** *+ Dat* **Er hat sich noch nicht bei mir gemeldet.**	dar señales de vida, avisar a (alguien)
• ***passen zu*** *+ Dat* **Die Schuhe passen nicht zur Hose.**	ir (bien) con, combinar con
• ***sich rächen an*** *+ Dat* **Ich werde mich an ihm rächen.**	vengarse (de alguien) por
• ***riechen nach*** *+ Dat* **In der Küche riecht es nach gegrilltem Fisch.**	oler a
• ***schmecken nach*** *+ Dat* **Die Suppe schmeckt nach Knoblauch.**	saber a
• **schuld sein an** *+ Dat* **Wer ist an dem Unglück schuld?**	tener la culpa de
• ***schützen vor*** *+ Dat* **Sonnenschutzcreme schützt vor Sonnenbrand.**	proteger de

• *sich sehnen nach* + *Dat* **Ich sehne mich nach dir.**	añorar, anhelar
• *sprechen mit* + *Dat* **Hast du mit Herrn Schneider gesprochen?**	hablar con
• *sterben an* + *Dat* **Sie ist an einer seltenen Krankheit gestorben.**	morirse de
• *sich streiten mit* + *Dat* **Sie hat sich mit ihrer Schwester gestritten.**	pelearse, discutir con
• *sich treffen mit* + *Dat* **Wir treffen uns morgen mit Freunden.**	quedar con
• *sich trennen von* + *Dat* **Er trennt sich von seiner Frau.**	separarse de
• *teilnehmen an* + *Dat* **Ich würde gerne an dem Kurs teilnehmen.**	participar en
• *träumen von* + *Dat* **Diese Menschen träumen von einem besseren Leben.**	soñar con
• *umgehen mit* + *Dat* **Ich weiß nicht, wie ich damit umgehen soll.**	tratar con, manejar
• *sich unterhalten mit* + *Dat* **Er hat sich mit seiner Chefin unterhalten.**	conversar con
• *vergleichen mit* + *Dat* **Das kann man nicht mit dem letzten Mal vergleichen.**	comparar con
• *verstehen von* + *Dat* **Davon verstehe ich nichts.**	entender de
• *sich (gut) verstehen mit* + *Dat* **Wir verstehen uns gut mit den Nachbarn.**	llevarse (bien) con
• *verurteilen zu* + *Dat* **Der Verbrecher wurde zu drei Jahren Haft verurteilt.**	condenar (a alguien) a (algo)
• *verwechseln mit* + *Dat* **Ich habe dich mit deinem Bruder verwechselt.**	confundir con
• *vorbeigehen an* + *Dat* **Wir sind an seinem Haus vorbeigegangen.**	pasar por
• *warnen vor* + *Dat* **Er hat mich davor gewarnt.**	advertir de
• *werden zu* + *Dat* **Sein Verhalten kann zu einem ernsten Problem werden.**	convertirse en
• *zweifeln an* + *Dat* **Sie zweifelt nicht an ihm.**	dudar de

21. VERBEN MIT DATIVOBJEKT

(Verbos que rigen el dativo)

Como te explicamos en el *Tag 82*, la gran mayoría de los verbos que tienen un complemento directo rigen el acusativo, como ***"haben"***, ***"anrufen"***, ***"sehen"***, ***"hören"***, ***"lesen"***, ***"schreiben"***, ***"suchen"***, ***"brauchen"***, etc. ¡Pero hay algunos verbos que rigen el dativo! Aquí tienes una lista con los más comunes.

• ***ähneln/ähnlich sehen*** **Du ähnelst deiner Mutter. /** **Du siehst deiner Mutter ähnlich.**	parecerse a
• ***antworten*** **Sie haben mir noch nicht geantwortet.**	contestarle (a alguien)
• ***begegnen*** **Ich bin ihm gestern zum ersten Mal begegnet.**	encontrarse con
• ***beistehen*** **Er steht mir bei.**	asistir, ayudar (a alguien) (acompañar)
• ***beitreten*** **Ich bin dem Schwimmverein beigetreten.**	afiliarse a
• ***bekommen*** **Der Fisch ist mir nicht bekommen.**	sentar bien (la comida)
• ***danken*** **Ich danke dir.**	agradecer
• ***dienen*** **Die Sache dient einem guten Zweck.**	servir
• ***drohen*** **Er hat mir gedroht.**	amenazar
• ***einfallen*** **Mir fällt gerade nichts ein.**	ocurrírsele
• ***entkommen*** **Der Gefangene ist der Polizei entkommen.**	escaparse de
• ***folgen*** **Bitte folgen Sie mir.**	seguir
• ***gefallen*** **Der Film hat mir sehr gut gefallen.**	gustar, agradar
• ***gehorchen*** **Der Hund gehorcht seinem Herrchen.**	obedecer
• ***glauben*** **Ich glaube dir nicht.**	creer
• ***gratulieren*** **Wir gratulieren Ihnen ganz herzlich.**	felicitar

• *helfen* **Ich kann dir nicht helfen.**	ayudar
• *leicht fallen* **Es fällt mir nicht leicht.**	resultarle fácil (a alguien)
• *liegen* **Sprachen liegen mir nicht.**	dársele bien (a alguien) (algo)
• *misstrauen* **Er misstraut seinen Eltern.**	desconfiar
• *sich nähern* **Sie haben sich dem Haus genähert.**	acercarse
• *passen* **Die Hose passt ihr nicht mehr.**	convenir (a alguien), no valer (ropa)
• *raten* **Was würden Sie mir raten?**	aconsejar
• *reichen* **Das Geld reicht mir.**	bastar
• *schaden* **Ein Skandal kann einem Politiker sehr schaden.**	dañar, causar daño
• *schmecken* **Schmeckt dir die Suppe?**	gustar (comida), saber bien
• *schwer fallen* **Es fällt ihm nicht schwer.**	resultarle difícil (a alguien)
• *vertrauen* **Vertraust du mir?**	confiar en
• *verzeihen* **Sie verzeiht ihrem Vater.**	perdonar
• *wehtun* **Mir tut der Rücken weh.**	doler
• *zuhören* **Bitte hör mir zu.**	escuchar (a alguien)
• *zulächeln* **Er hat mir zugelächelt.**	sonreír (a alguien)
• *zuschauen* **Ich habe den Kindern zugeschaut.**	mirar (como alguien hace algo)
• *zustimmen* **Wir stimmen den anderen zu.**	estar de acuerdo con (alguien)

22. INFINITIVSÄTZE MIT "ZU"

(Frases de infinitivo con *"zu"*)

Cuando hay dos verbos en una frase (uno conjugado y otro en infinitivo), en alemán formamos una especie de oración subordinada con **"zu"** + infinitivo que va al final de la frase. Puedes ver la explicación en los *Tage 122* y *123*.

La excepción a esta regla son los verbos modales (***"Ich muss es machen"***, ***"Er kann dir helfen"***, etc.), los tiempos compuestos (***"Ich werde es machen"***, ***"Ich habe es gemacht"***, ***"Ich würde es machen"***) y las expresiones que se forman con ***"gehen"*** (***"Ich gehe jetzt einkaufen"***, ***"Er geht morgen arbeiten"***).

• ***anbieten*** **Er hat mir angeboten, die Kosten zu übernehmen.**	ofrecer
• ***anfangen*** **Ich habe angefangen, zu rauchen.**	empezar
• ***Angst haben*** **Ich habe Angst, einen Fehler zu machen.**	tener miedo
• ***aufhören*** **Es hat aufgehört, zu schneien.**	dejar de
• ***beabsichtigen*** **Wir beabsichtigen, die Kosten zu reduzieren.**	pretender
• ***beginnen*** **Der Film beginnt, mich zu langweilen.**	empezar
• ***beibringen*** **Er bringt mir bei, Salsa zu tanzen.**	enseñar
• ***bitten*** **Ich bitte dich, noch ein bisschen zu warten.**	pedir
• ***empfehlen*** **Wir empfehlen Ihnen, früh zu reservieren.**	recomendar
• ***entscheiden*** **Wir haben entschieden, nicht weiterzumachen.**	decidir
• ***erinnern*** **Erinnere mich, meine Mutter anzurufen.**	recordar (a alguien)
• ***sich erlauben/leisten können*** **Ich kann es mir nicht erlauben, die Wahrheit zu sagen.** **Ich kann es mir nicht leisten, zwei Autos zu haben.**	permitirse
• ***sich freuen*** **Wir freuen uns, Sie kennenzulernen.**	alegrarse de

• *helfen* **Bitte hilf mir, die Sachen hochzutragen.**	ayudar
• *leicht fallen* **Es fällt ihm leicht, Sprachen zu lernen.**	resultarle fácil (a alguien)
• *lernen* **Ich habe gelernt, mit dem Problem umzugehen.**	aprender
• *Lust haben* **Habt ihr Lust, ins Schwimmbad zu gehen?**	tener ganas
• *raten* **Ich rate dir, so bald wie möglich zum Arzt zu gehen.**	aconsejar
• *schwer fallen* **Fällt es dir schwer, dich lange zu konzentrieren?**	resultarle difícil (a alguien)
• *schwören* **Ich schwöre, dich nie zu verlassen.**	jurar
• *sein* **(+ adjetivo)** **Es ist schön, im Sommer auf dem Balkon zu sitzen.**	ser, estar
• *überzeugen* **Sie haben mich überzeugt, das Angebot nicht anzunehmen.**	convencer
• *verbieten* **Meine Eltern verbieten mir, im Haus zu rauchen.**	prohibir
• *vereinbaren* **Wir haben vereinbart, zusammen ein Taxi zu nehmen.**	acordar, quedar en
• *vergessen* **Ich habe vergessen, Milch zu kaufen.**	olvidar
• *versprechen* **Versprich mir, niemandem etwas zu sagen.**	prometer
• *versuchen* **Er versucht, mich zu überzeugen.**	intentar
• *vorhaben* **Meine Eltern haben vor, nach Hamburg zu ziehen.**	tener planeado o previsto
• *sich vornehmen* **Ich habe mir vorgenommen, dieses Jahr mehr Sport zu machen.**	proponerse
• *zwingen* **Wir wurden gezwungen, zurückzukehren.**	obligar, forzar a

23. DIE 250 HÄUFIGSTEN VERBEN
(Los 250 verbos más frecuentes)

infinitivo	traducción	pasado compuesto
akzeptieren	aceptar	**ich habe akzeptiert**
sich amüsieren	divertirse	**ich habe mich amüsiert**
ändern	cambiar	**ich habe geändert**
angeln	pescar	**ich habe geangelt**
antworten	contestar	**ich habe geantwortet**
arbeiten	trabajar	**ich habe gearbeitet**
sich ärgern	enfadarse	**ich habe mich geärgert**
atmen	respirar	**ich habe geatmet**
backen	cocer, hornear	**ich habe gebacken**
bauen	construir	**ich habe gebaut**
bedeuten	significar	**es hat bedeutet**
sich beeilen	darse prisa	**ich habe mich beeilt**
beeinflussen	influir, influenciar	**ich habe beeinflusst**
beginnen	empezar	**ich habe begonnen**
begrüßen	saludar	**ich habe begrüßt**
beherrschen	dominar	**ich habe beherrscht**
beißen	morder	**ich habe gebissen**
bekommen	recibir, obtener	**ich habe bekommen**
benutzen	usar	**ich habe benutzt**
bereuen	arrepentirse	**ich habe bereut**
bestätigen	confirmar	**ich habe bestätigt**
bestellen	pedir (hacer un pedido)	**ich habe bestellt**
besuchen	visitar	**ich habe besucht**
sich beteiligen	participar, tomar parte	**ich habe mich beteiligt**
betrügen	engañar	**ich habe betrogen**
sich bewegen	moverse	**ich habe mich bewegt**
beweisen	demostrar	**ich habe bewiesen**
sich bewerben	presentar su candidatura	**ich habe mich beworben**
bezahlen	pagar	**ich habe bezahlt**
bitten	pedir (hacer una petición)	**ich habe gebeten**
bleiben	quedarse	**ich bin geblieben**

braten	freír	**ich habe gebraten**
brauchen	necesitar	**ich habe gebraucht**
brechen	romper	**ich habe gebrochen**
bremsen	frenar	**ich habe gebremst**
brennen	arder	**es hat gebrannt**
bringen	traer	**ich habe gebracht**
buchen	reservar, comprar	**ich habe gebucht**
buchstabieren	deletrear	**ich habe buchstabiert**
bügeln	planchar	**ich habe gebügelt**
dauern	durar	**es hat gedauert**
demonstrieren	manifestarse	**ich habe demonstriert**
denken	pensar	**ich habe gedacht**
diskutieren	discutir	**ich habe diskutiert**
drehen	girar	**ich habe gedreht**
drücken	empujar, pulsar	**ich habe gedrückt**
dürfen	poder, tener permiso	**ich habe gedurft***
duschen	ducharse	**ich habe geduscht**
empfehlen	recomendar	**ich habe empfohlen**
entscheiden	decidirse	**ich habe entschieden**
sich entschuldigen	disculparse, pedir disculpas	**ich habe mich entschuldigt**
entwickeln	desarrollar	**ich habe entwickelt**
sich erholen	recuperarse, descansar	**ich habe mich erholt**
sich erinnern	acordarse	**ich habe mich erinnert**
erklären	explicar	**ich habe erklärt**
erlauben	permitir	**ich habe erlaubt**
erwarten	esperar (tener expectativas)	**ich habe erwartet**
essen	comer	**ich habe gegessen**
fahren	ir (en medio de transporte)	**ich bin gefahren**
fallen	caerse	**ich bin gefallen**
fangen	atrapar, coger	**ich habe gefangen**
fegen	pasar la escoba	**ich habe gefegt**
feiern	celebrar	**ich habe gefeiert**
finden	encontrar	**ich habe gefunden**
fliegen	volar	**ich bin geflogen**
fliehen	huir	**ich bin geflohen**

fließen	fluir	**es ist geflossen**
folgen	seguir	**ich bin gefolgt**
fragen	preguntar	**ich habe gefragt**
sich freuen	alegrarse	**ich habe mich gefreut**
frieren	tener frío congelar	**ich habe gefroren** **es ist gefroren**
sich fühlen	sentirse	**ich habe mich gefühlt**
führen	liderar, guiar	**ich habe geführt**
gebären	nacer	**ich bin geboren**
geben	dar haber	**ich habe gegeben** **es hat gegeben**
gefallen	gustar	**ich habe gefallen**
gehen	ir	**ich bin gegangen**
gehören	pertenecer	**ich habe gehört**
genießen	disfrutar	**ich habe genossen**
gewinnen	ganar	**ich habe gewonnen**
sich gewöhnen	acostumbrarse	**ich habe mich gewöhnt**
glauben	creer	**ich habe geglaubt**
gratulieren	felicitar	**ich habe gratuliert**
haben	tener	**ich habe gehabt***
halten	sostener	**ich habe gehalten**
hängen	colgar	**ich habe gehängt**
heilen	curar	**ich habe geheilt**
heiraten	casarse	**ich habe geheiratet**
heißen	llamarse	**ich habe geheißen**
helfen	ayudar	**ich habe geholfen**
hoffen	esperar (tener esperanzas)	**ich habe gehofft**
holen	ir a por, coger	**ich habe geholt**
hören	oír	**ich habe gehört**
sich interessieren	interesarse	**ich habe mich interessiert**
sich irren	equivocarse, confundirse	**ich habe mich geirrt**
jagen	cazar	**ich habe gejagt**
kaufen	comprar	**ich habe gekauft**
kennen	conocer	**ich habe gekannt**
klauen	robar	**ich habe geklaut**
klingeln	llamar (a la puerta) sonar	**ich habe geklingelt** **es hat geklingelt**

kochen	cocinar	**ich habe gekocht**
kommen	venir	**ich bin gekommen**
können	saber (hacer algo), poder	**ich habe gekonnt***
korrigieren	corregir	**ich habe korrigiert**
sich kümmern	ocuparse	**ich habe mich gekümmert**
küssen	besar	**ich habe geküsst**
lächeln	sonreír	**ich habe gelächelt**
lachen	reírse	**ich habe gelacht**
lassen	dejar	**ich habe gelassen**
laufen	correr, ir pie	**ich bin gelaufen**
leben	vivir	**ich habe gelebt**
legen	poner (en pos. horizontal)	**ich habe gelegt**
leiden	sufrir	**ich habe gelitten**
lernen	aprender, estudiar	**ich habe gelernt**
lesen	leer	**ich habe gelesen**
liegen	estar tumbado	**ich habe gelegen**
sich lohnen	merecer la pena	**es hat sich gelohnt**
lügen	mentir	**ich habe gelogen**
machen	hacer	**ich habe gemacht**
malen	pintar	**ich habe gemalt**
meinen	opinar, estimar	**ich habe gemeint**
sich melden	dar señales de vida	**ich habe mich gemeldet**
merken	notar	**ich habe gemerkt**
mieten	alquilar (algo a alguien)	**ich habe gemietet**
mögen	gustar	**ich habe gemocht**
müssen	tener que	**ich habe gemusst***
nähen	coser	**ich habe genäht**
nehmen	tomar, coger	**ich habe genommen**
öffnen	abrir	**ich habe geöffnet**
organisieren	organizar	**ich habe organisiert**
passen	caber, convenir	**es hat gepasst**
passieren	pasar	**es ist passiert**
pfeifen	silbar	**ich habe gepfiffen**
planen	planear	**ich habe geplant**
probieren	probar	**ich habe probiert**
produzieren	producir	**ich habe produziert**

prüfen	comprobar	**ich habe geprüft**
raten	aconsejar, adivinar	**ich habe geraten**
rauchen	fumar	**ich habe geraucht**
reagieren	reaccionar	**ich habe reagiert**
rechnen	calcular	**ich habe gerechnet**
reden	hablar	**ich habe geredet**
regnen	llover	**es hat geregnet**
reichen	bastar, ser suficiente	**es hat gereicht**
reisen	viajar	**ich bin gereist**
reiten	montar a caballo	**ich bin geritten**
rennen	correr	**ich bin gerannt**
reparieren	reparar	**ich habe repariert**
reservieren	reservar	**ich habe reserviert**
respektieren	respetar	**ich habe respektiert**
riechen	oler	**ich habe gerochen**
rufen	llamar	**ich habe gerufen**
sagen	decir	**ich habe gesagt**
sammeln	coleccionar	**ich habe gesammelt**
schaffen	conseguir crear	**ich habe geschafft** **ich habe geschaffen**
schätzen	estimar	**ich habe geschätzt**
schauen	mirar	**ich habe geschaut**
schenken	regalar	**ich habe geschenkt**
schicken	mandar	**ich habe geschickt**
schieben	empujar	**ich habe geschoben**
schießen	disparar	**ich habe geschossen**
schlafen	dormir	**ich habe geschlafen**
schlagen	golpear, batir	**ich habe geschlagen**
schließen	cerrar	**ich habe geschlossen**
schmecken	saber, gustar (comida)	**es hat geschmeckt**
schneiden	cortar	**ich habe geschnitten**
schneien	nevar	**es hat geschneit**
schreiben	escribir	**ich habe geschrieben**
schreien	gritar	**ich habe geschrien**
schütteln	agitar	**ich habe geschüttelt**
schweigen	callarse	**ich habe geschwiegen**

schwimmen	nadar	**ich bin geschwommen**
schwören	jurar	**ich habe geschworen**
sehen	ver	**ich habe gesehen**
sein	ser, estar	**ich bin gewesen**
sich setzen	sentarse	**ich habe mich gesetzt**
singen	cantar	**ich habe gesungen**
sinken	hundirse	**es ist gesunken**
sitzen	estar sentado	**ich habe gesessen**
sollen	deber	**ich habe gesollt***
sparen	ahorrar	**ich habe gespart**
speichern	guardar	**ich habe gespeichert**
spielen	jugar, tocar	**ich habe gespielt**
sprechen	hablar	**ich habe gesprochen**
springen	saltar	**ich bin gesprungen**
stehen	estar de pie	**ich habe gestanden**
stehlen	robar	**ich habe gestohlen**
stellen	poner (de pie)	**ich habe gestellt**
sterben	morir(se)	**ich bin gestorben**
stinken	oler mal, apestar	**ich habe gestunken**
streicheln	acariciar	**ich habe gestreichelt**
sich streiten	pelearse, discutir	**ich habe mich gestritten**
studieren	estudiar (una carrera)	**ich habe studiert**
suchen	buscar	**ich habe gesucht**
tanzen	bailar	**ich habe getanzt**
teilen	compartir	**ich habe geteilt**
telefonieren	hablar por teléfono	**ich habe telefoniert**
tragen	llevar (en las manos, puesto)	**ich habe getragen**
sich trauen	atreverse	**ich habe mich getraut**
träumen	soñar	**ich habe geträumt**
treffen	encontrarse (con alguien)	**ich habe getroffen**
trinken	beber	**ich habe getrunken**
tun	hacer	**ich habe getan**
üben	practicar, ejercitar	**ich habe geübt**
überlegen	pensar, reflexionar	**ich habe überlegt**
übernachten	trasnochar, pasar la noche	**ich habe übernachtet**

überraschen	sorprender	**ich habe überrascht**
übertreiben	exagerar	**ich habe übertrieben**
sich unterhalten	conversar	**ich habe mich unterhalten**
unterschreiben	firmar	**ich habe unterschrieben**
unterstützen	apoyar	**ich habe unterstützt**
sich verabschieden	despedirse	**ich habe mich verabschiedet**
verbessern	mejorar, corregir	**ich habe verbessert**
verbieten	prohibir	**ich habe verboten**
verbinden	unir, conectar	**ich habe verbunden**
sich verbrennen	quemarse	**ich habe mich verbrannt**
verdienen	merecer, ganar (dinero)	**ich habe verdient**
vereinbaren	acordar	**ich habe vereinbart**
vergessen	olvidar	**ich habe vergessen**
vergleichen	comparar	**ich habe verglichen**
verhindern	evitar, impedir	**ich habe verhindert**
verkaufen	vender	**ich habe verkauft**
verlassen	abandonar	**ich habe verlassen**
verletzen	herir	**ich habe verletzt**
sich verletzen	lesionarse	**ich habe mich verletzt**
verlieren	perder	**ich habe verloren**
vermeiden	evitar	**ich habe vermieden**
vermieten	alquilar (algo a alguien)	**ich habe vermietet**
verschmutzen	ensuciar	**ich habe verschmutzt**
verschwinden	desaparecer	**ich bin verschwunden**
versprechen	prometer	**ich habe versprochen**
verstehen	entender	**ich habe verstanden**
versuchen	intentar	**ich habe versucht**
vertrauen	confiar en	**ich habe vertraut**
verwechseln	confundir	**ich habe verwechselt**
verzeihen	perdonar	**ich habe verziehen**
wachsen	crecer	**ich bin gewachsen**
warten	esperar	**ich habe gewartet**
waschen	lavar	**ich habe gewaschen**
sich wehren	defenderse	**ich habe mich gewehrt**
weinen	llorar	**ich habe geweint**

werden	convertirse en	**ich bin geworden****
werfen	tirar (no a la basura)	**ich habe geworfen**
wissen	saber	**ich habe gewusst**
wohnen	vivir, residir	**ich habe gewohnt**
wollen	querer	**ich habe gewollt***
wünschen	desear	**ich habe gewünscht**
zeichnen	dibujar	**ich habe gezeichnet**
zeigen	enseñar, mostrar	**ich habe gezeigt**
zweifeln	dudar	**ich habe gezweifelt**
zwingen	obligar, forzar	**ich habe gezwungen**

* Como te explicamos en el *Tag 121*, solemos emplear los verbos modales en pasado simple en lugar del pasado compuesto.

* Recuerda que el participio de ***"werden"*** en la voz pasiva es ***"worden"***: ***"Es ist bestätigt worden"*** (**'Se ha confirmado'**). Puedes repasar cómo formamos y usamos la voz pasiva en alemán en el *Tag 165*.

24. DIE 100 HÄUFIGSTEN TRENNBAREN VERBEN
(Los 100 verbos separables más frecuentes)

Los verbos separables son aquellos verbos que tienen un prefijo que se separa al conjugar el verbo en presente simple (***"Ich rufe dich an"***, **'Te llamo'**) o en imperativo (***"Ruf mich an"***, **'Llámame'**).

Para ver una explicación más extensa, consulta el *Tag 36*.

infinitivo	traducción	pasado compuesto
abbiegen	girar (y entrar en una calle)	**ich bin abgebogen**
abbrechen	cancelar, suspender	**ich habe abgebrochen**
abfahren	salir, partir	**ich bin abgefahren**
abgeben	entregar	**ich habe abgegeben**
abholen	recoger	**ich habe abgeholt**
ablaufen	caducar	**es ist abgelaufen**
ablehnen	rechazar	**ich habe abgelehnt**
abnehmen	adelgazar	**ich habe abgenommen**

absagen	cancelar	**ich habe abgesagt**
abschaffen	abolir	**ich habe abgeschafft**
abschließen	cerrar con llave, concluir	**ich habe abgeschlossen**
abwaschen	fregar	**ich habe abgewaschen**
anbieten	ofrecer	**ich habe angeboten**
anfangen	empezar	**ich habe angefangen**
anfassen	tocar	**ich habe angefasst**
angeben	presumir	**ich habe angegeben**
anhaben	llevar (puesto)	**ich habe angehabt***
ankommen	llegar	**ich bin angekommen**
anmachen	encender	**ich habe angemacht**
sich anmelden	inscribirse	**ich habe mich angemeldet**
annehmen	aceptar	**ich habe angenommen**
sich anpassen	adaptarse	**ich habe mich angepasst**
anprobieren	probarse	**ich habe anprobiert**
anrufen	llamar por teléfono	**ich habe angerufen**
anschauen	mirar	**ich habe angeschaut**
anschließen	conectar	**ich habe angeschlossen**
sich anstrengen	esforzarse	**ich habe mich angestrengt**
sich anziehen	vestirse	**ich habe mich angezogen**
auffallen	saltar a la vista	**ich bin aufgefallen**
aufgeben	rendirse	**ich habe aufgegeben**
aufhängen	colgar	**ich habe aufgehängt**
aufhören	dejar de, cesar	**ich habe aufgehört**
aufmachen	abrir	**ich habe aufgemacht**
aufräumen	recoger, ordenar	**ich habe aufgeräumt**
sich aufregen	enfadarse	**ich habe mich aufgeregt**
aufschreiben	apuntar	**ich habe aufgeschrieben**
aufstehen	levantarse	**ich bin aufgestanden**
aufwachen	despertarse	**ich bin aufgewacht**
aufwachsen	criarse, crecer	**ich bin aufgewachsen**
aufwärmen	calentar	**ich habe aufgewärmt**
aufwecken	despertar (a alguien)	**ich habe aufgeweckt**
ausleihen	prestar, pedir prestado	**ich habe ausgeliehen**
ausmachen	apagar	**ich habe ausgemacht**
sich ausruhen	descansar	**ich habe mich ausgeruht**

ausschließen	excluir	ich habe ausgeschlossen
aussehen	ser (físicamente)	ich habe ausgesehen
aussteigen	bajar(se) (de un medio de tr.)	ich bin ausgestiegen
aussuchen	elegir	ich habe ausgesucht
ausziehen	quitarse salir de un piso	ich habe ausgezogen ich bin ausgezogen
beibringen	enseñar (transmitir enseñanzas)	ich habe beigebracht
beitragen	contribuir	ich habe beigetragen
darstellen	presentar	ich habe dargestellt
durchführen	llevar a cabo	ich habe durchgeführt
einführen	introducir	ich habe eingeführt
einkaufen	hacer la compra, ir de compras	ich habe eingekauft
einladen	invitar	ich habe eingeladen
einschlafen	dormirse	ich bin eingeschlafen
einsteigen	subir(se) (a un medio de tr.)	ich bin eingestiegen
einziehen	entrar en un piso	ich bin eingezogen
fertigmachen	terminar	ich habe fertiggemacht
festlegen	determinar, fijar, establecer	ich habe festgelegt
festnehmen	detener	ich habe festgenommen
herstellen	fabricar	ich habe hergestellt
hinfallen	caerse (al suelo)	ich bin hingefallen
hinlegen	poner (allí) en posición horizontal	ich habe hingelegt
hinstellen	poner (allí) de pie	ich habe hingestellt
losgehen	partir, irse	ich bin losgegangen
mitbringen	traer	ich habe mitgebracht
mitgehen	irse con, acompañar	ich bin mitgegangen
mitkommen	venirse con, acompañar	ich bin mitgekommen
mitmachen	participar	ich habe mitgemacht
nachdenken	reflexionar	ich habe nachgedacht
nachfragen	preguntar, investigar, indagar	ich habe nachgefragt
rausgehen	salir	ich bin rausgegangen
reingehen	entrar	ich bin reingegangen
runterladen	bajar, descargar	ich habe runtergeladen
stattfinden	tener lugar	es hat stattgefunden
umsteigen	hacer trasbordo	ich bin umgestiegen

umziehen	cambiar de piso	**ich bin umgezogen**
sich umziehen	cambiarse	**ich habe mich umgezogen**
vorbeikommen	pasar (por)	**ich bin vorbeigekommen**
vorbereiten	preparar	**ich habe vorbereitet**
vorhaben	tener planeado	**ich habe vorgehabt***
vorkommen	ocurrir	**es ist vorgekommen**
vorlesen	leer en voz alta	**ich habe vorgelesen**
sich vorstellen	presentarse imaginarse	**ich habe mich vorgestellt** **ich habe mir vorgestellt**
wegfahren	irse (en un medio de tr.)	**ich bin weggefahren**
weggehen	salir	**ich bin weggegangen**
wegnehmen	quitar	**ich habe weggenommen**
wegwerfen	tirar (fuera, a la basura)	**ich habe weggeworfen**
weitermachen	continuar	**ich habe weitergemacht**
wiedersehen	volver a ver	**ich habe wiedergesehen**
zugeben	admitir	**ich habe zugegeben**
zuhören	escuchar	**ich habe zugehört**
zumachen	cerrar	**ich habe zugemacht**
zuschauen	mirar (cómo alguien hace algo)	**ich habe zugeschaut**
zurückgeben	devolver	**ich habe zurückgegeben**
zurückkehren	regresar	**ich bin zurückgekehrt**
zurückkommen	volver (a venir)	**ich bin zurückgekommen**
zurückgehen	volver (a ir)	**ich bin zurückgegangen**
zusammenfassen	resumir	**ich habe zusammengefasst**

* Cuando hablamos en el pasado, solemos emplear los verbos ***"anhaben"*** y ***"vorhaben"*** con más frecuencia en pasado simple que en pasado compuesto: ***"Was hattest du auf der Hochzeit an?"*** (**'¿Qué llevabas puesto en la boda?'**), ***"Ich hatte vor, dich anzurufen"*** (**'Tenía previsto llamarte'**).

25. UNREGELMÄßIGE KOMPARATIVE UND SUPERLATIVE

(Comparativos y superlativos irregulares)

forma básica	forma comparativa	forma superlativa
gut (bueno/bien)	**besser**	**am besten**
viel (mucho)	**mehr**	**am meisten**
gerne (gustosamente)	**lieber**	**am liebsten**
hoch (alto)	**höher**	**am höchsten**
nah (cerca)	**näher**	**am nächsten**
arm (pobre)	**ärmer**	**am ärmsten**
warm (cálido)	**wärmer**	**am wärmsten**
groß (grande)	**größer**	**am größten**
lang (largo)	**länger**	**am längsten**
kurz (corto)	**kürzer**	**am kürzesten**
dumm (tonto)	**dümmer**	**am dümmsten**
klug (astuto, listo)	**klüger**	**am klügsten**
jung (joven)	**jünger**	**am jüngsten**
alt (viejo, antiguo)	**älter**	**am ältesten**
stark (fuerte)	**stärker**	**am stärksten**
schwach (débil)	**schwächer**	**am schwächsten**
gesund (sano)	**gesünder**	**am gesündesten**
krank (enfermo)	**kränker**	**am kränksten**

En cuanto a la pronunciación, no olvides que las letras ***"ch"*** detrás de un *Umlaut* dejan de sonar como **/j/** y se vuelven suaves, **/(sh)/**. Por ejemplo, ***"schwach"*** se pronuncia **/shhhvvvaj/**, pero ***"schwächer"***, **/shhhvvvvé(sh)a/**.

26. HÄUFIGE FEHLER

(Errores comunes)

Incorrecto	Correcto
Ich habe kalt.	**Mir ist kalt.**
Ich habe 20 Jahre.	**Ich bin 20 (Jahre alt).**
Ich komme von Spanien.	**Ich komme aus Spanien.**
Ich weiß nicht was ist das.	**Ich weiß nicht, was das ist.**
Was ist die Kapital von Deutschland?	**Was ist die Hauptstadt von Deutschland?**
Ich warte dich.	**Ich warte auf dich.**
Ich mich dusche.	**Ich dusche mich.**
Ein Wasser ohne Gas, bitte.	**Ein stilles Wasser, bitte.**
Ich gehe zu Deutschklassen.	**Ich nehme Deutschunterricht/ Deutschstunden.**
Der schwarzer ist der meiner.	**Der schwarze ist meiner.**
Sie kommen der Montag.	**Sie kommen am Montag.**
Wir sehen uns die nächste Woche.	**Wir sehen uns nächste Woche.**
Wir waren die letzte Woche im Kino.	**Wir waren letzte Woche im Kino.**
Ich fliege der dritte Mai zu Spanien.	**Ich fliege am dritten Mai nach Spanien.**
Ich bin von Urlaub.	**Ich bin im Urlaub.**
Ich bin nach Hause.	**Ich bin zuhause.**
Ich fahre zuhause.	**Ich fahre nach Hause.**
Kannst du mich helfen?	**Kannst du mir helfen?**
Er glaubt mich nicht.	**Er glaubt mir nicht.**
Bis jetzt!	**Bis gleich!**
Gib mir es.	**Gib es mir.**
Alle die Studenten haben einen Studentenausweis.	**Alle Studenten haben einen Studentenausweis.**
Ich fahre alle Tage im Zug zur Arbeit.	**Ich fahre jeden Tag mit dem Zug zur Arbeit.**
Ich mag die Schokolade.	**Ich mag Schokolade.**
- Willst du keinen Kaffee? *- Ja!*	**- Willst du keinen Kaffee?** **- Doch!**
Ich denke oft in ihn.	**Ich denke oft an ihn.**
Erinnerst du dich von den Tag?	**Erinnerst du dich an den Tag?**
Komm hier!	**Komm her!**

Ich gehe zu Marias Haus.	**Ich gehe zu Maria.**
Ich bin in Marias Haus.	**Ich bin bei Maria.**
Die Zeitung liegt im Tisch.	**Die Zeitung liegt auf dem Tisch.**
Die Leute ist sympathisch.	**Die Leute sind sympathisch.**
Ich habe nicht eine Schwester.	**Ich habe keine Schwester.**
Ich kenne nicht niemand hier.	**Ich kenne niemanden hier.**
(Al teléfono:) *Hallo, ich bin Diego Basanta.*	**Hallo, mein Name ist Diego Basanta.**
Ich komme nicht, weil ich habe keine Zeit.	**Ich komme nicht, weil ich keine Zeit habe.**
Wenn fängt der Film an?	**Wann fängt der Film an?**
Wenn ich war klein ...	**Als ich klein war,...**
Ich bin spanisch.	**Ich bin Spanier.**

27. FALSCHE FREUNDE
(Falsos amigos)

Las letras entre paréntesis indican el género del sustantivo: **m**asculino, **f**emenino, **n**eutro.

alt	~~alto~~	viejo, antiguo
Angel (f)	~~ángel~~	caña de pescar
Arena (f)	~~arena~~	campo de fútbol, plaza de toros
Arm (m)	~~arma~~	brazo
Art (f)	~~arte~~	tipo, manera
Auge (n)	~~auge~~	ojo
Ball (m)	~~bala~~	pelota
Bonbon (n)	~~bombón~~	caramelo
Ente (f)	~~ente~~	pato
Falte (f)	~~falda~~	arruga
Ferien (plural)	~~feria~~	vacaciones
Firma (f)	~~firma~~	empresa
Gymnasium (n)	~~gimnasio~~	instituto, colegio
Kaninchen (n)	~~caniche~~	conejo
Karte (f)	~~carta~~	tarjeta

Koffer (m)	~~cofre~~	maleta
Kompliment (n)	~~complemento~~	cumplido
Konkurrenz (f)	~~concurrencia~~	competencia
Konkurs (m)	~~concurso~~	quiebra
Mantel (m)	~~mantel~~	abrigo
Mappe (f)	~~mapa~~	carpeta
Moderator (m)	~~moderador~~	presentador
Osten (m)	~~oeste~~	este
Patrone (f)	~~patrón~~	cartucho
Professor (m)	~~profesor~~	catedrático
Rakete (f)	~~raqueta~~	cohete, misil
Rat (m)	~~rata~~	consejo
realisieren	~~realizar~~	darse cuenta
Regal (n)	~~regalo~~	estantería
Rente (f)	~~renta~~	jubilación, pensión
sortieren	~~sortear~~	ordenar
Stufe (f)	~~estufa~~	escalón
Tablett (n)	~~tableta~~	bandeja
Tapete (f)	~~tapete~~	papel de pared, papel pintado
Termin (m)	~~término~~	cita, plazo
Tipp (m)	~~tipo~~	consejo, advertencia
Tor (n)	~~toro~~	portón, puerta grande, gol
Vase (f)	~~vaso~~	florero
Westen (m)	~~este~~	oeste

28. NÜTZLICHE SÄTZE UND AUSDRÜCKE

(Frases y expresiones útiles)

Aquí tienes una lista de frases, fórmulas, dichos y expresiones muy usadas en el día a día. Los primeros dos bloques tienen que ver con saludos y despedidas y a continuación te proponemos una mezcla de expresiones para diferences situaciones.

Hallo!	**/hhhálo/**	¡Hola!
Moin! (en el norte de Alemania)	**/móinnn/**	¡Hola!
Grüß Gott! (en el sur de Alemania)	**/gjüs got/**	¡Hola!
Guten Morgen!	**/gúutennn móoaguennn/**	¡Buenos días! (por la mañana)
Guten Tag!	**/gúutennn taak/**	¡Buenos días!
Guten Abend!	**/gúutennn áabent/**	¡Buenas tardes/ noches!
Nett, Sie kennenzulernen!	**/net (s)i kénentsssuleanennn/**	¡Encantado/a de conocerle!
Sehr erfreut!	**/(s)éa eafjóit/**	¡Encantado/a!

Tschüss!	**/chüs/**	¡Hasta luego!
Bis gleich!	**/bis glái(sh)/**	¡Hasta ahora!
Bis bald!	**/bis bált/**	¡Hasta pronto!
Gute Nacht!	**/gúute najt/**	¡Buenas noches! (antes de irse a la cama)
Schönes Wochenende!	**/shhhöönes vvvójenende/**	¡Buen fin de semana!
Auf Wiedersehen!	**/áuf vvviida(s)é_ennn/**	¡Adiós!
Gute Reise!	**/gúute jái(s)e/**	¡Buen viaje!
Bis morgen!	**/bis móoaguennn/**	¡Hasta mañana!
Bis dann!	**/bis dannn/**	¡Hasta entonces!
Schönen Feierabend!	**/shhhöönennn fáia_áabent/**	¡Feliz fin de jornada!
Man sieht sich!	**/mannn (s)íit (s)i(sh)/**	¡Ya nos veremos!
Mach's gut!	**/majs guut/**	¡Que te vaya bien!

Keine Ahnung!	**/káine áanun(g)/**	¡Ni idea!
Ein Bier, bitte!	**/áinnn bíia bíte/**	¡Una cerveza, por favor!
Die Rechnung, bitte!	**/di jé(sh)nun(g) bíte/**	¡La cuenta, por favor!
Komm schon!	**/kommm shhhonnn/**	¡Venga!
Bitteschön!	**/bíteshhhöönnn/**	¡Aquí tienes!
Zum Flughafen, bitte!	**/tsssummm flúukhhhaafennn bíte/**	¡Al aeropuerto, por favor!
Wie geht's?	**/vvvi gueets/**	¿Qué tal?
Viel Spaß!	**/fiil shhhpaas/**	¡Que lo pases bien!
Einen Kaffee, bitte.	**/aínenn káfee bíte/**	Un café, por favor.
Wie geht es Ihnen?	**/vvvi gueet es íinennn/**	¿Cómo está usted?
Entschuldigen Sie!	**/entshhhúldiguennn (s)i/**	¡Perdone usted!
Vielen Dank!	**/fíilennn dank/**	¡Muchas gracias!
Kein Problem!	**/káinnn pjobléemmm/**	¡No hay de qué!
Tausend Dank!	**/táu(s)ent dank/**	¡Mil gracias!
Gesundheit!	**/gue(s)únthhhait/**	¡Salud! / ¡Jesús!
Prost!	**/pjoost/**	¡Salud! (brindando)
Wie viel Uhr ist es?	**/vvvífil úua ist es/**	¿Qué hora es?
Wie bitte?	**/vvvi bíte/**	¿Cómo?
Gute Besserung.	**/gúute bésajun(g)/**	Que te mejores.
Echt?	**/e(sh)t/**	¿De verdad?
Eine Cola, bitte.	**/áine kóola bíte/**	Una coca-cola, por favor.
Wo sind die Toiletten?	**/vvvoo (s)int di toalétennn/**	¿Dónde están los servicios?
Pass auf dich auf.	**/pásauf di(sh) áuf/**	Cuídate.
Guten Appetit!	**/gúutennn apetít/**	¡Buen provecho!
Ach was!	**/aj vvvas/**	¡Qué va!
Gern geschehen!	**/guéannn gueshhhée_ennn/**	¡No hay de qué!
Mist!	**/mist/**	¡Jolines!
Herzlichen Glückwunsch!	**/hhhéatsssli(sh)ennn glükvvvunshhh/**	¡Felicidades! ¡Enhorabuena!
Herzlichen Glückwunsch zum Geburtstag!	**/hhhéatsssli(sh)ennn glükvvvunshhh tsssummm guebúatstaak/**	¡Feliz cumpleaños!
Alles Gute zum Geburtstag!	**/áles gúute tsssummm guebúatstaak/**	¡Feliz cumpleaños!
Alles klar? / Alles klar!	**/áles klaa/**	¿Todo bien? / ¡Todo bien!

Danke für alles!	**/dánke füa áles/**	¡Gracias por todo!
Beeil dich!	**/beáil di(sh)/**	¡Date prisa!
Sehr lecker!	**/(s)éea léka/**	¡Qué rico!
Gott sei dank!	**/got (s)ái dank/**	¡Gracias a Dios!
Das macht nichts!	**/das májt ni(sh)ts/**	¡No pasa nada!
Richte Martin liebe Grüße aus.	**/jí(sh)te máatinnn líibe gjüse áus/**	Dale recuerdos a Martin.
Viel Glück!	**/fiil glük/**	¡Mucha suerte!
Wie schade!	**/vvvíi shhháade/**	¡Qué pena!
Nehmen Sie Platz!	**/néemennn (s)i platsss/**	¡Tome asiento!
Mach schnell!	**/maj shhhnel/**	¡Date prisa!
Gut gemacht!	**/gúut guemájt/**	¡Bien hecho!
Um Gottes Willen!	**/ummm gótes vvvílennn/**	¡Por el amor de Dios!
Ich habe die Nase voll!	**/i(sh) hhháabe di náa(s)e fol/**	¡Estoy hasta las narices!
Du fehlst mir!	**/du feelst mía/**	¡Te echo de menos!
Unglaublich!	**/únnnglaupli(sh)/**	¡Increíble!
Ich freue mich für dich!	**/i(sh) fjóie mi(sh) füa di(sh)/**	¡Me alegro por ti!
Ich kann nicht mehr!	**/i(sh) káni(sh)t méea/**	¡No puedo más!
Schmeckt's?	**/shhhmekts/**	¿Te gusta (la comida)?
Was für eine Überraschung!	**/vvvas füa áine übajáshhhun(g)/**	¡Qué sorpresa!
Mahlzeit!	**/máaltsssait/**	¡Buen provecho!
Hier ist meine Karte.	**/hhhíia ist máine kaate/**	Aquí tiene mi tarjeta.
Haben Sie Feuer?	**/hhháabennn (s)i fóia/**	¿Tiene fuego?
Tut mir leid.	**/tut mía láit/**	Lo siento.
Das kann nicht sein!	**/das káni(sh)t (s)áinnn/**	¡Eso no puede ser!
Schau mal!	**/shhháu maal/**	¡Mira!
Das ist wahr!	**/das ist vvvaa/**	¡Eso es verdad!
Hals- und Beinbruch!	**/hhhals unt báinbjuj/**	¡Buena suerte!
Ich vermisse dich!	**/i(sh) feamíse di(sh)/**	¡Te echo de menos!
Viel Erfolg!	**/fiil eafólk/**	¡Mucho éxito!
Wie aufregend!	**/vvví áufjeguent/**	¡Qué emocionante!
Was für eine Unverschämtheit!	**/vvvas füa áine únnnfeashhheemthhhait/**	¡Qué desfachatez!
Mach dir keine Sorgen!	**/maj díia káine (s)óaguennn/**	¡No te preocupes!
Mein Beileid.	**/máinnn báilait/**	Te acompaño en el sentimiento.
Frohes neues Jahr!	**/fjóoes nóies iáa/**	¡Feliz año nuevo!

Frohe Weihnachten!	/fjóoe vvváinajtennn/	¡Feliz Navidad!
Guten Rutsch!	/gútennn juch/	¡Buena entrada de año!
Meinetwegen...	/máinetvvveeguennn/	Vale, por mí sí...
Das gibt's doch nicht!	/das guipts doj ni(sh)t/	¡No me lo puedo creer!
Reg dich nicht auf!	/jeek di(sh) ni(sh)t áuf/	¡No te enfades!
Stimmt.	/shhhtimt/	Cierto.
Das fängt ja gut an...	/das fen(g)t iáa guut annn/	Empezamos bien...
Pech gehabt.	/pe(sh) guehhhápt/	Mala suerte.
Keine Ursache!	/káine úa(s)aje/	¡No hay de qué!
Sei vorsichtig!	/(s)ái fóa(s)i(sh)tik/	¡Ten cuidado!
Ausgezeichnet!	/áusguetsssai(sh)net/	¡Excelente!
Das ist egal.	/das ist egáal/	Da igual.
Ist alles in Ordnung?	/ist áles innn óadnun(g)/	¿Está todo bien?
Nichts zu danken!	/ni(sh)ts tsssu dánkennn/	¡De nada!
Bist du dir sicher?	/bist du día (s)í(sh)a/	¿Estás seguro?
Jetzt reicht's!	/iétssst jái(sh)ts/	¡Ya vale! / ¡Basta ya!
Meine Güte!	/máine güüte/	¡Madre mía!
Vielen Dank im Voraus.	/fíilennn dank immm fójaus/	Muchas gracias de antemano.
Das ist nicht nötig.	/das ist ni(sh)t nööti(sh)/	No es necesario.
Hilfe!	/hhhílfe/	¡Socorro!
Was du nicht sagst!	/vvvas du ni(sh)t (s)akst/	¡No me digas!
Allerdings!	/áladin(g)s/	¡Ya lo creo!
Bitte kommen Sie mit.	/bíte kómennn (s)i mit/	Acompáñeme, por favor.
Also gut.	/ál(s)o guut/	Pues nada, vale.
Das kommt nicht in Frage!	/das komt ni(sh)t innn fjáague/	¡Ni hablar!
Meiner Meinung nach...	/máina máinun(g) naaj/	En mi opinión...
Keine Widerrede!	/káine vvvíidajeede/	¡Sin rechistar!
Entschuldige, bitte.	/enchúldigue bíte/	Perdona.
Das war keine Absicht.	/das vvvaa káine áp(s)i(sh)t/	Ha sido sin querer.
Passt es dir morgen?	/past es día móaguennn/	¿Te viene bien mañana?
Aber sicher!	/áaba (s)í(sh)a/	¡Claro que sí!
Meinst du das ernst?	/máinst du das éanst/	¿Lo dices en serio?
Was für ein Quatsch!	/vvvas füa áinnn kvvvach/	¡Qué tontería!

Übertreib nicht!	**/üübatjáip ni(sh)t/**	¡No exageres!
Bitte folgen Sie mir.	**/bíte fólguennn (s)i mía/**	Sígame, por favor.
Ich bin total kaputt!	**/i(sh) binnn totáal kapút/**	¡Estoy totalmente hecho polvo!
Du bist ja gemein!	**/du bist iáa guemáinnn/**	¡Qué malo/a eres!
Soweit ich weiß...	**/(s)ovvváit i(sh) vvváis/**	Que yo sepa...
Wir zahlen getrennt.	**/vvvia tsssáalennn guetjént/**	Pagamos por separado.
Ist das die Schlange?	**/ist das di shhhlán(g)e/**	¿Es ésa la cola?
Versteh mich nicht falsch.	**/féa_shhhtee mi(sh) ni(sh)t falshhh/**	No me malinterpretes.
Das ist nicht zu fassen!	**/das ist ni(sh)t tsssu fásennn/**	¡No doy crédito!
Wo ist der Haken?	**/vvvoo ist déa hhháakennn/**	¿Cuál es la pega?
Na und?	**/na unt/**	¿Y qué?
Wer weiß...	**/vvvéa vvváis/**	Quién sabe...
Na endlich!	**/na éntli(sh)/**	¡Hombre, por fin!
Das musst du wissen.	**/das must du vvvísennn/**	Tú sabrás.
Stell dir vor!	**/shhhtel díia fóa/**	¡Imagínate!
Das bringt nichts.	**/das bjin(g)t ni(sh)ts/**	No vale de nada.
Das macht mich verrückt!	**/das majt mi(sh) féajükt/**	¡Me saca de quicio!
Alles Gute nachträglich!	**/áles gúute náajtjeekli(sh)/**	¡Felicidades con retraso!
Versprochen!	**/féashhhpjojennn/**	¡Te lo prometo!
Um ehrlich zu sein...	**/ummm éali(sh) tsssu (s)áinnn/**	Para ser sincero...
Das war knapp!	**/das vvvaa knap/**	¡Ha estado cerca!
Soll ich etwas ausrichten?	**/(s)ol i(sh) étvvvas áusji(sh)tennn/**	¿Le digo algo de tu parte?
Wie peinlich!	**/vvvi páinli(sh)/**	¡Qué vergüenza!
Lass es dir schmecken!	**/las es dia shhhmékennn/**	¡Que aproveche!
Wie ekelhaft!	**/vvvi éekelhhhaft/**	¡Qué asco!
Richte ihr schöne Grüße aus!	**/jí(sh)te íia shhhööne gjüüse áus/**	¡Dale (a ella) recuerdos!
Ich kann nicht klagen.	**/i(sh) kannn ni(sh)t kláaguennn/**	No me puedo quejar.
Nicht, dass ich wüsste.	**/ni(sh)t das i(sh) vvvüste/**	Que yo sepa, no.
Ich denke nicht daran!	**/i(sh) dénke ni(sh)t djannn/**	¡Ni en sueños!
Es ist soweit!	**/es ist (s)ovvváit/**	¡Ha llegado la hora!
Wer ist dran?	**/vvvéa ist djannn/**	¿A quién le toca?
Du spinnst!	**/du shhhpinst/**	¡Estás loco/a!